Le Programme sino-congolais pour le développement des infrastructures en RDC

5-7, rue de l'École-Polytechnique, 75005 Paris

www.harmattan.fr

ISBN : 978-2-343-21243-2
EAN : 9782343212432

Jean MPISI

Le Programme sino-congolais

pour le développement des infrastructures en RDC

L'Harmattan

Joseph KABILA KABANGE

Initiateur du « Programme sino-congolais »

Pari « gagnant-gagnant » : ''Eux disposent des liquidités financières, nous, nous avons du cuivre et du cobalt''

"Puisque les institutions financières chinoises disposent de liquidités importantes et que leur pays a des besoins importants en ressources naturelles, notamment minières, pourquoi ne pas conclure avec eux un accord où chaque partie trouverait son compte ? En échange de concessions minières, exploitées en partenariat avec des entreprises publiques congolaises, donnant de l'emploi aux Congolais et produisant de la valeur ajoutée localement, les banques chinoises acceptent de contribuer au financement de nos Cinq chantiers.

Pour la première fois dans notre histoire, le peuple congolais pourra enfin voir à quoi aura servi son cobalt, nickel ou cuivre ! Tel est l'esprit des accords avec la partie chinoise. Ils ont été conclus en toute transparence et nous sommes prêts à conclure des accords similaires avec d'autres partenaires."

Joseph KABILA, 6 décembre 2007.

Ouvrages de Jean MPISI chez L'Harmattan

**Tabu Ley « Rochereau », innovateur de la musique africaine*, 2003, 454 pages.

**Jean-Paul II en Afrique (1980-2000)*, 2004, 483 pages.

**Le cardinal Malula et Jean-Paul II. Dialogue difficile entre l'Eglise « africaine » et le Saint-Siège*, 2005, 552 pages.

**Manisa, un mariage congolais*, comédie en trois actes, 2006, 98 pages.

**Le patron congolais*, comédie en quatre actes, 2006, 134 pages.

**Antoine Gizenga, l'héritier de P. Lumumba*, 2008, 750 pages.

**Kivu, RDC : La paix à tout prix ! La conférence de Goma*, 2008, 296 pages.

**Le Kivu pour la paix. Les Actes de la Conférence de Goma*, 2008, 492 pages.

**Traite et esclavage des Noirs au nom du christianisme*, 2008, 250 pages.

**Les papes et l'esclavage des Noirs. Le pardon de Jean-Paul II*, 2008, 200 pages.

**Les évêques africains et la traite négrière : Pardon de l'Afrique à l'Afrique*, 2008, 190 pages.

**Les prêtres africains en Occident. Leur mission et restrictions vaticanes sur leur séjour*, 2008, 280 pages.

**Rapport final de la Conférence provinciale sur la Reconstruction, 1997, 2008.* (Une série de 4 publications : Bas-Congo, Kasaï Occidental, Katanga et Sud-Kivu).

**Antoine Gizenga pour une Gauche en RDC*, 2011, 130 pages.

**Adolphe Muzito. La RDC en marche, la vérité des chiffres*, 2011, 254 pages.

Hormis les six premiers titres ci-dessus, les autres œuvres de Jean MPISI ont paru dans sa collection « Dossiers, études et documents », collection dans laquelle, l'on peut citer les quelques autres auteurs :

- Esdras KAMBALE, *Du Shaba au Katanga. A propos du « massacre » de l'Université de Lubumbashi… (1990-93)*, 2008.

- Innocent UNYON Vakpa Katumba, *Le conflit armé en Ituri (RDC) : La problématique de sa prévention et de sa gestion*, 2009.

- Jacques FUMUNZANZA M., *Kinshasa d'un quartier à l'autre*, 2009.

- Antoine GIZENGA, *Ma vie et mes luttes*, 2011.

- Jacques FUMUNZANZA Muketa et Jean MPISI, *Les tribunes d'Adolphe Muzito, de la 10ème à la 15ème*, 2017.

Pilotage du « Programme sino-congolais »

Moïse EKANGA LUSHYMA
Secrétaire Exécutif du Bureau de Coordination et de Suivi du Programme Sino-Congolais (BCPSC)

Charles-Médard ILUNGA MWAMBA
Directeur Général de l'Agence Congolaise des Grands Travaux (ACGT)

Dans la Collection « Dossiers, études et documents »

La Collection « Dossiers, études et documents », créée et dirigée par Jean MPISI, reçoit les manuscrits de tous les auteurs. Jusqu'à ce jour, elle a publié les œuvres suivantes, hormis celles du fondateur :

- Esdras KAMBALE, *Du Shaba au Katanga. A propos du « massacre » de l'Université de Lubumbashi et de la période pré-insurrectionnelle (1990-93)*, 2008.

- NKERE Nkingi Ntanda, *La crise financière internationale de 2008 et ses conséquences en RdCongo*, 2008.

- NKERE Nkingi Ntanda, *Education des Electeurs au Congo-Kinshasa : Un défi de la République*, 2009.

- Innocent UNYON Vakpa Katumba, *Le conflit armé en Ituri (RDC) : La problématique de sa prévention et de sa gestion*, 2009.

- Jacques FUMUNZANZA Muketa, *Kinshasa d'un quartier à l'autre*, 2009.

- Antoine GIZENGA, *Ma vie et mes luttes*, 2011.

- Philippe BIYOYA, *Diplomatie Congolaise Régionale. Nouveaux fondements, défis et enjeux*, 2012.

- Augustin KALUBI sj, *Vision et leadership selon Ignace de Loyola. Pour une éducation de qualité*, 2014.

- Adolphe MUZITO et ses tribunes (2015-2016) :

0° *Installation de nouvelles Provinces : Défis et contraintes* (25 août 2010) ;
1° *La RDC, un Etat sans provinces* ;
2° *La RDC, un Etat sans budget*;
3° *Nouvelles provinces et élections locales : la faillite de l'Etat, la vérité des chiffres* ;
4° *La RDC, un Etat sous-endetté* ;
5° *Le chômage en RDC hier, aujourd'hui et demain* ;
6° *Kinshasa, l'enfer au paradis* ;
7° *Les nouvelles provinces en RDC, des mort-nées !*
8° *La RDC : un royaume d'aveugles conduit par des borgnes* ;
9° *RDC : 2 Dialogues et 2 Transitions* ;
10° *RDC : Le Dialogue Vertical* ;
11° *RDC : Emergence à l'horizon 2030, illusion ou propagande ?* ;
12° *RDC : Les 3 crises* ;
13° *Pourquoi je n'ai pas signé l'Accord du 18 octobre 2016* ;
14° *RDC : Quelle est la source de légalité du Dialogue du Centre interdiocésain ? ;*
15° *Vers un 3ème Dialogue ?*

- Jacques FUMUNZANZA Muketa et Jean MPISI, *Les tribunes d'Adolphe Muzito, de la 10ème à la 15ème*, 2017.

Au service du Programme sino-congolais de développement des infrastructures de base

26 août 2008 – 26 août 2018. Le Bureau de Coordination et de Suivi du Programme Sino-Congolais, BCPSC en sigle, totalise dix ans d'existence. Je vais me limiter à évoquer cette période, puisque j'y avais évolué en tant que membre de cette entreprise étatique. Cependant, je ne manquerai point de signaler quelques évènements qui se sont déroulés après que j'aie quitté volontairement mon poste de travail, des évènements ayant trait notamment à la marche, jusqu'en 2020, du Programme sino-congolais piloté par le BCPSC.

DES VOYAGES DE TRAVAIL ET DE DECOUVERTE EN RDC ET A L'ETRANGER

Je voudrais me permettre d'assurer que mon travail au BCPSC en tant qu'expert m'a donné, en gros, une grande satisfaction. Il m'a permis de m'épanouir professionnellement et personnellement. Il m'a notamment fourni l'occasion d'entreprendre des voyages de découverte à l'intérieur de notre pays, en particulier dans plusieurs villes.

Des voyages officiels, organisés pour aller se rendre compte de l'avancement des travaux de construction ou de modernisation d'infrastructures entrepris en province. Des voyages qui m'ont permis en même temps de découvrir des villes ou des coins qui ont une histoire particulière, un pan relativement important de l'histoire nationale.

Des voyages à l'étranger ont également eu lieu, en vue d'aller rencontrer chez eux des partenaires impliqués de loin ou de près dans le programme de développement national. Je me suis rendu ainsi en France, en Chine et en Hollande.

Lubumbashi : routes de Kasomeno et de Kasumbalesa

Je me suis rendu deux fois dans l'ex-province du Katanga, d'abord, en 2012, à Lubumbashi, la deuxième plus grande ville de la RDC, considérée comme sa capitale économique.

Fondée en 1910 par le colonisateur belge sous le nom d'Elisabethville ou Elisabethstad (d'après Elisabeth de Bavière, devenue reine consort des Belges en épousant Albert Ier, roi du 23 décembre 1909 – 17 février 1934) et souvent abrégée « E'ville », la ville fut renommée en 1966 en se référant d'une rivière au bord de laquelle elle avait été bâte. Chef-lieu d'un Katanga « cuprifère », Lubumbashi est le siège de la fameuse Gécamines, héritière de la puissante et riche Union minière du Haut-Katanga (UMHK), le poumon économique du pays. La ville compte donc sur une économie majoritairement axée sur les activités minières de la Gécamines, une entreprise étatique, mais aussi sur celles des compagnies, publiques ou privées, à capitaux nationaux ou étrangers, œuvrant dans les différentes villes du Katanga, qui de fait, possèdent presque toutes des bureaux officiels dans la ville de Lubumbashi[1]. La Sino-congolaise des mines (Sicomines) avait également une représentation ici ; avec deux collègues, Yvette Mwangu et Claudine Paony, j'étais venu ici pour entrer en contact avec un des responsables de cette co-entreprise qui était en train de monter une usine de traitement de cuivre et de cobalt dans les environs de la ville de Kolwezi.

Lubumbashi me rappelait deux pans tragiques de notre histoire : c'est ici que les deux personnalités les plus connues du pays et du monde trouvèrent la mort, Simon Kimbangu et Patrice Lumumba, considérés respectivement comme prophète et héros national. Né le 12 septembre 1887 à Nkamba dans la province du Kongo central (ex Bas-Congo), Simon Kimbangu y devient

---

[1] Parmi ces entreprises ayant pignon à Lubumbashi, citons : la Société nationale des chemins de fer du Congo (SNCC), Rwuashi Mining et KCC (Metorex Group companies), Anvil Mining sprl (Mawson West RDC), Société de Traitement du Terril de Lubumbashi (STL), Tenke Fungurume Mining (Freeport MacMoran), Phelps Dodges RDC, ou encore le groupe George Forrest…

prédicateur dans les années 1920 et y fonde en 1921 un mouvement religieux qui donnera naissance au kimbanguisme. Les nombreuses guérisons qu'il opère et ses allusions à la libération prochaine du Congo du joug colonial font peur aux autorités occupantes, lesquelles, redoutant que ses activités puissent « conduire à la grande révolte », le condamnent à mort, une peine commuée en détention à perpétuité par le roi Albert, une peine qu'il purgera à 2000 km de son village natal, à Elisabethville, jusqu'à sa mort le 12 octobre 1951. Né le 2 juillet 1925 à Onalua, au Sankuru dans le Kasaï, Patrice Lumumba, premier Premier ministre du Congo indépendant, et deux de ses compagnons, Maurice Mpolo et Joseph Okito, sont envoyés, par leurs adversaires politiques (Joseph Kasa-Vubu, Joseph-Désiré Mobutu, Justin-Marie Bomboko, Victor Nendaka...), à Elisabethville, où, le 17 janvier 1961, le même jour de leur arrivée, ils furent assassinés par les autorités (Moïse Tshombe, Godefroid Munongo, Jean-Baptiste Kibwe...) d'un Katanga en sécession du 11 juillet 1960 au 14 janvier 1963...

Lubumbashi n'est pas que cela. C'est aussi le deuxième centre intellectuel du pays après Kinshasa, avec la fameuse Université de Lubumbashi (UNILU), université publique née le 26 octobre 1955 et plus illustre par le passé sous les noms successifs d'Université officielle du Congo et du Rwanda-Urundi, d'Université d'État d'Élisabethville, d'Université officielle du Congo (UOC) et d'Université nationale du Zaïre / campus de Lubumbashi. A ce prestigieux établissement enseignement supérieur comptant aujourd'hui 33 000 étudiants dans 10 facultés, 4 écoles supérieures et 14 centres de recherche, quelques autres universités (dont l'Université protestante) et instituts supérieurs (dont un Grand séminaire) plus ou moins importants. Il faut mentionner également ici une école secondaire célèbre, l'Athénée royal d'Élisabethville (futur Lycée Kiwele), conçu par Claude Strebelle (1917-2010)[1].

---

[1] Cet architecte belge réputé qui a fondé l'atelier du Sart-Tilman (un important bureau d'architecture), qui a dirigé l'implantation de l'université de Liège sur le campus du Sart Tilman, dont il est l'architecte-coordinateur dans les années 1970, et

Lubumbashi, c'est également un foisonnement des cultes religieux. Chef-lieu d'une de six provinces ecclésiastiques de l'Eglise catholique du pays, siège donc d'un archevêque, il abrite la belle cathédrale Saints-Pierre-et-Paul, construite en 1920. Plusieurs autres cultes coexistent, principalement des églises et des temples chrétiens : Église kimbanguiste, Communauté baptiste du Congo (Alliance baptiste mondiale), Communauté baptiste du Fleuve Congo (Alliance baptiste mondiale), Assemblées de Dieu, Province de l'Église anglicane du Congo (Communion anglicane), Communauté Presbytérienne au Congo (Communion mondiale d'Églises réformées).

Lubumbashi, c'est aussi un centre culturel non moins important. La ville, bien propre, aux avenues presque toutes asphaltées, a quelques attractions : un jardin botanique, un zoo, le musée national archéologique et ethnologique régional, le théâtre de la ville (construit sur les plans de Claude Strebelle et inauguré 4 août 1956), les seuls cinémas modernes (« Ciné Bétamax », anciennement « Ciné Palace », et « Ciné Eden »), les centres de santé (cliniques universitaires Mama Mobutu, l'hôpital Sendwe, les hôpitaux des grandes société…), la place de l'Identité Katangaise, la prison de la Kasapa (recensée parmi les plus grandes prisons et les plus sécurisées du pays, avec la prison centrale de Makala à Kinshasa et celle de Buluwo à Likasi). Tous les deux ans, la Biennale de Lubumbashi se déroule à travers la ville, présentant des œuvres d'artistes de la région. Le premier de ces artistes fut le guitariste et chanteur Jean-Bosco Mwenda wa Bayeke (1930-1990), considéré comme l'un des pionniers de la fameuse rumba congolaise.

Lubumbashi, c'est évidemment aussi et surtout l'un des centres sportifs les plus importants du Congo, peut-être même le plus important, au même rang que Kinshasa. La ville est connue comme celle du Tout Puissant Mazembe, le club de football le

---

qui a dessiné le plan directeur de la place Saint-Lambert, schéma urbanistique selon lequel fut complètement redessiné le centre de la ville de Liège au cours des années 1980 et 1990.

plus prestigieux et le plus connu de la RDC, jadis appelé TP Englebert[1]. Un club qui, surtout mis depuis 1997 sous la présidence du riche Moïse Katumbi Chapwe, gouverneur du Katanga minier (de février 2007 au 29 septembre 2015), possède l'un des plus beaux palmarès du football africain avec cinq Ligues des champions de la CAF (1967, 1968, 2009, 2010, 2015), trois Supercoupe de la CAF, une Coupe d'Afrique des vainqueurs de coupe (1980) ainsi que deux Coupe de la confédération (2016, 2017)[2]. Mazembe, comme les autres équipes locales, jouent ici dans deux stades de football, le stade Frédéric-Kibasa-Maliba et le Stade TP Mazembe, des capacités respectives de 35.000 et de 18.000 places…

---

[1] Fondé en 1939 par les moines bénédictins qui dirigeaient l'Institut Saint-Boniface d'Élisabethville sous le nom de Saint-Georges, le club sportif scolaire devient Saint-Paul FC en 1944. Quelques années après, le club est abandonné par les missionnaires ; il est alors repris, sous la dénomination de F.C. Englebert, par Englebert, une compagnie de manufacture de pneumatiques belge créée à Liège en 1877 par Oscar Englebert (1837-1912) et Adélaïde Coudère (1829-1918) ; puisqu'il sort invaincu dès son entrée dans la première division de la Fédération royale des Associations sportives indigènes (FRASI), le F.C. (Football Club) Englebert devient le T.P. (Tout-Puissant) Englebert, question de célébrer sa force. En 1971, lors de la politique de recours à l'authenticité africaine prônée par le régime du président Mobutu, l'équipe est renommée « Tout Puissant Mazembe », Mazembe signifiant « Bulldozer » en kiswahili. Le club est parfois appelé « Les Corbeaux », un nom qui renvoie aux couleurs du maillot : le noir et le blanc.

[2] Le TP Mazembe établit également plusieurs records sur le continent en devenant la première équipe d'Afrique subsaharienne à remporter cinq Ligues des champions de la CAF ; seuls les clubs d'Afrique du nord d'Al Ahly et du Zamalek ont fait mieux ou aussi bien. Le Tout Puissant Mazembe est la troisième équipe africaine à avoir établi un triplé sur le continent en remportant consécutivement une Ligue des champions de la CAF (2015), et deux Coupes de la Confédération (2016 et 2017). Le TP Mazembe est le quatrième club, avec Al Ahly, l'Étoile sportive du sahel, le Raja Club Athletic et l'Espérance Sportive de Tunis à avoir remporté les trois nouvelles versions de coupes africaines à savoir la Ligue des champions de la CAF, la Supercoupe de la CAF ainsi que la Coupe de la Confédération. En 2010, le club est devenu le premier club non européen ou sud-américain à accéder à la finale de la Coupe du monde des clubs.

A Lubumbashi, le TP Mazembe rivalise avec le FC Lupopo, un grand club du championnat congolais, et au niveau national, il a un concurrent de taille, l'AS Vita-Club, une équipe de Kinshasa qui a remporté la Ligue des champions africaine en 1973, ainsi que 14 titres de champion de la RDC (Mazembe en a 18).

Je suis revenu une deuxième fois à Lubumbashi en 2016, pour y rester pendant une semaine. J'exécutais une mission un peu spéciale : je conduisais une équipe d'illustres comédiens, parmi lesquels Yandi Mosi et Ngalufar, qui devaient enregistrer, sur un ton léger et peu scientifique, les réalisations du Programme sino-congolais (PSC) et les présenter par la suite à la radio et à la télévision. Nous tournâmes ainsi des séquences sur l'état d'avancement des travaux de construction de deux routes. La première, longue de 137 km, est un tronçon de la RN5 qui, construite par les entreprises CREC-RDC et CREC 7, mène de Lubumbashi à Kasomeno. La deuxième, dite « route de contournement » ou parfois « route des poids lourds », est une route 1 x 2 voies de 27,4 km de longueur, construite par CREC 7, consistant en une déviation de la RN1 dans sa partie traversant la ville de Lubumbashi, en provenance de Kolwezi ou de Likasi vers Kasumbalesa, ou vice-versa. Ce projet a pour but de résoudre le problème des embouteillages occasionnés par des camions remorques qui traversent la ville de Lubumbashi, en les déviant sur une voie qui la contourne.

La première fois quand je vins à Lubumbashi, cette route n'existait pas. C'est en traversant la ville que je me rendis à Kasumbalesa, un poste-frontière avec la Zambie situé à 96 km de Lubumbashi. La route bitumée, un tronçon de la RN1, se caractérise par un important trafic des produits miniers et manufacturés (quelque 300 véhicules par jour, en majorité des camions) entre la RDC et les pays de l'Afrique australe, jusqu'aux ports de l'Afrique du Sud.

Ce trafic représente un bon pactole pour la province. À l'export, ce ne sont que des minerais. À l'import, la gamme des marchandises est variée : matériel pour les miniers (60 % du trafic), biens de consommation et produits pétroliers. Je notai, à mes dépens, que, du moins pour les piétons, l'on a affaire à une frontière tout à fait poreuse : je pénétrai en Zambie et retournai en RDC sans qu'aucun garde, s'il en existe, ne me vit, les douaniers n'ayant sans doute d'yeux que pour les véhicules devant payer des frais pour eux-mêmes ou pour la République !

Kolwezi : les installations de la Sicomines

Lubumbashi était une étape qui devait me conduire, sur une route goudronnée longue de 307 km, à Kolwezi, depuis 2015 chef-lieu du Lualaba, sans aucun doute la province la plus prospère du Congo, à cause de ses nombreux et riches gisements miniers. Kolwezi, une coquette ville[1] ! Plus près de ce principal centre minier du Katanga et capitale minière du pays, à Kapata, était installée la Sino-congolaise des mines (Sicomines), la joint-venture minière mise en marche pour rembourser le prêt chinois alloué à la construction des infrastructures de base en RDC selon la Convention de Collaboration du 22 avril 2008. Les usines de la Sicomines, impressionnantes et très utiles pour le pays !

Sur mon chemin, je fus captivé par le pont Lualaba, jeté, à l'entrée de la ville de Kolwezi, sur la rivière du même nom (en fait le nom du fleuve Congo en son amont). Inauguré le mardi 28 juillet 2015 par le président de la République, c'est un ouvrage monumental : une longueur de 710 m, une largeur de 21 m (deux voies de 3,5 m avec 1 m x 2 de trottoirs), une capacité portante de 100 tonnes, une masse en béton armé posée sur 56 poutres longitudinales en béton précontraint, hautes de 2,8 m et reposant

---

[1] Créée en 1937 pour abriter le siège des mines de l'Ouest de la société belge Union minière du Haut Katanga (UMHK), elle fut surtout connue au monde, lorsque, le samedi 13 mai 1978, des rebelles katangais soutenus par l'Angola marxiste l'occupèrent. Les États-Unis d'Amérique, la France, le Maroc et la Belgique ne se firent pas prier pour venir restaurer l'ordre et sauver ainsi le régime décadent du président Mobutu. Le 19 mai 1978, 700 membres du 2e régiment étranger de parachutistes (REP) de la Légion étrangère française furent parachutés sur la ville, tandis qu'allaient arriver des paras belges. Cette opération, qui sauva des centaines d'Européens terrés dans leurs habitations, mais ne put empêcher de nombreuses victimes (environ 700 Africains et 170 Européens), et qui emporta cinq légionnaires et deux paras belges, fut porté sur l'écran sous le nom bien trouvé de *La légion saute sur Kolwezi* (film français de Raoul Coutard, sorti en 1980).
Au contraire des points de vue français sur cette intervention présentée comme humanitaire, le romancier et philosophe congolais Valentin-Yves Mudimbe, originaire de la région (il est né à Likasi) donne une tout autre version de ces opérations militaires : dans son roman *Shaba deux : les carnets de Mère Marie Gertrude* (Paris, Présence africaine, 1989, 151 p.), l'écrivain insiste sur les violences commises à cette occasion par les Forces Armées Zaïroises (FAZ) à l'encontre des populations locales.

sur des pieux coulés jusqu'à 40 m de profondeur ! C'est le plus long pont congolais, après le Pont Matadi (722 m), et le plus long réalisé (sous le contrôle de l'Office des Routes) par une entreprise chinoise (CREC 7) engagée dans la Convention de Collaboration sino-congolaise du 22 avril 2008. Débutés en septembre 2010, les travaux, financés par un contrat de concession Lubumbashi-Likasi-Kolwezi, ont couté une bagatelle somme de 44 millions (exactement 43,909) de dollars américains. Ce pont à travée indépendant de 50 m, avec une couche roulement en béton bitumeux, à double sens de circulation et de grande portée, vient remplacer l'ancien pont en sens unique croulant qui ne permettait pas le passage sécurisé des véhicules à gros tonnage ; il revêt une grande importance pour cet axe de la RN39.

Goma-Bukavu

Ma mission de 2016 avec les comédiens me conduisit également à Goma et à Bukavu, des jolies villes chefs-lieux des provinces respectivement du Nord-Kivu et du Sud-Kivu, où l'ACGT conduisait des travaux d'infrastructures routières pour le compte du PSC. Goma[1] :

''C'est en avril 1997 que, venant de Paris, via Londres, Entebbe et Kigali, que je découvre cette superbe ville. Comme beaucoup de Zaïrois (qui allaient bientôt redevenir Congolais comme avant octobre 181) résidant en Europe, je retournais au pays, espérant que Laurent-Désiré Kabila, qui était en train de chasser la dictature rétrograde de Joseph-Désiré Mobutu, allait favoriser la réinsertion de nombreux compatriotes qui s'étaient exilés en Occident. A l'époque, ces Zaïrois qui soutenaient tous l'action entreprise par l'Alliance des Forces démocratiques pour la libération du Congo (AFDL) de Kabila, ne pouvaient plus entrer au pays que par le Nord-Kivu et le Sud-Kivu, les provinces par où partit la « rébellion » et qui furent donc les premières à être « libérées ». Les avions atterrissaient soient à Kigali (Rwanda,

---

[1] J. Mpisi, *Kivu : la paix à tout prix ! La Conférence de Goma (6-23 janvier 2008)*, L'Harmattan, 2008, 295 p. ; J. Mpisi, *Le Kivu pour la paix. Les actes a Conférence de Goma (janvier 2008)*, L'Harmattan, 2008, 492 pages.

frontalier du Nord-Kivu) soit à Bujumbura (Burundi, limitrophe du Sud-Kivu).

L'aéronef que je pris à Entebbe, me déposa donc à Kigali. Après y avoir passé une nuit, je pris un minibus qui, après environ une heure sur une route bien goudronnée, me déposa à Gisenyi, bourgade rwandaise collée à la ville congolaise de Goma. La frontière entre ces deux entités jumelles est quasi-artificielle : elle est gérée à l'époque (et pendant plusieurs années encore) par des Rwandais, qui se sentent alors fiers de participer à la « libération » du grand Congo-Zaïre. Seule une catégorie des nationaux passent à loisir cette ligne censée séparer deux Etats : des Rwandais, des Tutsi surtout. Ceux-ci, coincés dans leur minuscule pays, viennent au Congo chercher un peu de l'air et effectuer plusieurs transactions commerciales ; sans souvent solliciter ou obtenir l'autorisation des dirigeants congolais, ils y restent pendant plus ou moins longtemps, ou définitivement. Des Banyarwanda (originaires du Rwanda) aussi la traversent, pour aller se ressourcer dans leur patrie d'origine, avant de revenir dans leur pays d'accueil.

A Goma, ville d'environ d'un demi-million d'habitants, je fus logé d'abord, en compagnie de quelques militaires de l'AFDL, dans… la luxueuse villa du dictateur (en ce moment en train de trembler en pensant qu'il va perdre le pouvoir), plantée au bord du lac Kivu. Ce fut un ami, Jean-Macaire Kamisendwe, proche du général Célestin Kifwa (qui deviendra inspecteur général de la nouvelle Police nationale puis chef d'Etat-major de l'Armée) qui m'y introduit. Après son départ pour Lubumbashi où j'allais le retrouver (en voyageant à bord d'un vieil Antonov de l'Armée angolaise prêté à l'AFDL), je fus transféré dans une auberge de la place.''

Après un séjour de deux semaines à Goma, j'arrivai donc à Lubumbashi. C'était ma première fois de voir cette ville. Elle venait de tomber aux mains de l'AFDL. Je fus logé à l'hôtel Karavia, dans la même chambre que Kamisendwe et Kifwa. J'eus la « chance » de vivre au cœur du pouvoir de Laurent-Désiré Kabila. Je côtoyai ses grands lieutenants, dont Aubert Mukendi…

Après Goma, Bukavu (nom obtenu de la transformation du mot « Bu'nkafu », terme Shi qui signifie ferme des vaches), ville gynécologue Denis Mukwege, cet « homme qui répare les femmes », prix Nobel de la paix en 2018.

Ville paisible, Bukavu a pourtant connu par le passé quelques moments troubles. Elle commença par révéler le général (alors colonel) Léonard Mulamba, futur Premier ministre à l'avènement du président Mobutu le 24 novembre 1965, comme « l'homme de Bukavu », pour avoir repris, le 19 août 1964, la ville tenue par les « rebelles » Simba du général Nicolas Olenga (après la « libération » de la ville, l'ANC la « nettoya », en procédant à d'innombrables exécutions sommaires). Le 5 juillet 1967, à la tête de son « Bataillon Léopard », le mercenaire belge Jean Schramme (1929-1988), qui se prend pour un « Africain blanc », s'empare de la ville et se proclame, sans rire… Président de la République démocratique du Congo ! Pourchassé par les soldats du général Léopold Massiala (1929-1975), il se retranche dans la région de Bukavu frontalière du Rwanda, y crée le 10 août 1967 ce qu'il appelle l'« Etat des Volontaires Étrangers » (EVE). Dans sa prise en otage de cette région pendant quelques mois (du 10 août au 5 novembre 1967), Schramme, soutenu par la Belgique et la France, est aidé par les mercenaires – les « affreux » – du Sud-Africain Mike Hoare et du Français Bob Denard. Tous ces trois baroudeurs, engagés au départ par Moïse Tshombe pour le compte de la sécession katangaise (juillet 1960 – janvier 1963) et du gouvernement congolais en juillet 1964, se plaignaient que leur nouvel « employeur », le président Mobutu, ne les aient pas payés pour le service qu'ils lui avaient rendus en encadrant l'Armée nationale congolaise à sa prise de pouvoir le 24 novembre 1965… Il faudra attendre plusieurs années pour que Bukavu échappe également au contrôle du gouvernement central : l'AFDL de Laurent-Désiré Kabila, qui déclenche sa « guerre de libération » au Sud-Kivu en octobre 1996, s'empare de son chef-lieu le 30 ; le 2 août 1998, les anciens compagnons tutsi de Kabila, regroupés en un Rassemblement congolais pour la démocratie basé à Goma (RCD-Goma), investit rapidement Bukavu (et Uvira) ; en mai 2004, les troupes du rebelle renégat

Laurent Nkundabatware s'emparent de la ville de Bukavu. Toutes ces forces d'occupation du territoire congolais vont se rendre coupables de divers crimes de guerre, avant qu'elles ne se replient, une partie dans les forêts du Masisi et une autre vers le Rwanda, et avant qu'elles n'intègrent les Armée soit du Rwanda soit de la RDC…

Il faut noter, avant de finir, que c'est ici à Bukavu, que l'un des initiateurs du Projet de coopération sino-congolaise, Augustin Katumba Mwanke, trouva tragiquement la mort. Ce fut le dimanche 13 février 2012, vers 14 heures locales, dans le crash à l'aéroport de Kavumu (à 35 km de Bukavu) de son jet privé, un biréacteur Gulfstream 200 venant de Kinshasa via Goma et qui manqua son atterrissage (en se posant « au milieu de la piste », il est allé terminer sa course dans un ravin après la piste » et « l'avion est endommagé », selon un responsable de l'aéroport, qui évoque donc la thèse d'un accident survenu par un défaut technique de l'appareil ou par la faute du pilote). Comme le sénateur Katumba, 48 ans, deux membres d'équipage américain périrent sur le coup. Par contre, cinq des huit passagers ont, de façon miraculeuse, survécu mais sont parfois grièvement blessés ; l'on compte parmi eux le ministre congolais des Finances, Augustin Matata Ponyo (nommé quelques jours après Premier ministre), le gouverneur du Sud-Kivu, Marcelin Cisambo, et Antoine Ghonda, ancien « ambassadeur itinérant » du président congolais. Ces rescapés furent évacués le lundi suivant vers l'Afrique du Sud pour les soins nécessaires… et ils s'en sortirent !

Voilà Bukavu, une ville que l'on joint, à partir de Goma, par voie lacustre, la voie routière étant pratiquement impraticable.. Sur le lac Kivu s'entretient en effet un trafic intense, assuré par des bateaux qui effectuent des navettes quotidiennes (un amarrage à 7h pour atteindre l'autre ville à 14h et un autre amarrage à 18h pour arriver à 7h) en assurant le déplacement des personnes et de leurs biens dans le cadre des échanges commerciaux entre les deux villes (provinces). A l'aller comme bâtie sur une montagne, située sur la rive sud-ouest du lac Kivu et voisine de la ville rwandaise de Cyangugu. Nous y sommes allés noter la fin de la construction et de la modernisation de la route, un tronçon de la RN5, longue de 55,5 km, qui débouche à Nyangezi et Kamanyola et dont les travaux ont consisté au bitumage de la chaussée à 2x2 voies sur 8 km et 2x1 voies sur 47,5 km. L'on peut noter que dans cette ville convergent trois routes nationales : la RN2 (Shabunda-Bukavu, Mwenga-Bukavu, Walungu-Bukavu), la RN3 (Kalehe-Bukavu, Kabare-Bukavu, route qui sert de voie d'accès à la Ville) et la RN5.

Il est loisible de signaler que nous avons été accueillis chaleureusement par le gouverneur du Sud-Kivu, Marcellin Cishambo lui-même, qui nous a fait découvrir quelques coins de cette belle ville qui, autrefois (de 1927 au 30 décembre 1952), s'appelait Costermansville (ou Costermansstad, du nom de Paul Costermans, qui la fonda en 1900). Dans cette ville sise au bord d'un lac indéfiniment bleu et aux maisons somptueuses, entourées de jolis parcs, l'on peut visiter : les côtes du lac Kivu avec la péninsule de Labotte et les baies de Muhumba ; la place de l'Indépendance (ex place du 24 novembre) ; la cathédrale Notre Dame de la Paix (Bukavu est le siège de l'une de six provinces ecclésiastique du Congo) ; le cercle sportif de Bukavu ; le stade de la concorde de Kadutu ; les écoles de l'époque coloniale (collège Alfajiri, Lycée Wima, l'athénée royale…) ; les universités (ISTM, ISP, UCB, UOB…) ; les grands hôpitaux ; le Musée de Mines et Géologie ; des hôtels luxueux (dont Panorama, 4 étoiles, érigé au bord du lac, où nous logeâmes…) ; les installations des sociétés Bralima et Pharmakina, etc.

Bukavu, c'est surtout la ville qui a vu naître quelques grands personnages emblématiques congolais : les économistes et hommes politiques Pierre Pay-Pay et Vital Kamerhe ; Mgr François-Xavier Maroy, archevêque de Bukavu ; les talentueux musiciens Lokua Kanza et So Kalmery ; le réalisateur prolixe Mwenze Ngangura ; le footballeur Raoul Shungu ; le militant des droits de l'homme Floribert Chebeya (1963-2010)… et surtout le au retour, notre trajet Goma-Bukavu fut effectué par un hors-bord ; ce fut un voyage pittoresque sur le majestueux lac Kivu, qui nous permit d'admirer la paradisiaque île d'Idjwi et les côtes frontalières avec le Rwanda et le Burundi. A un moment donné, je crus que nous n'y arriverions pas, puisque le hors-bord fut pris dans une violente houle tumultueuse qui faillit nous emporter ! Comme en tout temps de tribulation, Dieu ne fut que notre dernier recours…

Kisangani : implantation d'une usine de préfabriqués et construction des avenues

Après le Kivu, Kisangani. Kisangani, Stanleyville de décembre 1883 (date de la fondation, par l'explorateur britannique Henry Morton Stanley, de la station des chutes Stanley sur une île du fleuve Congo, près de l'actuelle ville) à juin 1966, a une longue histoire. Retenons seulement que la ville, chef-lieu de la grande Province Orientale jusqu'en 2015, hébergea Patrice Lumumba, venu de son Sankuru natal, et devint son fief électoral et politique. Quand, Premier ministre du Congo indépendant, il fut limogé le 5 septembre 1960, son second, Antoine Gizenga, originaire du lointain Kwilu, vint ici, le 14 octobre 1960, pour essayer de restaurer le gouvernement central légitime mis à mal, espérant accueillir son chef en résidence surveillée à Léopoldville (Kinshasa). Mais celui-ci, qui s'échappe de Léopoldville le 27 novembre 1960, ne parvint point à atteindre Stanleyville ; il fut cueilli en cours de route par ses ennemis… Cette situation n'empêche pas Gizenga de franchir un pas nouveau dans sa détermination : le 12 décembre 1960, il proclame Stanleyville capitale de la « République libre du Congo », laquelle sera reconnue par 21 nations du monde. Cette République tombera le 16 janvier 1962 avec l'arrestation de Gizenga et son incarcération à l'île de Bulambemba au Bas-Congo.

Stanleyville fit parler d'elle encore lorsqu'elle tombe, en août 1964, sous la coupe des Simba, insurgés lumumbistes et mulelistes commandés par Nicolas Olenga, Gaston Soumialot et Laurent-Désiré Kabila. La ville devient bientôt la capitale d'une « République populaire du Congo » dirigée par Christophe Gbenye. Le régime politico-militaire établi s'adonne, au nom de Lumumba (qu'il souille sans le savoir), aux exécutions sommaires de ceux qu'ils considèrent comme des opposants : pas bon pour l'image du héros et du lumumbisme. Le Premier ministre Moïse Tshombe se saisit de ce fourvoiement des combattants prétendument lumumbistes, pour les dénoncer comme des criminels. Il demande et obtient l'intervention belgo-américaine : le 24 novembre 1964, sous le nom de l'opération Dragon rouge, le 1er régiment para-commando de l'armée belge est lâché sur Stanleyville et Paulis (Isiro) et les libère des Simba. Une brigade mécanisée, encadrée par des centaines de mercenaires, entame alors une opération sanglante de reconquête.

La « rébellion » lumumbo-muleliste vient d'être écrasée. C'en est sera pourtant pas fini avec les « aventures » à Stanleyville, devenue Kisangani depuis juin 1966 : le 30 juin 1967, le monde entier apprend avec stupéfaction l'enlèvement spectaculaire de l'ancien sécessionniste Moïse Tshombe. Pris de panique au Congo, ses amis mercenaires, Jean Schramme et Bob Denard, associés aux ex-gendarmes katangais, réagissent. Très rapidement, ils attaquent simultanément Kisangani, Kindu et Bukavu qu'ils vont occuper durant près de quatre mois. Leur objectif : renverser Mobutu, qu'ils accusent d'être mêlé dans le malheur arrivé à Tshombe. Ils échouent, mais reviennent à Kisangani en juillet 1970, encore sans succès.

Kisangani se retrouve dans le feu en mars 1997, avec l'AFDL, qui l'occupe. Le RCD, lui aussi, l'investira en 1998. Enfin, du 15 au 17 août 1999, la troisième ville du pays est le théâtre de l'affrontement sanglant, à la barbe des Congolais, entre des armées de deux pays étrangers, le Rwanda et l'Ouganda ! Cette « guerre de trois jours » est consécutive à la fin de la coalition anti-gouvernementale du RCD en deux factions basées à Kisangani et Goma. Elle vise aussi les mines de diamants situées à proximité de la ville. Pendant son déroulement, de nombreux viols, massacres et crimes de guerre sont perpétrés, comme ce fut 1996 et comme ce le sera en 2003 par les troupes des généraux rebelles du RCD, essentiellement le général Nkundabatware !

Mais de Kisangani, l'on peut évoquer d'autres choses, plus gaies. Par exemple, pour sa position géographique, la ville est le point de départ et le terminus du trafic fluvial entre l'est et l'ouest. De cette façon, elle continue de jouer un rôle économique important pour le pays. Beaucoup d'habitants – les « Boyomais » – se consacrent les uns à l'exploitation artisanale des mines et les autres à l'agriculture de subsistance. Du point de vue intellectuel, Kisangani n'est pas un pôle moindre ; elle héberge la troisième née des universités congolaises et jadis aussi la troisième plus grande du pays : l'Université de Kisangani (UNIKIS), surgie en 1963 sous le nom de l'Université libre du Congo (ULC) d'obédience protestante, après la catholique Université Lovanium (aujourd'hui Université de Kinshasa, UNIKIN, ouverte en 1954) et l'Université officielle du Congo (UOC, aujourd'hui Université de Lubumbashi, UNILU, née en 1955). Encore, Kisangani, c'est aussi le chef-lieu de l'une de six provinces ecclésiastiques de la RDC, que géra Monseigneur (futur cardinal) Laurent Monsengwo Pasinya du 1er septembre 1988 au 6 décembre 2007.

L'on peut enfin retenir de Kisangani qu'elle est la ville de naissance de deux des meilleurs musiciens congolais, tous deux des chanteurs charmants et adulés : la belle Abeti Masikini[1],

[1] De son vrai nom Elisabeth Finant, Abeti Masikini est la fille de Jean-Pierre Finant (1922-1961), premier gouverneur congolais de la Province orientale), exécuté, comme huit autres fidèles de patrice Lumumba, à Bakwanga (Mbuji-Mayi). Surnommée la « tigresse aux griffes d'or » ou la reine du « soukous parfumé », elle a produit des titres savoureux (comme *Assa Mubire, Motema pasi, Bisuivra-Suivra, Musampa, Unipé, Mateso ya Dunia, Kupepe Suka, Napesi yo mbote, Bifamuri, Mbanda na ngai, Mokomboso, Naleli, Amour ya sens unique, Ba mauvais copistes, Bi suivra-suivra, Samoura, Je suis fâché, Scandale de jalousie, Baruwa Kwa Mupenzi, Père Bouché, Chéri Bade, I love You (Mwasi Ya Bolingo), Bebe Matoko, Mupenzi, Malu, Mwana Muke Wa Miss….*). Elle est l'un des rares musiciens

« tigresse aux griffes d'or » et le crooner Koffi Olomide, « l'homme-idée »[1].

Voilà pour Kisangani, plus connue pour avoir été l'une des villes les plus troublées de la République. Mais quand les comédiens et moi y arrivons en 2016, la ville a depuis retrouvé la paix et s'est mise au développement. Nous venons ici pour constater, sous la direction de Patrick Luyeye, les projets du PSC pilotés par l'ACGT : l'implantation, terminée depuis octobre 12014, de l'usine de production des panneaux préfabriqués pour la construction de 360 maisons préfabriquées ici et de 10

---

congolais ayant joué dans des grandes salles du monde : à l'Olympia de Paris en 1973 (après Tabu Ley Rochereau en 1970), au Carnegie Hall de New York en 1974, encore à l'Olympia en 1975 et 1986, au Stade de Lomé en 1975, à Amsterdam (Pays-Bas) en 1977, au Ciné Vog de Brazzaville en 1977, au Stade de Luanda en 1978, au Royal Albert Hall de Londres en 1979, à Copenhague (Danemark) en 1982, au Wembley Arena de Londres en 1986, au Festival Mama Africa à Utrecht (Pays-Bas) en 1986, au Stade de Ouagadougou (Burkina Faso) en 1987, à l'Hôtel Intercontinental d'Abidjan en 1988, au Zénith de Paris en 1988, au Théâtre Sorano de Dakar en 1988, à l'Appolo Theater de Harlem à New-York (États-Unis) en 1989, en Chine populaire (17 galas à Pékin, Shanghai, Tsingtao, Tianjin, etc.) en 1989, à l'Hôtel Intercontinental de Libreville ; elle s'est également produite dans les autres villes du monde, de Boston à Montréal en passant par Genève, Nairobi et Bamako…

[1] Né le 13 juillet 1956, Antoine Christophe Agbepa Mumba, dit Koffi Olomide (déformation « Oh l'homme-idée », cri lancé par Papa Wemba, auprès de qui il commence sa carrière musicale en 1977), est l'un des meilleurs du Congo et du continent (reconnu en 2002 « meilleur artiste africain). Avec son orchestre Quartier Latin,il a édité 21 albums à succès (1983 : *Ngounda* ; 1984 : *Lady Bo*, avec King Kester Emeneya) ; 1986 : *Ngobila* ; 1986 : *Diva* ; 1987 : *Dieu voit tout*, en duo avec Fafa De Molokaï) ; 1987 : *Rue d'amour* ; 1988 : *Henriquet* ; 1989 : *Elle et Moi ;* 1990 : *Les Prisonniers Dorment... ;* 1992 : *Haut de gamme/Koweït, rive gauche ;* 1993 : *Noblesse Oblige ;* 1995 : *V12 ;* 1996 : *Wake Up*, en duo avec Papa Wemba) ; 1997 : *Loi ;* 1999 : *Attentat ;* 2001 : *Effrakata ;* 2004 : *Monde Arabe ;* 2008 : *Bord Ezanga Kombo ;* 2012 : *Abracadabra ;* 2015 : *13e Apôtre ;* 2017 : *Nyataquance*). Avec Tabu Ley (et peut-être aussi Abeti Masikini), il est l'un des plus grands vendeurs congolais de disque en Afrique. Et il semble être l'artiste congolais ayant remporté le plus de titres d'honneur, avec 6 Kora et un autre Kora Awards à son orchestre Quartier Latin : 4 durant l'édition de 2002, grâce à son album *Effrakata* (meilleur artiste d'Afrique centrale, meilleure vidéo d'Afrique, meilleur artiste masculin d'Afrique, Prix spécial du Jury ; il sera ainsi surnommé « Quatre Kora Man »), ainsi qu'un *Kora Award* de l'artiste de la décennie en 2005 (*Kora Award*, récompense pour l'ensemble de sa carrière). Il est également cité dans *Les 1001 albums qu'il faut avoir écoutés dans sa vie*.

maisons-témoin à Kinshasa, ainsi que le démarrage des travaux de la construction, en milieu urbain, de six routes urbaines.

***

Idiofa… et Bulungu : un mauvais état des routes

Je terminai le « tour » de la RDC par le Kwilu, ma province d'origine, celle qui a produit des grands hommes comme les politiciens Antoine Gizenga, Pierre Mulele, Yvon Kimpiob, Cléophas et Olivier Kamitatu, Henri Takizala, Bernardin Mungul-Diaka, Adolphe Muzito, Martin Fayulu…, les chanteurs de charme Pascal Tabu-Ley, Paul Ndombe Opetun, King Kester Emeneya ou Noël Ngiama Makanda alias Werrason, le génial footballeur Jef Kibonge, le boxeur Jo Kimpuani, le talentueux dramaturge Norbert Mobyem Mikanza, le journaliste volubile Kwebe Kimpele, le virologue Jean-Jacques Muyembe Tamfum…

Une province que le gouvernement ne retint pourtant point parmi les bénéficiaires du PSC mais qui lui attribua in extremis un projet, obtenu semble-t-il, par le président de l'Assemblée nationale, Aubin Minaku, issu d'Idiofa. Il s'agissait de construire une route bitumée de 70 km d'Ingudi (RN1) à cette cité chef-lieu de son territoire, et de goudronner, dans celle-ci, 7 km de voirie.

Au sein d'une délégation conduite, le 21 juin 2017, par le vice-ministre des Infrastructures et le DGA de l'ACGT, Nico Nzau Nzau je me rendis, en véhicule, à Idiofa, pour aller inspecter l'avancement des travaux placés sous la supervision de l'ACGT, dans le cadre du Programme sino-congolais. Notre chemin devait passer par Kenge, Masi-Manimba et Kikwit. A Kikwit, la plus grande ville de la province, ville « intellectuelle » par excellence, à 630 km de Kinshasa sur la RN1, je passai la nuit chez l'ancien Général des Frères Joséphites de Kinzambi, mon ami le Frère Arthur Kasay, au couvent de l'Institut de la Fraternité (INFRA). Je retrouvai avec émotion ce lieu qui, de 1970 à 1976, m'hébergea comme élève à l'école secondaire, en section scientifique option Bio-Chimie. J'étais venu dans cette prestigieuse école, autrefois appelée Collège Jean XXIII puis Collège de la Fraternité (COFRA), pour entreprendre mes études secondaires, après avoir réussi la 6ème primaire et les deux années du cycle d'orientation à la mission catholique de Kinzambi, un creuset de l'intelligentsia kwiloise, où passèrent plusieurs personnalités de la République.

Après Kikwit, sur une route en terre difficile à franchir, l'on se rendit à Idiofa, objectif de notre mission. Il y a trente ans, j'étais de passage en cet endroit. J'allais à Kilembe, à quelque distance de là, où vivait ma sœur aînée[1].

Pour retourner à Kinshasa, le 24 juin 2017, j'eus la joie de noter que le cortège, à partir de Kikwit, ne suivit pas la RN1 directement sur Masi-Manimba, mais dévia sur une route en terre qui conduisait à Bulungu, les autorités voulant s'enquérir de son état pour, éventuellement, la moderniser ou la refaire ! Il existait en effet une idée (et peut-être pas un projet) qui suggérait la réhabilitation des routes Bulungu – Petit Kasaï (75 km) qui donne sur la RN1 près de Masi-Manimba et Bulungu-Kikwit (80 km).

Bulungu, c'est la cité, chef-lieu du territoire et autrefois aussi chef-lieu du district du Kwilu devenue province en 2015, où je

---

[1] A Kilembe était établi l'un des quartiers d'opération de Pierre Mulele, pour commander une « rébellion » armée, la première du genre en Afrique indépendante, qu'il déclencha début janvier 1964. Une « rébellion » – certains disent mieux une « révolution » – décidée pour venger la mort de Patrice Lumumba et chasser du pouvoir ceux qui l'avaient commanditée et exécutée ! Elle prospéra dans le triangle Idiofa-Gungu-Kikwit (trois territoires) ; elle fut sanglante : elle élimina ceux qu'elle considérait comme les ennemis du peuple, et fit même des victimes parmi l'élite militaire mobutiste (le colonel Tshatshi y trouva la mort). La riposte de l'Armée régulière sera tout aussi sanglante : de 1964 à 1968, va être pratiquée la politique de la terre brûlée (bouclage de la zone Idiofa-Kikwit-Gungu, villages incendiés, destruction des récoltes) destinée à isoler les rebelles mulelistes ; les représailles perpétrées par les forces de l'ANC afin de « pacifier » le Kwilu vont faire entre soixante et cent mille morts parmi la population civile. A Kikwit, plus de trois mille personnes, parfois des familles entières, vont être exécutées par les soldats de l'ANC commandés par le colonel Joseph Monzimba, lequel a baptisé « Boucherie nationale de Kikwit » le camp militaire qu'il dirige dans ce chef-lieu du Kwilu.

passai mon enfance depuis 1967, où je fus connu comme un organisateur des représentations théâtrales. C'est ici que, le 28 novembre 1960, conduit par Mungul-Diaka, Patrice Lumumba, en fuite vers Stanleyville pour rejoindre Antoine Gizenga, tint un meeting qu'il ne fallait pas tenir, puisqu'un Portugais, Fernandez, signala, par phonie, sa présence à Mobutu et Nendaka... Ceux-ci lancèrent alors leur troupe à sa poursuite, laquelle se termina par sa capture à l'entrée de la province du Kasaï...

Quinze kilomètres avant d'atteindre Bulungu est localisé le village de Kingwaya, dans le secteur Nko. Ici, un originaire du lieu, mon ami Jacques Kamenga, de 2014 à juin 2020 DGA de la puissante Gécamines, a construit un grand et magnifique hôpital, lequel a la prétention de détrôner le vieil hôpital de Vanga, le plus grand de la province. Je me détachai malignement du cortège pour visiter ce bijou : j'en fus émerveillé et je félicitai un fils du pays de réaliser une œuvre profitable à ses congénères...

Mbandaka : aménager les ports intérieurs

Une autre fois, à la tête d'une équipe hollandaise, composée des ingénieurs Afonso Muimba et Rob de Bruijn, j'effectuais le déplacement de Mbandaka, connue jusqu'en 1966 sous le nom de Coquilhatville, d'après le Belge Camille Coquilhat (1863-1891) qui fut le premier à diriger ce poste fondé en 1891 et institué en circonscription urbaine dès 1895. Le lieu obtint le statut de ville en septembre 1958.

La ville est traversée par l'équateur, cette ligne imaginaire (de latitude vaut 0° et de longueur 40 075 km) tracée autour de la Terre, à mi-chemin de ses pôles et qui marque la séparation entre l'hémisphère nord et l'hémisphère sud. Un bloc de limonite à Wangata, faubourg de Mbandaka, indique l'emplacement de l'équateur terrestre. C'est pourquoi cette grande région autour de cette ligne constitua une province appelée l'Equateur, et dont Mbandaka fut et demeure le chef-lieu.

La principale attraction des environs de Mbandaka se trouve à Eala, à 7 kilomètres de la ville. C'est un magnifique jardin botanique, sans doute le plus prestigieux jardin botanique du pays, un domaine fondé par Léopold II en 1900, planté d'arbres dont certaines de 3200 espèces répertoriées (parmi lesquelles les orchidées) atteignent des proportions impressionnantes.

Située sur la rive gauche du fleuve Congo en aval du confluent de la rivière Ruki, Mbandaka est une étape importante sur le fleuve entre les villes de Kisangani en amont et de Kinshasa en aval (Mbandaka est à 720 km par voie fluviale et 1 180 km par la route nationale RN8 au nord-est de la capitale). Des petits ports privés font concurrence au grand port public, construit et géré par l'Office national des transports maritimes (ONATRA).

Afonso Muimba et Rob de Bruijn sont venus ici en cherchant à viabiliser tout l'espace portuaire, et de façon générale, tous les ports intérieurs du pays, c'est-à-dire des ports situés sur le bord du fleuve Congo, d'une rivière ou d'un canal (bords à quai, disposant éventuellement d'un plan d'eau intérieur...), souvent aménagés sur un bras mort, une dérivation ou un élargissement naturel du cours d'eau afin d'éviter que le courant ne gêne les activités portuaires ; certains ports fluviaux sont créés artificiellement en creusant la terre pour créer des bassins accessibles depuis le fleuve ou situés sur le bord de canaux entièrement artificiels (ce ne sont pas des rivières canalisées).

Le projet consisterait à (re)construire et/ou moderniser, ainsi qu'à équiper ces ports fluviaux congolais en vue d'en faire des pôles d'activités commerciales, c'est-à-dire des lieux servant à accueillir les navires de commerce, qui comprennent les ferries et les paquebots capables d'assurer le trafic de passagers et les navires cargo pour le transport de diverses marchandises. Seraient également aménagés ou montés des réservoirs et tuyauteries pour les liquides comme les produits pétroliers, des silos ou des espaces de stockage, des entrepôts, des grues, des porte-conteneurs avec les grands espaces de stockage associés, des zones d'attente (pour les cargaisons roulantes), éventuellement des parkings. Outre les espaces de stockage et les moyens de manutention nécessaires, un port de commerce inclut aussi des liaisons routières et ferroviaires, voire fluviales, avec la terre ; différentes darses et terminaux spécialisés ; des bassins pour les navires de services associés ; selon les cas, des bassins dédiés à la réparation, un dispositif de séparation du trafic… Tout cela serait prévu dans le projet.

Seraient à construire des infrastructures ou des installations portuaires qui comprennent des bassins, offrant un tirant d'eau suffisant, bordés par des quais généralement munis de défenses et des terre-pleins sécurisés, des équipements de manutention (grues…), un éclairage nocturne, des postes de soutage et de livraison d'eau douce, des jetées et brise-lames, un réseau électrique (haute tension dans les grands ports). Les dragues et le dragage seraient réhabilités. Le chenal d'entrée serait balisé : l'on procéderait à la pose d'un système de navigation par GPS par antenne émettrice le long du fleuve, pour permettre à la Régie des voies maritimes (RVM) de bien délimiter et cartographier le chenal de navigation et les zones draguées et au navire de se positionner plus aisément dans ce chenal sans obligation d'un important balisage. Les effets positifs seront ressentis essentiellement du fait que le balisage et le dragage d'entretien des chenaux peuvent réduire le nombre d'accidents (naufrage, enlisement) qui pourra avoir lieu sur le fleuve et le nombre d'accidents (blessure ou mort d'homme) lors de ces accidents. La diminution des risques pourra avoir un effet sur le prix du transport mais également sur les risques environnementaux liés à la perte de produit dangereux ou autres dans le fleuve en cas d'accident important notamment si des navires pétroliers sont impliqués.

Le port serait relié à son arrière-pays par des voies de communication. Depuis les années 1990, à chaque port digne de ce nom se superpose aussi une infrastructure numérique qui prend une importante croissante pour la gestion des flux et de la sécurité notamment.

Ce projet ambitieux serait retenu et le pays et ajouterait à son développement économique tant recherché…

Kinshasa-Matadi : possibilité de rendre la voie fluviale navigable

Huitième plus long fleuve du monde (4700 km) mais le second après l'Amazone pour son débit (80 832 m^3/s au maximum), le fleuve Congo, peut-être aussi le fleuve le plus profond au monde (avec une profondeur dépassant 220 mètres sous forme de canyons immergés) est navigable par sections : dans son cour supérieur entre Kisangani et Kinshasa via Mbandaka (soit 2 495 km), et dans son cour inférieur entre Matadi et Banana sur l'océan Atlantique (140 km). Il est entrecoupé par des rapides en amont avant Kisangani et en aval entre Kinshasa et Matadi. Dans ce dernier bief, il y a rupture donc de charge, puisque la navigabilité du fleuve est empêchée par une suite de présence de 32 chutes et rapides : les chutes Kinsuka (jadis chutes Livingstone, nommées d'après l'explorateur David Livingstone), de Zongo, de Songololo, etc. Ces chutes et rapides, qui s'étalent sur une zone dite des cataractes assurent une différence moyenne de dénivelé de 270 mètres sur une distance de 350 kilomètres ; leur présence sur le fleuve a justifié à la fin du XIXe siècle la construction du chemin de fer Matadi-Léopoldville.

Le projet porté par les ingénieurs Afonso Muimba et Rob de Bruijn, en soi très audacieux, consisterait à vaincre ces chutes pour rendre le fleuve navigable de Kinshasa à Matadi, et permettre ainsi le transport des marchandises sans que l'on oblige celles-ci de prendre nécessairement le train.

Ambitieux en soi, ce projet n'est pas pour autant irréalisable. Les Belges avaient prévu de le concrétiser, et les études de faisabilité existent même à ce sujet, entreprises à l'université de Liège[1]. Mais, m'ont assuré Muimba et de Bruijn, les Belges étaient empêchés d'exécuter le projet à cause de certaines difficultés techniques non résolues et financières évidentes. Les

---

[1] Robert ARNOULD, « La canalisation du fleuve Congo à l'aval de Kinshasa : un défi pour le XXIe siècle », *Bulletin de la Société géographique de Liège*, 46, 2005, 99-117, *https://popups.uliege.be/0770-7576/index.php?id=2014&file=1*

Hollandais ont résolu les problèmes techniques restés pendants, et le financement allait être trouvé.

Pour prouver de la faisabilité du projet, Muimba et de Bruijn m'ont invité à visiter le port de Rotterdam, afin de me rendre compte comment les Hollandais ont pu vaincre les difficultés, dont certaines se retrouvent dans le cas congolais, qui empêchaient la navigabilité sur les cours d'eau locaux et qui ont fait que le pas bénéficie d'un port qui attendait de recevoir les navires très achalandés venant d'ailleurs…

Bas-Congo : Possibilité de l'implantation d'une usine de production d'eau pure

Avec la même équipe hollandaise, et pour la même raison, nous nous rendîmes, par route, à Matadi, Boma, Banana-Muanda au Kongo Central.

Près de Matadi, l'équipe projetait l'installation d'une usine de production d'une eau pure. A partir d'une source d'eau qu'elle avait découverte par satellite depuis la Hollande, elle pensait en tirer une quantité industrielle d'eau qu'elle allait vendre en Europe. Elle sollicitait de l'Etat congolais une mise à disposition du terrain repéré, qu'elle allait transformer en un lac artificiel devant servir de bassin d'eau autour duquel serait montée l'usine de production d'eau. Il était possible de construire, à partir de ce point, des pipelines conduisant au barrage d'Inga, comme source d'énergie électrique. D'autres pipelines partiraient de l'usine d'eau et aboutiraient au port de Banana, à partir duquel l'eau produite serait transportée en Europe.

Le montage et la réalisation du projet seraient financés par des investisseurs étrangers, lesquels géreraient et exploiteraient l'usine, afin de récupérer leur capital. Le pays aurait beaucoup à gagner de ce projet, puisqu'il permettrait l'embauche de plusieurs Congolais et serait une source évidente des ressources pour l'Etat. Malheureusement, le projet porté par Muimba et de Bruijn ne fut pas retenu par le BCPSC…

Matadi, entre le Pont Joseph Kabila et le Pont Joseph Mobutu

Sur la route Kinshasa-Matadi, un morceau de la RN1, sont jonchées des villes dont certaines ont une histoire et/ou une importance économique que l'on ne peut oublier ou négliger, dont : Mbanga-Ngungu, anciennement Thysville, où furent détenus Patrice Lumumba (du 3 décembre 1960 au 16 janvier 1961) et ses deux compagnons Maurice Mpolo et Joseph Okito avant d'être expédiés au Katanga où ils furent assassinés ; Boma, qui fut, après Vivi et avant Léopoldville (Kinshasa), la deuxième capitale du Congo (de 1886 à 1923) et fief du premier président de la République, Joseph Kasa-Vubu ; Matadi,

Sur cette première route nationale (RN1), l'on ne peut qu'être impressionné par quelques ouvrages nés des « Cinq chantiers » de Joseph Kabila ; il s'agit notamment de la réhabilitation du tronçon pont Mpozo-Nduizi et de la construction du Pont Mpozo, deux projets non concernés par le Programme sino-congolais, mais réalisés par les entreprises chinoises partenaires de ce programme (CREC RDC et CREC 7), financés en mode BOT (« Build, operate, tranfer » ou, en français, « Bâtir, œuvrer, transférer ») et pilotés par l'ACGT et l'Office des Routes.

Ces projets, qui n'en forment qu'un en réalité, font partie de la première phase d'un vaste programme de construction des routes et des ouvrages d'art à travers tout le pays. Ils s'inscrivent dans le cadre du contrat pour la réalisation de divers travaux sur la RN1, connu sous la dénomination de la Concession pour route Matadi-Kinshasa, pour un montant total de 138.100.000 USD. Entrent dans ce lot, l'entretien régulier de la route Matadi jusqu'au pont Maréchal, la modernisation de 3 stations de péage et de pesage, la construction de 2 stations de péage, la construction de voiries à Matadi, le financement des travaux de réhabilitation de la route en terre Kisantu-Ngidinga, etc.

Premier projet, la chaussée allant de Nduizi au pont Mpozo a été refaite à 2x1 voies sur une longueur de 40 km ; elle a coûté 27.545.683 USD.

Le deuxième projet a concerné la construction du Pont Mpozo, bâti en béton précontraint. L'ancien pont en service sur cette rivière, plusieurs fois réhabilité, peinait à contenir des poids élevés et ne répondait plus au volume intense du trafic sur cet axe routier. L'arrêt du trafic dû à l'effondrement éventuel de cet ouvrage aurait eu des conséquences incalculables sur l'économie et la vie sociale étant donné qu'il est l'unique voie d'accès au principal port du pays. Le Président Kabila avait choisi de le faire revivre, de lui donner la capacité de supporter des poids très lourds. Dans son esprit, les provinces congolaises devaient être reliées entre elles ; l'un des bons moyens pour y parvenir consiste à réhabiliter ou à construire des ponts routiers, dans le cas de deux provinces frontalières. Parmi les œuvres qu'il a réalisées à cet effet, retenons-en deux, qui ont les particularités de se trouver sur la première route nationale (RN1) et de relier deux provinces : *Pont Loange* (ou *Lwange*) qui sert de trait d'union entre les ex-provinces du Bandundu et du Kasaï occidental, et *Pont Mpozo*, qui relie deux provinces essentielles du pays, le Kongo Central, jadis Bas-Congo, et la ville de Kinshasa.

Aussi appelé « Pont Joseph Kabila », le pont Mpozo, jeté sur la rivière du même nom, constitue sans doute l'un des ponts les plus remarquables en RDC et l'un des fleurons du programme « Les Cinq chantiers ». Sis sur la RN1, à 8 km à l'est de Matadi, il est, pour les véhicules en provenance de Kinshasa, à 354 km de là, la porte d'entrée de la ville portuaire. Il remplace l'ancien pont à deux voies qui, construit à l'époque coloniale, supportait au maximum 60 tonnes et qui croulait déjà sous le poids de l'âge.

La nécessité de la construction de ce pont s'imposait, pour accueillir des centaines des camions remorqueurs d'un tonnage nettement supérieur venant quotidiennement du port de Matadi pour la ville de Kinshasa, et vice-versa. Au moment de la prise de la décision, traînait un transformateur de la Société nationale d'électricité (SNEL) pesant 96 tonnes, stocké depuis près d'une année devant l'Orgaman Kinkanda (cet entreposage coûtait à la SNEL la bagatelle somme de 800 USD par jour, et l'absence de ce transformateur de 100 MVA continuait à faire ployer des quartiers de Kinshasa sous le délestage).

L'entreprise chinoise CREC-7 fut chargée de construire un pont plus solide. Le Président de la République inaugura les travaux le vendredi 8 mai 2009, mais les travaux ne débutèrent que le 1er août suivant. Ils devaient durer 18 mois. C'est le 11 février 2011 que l'ouvrage fut réceptionné et ouvert au trafic.

Peu avant l'inauguration officielle, par le Chef de l'Etat le 25 novembre 2011, le camion de 13 tonnes transportant le gros transformateur de 96 tonnes de la SNEL avait déjà traversé le nouveau pont. Celui-ci est impressionnant. Sa conception, en ce qui concerne sa partie supérieure, est de la structure de trois portées faite du béton armé continu de précontrainte. Quant à la longueur de portée, elle est de 188 mètres (50 m + 88 m + 50 m), tandis que la largeur du pont est de 17 mètres (subdivisée en 3 mètres de trottoirs et 3,5 mètres) pour 4 voies de circulation (deux pour l'aller et deux pour le retour). La longueur totale de l'ouvrage est, elle, de 200 mètres, tenant sur 4 appuis (2 piles et 2 culées). Le pont peut supporter jusqu'à 120 tonnes à l'essieu (le double de l'ancien pont qui le jouxte). Son coût est d'au moins 30 millions USD (d'un coût initial de 21 millions USD), le projet étant financé en mode B.O.T. (dans ce cas-ci sur fond propre du gouvernement congolais, prélevé sur les ressources récoltées au péage installé sur la RN1 entre Matadi et Kinshasa).

C'est un ouvrage dont la conception du tablier répond parfaitement au standard international des autoroutes de niveau 1 : il est doté d'une capacité antisismique élevée, peut supporter une vitesse de circulation de 80 km/h, et a une fréquence de la lutte contre les inondations calculée sur 100 ans.

Notons que Mpozo constitue l'un des ponts les plus modernes que dispose le pays. Il vient après le fameux Pont Matadi (anciennement « Pont Maréchal (Mobutu) ») qui, construit de 1979 à 1983 par les Japonais, est l'unique pont suspendu en RDC et le seul permettant de traverser le fleuve Congo (sur son cours moyen et inférieur) et qui, avec une portée de 520 mètres et une longueur de totale de 722 mètres, est le plus long pont suspendu en Afrique (il est suivi par le Pont Otto Beit à Chirundu, qui, d'une portée de 328 m et d'une longueur de 383 m, relie la Zambie au Zimbabwe). En RDC, le pont le plus proche du Pont Matadi est le pont de Kongolo qui se trouve en amont à Kongolo au Katanga, à quelque 2.800 km ; il a une portée de 496,6 mètres. En grandeur de portée, le troisième pont congolais est le Pont Loange (ou « Pont du Cinquantenaire »), un ouvrage de grandes dimensions (440 mètres de longueur et 80 mètres de largeur) qui peut supporter un poids de 50 tonnes et qui, inauguré par le Président de la République le jeudi 2 septembre 2010, fait, avec le Pont Mpozo, partie du programme des Cinq chantiers[1].

---

[1] Joseph Kabila a initié la construction du Pont Loange en notant que, sur la route Nationale n°1, entre les villes de Kikwit au Bandundu et de Tshikapa au Kasaï-Occidental, la traversée de la rivière Loange constituait un vrai casse-tête pour les voyageurs qui empruntaient cette voie. Et en premier lieu pour les commerçants avec leurs véhicules gros tonnage bondés de marchandises vivaient un véritable calvaire. A chaque fois en arrivant ici, ils devaient décharger leurs camions pour ne pas courir le risque de faire écrouler le vieux pont qui surplombait la rivière, et les recharger à nouveau une fois de l'autre côté de la rive. Cette rupture de charge durait deux jours et il leur fallait cinq jours au total pour joindre les deux villes. La construction du pont Loange, qui est venu mettre un terme au calvaire, a été faite en 18 mois jusqu'en septembre 2010, par la société Sinohydro, pour un coût de 36 millions de dollars USD, financé par la Banque mondiale et le gouvernement congolais. Composé entièrement en béton armé et en fer dur, pour une durée minimale de 100 ans, l'ouvrage mesure 440 mètres de longueur et 80 mètres de largeur et peut supporter un poids de 50 tonnes. Il a été inauguré par le Président de la République, le jeudi 2 septembre 2010, à Lwange. Avec la mise en service du Pont Loange, il n'y a donc plus de gros souci aujourd'hui, pour les véhicules au gros tonnage qui doivent traverser cette rivière frontière entre les deux provinces. Le nouveau pont permet désormais aux voyageurs de joindre les villes économiques de Kikwit et diamantaire de Tshikapa en quelques heures. D'autant plus qu'un autre pont a été jeté au même moment sur la rivière Lovua, que les véhicules devaient avant contourner par un long détour, pour retrouver la Nationale n°1. Pour les commerçants et les familles vivant dans ces régions, ces ponts ont un impact économique réel. En permettant le désenclavement du Kasaï et de ses zones agricoles, ces ouvrages contribuent à un meilleur approvisionnement des centres urbains qui sont sur l'itinéraire, à leur développement économique ainsi qu'à la baisse du coût des produits vivriers sur les marchés. Le pont facilite non seulement la traversé des produits

Ce tableau présente les grands ouvrages de la RDC (liste non exhaustive). (P = portée ; L = longueur ; VP = voie portée ; *VF = voie franchie*)

Nom	P	L	Type	VP *VF*	Date	Locali sation	Provi nce
Pont de Matadi	520	72	Suspendu Tablier treillis acier, pylônes acier	RN1 *Congo (fleuve)*	1983	Matadi	Kongo-Central
Pont Mpozo	88	200	Poutre-caisson Béton précontraint	RN1 *Mpozo*	2011	Matadi	Kongo-Central
Pont de Kongolo	70	495	Poutres Béton armé	*Lwapula*	1939	Kongolo	Tanga-nyika
Pont-rail de Zofu	66 (x10)	743	Treillis Acier	R630 Kabalo-Kamina *Lwapula*	1956	Kabalo	Tanga-nyika
Pont du Cinqua-ntenaire		440	Treillis Acier	RN1 *Lwange*	2010	Kalema	Kwilu Kasaï-Occid.
Pont entre Kin et Brazza *projet*				Route et ligne ferrov. *Congo (fleuve)*		Kinshasa -Brazza	Kinshasa

Banana : Construction d'un port en eau profonde

Sur notre chemin vers Banana se trouvaient les grandes villes de Matadi et de Boma, connues pour leurs ports, les

---

vivriers, mais aussi celle des équipements des exploitants miniers. Outre l'impact économique réel, le pont Loange joue également un rôle social indéniable entre le Bandundu et le Kasaï-Occidental : il a le mérite de rapprocher les peuples des deux provinces. Ainsi, le pont Loange est un facteur très important d'intégration régionale, car non seulement il offre une liaison routière ininterrompue traversant six provinces nationales d'avant 2015 (Bas-Congo, Kinshasa, Bandundu, les deux Kasaï, Katanga), mais il permet aussi d'assurer une liaison entre les pays de l'Afrique centrale et ceux de l'Afrique australe et orientale. C'était là l'un des vœux les plus chers du Chef de l'Etat : rendre accessible la Nationale n° 1, en reliant la ville portuaire de Matadi à Kasumbalesa, ce centre important du Katanga qui donne sur la Zambie.

principaux de la RDC. Le port de Matadi, le mieux développé, est à 150 km de l'océan, tandis que le port de Boma se situe à 90 km de l'océan. Le troisième principal port congolais se trouve à Banana, lequel a le grand avantage de donner directement sur le littoral.

A Banana[1], une prolongation de la cité de Muanda au bord de l'océan Atlantique, l'équipe hollandaise envisageait la construction d'un grand port en eau profonde... pour prendre la relève du port existant. Celui-ci se trouve sur la rive nord de l'embouchure du fleuve Congo, dans une baie s'ouvrant vers le fleuve, l'isthme sablonneux de Banana protégeant le port de l'océan Atlantique. Situé également hors du cours principal du fleuve, le port actuel de Banana est géré par la Société commerciale des transports et des ports (SCTP, Onatra avant sa transformation en 2011). Des données officielles renseignent que le port se compose d'un seul quai, d'une longueur d'environ 5 mètres. Les navires doivent disposer de leur propre matériel de déchargement, le port ne disposant pas de grue en état de marche. Par ailleurs, l'accès au terminal pétrolier de la Société congolaise des industries de raffinerie (Socir) se fait par mouillage dans la baie. Le chargement se fait par tuyaux de 8 pouces permettant de charger 400 tonnes par heure, par des barges effectuant la navette avec le site de stockage. En fin de compte, le port en eau profonde résoudra beaucoup de problèmes.

L'idée de construire un port en eau profonde à Banana date de l'époque coloniale. Elle serait motivée par l'immédiateté de

[1] Banana est une presqu'île de forme très allongée, dirigée à peu près du nord au sud, où elle est pointée vers l'estuaire du fleuve. Protégeant une baie, qui constitue un havre aux dimensions relativement grandes, contre l'océan, elle est très étroite, surtout sur la moitié sud de sa longueur, et constituée de sables assez fins. Sa formation semble être due à une migration de sables, entraînés par les courants de l'océan, le long de la rive ouest, dans la direction nord-sud, sables en suspension, et déposés à l'extrémité sud de la presqu'le, dans des eaux plus calmes. L'allongement, ainsi obtenu, de cette bande étroite de terrain, caractérise la formation des « flèches » qui se sont créées en de nombreux endroits le long des côtes à courants de sable.

l'océan, en rapport avec les ports de Matadi et de Boma situés loin (respectivement 150 et 90 km) de l'embouchure du fleuve Congo. "Peut-on construire un port à Banana ?" Défenseur du port de Matadi contre l'éventualité d'un pont à Banana, l'ingénieur civil et professeur Karel Bollengier, qui pose cette question, dans un Mémoire présenté le 30 janvier 1953, y répond, non sans critiquer le projet qui est présenté à cet effet[1] :

"Il est hors de doute que la construction d'un port pour navires de haute mer est possible à Banana, c'est-à-dire d'un port bien outillé, dans la baie de Banana, à l'abri de la presqu'île, sous la rive est de celle-ci. Cette possibilité se constate à peu près à vue de nez, lors d'une simple visite des lieux, quand on a connaissance de la nature du terrain et des profondeurs.

Un tracé pour des quais à construire à Banana, a été proposé, en 1929, par une mission dite Garbe, envoyée en Afrique par le Syndicat d'Etudes du Bas-Congo (Syneba), après une étude de quelques mois, consacrée, en majeure partie, à Banana et, accessoirement seulement, à Matadi, comme cela résulte clairement du rapport de mission.

L'étude faite, pour Banana, par la mission Garbe, comprend, en ordre principal, la détermination de données relatives aux courants, à la marée, à la densité des eaux, aux conditions atmosphériques, aux surfaces d'eau et aux profondeurs, toutes choses pour lesquelles les indications existaient en grande partie, déjà, en 1929, pour autant, bien entendu, qu'elles pouvaient être nécessaires à la rédaction d'un avant-projet, bien sommaire, pour la construction d'un port.

La mission Garbe a présenté, ainsi, en 1929, pour Banana, un tracé pour un mur de quai continu, de longueur limitée. Il n'entre pas dans le cadre de la présente communication de discuter à fond ce tracé. Il suffit de constater, en ce moment, qu'il est possible de dresser pour Banana un plan d'installations portuaires pouvant exploiter *beaucoup mieux, à fond*, les possibilités de la baie, en donnant aux quais un développement *beaucoup plus grand* que celui assuré par le

---

[1] K. Bollengier, « Le port de Matadi. Faut-il établir un port à Banana ? », *Institut Royal Colonial Belge Section des Sciences Techniques. Mémoires. - Collection In-8». Tome IX, fasc. 3*, Bruxelles, 1953 ; http://www.kaowarsom.be/documents/MEMOIRES_VERHANDELINGEN/Sciencs_techniques/Tec.Sc.(IRCB)_T.IX,3_BOLLENGIER,%20K._Le%20port%20de%20Matadi.%20Faut-il%20%C3%A9tablir%20un%20port%20%C3%A0%20Banana_1953.PDF.

tracé Garbe. Il suffit de dire, en ce moment, à ce sujet, que le tracé Garbe ne va que jusqu'un développement de quelque 4,5 km de quais.

Constatons toutefois, que ce tracé Garbe a été établi en 1929, au moment où personne, et pas plus la commission Garbe que toute autre, ne pouvait avoir, sur le développement économique ultérieur du Congo, des vues telles que celles se trouvant à la base des constatations de ce jour. Mais on peut faire remarquer, quand même, que les installations portuaires que l'on peut établir sous Matadi, avec Ango-Ango, atteindront, un jour, au moins 4 km, ce qui n'est pas mal à côté des 4,5 km des quais d'un tracé Garbe, proposé pour un grand port congolais, grand port pour lequel il faudrait à peu près abandonner Matadi en ce moment..., comme il aurait fallu le faire déjà, disait-on, en 1929 !

Or, il est hors de doute que, s'il fallait, un jour, se rabattre sur Banana, à la suite d'un développement extraordinaire de la situation économique du Congo – après épuisement complet des possibilités présentées, non seulement par Matadi, mais encore – et avant Banana – de celles offertes par la rive droite du fleuve, en des points situés même relativement près de Matadi – qu'il est hors de doute, doit-on dire, qu'il faudrait, alors, tirer de Banana tout ce qui serait possible d'extraire de ce dernier refuge...

Or, le projet Garbe, tel qu'établi en 1929, ne répond pas à cette condition. *Il serait donc inadmissible de considérer ce projet comme acquis, et on ferait montre d'un sens d'irresponsabilité poussé à l'extrême en établissant, suivant son tracé, des ouvrages définitifs, qui compromettraient pour l'avenir, les possibilités offertes par la baie de Banana.* Il faudrait établir, pour Banana, avant tout, avant toute exécution de travaux définitifs, le tracé optimum des installations portuaires y réalisables. Ce qui n'a pas encore été fait.

En agissant autrement, on se lancerait dans une aventure impardonnable. Il ne suffit pas, évidemment, en l'occurrence, de lancer des idées en l'air, il faut étudier la question complètement."

Karel Bollengier semble être catégorique en 1953 : il n'est pas question de "considérer ce projet comme acquis", et "il ne suffit pas de lancer des idées en l'air, il faut étudier la question complètement" ! Les auteurs à venir sembleront suivre à la règle l'avertissement de ce spécialiste, ingénieur des constructions civiles, ingénieur en chef et directeur honoraire des travaux maritimes d'Anvers ! Il faudra attendre ainsi vingt ans pour que la question refasse surface. En effet, le 28 mars 1972, le président Mobutu, par une ordonnance, crée l'Organisation pour l'équipement de Banana-Kinshasa (OEBK). Cet organe de conseil auprès du gouvernement central sur les questions liées aux transports a pour mission de diriger, de coordonner et de surveiller, pour le compte de l'Etat, l'exécution des études et travaux relatifs à la construction et à l'aménagement

*du port et de la zone portuaire de Banana-Muanda,

*des liaisons ferroviaires et fluviales entre Muanda et Kinshasa et

* du franchissement du fleuve Congo à Matadi (pont de Matadi).

De ces trois projets stratégiques dont l'OEBK est le maître d'ouvrage pour l'ensemble des études et travaux, seule aura lieu, faute de moyens financiers semble-t-il, la construction du célèbre pont de Matadi, appelé Pont Maréchal Mobutu, un ouvrage métallique de 722 m de long qui traverse le fleuve Congo pour relier la partie Bas-Fleuve aux Cataractes. Pourtant, l'OEBK a porté en elle l'espoir du renouveau du secteur des transports grâce à un projet budgétivore qui promet de relancer durablement le pays avec l'érection du premier port en eau profonde de Banana. C'est le troisième grand chantier national à fort impact économique sur le pays, après les barrages d'Inga III et de Zongo II. Alors que le projet Zongo II est déjà concrétisé (inauguré le 22 juin 2018), les projets Inga III et Banana peinent encore à se matérialiser. Le projet « Port en eau profonde de Banana » devrait permettre de construire un port très long, avec plus ou moins 1.600 m de quai. Son érection devrait permettre de récupérer les marchandises déviées vers le port de Pointe-Noire, au Congo Brazzaville. Le port en eau profonde de Banana aura aussi l'avantage d'éviter une perte de revenus aux ports intérieurs de Matadi et de Boma, et le projet de chemin de fer Banana-Matadi (142 km) devra dépendre de sa construction.

Les premières études concrètes remontent à l'année 1972, avec la création de l'OEBK, mais elles sont demeurées lettre morte. En juin 2012, le gouvernement congolais tente de relancer les études sur le port en eau profonde et de constituer une commission pour mettre à jour les termes de référence. Cette commission comprend l'OEBK comme maître d'ouvrage, la SCTP (ex-Onatra), le GET, la SNEL et le BEAU (Bureau d'études et d'aménagement urbain). Elle rendit un rapport qui recommandait, notamment, le recrutement d'un bureau international expérimenté qui devait avoir pour mission d'actualiser les études sur le port en eaux profondes. Trois grands groupes de renommée mondiale avaient alors frappé à la porte, à savoir : le Gouvernement sud-coréen à travers son agence de développement qui avait mené des études sur place avant qu'une équipe de l'OEBK ne se rende à Séoul pour poursuivre les discussions. Il y avait ensuite la firme Dubaï Port International (DPI) et le Groupe français Bolloré.

Toutes ces initiatives n'avaient pas abouti, jusqu'à ce que, en 2014, l'équipe hollandaise d'Afonso Muimba et de Rob de Bruijn arrive à Kinshasa pour proposer l'exécution du projet Banana. Mais elle apprendra plus tard, à ses dépens, que le gouvernement était déjà en train de négocier avec quelques investisseurs, dont ceux des Emirats arabes unis. Ce sont ces derniers qui, à l'issue de laborieuses tractations, raflent la mise : le 23 mars 2018, la Dubaï Port World Africa Logistics NV (DPW, ou DP World), filiale de la société d'investissement public Dubai World, signe à Kinshasa une convention avec le Gouvernement central[1]. Cette firme émiratie semble avoir de

[1] Cet accord est la conclusion de deux premiers protocoles d'accord, signés le 3 janvier 2017 et le 9 février 2017 par José Makila, alors vice-Premier ministre et ministre des Transports, et Suhail Al Banna, Directeur Général de DPW pour l'Afrique et le Moyen-Orient. Rapportant ce fait, David Luyeye écrit (« Pourquoi le projet du port de Banana n'avance pas mais danse », 24 mai 2020, *http://business-et-finances.com/pourquoi-le-projet-du-port-de-banana-navance-pas-mais-danse/*) :
''En février 2017, Suhail Al Banna, le directeur général de DPW pour l'Afrique et le Moyen-Orient, adresse une lettre à José Makila pour lui faire parvenir un « plan de travail détaillé pour une période de six mois ». Au mois de juin, les parties se retrouvent en RDC pour finaliser le contrat. En juillet de la même année, Suhail Al Banna envoie une autre lettre à José Makila dans laquelle il lui fait part de l'avancement des négociations et des études de faisabilité, et il lui demande la

l'expérience en la matière, puisqu'elle est l'un des plus grands opérateurs portuaires du monde (le troisième plus grand opérateur mondial de terminaux conteneurs présents dans le monde), à la tête d'un portefeuille de 78 terminaux maritimes et intérieurs, avec une présence remarquée dans plusieurs pays africains (Sénégal, Égypte, Mozambique, Algérie, Somaliland, Rwanda...).

Piloté par le BCPSC, le projet consiste en la construction ainsi que la gestion d'un port et d'une zone de libre-échange à Banana, et donc d'un terminal d'une capacité installée de l'ordre de 332.000 containers par an et plus de 1,3 million de tonnes de marchandises chaque année. L'on voit que le pays est vraiment demandeur d'un terminal plus grand capable d'accueillir des conteneurs de grande capacité à partir de Banana, à Muanda.

Le contrat prévoit que DPW réalisera, dans les 36 mois à venir, un port d'une longueur de 1.600 mètres, avec cinq quais et un tirant d'eau de 15,5 mètres. Le port comprendra « un quai de 600 mètres et des terre-pleins de 25 hectares d'une capacité de conteneur de 350.000 EVP (pour unités « équivalents vingt pieds », une unité de mesure standard pour les conteneurs) et de 1,5 million de tonnes pour les marchandises générales », d'après le communiqué de DP World. La construction de ce port devrait commencer en 2018 et durer 24 mois (mais jusqu'au début 2020 le démarrage ne sera pas effectif).

Une joint-venture (ou co-entreprise), représentant le partenariat public-privé, sera montée comme une société anonyme de droit congolais, dans laquelle l'Etat congolais

---

prolongation de la période d'exclusivité de deux mois, et donc de retarder la signature du contrat, prévue le 9 août.
La nouvelle date prévue pour la signature du contrat aurait été le 28 octobre 2017. Et le 5 octobre, José Makila se rend à Dubaï pour visiter les locaux de DPW dans la perspective de la signature imminente du contrat. Elle n'interviendra pas non plus le 28 octobre car, semble-t-il, Wivine Mumba Matipa, alors ministre du Portefeuille, aurait refusé d'apporter son contreseing. La délégation de DPW qui arrive à Kinshasa est profondément désappointée quand elle apprend que le contrat va être signé ultérieurement.'' Et ce sera le 23 mars 2018 que ce contrat sera effectivement signé.

détiendra 30 % de participation non diluable dans le capital social et DWP 70 %. Dans la composition du Conseil d'administration présidé par l'Etat congolais, celui-ci fournira 4 membres (dont un Directeur général adjoint) et DPW 6 membres (dont un Directeur général). Le projet sera une mise en concession de 30 ans avec possibilité de renouvellement de 20 ans après évaluation concluante. L'on aurait dû s'attendre à ce que la société étatique dans la joint-venture, une société anonyme de droit congolais, soit une des entreprises publiques congolaises existantes chargées des ports (l'ex-ONATRA ou l'OEBK), mais celles-ci auraient été écartées au profit de la création d'une nouvelle entité. Lors des négociations, menées âprement par Moïse Ekanga, Secrétaire exécutif du BCPSC, la joint-venture reçut le nom de « Port Autonome de Banana » (PAB).

Pour les Congolais, un port en eau profonde à Banana devra venir équilibrer les choses tout en assurant l'intégration régionale qui est, d'ailleurs, le seul argument avancé par la BAD pour financer ce port, sans tenir compte de la nécessité de l'existence préalable des économies viables dans les pays de cette région. Le ministre des Transports et Communications José Makila avait garanti que ce projet aura un impact socio-économique indéniable : ''L'augmentation des flux des navires, essentiellement ceux de gros tonnage, la promotion du transport des marchandises par containers, la création d'emplois directs (environ 5.000), notamment par la construction de la zone industrielle et logistique autour du port ; l'amélioration de la compétitivité de l'économie par la réduction des coûts de transports dans ses ports maritimes'' ; le prélèvement par l'Etat des impôts et taxes autour de l'ensemble des opérateurs commerciaux ; l'attribution des marchés aux sociétés de sous-traitance… Autant donc de retombées attendues de ce projet gigantesque et bénéfique pour la RDC et la sous-région.

La construction du port, qui relève de la souveraineté de l'Etat (qui l'a inscrit dans son budget 2020), devrait s'effectuer en quatre phases durant 36 mois à dater du lancement des travaux. La première phase comprend l'aménagement d'un quai de 1.600 mètres sur la côte de l'océan Atlantique, le pays disposant d'une entrée de l'océan vers le fleuve, derrière Banana. Au départ, le coût global des travaux était estimé à plus de 1 milliard USD, et la DP World avait accepté d'injecter un premier montant de 350 millions USD sur les premiers 24 mois, le reste de l'enveloppe dépendant des besoins du projet. Mais, l'on s'est rendu compte après que le montant initial était quelque peu sous-évalué. Les travaux devraient désormais coûter pas moins de 4 milliards USD, dont 600 millions USD pour la première phase consistant en l'aménagement du quai sur la côte de l'océan Atlantique. Il s'agit d'un projet qui intègre également la construction, à moyen terme, d'un chemin de fer de 142 km entre Matadi et Banana, et une route de 114 km reliant Boma et Muanda-Banana.

Selon les documents du projet, la construction du port sera assurée par l'entreprise chinoise Guang Ping International. Celle-ci aurait déjà conclu un contrat de logistique avec la société MW Afritec d'Alain Wan, afin d'utiliser le port privé de ce dernier situé sur sa carrière près de Boma pour faciliter la construction du nouveau port.

Dans les discussions engagées, il était prévu que les travaux de construction commencent début 2020. Mais le projet semble marquer le pas en cette année. Le Premier ministre Sylvestre Ilunga Ilunkamba qui, comme tout le monde, en fait le constat, érige une « Commission de suivi du projet de port en eau profonde de Banana » (CSPPEPB), à la tête de laquelle il place l'ingénieur Siméon Munganga. Le 27 février 2020, pour « faire le point » sur ce projet, il préside une sorte de « réunion de crise », au cours de laquelle il décide de « mettre en place une structure technique placée sous l'autorité directe du chef de gouvernement ».

Zongo et Inga : des barrages vitaux pour le pays

Avec les amis du BCPSC, j'eus également l'occasion de revenir au Kongo Central, cette fois-ci pour visiter les barrages d'Inga et de Zongo, qui fournissent l'un de l'électricité à certaines usines du Katanga, et l'autre à la ville de Kinshasa...

L'idée de construire une centrale hydroélectrique à Zongo, localité du Bas-Congo, germe pendant la colonisation belge. L'endroit choisi est les spectaculaires chutes de Zongo, situées à 130 km de Kinshasa sur la rivière Inkisi, avec une hauteur de 65 m et un débit de 650 m^3/sec. C'est son débit important qui va donner naissance au barrage hydroélectrique, en profitant des rejets des eaux tombant sur les rochers. L'on prévoit que cette centrale aura une puissance installée totale de 75 MW, une énergie produite par cinq générateurs, dont trois de 13 MW et deux de 18 MW (3 x 13 + 2 x 18 = 75 MW). Les travaux de construction débutent le 10 mars 1951. Les trois premières turbines sont inaugurées le 23 octobre 1955 et les deux dernières en juin 1965.

L'électricité produite par ce barrage va desservir principalement une bonne partie de Kinshasa pendant plusieurs années, jusqu'à ce qu'il s'amenuise. Mais la population de la ville s'accroissant, celle-ci a vu ses besoins en électricité augmenter considérablement. Confrontée à des difficultés conjoncturelles depuis plus d'une décennie, la Société nationale d'électricité (SNEL) n'arrivait plus à satisfaire les besoins tant industriels que domestiques de la ville où des quartiers entiers vivent encore dans l'obscurité, en dépit de la construction et de la mise en service, dès 1970, des grands barrages d'Inga I et II. Bien plus, depuis 2000, le barrage de Zongo, ce grand ouvrage sur lequel le pays fondait beaucoup d'espoir pour son développement, a fini par subir des avaries qui ont réduit considérablement sa capacité de desserte et la SNEL était contrainte de recourir au système de fourniture par alternance pour couvrir la ville, dans un pays où le taux d'accès de la population à l'électricité est de moins de 10 %.

Voici l'état actuel, concernant les machines, de ce barrage, qui ne produit à peine que 28 MW[1] :

– Groupe 1 (13 MW) : en service.

– Groupe 2 (13 MW) : à l'arrêt suite à la cassure de la frette à la ceinture de la roue turbine.

– Groupe 3 (13 MW) : à l'arrêt suite à l'arrachement de ± 4 m2 de tôles de blindage aspirateur.

– Groupe 4 (18 MW) : en service.

– Groupe 5 (18 MW) : à l'arrêt suite au voilage de l'arbre et à la pollution d'huile au niveau des servomoteurs de la vanne de pied.

Le barrage de Zongo ne carburant pratiquement plus, et voué presque à l'abandon, le gouvernement pense alors à un deuxième barrage hydroélectrique sur le même site de Zongo. Le 4 avril 2009 est signé un protocole d'accord pour la construction de l'ouvrage entre le gouvernement congolais, représenté par le ministre de l'Energie, et le directeur général de la société chinoise Sinohydro en RDC. Le nouveau barrage sera appelé Zongo II, le premier devenant Zongo I. Le coût global des travaux seront financés par le gouvernement chinois à hauteur de 350 millions de dollars. Avec une capacité de 150 mégawatts, Zongo II va renforcer sur ce site le Zongo I, en vue d'augmenter la puissance et la desserte en énergie électrique de la ville de Kinshasa et de la province du Bas-Congo. La construction du nouveau barrage prendra beaucoup de temps ; il sera inauguré par le président de la République le 22 juin 2018. C'est pendant les travaux, en 2013, que, dans une délégation du BCPSC, je visite le chantier dont les travaux sont pilotés par notre bureau…

INGA

Après Zongo, Inga. Inga est un site sur le fleuve Congo, situé à 150 km de l'embouchure du Congo dans l'océan Atlantique, à moins de 50 km de Matadi, actuellement port principal de la RDC, et à quelque 300 km de Kinshasa.

---

[1] Moma Kitenge Julien, Centrale Hydroélectrique de Zongo 1, *https://www.fichier-pdf.fr/2016/02/23/centrale-hydroelectrique-de-zongo-1/*

Le projet du barrage d'Inga date de la période coloniale[1] : en 1925, le colonel Pierre Van Deuren présente au Roi des Belges Albert Ier un plan pharaonique : la construction de sept barrages visant à faire de la colonie la première puissance énergétique du continent, capable d'exporter son électricité ! C'est proposé dans une étude sur « la mise en valeur intégrale du fleuve Congo dans la région des cataractes » par la construction de barrages de régulation. L'auteur prévoit, en plus de barrages, des centrales hydroélectriques, une industrie lourde centrée sur l'électrométallurgie et l'électrochimie. Il suggère aussi la création d'un syndicat d'étude pour sa mise au point et la constitution des sociétés d'exploitation qui en assureraient la réalisation. Vœu entendu : un arrêté royal du 21 janvier 1929 crée le « Syndicat d'études du Bas-Congo » (Syneba), pour monter de centres de production d'énergie hydro-électrique. Une mission d'étude technique pour l'aménagement hydro-électrique du fleuve est envoyée sur place, sous la direction de l'ingénieur Paul De Rham. L'étude de l'aménagement hydro-électrique du fleuve est confiée à la société Électrobel, qui en donne la direction à l'ingénieur conseil suisse, H. E. Gruner.

Revenue en Europe, la mission De Rham fournit des renseignements qui vont permettre l'élaboration en mai 1930, par Gruner et De Rham, d'un avant-projet. Celui-ci constate alors que le projet préconisé par le colonel P. Van Deuren permettait l'installation à Inga d'un complexe hydro-électrique d'une puissance de 700.000 kW répondant au programme prévu par le Syneba, cet équipement pouvant être atteint par stades successifs. Il conduirait à un prix de revient du kW installé qui serait le plus avantageux non seulement du Congo, mais du monde entier. Dans le rapport que le Syneba établit, le 1er mars 1932, à l'intention du Ministre des Colonies, il souligne que l'on pourrait établir dans le site d'Inga des installations de production d'énergie électrique capables de répondre « à tous les besoins de la Colonie », même « dans un avenir très éloigné » !

---

[1] Pirenne, J.H. (1957), *Histoire du site d'Inga*, Bruxelles, Académie royale des sciences sociales, nouvelle série, t. VI, fasc. 3 ; Campus, 1958.

Mais les événements internationaux devaient bientôt détourner l'attention de ce vaste programme d'équipement. Celui-ci est écarté en raison même de son ampleur et la dissolution officielle du Syndicat d'Études du Bas-Congo, le 16 décembre 1939, marque l'abandon de l'étude du projet Van Deuren par le Département (futur ministère) des Colonies.

Jusqu'au lendemain de la guerre de 1940-1945, les pouvoirs publics se sont abstenus de créer, au Congo belge, des centrales hydro-électriques pour l'alimentation de la distribution publique de l'énergie électrique, parce que la construction de telles centrales nécessite des investissements importants en vue de l'avenir. Dans l'immédiat, l'Etat opte au contraire pour l'installation de centrales thermiques, peu coûteuses et facilement ou rapidement réalisables. Cependant, au lendemain de la guerre, il apparait que le Congo devait s'équiper quand même en énergie électrique en vue de faire face à un développement économique nécessitant l'apparition d'industries nouvelles. C'est pourquoi est constitué dès le 16 novembre 1946 le Syndicat pour le développement de l'électrification du Bas-Congo (Sydelco). Celui-ci commence par mettre au point le projet de centrale à construire à Zongo une centrale hydro-électrique, un projet qui est réalisé par la Société des Forces hydroélectriques du Bas-Congo (Forces du Bas-Congo), créée à cet effet le 18 décembre 1950. Puis, le Sydelco s'attaque à quelques autres projets, dont Inga. Le projet Van Deuren, porté jadis par le Syneba, est alors repris. Le projet devrait être exécuté en considérant la possibilité d'aménager le site d'Inga d'une manière progressive, en débutant par une centrale de 84.000 kW dans la vallée Van Deuren. Cette énergie devrait alimenter Matadi et sa région, dont les ports de Matadi, Boma et Banana, les centres urbains du Bas-Congo ouest, les premières installations industrielles et l'électrification du chemin de fer. Plus tard, est envisagé le transport ultérieur de l'énergie du site d'Inga jusqu'à Léopoldville, à 250 km de distance, et l'on entrevoie pour un avenir plus lointain l'alimentation de la province de Léopoldville et celles des régions de l'A.E.F. et de l'Angola dans un rayon de 1.000 km, voire même un jour, l'alimentation du Congo tout entier, lorsque la technique du transport de l'énergie électrique à longue distance le permettrait. Pour un avenir plus rapproché, il envisage surtout le développement, dans le Bas-Congo, d'un centre industriel d'importance mondiale, capable de traiter, non seulement les engrais chimiques et les minerais tels que la bauxite, mais encore la fabrication de carburants de synthèse sous toutes leurs formes, y compris celle de l'énergie atomique du Congo.

Les études pour la concrétisation du projet se terminent en 1959, juste quand la colonisation tend à sa fin. La période trouble qui inaugure l'indépendance empêche la mise en œuvre du projet. La paix revenue après 1966, le gouvernement ressuscite et dépoussière les études de faisabilité réalisées il y a dix ans. Il veut ardemment maintenir voire augmenter le niveau de production de l'Union minière du Haut-Katanga qu'il vient de nationaliser en la Gécomin, future Gécamines. Aussi, face à l'impératif d'augmenter la production de l'entreprise minière nouvellement nationalisée au niveau de 700 000 tonnes de cuivre par an (projet P2), il s'est avéré nécessaire de fournir et de mettre à disposition près de 700 MW au Katanga. Tenant compte de l'insuffisance d'énergie produite dans cette province (à peu près 360 MW), il fallait recourir à l'énergie énorme que pourrait produire Inga et la transporter jusqu'au Katanga. D'où, le projet Inga-Shaba. Un projet qui devrait s'accompagner de la construction non seulement du barrage Inga I, mais d'un autre, Inga II, plus puissant.

Le 8 janvier 1968, le ministre de l'Energie procède à l'inauguration des travaux d'aménagement du site d'Inga. Le 18 avril 1969 commence l'aménagement hydroélectrique du site. La Commission des Communautés européennes approuve le financement du projet d'aménagement d'Inga pour un montant de 18 millions de dollars (9 millions de zaïres). Ce projet comprend la fourniture et le montage d'un réseau de transport d'énergie à haute tension, d'Inga à Kinshasa (environ 350 km), ainsi qu'aux principaux centres de consommation du Kongo

Central. Le projet comprend aussi la construction de stations de transformation à Inga, Kinshasa, Kwilu-Gare, Lukala, Boma et Matadi.

Pour exploiter l'électricité produite, non seulement à Inga mais partout en RDC, l'Etat crée, par une ordonnance présidentielle du 16 mai 1970, la Société nationale d'électricité (SNEL), qui vient remplacer le comité de contrôle technique et financier pour les grands travaux d'Inga[1].

Située sur le fleuve Congo à 40 km en amont de Matadi, la future centrale, prévoit-on, recevra six groupes d'une puissance installée totale de 300 mégawatts (MW). Trois groupes de 50 MW chacun seront installés de 1972 à 1975, pour un financement conjoint italo-congolais de 44 millions de dollars ; la première étape sera exécutée par la firme italienne *Astaldi*

---

[1] La politique du régime Mobutu, avouée ou non, est de contrôler les ouvrages de production électrique du pays et les sociétés minières situées dans des provinces aux velléités sécessionnistes, comme évidemment le Katanga (et le Sud-Kasaï où siège la Minière de Bakwanga, MIBA). Cette politique va aboutir, de 1974 à 1976, à la dissolution, au profit de la SNEL, de six grandes sociétés commerciales privées œuvrant dans le domaine électrique, à savoir :
* « Sogefor », filiale de l'Union Minière du Haut Katanga (UMHK), qui exploite les centrales de Koni, Nzilo, Nseke et Mwadingusha ;
* « Forces de l'Est », qui exploite les centrales de la Tshopo, Bendera et Ruzizi 1, ainsi que le réseau lié à ces aménagements ;
* « Force du Bas-Congo », qui exploite la centrale de Zongo et son réseau ;
* « Comectrick », exploitant de la centrale de Sanga, ainsi que la distribution de l'électricité dans Léopoldville (Kinshasa) ;
* « Sogelec », qui transporte et distribue l'électricité dans les villes de Lubumbashi, Kolwezi et Kipushi ;
* « Cogelin », distributeur de l'électricité dans la ville de Kalemie.
Les aménagements hydroélectriques de ces sociétés vont passer en main de la SNEL, qui en deviendra l'exploitant. En 1978, la REGIDESO cédera ses activités électriques à la SNEL et devra se concentrer uniquement sur la gestion et la distribution d'eau. La SNEL détiendra dès lors le monopole de la production, du transport et de la distribution de l'électricité dans tout le pays avec le contrôle des plus grands aménagements hydroélectriques. Cette situation va se conforter avec la mise en service des centrales d'Inga I (351 MW) en 1972, Inga II (1.424 MW) en 1982 et Mobayi-Mbongo (11,3 MW) en 1987. L'augmentation de la demande impliquera l'augmentation de la puissance de certaines centrales à l'instar de Zongo, Tshopo et Ruzizi 1. La SNEL possédera désormais 14 centrales hydroélectriques et une trentaine de centrales thermiques qui lui assureront plus de 95 % de la production électrique du pays.

Estero, qui assumera la moitié des frais (prêt remboursable en 13 ans), l'autre moitié étant fournie par la RDC. Les trois autres groupes électrogènes de 50 MW devront être installés de 1980 à 1987, en fonction des besoins.

Il est prévu également l'aménagement ultérieur du site d'Inga jusqu'à 30.000 MW, la puissance la plus élevée du monde. A ce moment, la RDC pourra fournir de l'énergie électrique au Katanga et autres provinces du pays ainsi qu'à plusieurs pays africains.

Pour l'instant, la centrale d'Inga est construite pour remédier l'insuffisance de la production électrique fournie par les centrales de Zongo et de Sanga et par quelques centrales thermiques de moindre importance. Elle devra ensuite aussi fournir du courant aux usines d'engrais azotés et à l'industrie de l'acier dont l'établissement est projeté, ainsi qu'à la raffinerie de pétrole de Muanda et aux industries agricoles et forestières du Mayumbe.

Cette centrale sera la première de deux que l'on prévoit de construire. Elle portera le nom de « Inga I », et la seconde, celui de « Inga II ». C'est le 1er juin 1972 que le président de la Société nationale d'électricité (SNEL) procède à la mise sous eau du canal d'amenée d'Inga I ; ce qui signifie que les travaux du premier barrage d'Inga sont achevés. Le 28 juin suivant, le général Mobutu annonce la création d'une société mixte zaïro-guinéenne pour le traitement de la bauxite (minerai d'aluminium) de Guinée dans la région du nouveau barrage hydroélectrique d'Inga (« Inga I »).

Le 9 septembre, une convention est passée entre le consortium américain « Constructeur Inga-Shaba » (CIS) et les autorités zaïroises. Le *24 novembre 1972* est une grande date : le Président de la République, entouré de ses hôtes étrangers et d'un cortège de personnalités nationales, procède à l'***inauguration de « Inga I »***, première phase de la mise en valeur hydro-électrique de ce site exceptionnellement privilégié par la nature. C'est un barrage équipé de 6 groupes de 50 MW chacun, soit doté d'une puissance installée de 300 MW et Inga II.

Après Inga I, Inga II, un barrage que l'on prévoit plus puissant, disposant de 8 groupes d'au moins 175 MW, soit une puissance installée d'environ 1400 MW. Courant janvier 1973, arrive à Kinshasa une délégation syndicale des entreprises ACEC, firme belge chargée de réaliser « Inga II ». En même temps est créé un consortium américain « Constructeur Inga-Shaba » (CIS), pour la liaison en courant continu à haute tension entre Inga et le Shaba (Katanga). Le 5 février, c'est un groupe d'hommes d'affaires américains, qui viennent à Kinshasa, en vue de mettre définitivement au point leur participation à la construction de la ligne électrique Inga-Shaba. Le 13 février intervient la signature de la convention passée le 9 septembre 1972 entre le consortium américain « Constructeur Inga-Shaba » (CIS) et les autorités zaïroises. Le CIS prévoit de terminer les travaux en 1976.

Le 20 mai 1973, à l'occasion du sixième anniversaire du MPR, le chef de l'Etat, qui plaide pour une indépendance économique totale, annonce que seront construits 1700 km de ligne Inga-Shaba (et un « couloir vert » agricole de 1 km de large le long de cette ligne)... Début septembre, un accord de crédit de 250 millions de francs belges est conclu pour le *financement de 10 % équivalent à la commande initiale du matériel pour Inga-II.* Le 9 février 1974, le général Mobutu signe une ordonnance portant le nouveau statut de la SNEL et sa capacité financière de "couvrir des dépenses relatives à la construction de la ligne de transport d'énergie à haute tension Inga-Shaba".

Commencée en 1973, la ligne à très haute tension courant continu (THTCC) se termine en 1982. Longue de près de 1700 km, cette ligne à 500 kV a une capacité de transit prévue de 1 000 MW, mais dans un premier temps, le transit a été limité à 2 fois 250 MW, soit 500 MW. Elle part du barrage d'Inga et aboutit à Kolwezi, au Shaba. Comme son nom l'indique, elle est construite pour le seul Shaba (Katanga), la province minière la plus riche du pays. Aussi traverse-t-elle les provinces intermédiaires du Bandundu et de deux Kasaï sans les alimenter, pour ne nourrir que les centres miniers katangais de Fungurume, Panda, Karavia et Kasumbalesa, à la frontière avec la Zambie, la Zambie (à 2 300 km du site d'Inga) elle-même intéressée par le courant congolais.

Le projet retenu à court terme, et qui consiste à transférer 500 MW sur le réseau de l'Afrique australe, propose des travaux de renforcement sur le réseau d'interconnexion de la RDC, entre Inga et la frontière de la Zambie, soit : 1°. L'entretien des équipements sur l'ensemble du réseau électrique existant à ±500 kV à courant continu entre Inga et Kolwezi et sur celui à 220 kV à CA entre Kolwezi et Kasumbalesa ; 2°. La construction d'une ligne monoterne à 220 kV entre Fungurume et la frontière de la Zambie (Kasumbalesa vers Luano-Zambie) et d'une dérivation de la ligne à 220 kV Kolwezi - Panda au poste Fungurume.

Certains autres travaux de renforcement sur le réseau de la SNEL sont toutefois requis afin de soutenir la capacité de transit souhaitée, dont l'extension des postes de Fungurume, Panda et Karavia. Ces travaux incluent les activités d'entretien et de réparation sur la ligne existante à ±500 kV à courant continu et les équipements connexes compris entre Inga et Kolwezi. Ils comprennent également le renforcement du réseau à 220 kV entre Fungurume et la frontière de la Zambie (Kasumbalesa) par la construction d'une ligne de transport.

En même temps que la ligne haute tension Inga-Shaba, ***est inauguré en cette année 1982 Inga II***, un barrage plus puissant que Inga I, disposant de 8 groupes de 178 MW, soit une puissance installée de 1424 MW.

L'on a donc en présence deux barrages : Inga I et Inga II, d'une puissance installée totale théorique de 1.784 MW (360 MW + 1424 MW). Mais petit couac : en cette année 1982 où est mis en marche Inga II, Inga I présente des problèmes au niveau des groupes 2 et 3, lesquels n'avaient jamais connu des révisions depuis leur mise en service il y a dix ans. Solution proposée par la SNEL : ils sont mis hors service et démontés en prévision des travaux de réhabilitation à réaliser par ENEL (entreprise d'électricité de l'Italie). Pour effectuer ces travaux, la SNEL contracte une *dette* auprès du gouvernement italien. L'argent italien est disponible depuis 1982, tous les matériels sont fournis par les entreprises italiennes cette même année mais les travaux ne débuteront que dix ans après par l'entreprise Electrobéton.

La même situation se reproduira avec Inga II, où les groupes 1, 2 et 3 seront mis hors service après moins de dix ans de fonctionnement !

Dès lors, l'on pense que pour un meilleur maintien de deux ouvrages, Inga I et Inga II, il faut procéder à leur privatisation, l'Etat n'étant plus capable d'assurer leur bonne gestion technique, financière et commerciale. C'est l'entrée en lice de la Banque mondiale, laquelle va soutenir cette thèse de la privatisation.

INGA III ET « GRAND INGA »

C'est dès ce moment – nous sommes au début de la décennie 1990 – que jaillit l'idée de la construction d'un troisième barrage, un Inga III plus grand et plus performant que les deux précédents. En fait, cet Inga III entrerait dans un projet global plus important, appelé « Grand Inga » ; il en serait la première phase (pourront venir Inga IV, Inga V, Inga VI, Inga VII et Inga VIII).

Cette idée d'un grand barrage à Inga est ancienne. Elle est émise en 1957 par le roi des Belges Baudoin. En 1961, le président Kasa-Vubu l'évoque. Mais c'est le président Mobutu qui tente de la concrétiser. Son gouvernement engage la SNEL à prendre langue avec l'ESKOM, une firme sud-africaine de production, de distribution et de commercialisation de l'électricité, afin de réaliser le projet Inga III. Des négociations qui n'aboutissent point, l'ESKOM se montrant plus gourmand, en exigeant plus de la moitié de la puissance générée par Inga III (l'Afrique du Sud tient à combler son énorme déficit d'énergie électrique).

Depuis les années 1993-1997, ce projet retient l'attention de la Banque africaine de développement (BAD) dans le cadre du programme FAD (Fonds Africain de Développement) consacré au financement et à la préparation de projets. Ensuite, dès le début des années 2000, les dirigeants africains initiateurs du Nouveau partenariat pour le développement de l'Afrique (NÉPAD) pointent ce projet comme devant servir de pièce maîtresse au décollage économique de tout le continent. Pour cet organisme qui, créé en l'an 2000, se muera depuis 2018 en Agence de développement de l'Union africaine (ADUA), ''le Grand Inga est vital pour le développement de la RDC. C'est même l'un des projets prioritaires du NEPAD (Nouveau partenariat pour le développement de l'Afrique) et de la SADC, la communauté économique de l'Afrique australe''

Avec le président Joseph Kabila, le projet commence à prendre corps. Au départ, c'est la Banque mondiale qui va accorder plusieurs crédits à la RDC, notamment pour la réhabilitation de son réseau électrique. Ainsi, en novembre 2003, elle consent un prêt de 178.6 millions USD pour la fourniture d'électricité d'Inga au Southern African Power Pool (SAPP) qui regroupe 13 compagnies d'électricité d'Afrique australe, par l'accroissement de la capacité d'Inga et la construction de nouvelles lignes. La Banque mondiale en profite pour imposer à l'Etat congolais la rédaction d'une nouvelle loi régissant le secteur de l'énergie et la restructuration de la SNEL en vue de sa privatisation. C'est ainsi que Joseph Kabila, au nom de ses pairs de la CEEAC[1] dont il est le président en exercice en 2004, signe un dossier sur l'assistance technique de la Banque mondiale et de l'USAID pour produire le schéma directeur et le code du marché d'électricité de l'Afrique centrale. Dès ce moment, l'exploitation

[1] La CEEAC (Communauté économique des Etats de l'Afrique centrale), créée en octobre 1983, compte actuellement 11 membres : Angola, Burundi, Cameroun, Centrafrique, Congo, Gabon, Guinée Equatoriale, RDC, Rwanda, Sao Tome & Principe et Tchad.

du site hydroélectrique d'Inga devient un enjeu national pour industrialiser la RDC et l'Afrique.

En 2006, la décision est prise de démarrer le processus de construction de la centrale Inga en 2008, avec l'assistance de la BAD pour la préparation du projet.

Le 27 janvier 2011, au Grand Hôtel de Kinshasa, est organisé un Atelier national préparatoire au lancement de l'étude de développement du site d'Inga. A cet effet, l'on procède au recrutement d'un groupement des conseillers juridiques (Orrick Herrington & Sutcliffe), financiers (Banque Lazard & Frères) et techniques (Tractebel-engie). Le 3 mai 2011, un Mémorandum d'Informations sur le Projet (« MIP ») est envoyé aux Développeurs présélectionnés. Le 12 novembre 2011 a eu lieu la signature du protocole d'entente entre le Gouvernement de la RDC et le Gouvernement de la République Sud-africaine en ce qui concerne le projet du Grand Inga, sous le patronage des présidents Joseph Kabila et Jacob Zuma.

En 2013, sont publiés les résultats de l'étude de faisabilité du développement optimal du site d'Inga et des réseaux associés. L'année suivante, l'on dévoile la « Structure physique d'exploitation du site d'Inga - Option de réaliser le projet en 6 phases : Inga III à Inga VIII, chacune économiquement rentable. Inga III étant la première phase du projet Grand Inga : La Banque mondiale (BM) rejoint la BAD dans le projet d'assistance technique à travers une assistance technique et financière ».

Les travaux de la construction d'Inga III devraient débuter en octobre 2015 et la mise en service en 2020-2021. Une prévision trop optimiste…

Pour gérer l'important projet Grand Inga, le chef de l'Etat promulgue, le 23 octobre 2015, deux ordonnances. La première crée un service spécialisé au sein de la Présidence de la République dénommé « Agence pour la promotion, le développement et la mise en œuvre du projet Grand Inga, entre notre pays et la République Sud-africaine », ADPI-RDC en sigle. La deuxième ordonnance désigne un chargé de missions au cabinet du Président de la République, en la personne de Bruno Kapanji Kalala, ministre des Ressources hydrauliques et Electricité jusqu'au remaniement du 7 décembre 2014. L'homme qui va piloter l'organisme stratégique qu'est l'ADPI, est un analyste économique et financier des Projets, un ancien du Service présidentiel d'Etudes sous Mobutu (1980-1987). Il retrouve un secteur dont il avait la parfaite maîtrise, puisqu'il était très engagé dans ce projet de Grand Inga aux côtés des autorités sud-africaines. Il sera assisté, aux termes de l'ordonnance présidentielle, de deux coordonnateurs, l'un chargé des questions administratives et financières, l'autre des questions techniques.

La Banque mondiale ne semble pas être contente de ce changement de leadership du Projet qui lui, estime-t-elle, revenait ; aussi annule-t-elle en 2016 son projet d'assistance technique dans le Projet Grand Inga.

La RDC devra donc chercher ailleurs de l'argent pour la suite de l'exécution du projet. La Banque Africaine de Développement (BAD) se sent intéressée, comme pour remplacer la BM. Financée par la BAD et menée par le groupement AECOM-EDF, une étude produite par l'ADPI-RDC arrête que le projet Inga III sera réalisé en BOT par un concessionnaire devant s'engager à :

i. Mobiliser le financement ;

ii. Créer une société de projet à capitaux mixtes publics et privés, nationaux et internationaux ;

iii. Signer avec le gouvernement un contrat de concession ;

iv. Exécuter les travaux ;

v. Prendre en compte les aspects sociaux et environnementaux liés à toutes les structures du projet ;

vi. Exploiter les infrastructures ;

vii. Commercialiser l'énergie produite ;

viii. Rembourser les crédits et payer les actionnaires et les redevances dues à l'Etat.

ix. Coopérer avec ADPI-RDC pour la gestion du projet jusqu'à la fin de la concession.

Les caractéristiques d'Inga III

Selon l'étude de préfaisabilité, la centrale hydroélectrique Inga III, l'étape transitoire vers le Grand Inga, aura les caractéristiques suivantes :

- Puissance installée : 10 à 12 GW, dont 98 % garantie toute l'année ;
- Hauteur de la chute : 70 mètres ;
- Conduites d'amenées d'eaux : 13 mètres de diamètre et une longueur de 6700 mètres, avec 16 tunnels, un débit de 6600 m^3/sec ;
- Barrage du fleuve, niveau de retenue de l'eau : 210 m asl ;
- Barrage principal sur la rivière Bundi abritant les centrales ;
- Coût : environ 12 milliards USD pour les infrastructures de production et 2 à 3 milliards USD pour les infrastructures de transport, soit 14 à 15 milliards USD ;
- Fourniture de l'énergie à la République Démocratique du Congo, la République d'Afrique du Sud et d'autres pays de SAPP ;
- Négociations en cours avec le WAPP. Support pour le GEI africain et nœud majeur ;
- Opportunités d'augmentation des revenus des habitants de la République Démocratique du Congo ;
- Emplois directs, indirects et induits : plus de 10.000.

Le Président de la République et le Gouvernement de la RDC ont fait du projet Inga III :

- Une priorité pour l'industrialisation de la République Démocratique du Congo et celle de l'Afrique,
- Une opportunité d'intensifier l'intégration et la coopération régionale et internationale,
- Une des solutions pour créer des emplois, augmenter les revenus et protéger les forêts,

- Une opportunité donnée aux banquiers, aux industriels et à différentes entreprises nationales et internationales pour y investir.

Ainsi, tel que le prévoit l'étude de préfaisabilité, Inga III devra permettre d'augmenter les exportations d'électricité jusqu'à 20 TWh, contre 2 TWh actuellement.

Ainsi ***Inga III et Grand Inga seront énormes***, en comparaison avec les grands barrages du monde, comme le montre ce tableau :

Ouvrage	*Pays*	*Puiss. (MW)*	*Terres émergées (km)*	*Population déplacée*
Trois-Gorges	Chine	22 500	632	1 300 000
Itaipu	Brésil, Paraguay	14 000	1 540	112 000
Guri	Venezuela	10 235	6 653	2 047
Atatürk	Turquie	2 400	1 200	72 000
Inga III	RDC	10 à 12 000	170	37 500
G. Inga	RDC	44 000	170	37 500

Avec une telle puissance électrique, Inga III pourrait générer des revenus annuels de plus plusieurs milliards USD. Sa mise en exploitation devrait donc engendrer des retombées bénéfiques, essentiellement pour les populations locales et la communauté nationale. Les industries minières, industries locales de transformation, manufacturières et agroalimentaires pourront également bénéficier des opportunités de relance qu'offre la mise en service d'Inga III. L'industrie minière de la région du Katanga devra s'adjuger 1300 MW et la SNEL 1000 MW. En Afrique aussi, Inga III est demandé : la RSA d'abord, bien sûr, qui aura besoin de 2500 MW ; au niveau régional, un protocole d'accord commercial a été signé au Caire en 2016 entre ADPI-RDC et l'autorité économique du canal de Suez de l'Égypte d'une part et un autre protocole d'accord est en préparation entre ADPI-RDC et l'acheteur nigérian pour une possible livraison de 3000 MW. L'aménagement du barrage de Grand Inga permettra, à terme, d'exporter rapidement 20.000 MW, dont 3000 vers le Nigeria, 4500 vers l'Afrique australe et près de 10000 MW vers le groupe Tchad-Soudan-Égypte, ce dernier pays escomptant importer quasiment les 2/3 de la puissance prévue.

Le Grand Inga devrait ainsi être un projet à la dimension du continent. Un projet attractif à cause notamment du prix de revient très compétitif du kWh. C'est d'ailleurs là le principal atout du projet, lequel, soulignent les experts, produira justement de l'énergie propre et bon marché. Pour ses concepteurs, ce projet est une aubaine, tant pour le pays hôte que pour les potentiels clients. Par exemple, le prix de revient de l'électricité produite serait inférieur à la moyenne mondiale, ce qui rend sa commercialisation compétitive sur des longues distances donc, en Afrique du Sud, au Nigeria et même en Égypte. D'autre part, une fois mis en place, le projet Inga aura une production électrique constante, car quel qu'il soit, le débit du fleuve qui varie de quelque 25 000 à 75 000 m^3/s permettra aux turbines de tourner à un régime constant. Enfin, expliquent encore les experts, l'autre avantage est que l'équipement du site, ainsi que les investissements, peuvent se faire progressivement et ne mobiliser que peu de béton, contrairement aux meilleurs sites similaires du monde. Il en résulte pour le Grand Inga ''un coût d'investissement très bas, de 340 à 700 USD/kW selon le stade d'équipement'', selon le Bureau d'Études Industrielles Énergies Renouvelables et Environnement.

Voilà pour les attentes de Grand Inga. Restait à trouver les partenaires devant s'impliquer dans l'exécution de ce projet pharaonique et ambitieux. En février 2016, l'ADPI-RDC produit et envoie un dossier d'appel d'offres à l'attention des candidats concessionnaires. En septembre 2016, l'agence retient les dossiers d'offre de deux consortiums candidats, à savoir « Chine d'Inga III », dont le leader est la « China Three Gorges international corporation (CTGI) » (qui a construit le plus grand barrage du monde à ce jour sur le Yangtze, associé à SinoHydro et à quelques autres sociétés chinoises) et « ProInga » dont le leader est la société espagnole « Cobra ». En mars 2017, l'ADPI constate que les deux offres ramènent la puissance installée de 4800 MW à plus de 10.000 MW pour répondre aux besoins du pays, de la sous-région et des pays demandeurs tels que le Nigeria. C'est dans 5 à 6 ans que les premiers MWh pourront être livrés, dont le prix d'achat du kWh sera le plus bas en Afrique. Au vu des éléments d'analyse des offres et en vue de respecter le délai commercial et les engagements du traité RSA/RDC signé en octobre 2013, l'ADPI-RDC demande, en juin 2017, aux deux candidats développeurs retenus – CTGI et ProInga – de mettre en place un consortium unique, un projet unique de 11 GW, un prix plancher unique, la mobilisation de financements nécessaires et le démarrage du projet dans les meilleurs délais possibles.

Tel que présenté, le projet Grand Inga, qui bénéficie du soutien de l'Afrique (UA, BAD,...), de l'Europe, de l'Asie et de l'Amérique, apparait comme une hydre désireuse de déployer ses tentacules partout, au Congo, en Afrique et parfois en dehors du continent. Pour y arriver, il a prévu de construire des lignes, dont :

* Des lignes transfrontalières à Haute Tension existantes :
  - Ligne 220 kV RDC – Congo ;
  - Lignes 70 kV et 110 kV RDC - Burundi et Rwanda ;
  - Ligne 220 kV RDC – Zambie ;
  - Inga-Kolwezi (THTCC de 1800 km.

* Des lignes transfrontalières à Moyenne Tension existantes :
  - Ligne 6,6 kV RDC – Centrafrique ;
  - Ligne 15 kV RDC – Angola ;
  - Ligne 15 kV RDC – Rwanda ;
  - Ligne 15 kV Burundi – RDC ;
  - Lignes MT RDC – Zambie.

Par la suite, autant que le gigantisme du barrage et de ses centrales, le réseau de transport projeté devra être tout aussi impressionnant. Il est prévu en effet la construction de près de 15 000 km de lignes de transport d'énergie à très haute tension (THT), dénommés « *Autoroutes de l'électricité au départ du site d'Inga* », pour alimenter les pays clients : selon les études menées par la BAD qui finance les études de faisabilité, la liaison « THT » RDCongo-Égypte, longue de 5300 km avec une tension de 800 kV en courant continu, coûterait 5,7 milliards USD ; cette ligne permettrait au passage d'alimenter le Soudan, la République centrafricaine et le Tchad. Quant à la liaison « THT » de 1400 km entre la RDC et le Nigeria, via le Congo-Brazzaville, le Gabon et le Cameroun, elle fait l'objet d'un accord entre le Lagos et Kinshasa, avant même la construction du barrage. La liaison RD Congo-Zambie-Zimbabwe-Afrique du Sud, longue de 3676 km, fera simplement l'objet d'un renforcement, car des lignes de transport existent déjà, tout comme pour la liaison RD Congo-Angola-Namibie-Afrique du Sud, longue de 2734 km de ligne à 800 kV avec une capacité de transit de 3500 MW.

Le Grand Inga, un projet monumental donc, qui ne laisse aucune institution étatique ou non gouvernementale indifférente. Comme on peut le lire sur le site de Diplomat Investissement[1] :

‘‘C'est assurément son grand potentiel de rentabilité qui motive l'intérêt de nombreuses structures (plusieurs investisseurs) pour le financement de ce projet qui va mobiliser plus 80 milliards de dollars au bas mot.

Preuve de l'intérêt croissant du projet, il y a l'arrivée d'une méga structure de transport et distribution de l'énergie dans le monde. L'ONG chinoise Global Energy Interconnection prévoit d'ici 2050 mettre en place un vaste système de réseaux électriques propres, durables et sûrs reliant l'Asie, l'Afrique, l'Europe, l'Amérique du Sud et du Nord. Sa méthode ? Déployer des lignes à Ultra-Haute Tension (UHV), partout dans le monde. Celles-ci permettent, en effet, de réduire drastiquement les pertes d'électricité lors des échanges.

C'est lors de la conférence internationale 2016 sur l'Interconnexion énergétique mondiale (GEI ou Global Energy Interconnexion), que Liu Zhenya a présenté son plan planétaire de réseau de transport d'électricité.

Avec deux milliards de personnes en plus attendues au cours des 25 prochaines années et une augmentation de la demande d'électricité

---

[1] « Dossier : Projet Grand Inga. Au cœur du développement du continent » (un dossier qui nous a largement inspiré pour évoquer ce sujet), *https://www.diplomatinvestissement.com/fr/news/2929/brunokapandji*

de 90 %, le besoin d'innovation se fait de plus en plus oppressant. Un projet pharaonique pour un enjeu qui l'est tout autant donc.

L'initiative énergétique proposée par la Chine, Global Energy Interconnection (GEI), apporte la possibilité de stimuler le développement socio-économique en Afrique, selon le président de l'Organisation mondiale de développement et de la coopération en matière d'interconnexion énergétique, Liu Zhenya.

C'est en 2015 que la Chine a proposé l'initiative GEI en vue de répondre aux demandes mondiales en électricité avec des solutions propres et vertes.

A la conférence d'Addis-Abeba, M. Liu a souligné la nécessité de travailler main dans la main pour les interconnexions énergétiques africaines, avec le renforcement de la communication et un consentement commun, et d'apporter la contribution nécessaire au développement durable. "La GEI est une plate-forme d'infrastructure sur laquelle l'énergie propre peut être développée, transmise et utilisée massivement dans le monde entier", a-t-il affirmé. M. Liu a également noté que l'interconnexion énergétique africaine est la clé de la transition énergétique et du développement durable en Afrique. Il a ajouté que le développement de l'énergie durable en Afrique appelle à une énergie propre et à l'interconnexion énergétique africaine.

La Chine prévoit de construire un réseau électrique global et 100 % vert, selon Liu Zhenya, patron de la State Grid Corporation of China, l'un des plus grands opérateurs énergétique au monde.

L'idée est tributaire du développement d'un réseau ultra-haute tension fonctionnant à plus de 1.000 kilovolts AC et 800 kilovolts DC sur des milliers de kilomètres. Ils envisagent l'interconnexion des réseaux entre les régions, les nations et les continents avec une capacité supérieure à 10 gigawatts.

L'objectif déclaré de Geidco est de relier les réseaux électriques pour répondre aux besoins mondiaux d'énergie par la production d'électricité à partir des énergies renouvelables. L'Afrique possède près de 12 % du potentiel mondial hydroélectrique, mais avec sa capacité totale installée de 34 gigawatts, elle ne représente qu'environ 3 % du total mondial. Cela signifie que le continent n'exploite son potentiel technique qu'à hauteur de 10 %, le plus faible au monde. Alors que la République Démocratique du Congo (R.D.Congo) peut produire 42 % du potentiel africain. Et tout le monde est unanime le seul projet d'Inga en République Démocratique du Congo peut fournir de l'électricité à la moitié de l'Afrique.''

Voilà pour le site d'Inga qui, à l'heure actuelle, ne serait exploité qu'à concurrence de 4 à 5 % de sa capacité, tandis que la majorité de Congolais n'ont pas accès à l'électricité. Et pourtant, Inga dont l'idée de la construction de barrages remonte à l'époque coloniale, représente le plus grand potentiel hydroélectrique au monde. Reste à concrétiser désormais les défis de sa conception tant au niveau technique, politique et financier, qu'à celui de sa mise en œuvre et de sa gestion.

Pour terminer, résumons le projet Grand Inga par la réflexion – quelque peu sombre – qu'en fait Pierre Jacquemot[1] :

''Sur le fleuve Congo, le projet de Grand Inga, d'une puissance équivalente à vingt-quatre centrales nucléaires, pourrait satisfaire 40 % des besoins énergétiques du continent. Sa conception reproduit le mythe des grands travaux. Sa réalisation, qui devra suivre plusieurs phases et s'étaler sur le long terme, se heurte à de nombreuses difficultés, financières mais aussi géopolitiques. [...].

En République démocratique du Congo, Grand Inga est le plus important projet hydroélectrique au monde. À une échéance encore imprécise, sa réalisation est prévue à 380 km de Kinshasa, sur le fleuve Congo, là où existent actuellement deux barrages, Inga I et Inga II, construits dans les décennies 1970 et 1980, et fonctionnant très en deçà de leurs capacités. [...].

La production des deux barrages existants à l'embouchure du Congo, d'une capacité totale de 1 775 MW, stagne aujourd'hui à moins de 500 MW. Ils tournent au ralenti, obérés par la mauvaise gestion et le déficit de la maintenance. Un plan de réhabilitation entrepris en 2003 a absorbé deux cents millions de dollars d'aide de la Banque mondiale. Il en faudrait désormais neuf cents millions pour permettre à ces deux barrages l'exploit jamais atteint de fonctionner à plein régime (Cappelaere, 2011).

Grand Inga est présenté par ses promoteurs comme le moyen pour « illuminer l'Afrique ». S'il venait à être réalisé dans son intégralité, à la condition de mobiliser un financement de cinquante à quatre-vingt milliards de dollars, ce gigantesque projet, composé de six barrages,

---

[1] P. Jacquemot, « En République Démocratique Du Congo, Inga, le plus grand barrage hydroélectrique du monde, encore à l'état de projet », dans *Afrique contemporaine* 2017/1-2 (N° 261-262), pages 252 à 253, *https://www.cairn.info/revue-afrique-contemporaine-2017-1-page-252.htm*

installé sur le site exceptionnel des chutes d'Inga qui débite selon les saisons entre 30 000 et 60 000 m^3 d'eau par seconde, pourrait produire jusqu'à 40 GW d'électricité, soit deux fois plus d'énergie que le barrage des Trois Gorges en Chine. Ou l'équivalent de plus de vingt-quatre réacteurs nucléaires de troisième génération (International Rivers). De quoi bouleverser la donne énergétique régionale puisque l'énergie devrait être exportée jusqu'en Afrique du Sud, mais aussi vers le Nigeria, voire plus au nord, vers l'Égypte, pour, en théorie, satisfaire 40 % des besoins du continent.

Un projet à vocation panafricaine. Grand Inga figure parmi les projets prioritaires de la Communauté de développement d'Afrique australe (SADC), du New Partnership for African Development (NEPAD) et du Conseil mondial de l'énergie (CME).

Inscrit dans le très long terme, sa réalisation est prévue en plusieurs phases. Dans la première, 22 000 hectares de terres seront submergés par la rivière Bundi, un affluent du fleuve Congo, pour alimenter les onze turbines du premier futur méga-barrage, dit « Inga III », et produire 4 800 MW puis, dans un second temps, 7 800 MW. Des turbines pourront ensuite être ajoutées pour répondre à la demande, ce qui pourrait porter la puissance totale du barrage à 12,8 GW. Ce ne serait qu'un début. Les cinq autres barrages (d'Inga IV à Inga VIII) sont ensuite prévus pour achever Grand Inga, et ainsi produire les 40 000 MW escomptés.

En gestation depuis plus de dix ans, Inga III – d'un coût total estimé à douze milliards de dollars – a été ressuscité en 2013 avec la promesse faite par l'Afrique du Sud d'acheter plus de la moitié de la production d'électricité du futur barrage, garantissant de la sorte une viabilité financière au projet. [...].

Quelle chance de réussite ? L'Afrique du Sud restera un client majeur, de même que le Nigeria un peu plus tard. Le consortium a proposé d'installer une ligne sur deux mille kilomètres entre Inga et Kolwezi. Cela permettrait aux villes situées à proximité d'avoir accès au réseau électrique national, notamment dans les provinces du Kasaï, où 1 % de la population seulement a accès à l'électricité. Cette proposition contribuerait à renforcer l'acceptation sociale du barrage, qui n'apparaîtrait plus comme profitant seulement aux pays et aux investisseurs étrangers. Le mauvais entretien des turbines installées, ainsi que les problèmes financiers qu'ont connus les barrages existants, Inga I et Inga II, ainsi que le coût des réseaux de distribution, soulèvent de nombreuses questions sur les risques de rentabilité d'Inga III et a fortiori de Grand Inga. Dans un rapport de juin 2017, l'ONG californienne International Rivers porte une sévère estocade au projet : « Inga va enfoncer la République démocratique du Congo plus profondément dans la dette, tandis que d'autres pays et les investisseurs internationaux vont récolter les bénéfices. » Le meilleur scénario, qui prévoit pour l'État congolais des revenus annuels de 749 millions de dollars, est jugé irréaliste car basé sur l'absence de dépassement de budget, sur des prix élevés pour l'électricité engendrée et des pertes faibles de transmission.

La réussite d'un tel projet suppose également que les problèmes institutionnels qui affectent la plupart des systèmes de distribution d'électricité soient résolus. La réussite d'Inga III ne dépendra donc pas uniquement de la réalisation d'un barrage, mais aussi de l'évolution de tous les secteurs électriques des pays potentiellement clients (et aussi de la coopération entre pays pour gérer les lignes).

La géopolitique énergétique va donc jouer un rôle important dans ce projet. La Banque africaine de développement s'est imposée comme chef de file du côté des bailleurs de fonds, avec une attitude pour le moins flexible envers un État jugé particulièrement fragile et donc à fort risque. De son côté, la Banque mondiale, insatisfaite par le montage institutionnel et opérationnel du projet, et s'interrogeant aussi sur la faisabilité de la construction du « plus grand barrage du monde dans l'un des pays les plus instables du monde » (Novethic), a décidé fin 2016 d'interrompre ses financements à l'assistance technique de tous les projets d'Inga. Il est probable que rares seront les bailleurs de fonds à vouloir vraiment s'engager dans une opération aussi coûteuse et complexe, notamment si les perspectives de stabilité politique en République démocratique du Congo ne s'éclaircissent pas.''

Une espèce de pessimisme donc pour la concrétisation d'Inga II et de Grand Inga, pour Pierre Jacquemot, un membre du comité scientifique de la revue *Afrique contemporaine*. Mais nous disons : Inga II et Grand Inga sont deux projets pouvant être matérialisés, tant la RDC et l'Afrique y croient dur comme fer… L'instabilité politique en RDC finira bien, dans un délai raisonnable souhaitons-nous, par appartenir au passé.

En Chine : le barrage des Trois-Gorges

L'un de mes plus beaux voyages organisé par le BCPSC fut effectué en 2014. C'était en Chine, un pays en coopération avec la RDC, où Baba Mwananteba et moi avions reçu l'ordre de venir négocier un dossier dans le cadre du Programme sino-congolais. Nous en avions profité pour aller visiter le plus connu des barrages chinois, celui des Trois-Gorges.

L'impressionnant et puissant *barrage des Troies-Gorges* est situé à Sandouping, près de Yichang, sur le Yangzi Jiang (ou Yang-Tsé, ou fleuve Bleu), dans le district de Yiling, en province du Hubei, au cœur de la Chine.

Comme son nom l'indique, ce barrage dérive de trois gorges. En amont, la première est celle de Qutang qui, longue de huit kilomètres, est la plus courte des trois mais la plus spectaculaire. La deuxième est celle de Wu qui, longue de quarante-cinq kilomètres et composé d'un réseau complexe de collines, de falaises, de rochers et de grottes, offre un paysage composé de douze pics aux noms poétiques (Déesse, Phénix volant, Dragon grimpeur, Grues assemblées…). La troisième des Trois Gorges est celle de Xiling qui, longue de soixante-six kilomètres et entourée de pics, de rochers et de collines, est composée d'une série de sept gorges et de deux rapides, des obstacles qui font d'elle la plus dangereuse pour la navigation en raison des nombreux tourbillons. Le barrage, haut de 80 mètres, fut construit en 1994 et en 2000, à la limite de la région montagneuse du Haut-Yangzi et de la plaine du Moyen-Yangzi, en aval des Trois Gorges et à 38 km en amont du barrage de Gezhouba, là où le fleuve a un débit de 14 300 m^3/s et avait été dévié.

Long de 2 335 m et haut de 185 m, avec une hauteur de chute d'environ 90 m et un niveau maximum d'eau du réservoir par rapport à la mer de 175 ou 185 m, c'est un *barrage poids*, dont la construction a nécessité 27 millions de m^3 de béton. D'ouest en est, il est constitué de plusieurs parties :

- un tronçon usine hydro-électrique avec quatorze turbo-générateurs d'une puissance unitaire de 700 MW ;

- un tronçon déversoir ;

- une deuxième usine hydro-électrique avec douze turbo-générateurs d'une puissance unitaire de 700 MW ;

- la partie destinée à la navigation avec son ascenseur à bateau et sa cascade d'écluses ;

- une troisième usine hydro-électrique composée de six turbo-générateurs d'une puissance unitaire de 700 MW et de deux groupes de 50 MW chacun.

La capacité de production est effarante. Les 26 générateurs de 700 MW (fournis par les constructeurs européens allemand Voith, autrichien Andritz et le français Alstom) et les huit générateurs (6 × 700 MW, 2 × 50 MW, construction achevée en 2011) de la centrale ont une puissance électrique installée de 22 500 MW, laquelle équivaut à sept fois la capacité des centrales hydroélectriques du Rhône (2 950 MW) ou encore à une vingtaine de tranches de centrales nucléaires. A l'origine, le barrage était destiné à couvrir 10 % de la consommation nationale, mais en fait, il n'en satisfait à peu près que 3 %.

La Chine visait une énorme production énergétique, en construisant le barrage. En 2009, la centrale produisait environ 84,7 térawattheures (TWh), soit $84{,}7.10^{12}$ wattheures (Wh) (l'équivalent de 304 PJ = 304 pétajoules = 304.10^{15} joules) d'électricité par an, ce qui correspond à une puissance moyenne annuelle de 9 700 mégawatt. Par comparaison, la production hydroélectrique française annuelle issue d'un parc composé de plus de 400 barrages varie entre 60 et 70 TWh ; la France est pourtant dotée du 2e parc européen derrière la Norvège (130 TWh annuel). De ce même point de vue, les Trois-Gorges dominent nettement notre vieil *Inga* initial, un complexe de trois barrages devant théoriquement produire 6.275 W : 341 W pour *Inga I* (fonctionnant actuellement à 20 % de ses capacités, 45 mètres de chute), 1.424 W pour *Inga II* (fonctionnant actuellement à 20 % de ses capacités, 50 mètres de chute) et 4.500 W pour *Inga III* (en projet, 55 mètres de chute). Même le

Grand Inga (centrale de la Bundi, 155 mètres de chute) ne ferait pas le poids, puisque ce projet, qui attend toujours, comme celui d'Inga III, d'être financé, ne fournirait que 39.000 MW !

La centrale des Trois-Gorges a commencé sa production commerciale d'électricité le 6 juin 2006, avec 8 générateurs d'une puissance totale installée de 5 500 MW. En 2014, elle a produit, selon les autorités du barrage, 98,8 TWh, nouveau record mondial de production d'hydroélectricité, détenu jusque-là par la centrale Paraguayo-brésilienne d'Itaipu avec 98,6 TWh en 2013.

Cet énorme barrage a eu un grand prix pour sa construction : officiellement 25 milliards de dollars et… officieusement, une centaine de personnes mortes sur le chantier en 10 ans.

Après la visite instructive du barrage des Trois-Gorges, nous sommes revenus par car à Pékin, où j'ai eu l'occasion de visiter quelques merveilles de cette somptueuse ville, capitale de l'Empire du Milieu, parmi les plus prisées par des touristes :

*L'extraordinaire *Grande Muraille* (ou « Les Grandes Murailles »), un ensemble de fortifications militaires chinoises construites (par 15 à 16 millions d'hommes), détruites et reconstruites en plusieurs fois et à plusieurs endroits entre le IIIe siècle av. J.-C. et le XVIIe siècle pour marquer et défendre la frontière nord de la Chine. Visible depuis l'espace, cette structure architecturale, la plus importante jamais construite par l'Homme à la fois en longueur (estimée à 21 196,18 km), en surface et en masse, est considérée comme l'une de sept merveilles du monde et est classée au patrimoine mondial de l'Unesco. Je fus très émerveillé en le voyant, en le contemplant…

*La grandiose et imposante *Cité interdite* à Pékin, baptisée ainsi du fait qu'en tant que résidence des empereurs chinois, de leurs familles et de ceux qui étaient à leur service, son accès était interdit au peuple. Généralement appelé par les Chinois le *palais ancien*, également appelé *musée du palais*, c'est le palais impérial au sein de la Cité impériale de Pékin dont la construction fut ordonnée par Yongle, troisième empereur de la dynastie Ming, et réalisée entre 1406 et 1420, grâce à l'emploi de plus d'un million d'ouvriers réduits à l'esclavage. Ce palais, d'une envergure inégalée – il s'étend sur une superficie de 72 hectares – fait partie des palais les plus anciens et les mieux conservés de Chine. De nos jours, il est devenu un musée, le musée du palais, qui conserve les trésors impériaux de la civilisation chinoise ancienne et de très nombreuses œuvres d'art chinois de première importance : peintures, bronzes, céramiques, instruments de musique, laques...

*La vaste *Place Tian'anmen* (littéralement « place de la porte de la Paix céleste »), une place située au centre de Pékin, en face de la Cité interdite et à côté du majestueux Parlement. Elle s'appelle ainsi car elle se trouve immédiatement au sud de la porte de la Paix céleste qui commandait l'entrée sud de la cité impériale. Quatrième plus grande place du monde (après les places Xinghai de Dalian en Chine, Merdeka de Jakarta en Indonésie et des Tournesols de Palmas au Brésil), elle doit notamment sa célébrité aux nombreux évènements qui s'y sont déroulés dans l'histoire chinoise, dont des changements de gouvernements et des manifestations en 1989 demandant des réformes politiques et démocratiques, lesquelles furent suivies de l'instauration de la loi martiale par le gouvernement.

*Le beau *Temple du Ciel*, un ensemble de palais magnifiques dans un parc gigantesque. Inscrit au patrimoine mondial de l'UNESCO en 1998, ce temple rond et bleu, un peu éloigné de l'étouffant centre-ville, est devenu le symbole de la capitale chinoise et est dédié aux moissons. On dit de ce temple qu'il est particulièrement *fengshui* (mot récurrent à Pékin) grâce à ses formes rondes et carrés. Considéré comme l'achèvement de l'architecture chinoise traditionnelle, sa disposition symbolise la croyance chinoise que la Terre est carrée et le Ciel rond.

Son origine remonte à l'ancienne Chine, où l'empereur était considéré comme le « fils du Ciel », chargé de faire le lien avec l'autorité céleste pour préserver le bon ordre sur terre. Afin de montrer son respect au Ciel, les cérémonies de sacrifice étaient donc très importantes. Avec le Temple de la Terre au nord de la Cité interdite, en dehors des anciennes fortifications de Pékin, le Temple du Soleil à l'est et le Temple de la Lune à l'ouest, situés dans des jardins portant leurs noms, le Temple du Ciel constitue l'un des quatre grands temples de l'ère impériale de Pékin.

*Le *Stade national*, surnommé le « Nid d'Oiseau » pour sa forme. Situé dans l'Olympic Green au nord de la ville et à l'est du Centre national de natation, il a été la principale structure des Jeux olympiques et Jeux paralympiques d'été de 2008 (du 8 au 28 août). Cette gigantesque enceinte futuriste (dimensions : 333 mètres de long, 294 de large et 69 de haut, surface de 258 000 m^2) est la plus grande structure en acier inoxydable au monde, un édifice ayant nécessité 42 000 tonnes d'acier et coûté 3,5 milliards de yuans soit 423 millions de dollars ; elle offre une capacité d'accueil de 91 000 places, dont 11 000 sièges temporaires et 140 suites de luxe pour les plus riches.

En Hollande : l'immense port de Rotterdam

Dans le cadre de mon travail, il m'était également donné de me rendre dans pays européens, la France et la Hollande. C'était à la suite du déplacement de l'équipe hollandaise à Banana, dans la perspective d'y construire un pont en eau profonde.

En France, plus précisément à Paris (au très luxueux hôtel Georges V), j'ai fait rencontrer le Secrétaire exécutif du BCPSC, Moïse Ekanga, avec les éventuels acteurs pouvant être impliqués dans le projet porté par Afonso Muimba et Rob de Bruijn.

En Hollande, ce sont ces deux derniers qui m'ont invité pour visiter le port de Rotterdam, afin d'avoir une idée de ce que pourrait être le port en eau profonde de Banana si sa construction était confiée aux ingénieurs hollandais.

Rotterdam est la deuxième ville du royaume des Pays-Bas, après Amsterdam la capitale. C'est la ville d'Erasme, l'un des symboles de la République des Lettres et du renouvellement des savoirs à l'époque moderne, un érudit qui a laissé son nom à plusieurs ouvrages d'art, bâtiments contemporains ou statues, notamment le pont Érasme, l'université de Rotterdam, l'hôpital et la bibliothèque municipale. Mais la ville est surtout connue à l'étranger par son port.

L'immense port de Rotterdam (*Haven van Rotterdam* en néerlandais) que je visite le 25 juin 2015 n'a pas toujours été ainsi dans le passé. Au début un port de fond d'estuaire, avant de se développer progressivement vers l'aval pour rejoindre le littoral, le port de Rotterdam, probablement établi dès le XIIe siècle à la confluence de la Binnenrotte (nom de la partie urbaine de la Rotte) avec la Nouvelle Meuse, était alors à 40 km du littoral de la mer du Nord, au fond d'une des embouchures du delta commun au Rhin et à la Meuse. Cet emplacement en fond d'estuaire a deux avantages : d'une part il protège le port de l'instabilité du littoral sableux, la mer remodelant le tracé des îles à chaque tempête, d'autre part le cours d'eau assure ainsi un minimum de profondeur d'eau.

Au fur et à mesure que la ville de Rotterdam s'agrandissait et accueillait d'importantes activités économiques, militaires et autres venues de tout le continent, le port devait s'adapter à la nouvelle situation. D'où, pour pouvoir accueillir des navires encore plus grands alors que l'embouchure est ensablée, il fallait creuser le bassin du Haringvliet et des nouveaux bassins sur la rive droite au « port de Delft » ainsi que sur la rive gauche avec le « port du Rhin » et le « port de la Meuse ». En même temps, il fallait aménager des quais directement sur la rive de la Nouvelle Meuse, et draguer un chenal dans la Scheur.

La « nouvelle voie navigable » ainsi construite, servant de nouvelle embouchure au Rhin et à la Meuse, s'approfondissait naturellement grâce au courant de l'eau. De nouvelles infrastructures sont venues (zones industrielles, terre-pleins, voies de communications...), permettant d'améliorer les échanges routiers et ferroviaires avec les zones portuaires. Avec l'explosion de la consommation européenne de pétrole, importé par voie maritime, le port de Rotterdam est devenu *la « station-service » de l'Europe*. Après la Seconde Guerre mondiale, l'extension des installations portuaires s'est poursuivie en direction de la mer : il a fallu construire le terminal pétrolier d'Europoort et aménager un banc de sable sur la mer du Nord pour devenir le terminal à conteneurs Maasvlakte, capable de recevoir le trafic conteneur qui se développait. Courant 2010, a commencé la construction de Maasvlakte 2, nouveau terminal à conteneurs en eau profonde, pour faire face à la croissance du trafic.

Voilà pour l'évolution de Rotterdam, typique de celle des organismes portuaires de niveau mondial, avec un déplacement du port depuis le fond vers la tête du delta (ou de l'estuaire), lié à l'augmentation de la taille des navires, notamment pétroliers et porte-conteneurs.

C'est le principal et premier port du *Northern Range*, cette façade maritime de dimension mondiale, parmi les plus dynamiques, qui s'étend du Havre à Hambourg et à Anvers. Il représente environ 40 % de tout le trafic de la zone : plus de 34 000 navires y chargent ou déchargent des marchandises chaque année. Le port constitue une vaste zone industrialo-portuaire (ZIP) : il est non seulement un espace d'échanges, notamment de conteneurs et de produits pétroliers mais aussi un espace de production avec un complexe pétrochimique, un pôle énergétique et des usines agro-alimentaires ; une zone qui relie l'Europe au monde, qui mêle donc espaces urbanisés, industriels, portuaires, commerciaux et infrastructures de communication.

Rotterdam est surtout un *port d'importation*, avec un trafic à l'entrée composé à plus de 50 % de produits liquides, essentiellement du pétrole (pour lequel le port néerlandais représente plus de la moitié du trafic du Northern Range), 25 % de vrac sec, 18 % de conteneurs. En sortie, le trafic portuaire de Rotterdam est surtout composé de conteneurs (46 %) et de produits liquides (38 %). Cette « station-service » de l'Europe fait de Rotterdam un port pas comme les autres : c'est un port d'éclatement (ou hub), une plate-forme de correspondance, dans les transports, une zone d'interface privilégiée par sa position spatiale et ses infrastructures de communication. Il doit notamment sa réussite à son *hinterland* (un arrière-pays qui reçoit et qui approvisionne le port en marchandises) très peuplé avec lequel il est relié par des voies de communication nombreuses et variées, couvrant toute la vallée du Rhin et de ses affluents, région la plus développée d'Europe occidentale, reliée au port par l'artère essentielle qu'est la vallée du Rhin, navigable jusqu'à Bâle, en Suisse. Rotterdam est ainsi l'interface d'entrée/sortie de la mégalopole centre-européenne.

En constant développement depuis le XIIe siècle et port de commerce dès le XVIIe siècle, Rotterdam prend véritablement son envol vers la fin du XIXe siècle avec la révolution industrielle qui s'épanouit en Europe du Nord-Ouest et dont la ville est le débouché naturel. Le *Nieuwe Waterweg*, cette voie d'eau artificielle sans écluse qui relie le port de fond de delta à la mer du Nord, donne à Rotterdam un avantage comparatif énorme sur les autres ports européens de l'ouest. Ainsi, pendant longtemps, elle va garder sa position de leader en Europe et même dans le monde. Si le port demeure le plus grand et le premier en Europe, il est aujourd'hui devancé par d'autres ports, notamment asiatiques. Ainsi, dans le monde en 2017, le port de Rotterdam est le douzième pour le trafic de conteneurs ; il est supplanté par les ports de Shanghai (Chine), Singapour, Shenzhen (Chine), Ningbo (Chine), Hong Kong (Chine), Busan (Corée du Sud), Guangzhou (Chine), Qingdao (Chine), Los Angeles - Long Beach (Etats-Unis), Dubaï (Émirats arabes unis) et Tianjin (Chine)[1]. En Europe, il est le plus grand port,

---

1 *https://lemarin.ouest-france.fr/secteurs-activites/shipping/31043-le-havre-et-marseille-fos-remontent-dans-le-top-portuaire-mondial*

de loin devant les deuxième et troisième ports, Anvers et Hambourg.

C'est ainsi un port immense, s'étendant d'est en ouest sur 42 km (contre 15 km en 1939) et couvrant 124 km^2, que je visite en 2015. À l'origine, il était situé sur un bras du delta de la Meuse et du Rhin, très loin de l'embouchure, à près de 25 km de la mer. Aujourd'hui, il est situé directement sur la mer du Nord, juste à l'embouchure du Rhin, et d'accès libre sans obstacles (écluse ou pont, du moins jusqu'au pont Érasme) ni restriction de marée.

Si les Congolais le voulaient, les Hollandais pouvaient construire un ouvrage pareil à Banana, comme ils ont contribué à le réaliser dans certaines villes du monde, en particulier asiatiques, qui revendiquent aujourd'hui avoir les grands et meilleurs ports de la planète, avant Rotterdam même. Mais les Congolais ont préféré choisir les Emiratis pour leur construire à Banana le port en eau profonde tant désiré…

REMERCIEMENTS AU BCPSC ET A L'ACGT

Mes déplacements, aussi bien au pays qu'à l'étranger, ainsi que mon épanouissement au BCPSC, ont été rendus possibles par la bonne volonté de Moïse EKANGA et de Justin-Marie MBALAKA, respectivement Secrétaire exécutif et Secrétaire exécutif adjoint du BCPSC, que je remercie de tout cœur.

Je suis également redevable naturellement à mes collègues du Bureau, mentionnés ci-dessus, avec lesquels j'avais le plaisir de travailler en toute fraternité, en toute amitié et en toute complicité, en tenant compte des humeurs, circonstancielles, de chacun. Je me permets de les nommer. D'abord ceux qui, avec moi, étaient les « pionniers » (les premiers embauchés) : Ali Baba MWANANTEBA, José LUMBALA, Claudine TUPA-PAONY et Zénon NGABURU. Puis ceux qui sont venus nous rejoindre après : Yvette Mwangu Barashishwa, Yves Otshudi Ekanga, Henri Kabeya, Chrisos Ila, Didier Kamunga, Tristan

Etumba et Yvon Mombong. Je ne peux manquer de mentionner quelques autres cadres du Bureau : Constance Munzambiya, Vital Yaosuka, Francisca Mosombo, Najah LM, Guy-Paul Bofefa, Norah Pindi Kadiebwe, Ornella Ambatshe, Flory Nsumbala, John Omombo…

Je ne saurais oublier de manifester ma gratitude aux amis de l'Agence congolaise des Grands Travaux (ACGT), avec lesquels j'entretenais une sympathique collaboration, puisque nos deux établissements étatiques ne pouvaient – et ne peuvent – qu'œuvrer ensemble dans la franchise pour la réussite du si cher Programme sino-congolais. Je pense notamment aux deux patrons de l'entreprise, le DG Charles-Médard ILUNGA MWAMBA et le DGA Nico NZAU NZAU, deux personnalités agréables qui me recevaient en ami, avec beaucoup d'égards en leurs bureaux de travail et qui m'invitaient même en dehors du cadre de travail pour prendre part à certaines manifestations qu'ils organisaient.

Je pense aussi à leurs collaborateurs qui m'accueillaient avec le même entrain – qu'ils m'excusent de ne point les citer tous, du fait qu'ils sont nombreux ! Néanmoins, je me fais le devoir de saluer ici particulièrement trois personnes, Victor Molisho, gentil chef de la Direction administrative et financière (DAF), Patrick Luyeye, pimpant et prévenant chef d'Antenne Kisangani, qui m'accueillit en cette ville lors d'une mission de service, et Christiane Tshama. J'ai eu, à un moment donné, à travailler avec cette dernière, talentueuse rédactrice en chef (avec Kelly Kabila Mwaka) de *RDC Infrastructures, le magazine de l'Agence Congolaise des Grands Travaux*, un organe de presse utile qui donne les informations sur toutes les réalisations du Programme sino-congolais et qui nous a été précieux pour élaborer les fiches des projets d'infrastructures mis en œuvre et pilotés par l'ACGT.

Que les amis ne me tiennent point rigueur, s'ils estiment que l'ACGT n'a pas été traitée comme ils l'auraient souhaité, mon ouvrage étant consacré, ils l'auront compris, essentiellement au Bureau auquel je rendais mes services.

Last but not least, je tourne mes pensées à Adolphe MUZITO, l'homme – alors Premier ministre du pays en 2008 – sans qui je ne serais pas embauché au BCPSC, pour son intervention amicale auprès de Moïse Ekanga.

Que toutes ces personnes, à leurs qualités et titres divers, trouvent ici l'expression de ma considération distinguée et de ma reconnaissance sincère. Qu'elles agréent mes salutations… et qu'elles soient bénies dans leur travail !

UN OUVRAGE SUR L'HISTOIRE ET LES REALISATIONS DU PROGRAMME SINO-CONGOLAIS

Comme son nom l'indique si bien, le Bureau de Coordination et de Suivi du Programme Sino-Congolais a été érigé pour piloter le Programme conclu entre Chinois et Congolais.

Ce Programme se fonde sur la « Convention de Collaboration » signée à Beijing le 22 avril 2008, quatre mois avant la naissance du BCPSC, entre le Gouvernement de la République Démocratique du Congo (RDC) et un consortium d'entreprises privées chinoises.

Cette Convention formalise l'ensemble d'accords que, depuis 2007, la RDC s'est mise à signer avec les entreprises chinoises et donne un cadre aux autres accords qui seront négociés après.

Au terme de cet accord historique, la partie chinoise s'engage à construire en RDC une série d'infrastructures, que financera Exim Bank, à hauteur de 6 milliards de dollars américains. En contrepartie, les entreprises chinoises doivent exploiter les ressources naturelles du Congo pendant 30 ans, d'une valeur estimée à 3 milliards de dollars.

Le Gouvernement de la République est parvenu à sceller cette alliance avec les entreprises d'une puissance émergente qu'est la République Populaire de Chine (RPC), pour soutenir la politique de reconstruction nationale initiée en 2006 par Joseph Kabila au lendemain de son élection à la tête de l'Etat congolais. L'importance ou la logique de ce partenariat économique est soulignée, dès le 6 décembre 2007, par le Président de la République lui-même :

''*Puisque les institutions financières chinoises disposent de liquidités importantes et que leur pays a des besoins importants en ressources naturelles, notamment minières, pourquoi ne pas conclure avec eux un accord où chaque partie trouverait son compte ? En échange de concessions minières, exploitées en partenariat avec des entreprises publiques congolaises, donnant de l'emploi aux Congolais et produisant de la valeur ajoutée localement, les banques chinoises acceptent de contribuer au financement de nos Cinq chantiers.*

Pour la première fois dans notre histoire, le peuple congolais pourra enfin voir à quoi aura servi son cobalt, nickel ou cuivre ! Tel est l'esprit des accords avec la partie chinoise. Ils ont été conclus en toute transparence et nous sommes prêts à conclure des accords similaires avec d'autres partenaires.''

Au moment où le chef de l'Etat parle, la « Convention de Collaboration » sino-congolaise, qui synthétise tous les accords signés en 2007, n'est pas encore née ; elle va l'être le 22 avril 2008.

Pour conduire cette Convention, le Gouvernement du Premier ministre Antoine Gizenga institue, le 26 août 2008, le Bureau de Coordination et de Suivi du Programme Sino-Congolais (BCPSC).

Le présent ouvrage essaie de reconstituer le *chemin parcouru en dix ans* à la fois par la Convention de Collaboration et le BCPSC, depuis leurs origines jusqu'à ce jour. Nous avons pu décliner cette démarche en dix chapitres.

Le *premier chapitre*, **« Aux origines du Bureau de Coordination et de Suivi du Programme Sino-Congo**

(BCPSC) », replace cette entité étatique à ses origines, qui sont le Programme présidentiel de Reconstruction nationale, appelé les « Cinq chantiers », et la Convention de Collaboration. Concernant celle-ci sont abordés le cadre juridique de cet accord historique, les obligations des parties prenantes et le rôle que jouera la joint-venture mixte dénommée la Sino-congolaise des Mines (« Sicomines »), celui d'exploiter les gisements cupro-cobaltifères dans la province du Lualaba pour le remboursement du Projet de Coopération (les infrastructures construites par les entreprises chinoises et l'investissement minier).

Le *deuxième chapitre*, « **Le pilotage et la coordination de la Convention de Colaboration** », parle de deux institutions publiques qui, créées le 26 août 2008, doivent appliquer et exécuter l'accord sino-congolais du 22 avril 2008, à savoir le *Bureau de Coordination et de Suivi du Programme Sino-Congolais* (BCPSC) et l'*Agence Congolaise des Grands Travaux* (ACGT). Doté d'une autonomie financière, le BCPSC s'attellera à la gestion et au suivi de la mise en œuvre des accords de coopération signés ou à signer entre la RDC et les partenaires privés chinois dans les domaines des mines et des infrastructures de base. Ces dernières seront construites sous la supervision de l'ACGT, délégué du ministère des Travaux publics.

A peine signée, la Convention de Collaboration a essuyé plusieurs ***critiques*** venant de l'opposition parlementaire et des partenaires traditionnels de la RDC ainsi que des institutions de Bretton Woods (Fonds monétaire international et Banque mondiale). Pour eux, le deal sino-congolais est un contrat léonin en faveur de la Chine et équivaut à un nouvel endettement du pays. C'est la substance du *troisième chapitre*, « **La Convention de Collaboration critiquée. Réponses congolaises et chinoises** ».

A la suite de ces critiques de la Convention de Collaboration, les iniateurs de celle-ci, c'est-à-dire la RDC et la Chine, mises sous pression, vont procéder à la *révision de la Convention de Collaboration*. En octobre 2009, elles parviennent à produire un avenant à la Convention, lequel retire la garantie de l'Etat congolais au remboursement du projet minier et réduit à 3 milliards le financement des infrastructures. Désormais, le Projet de Coopération vaut 6 milliards USD, au lieu de 9 initiaux. Tel est le contenu du *quatrième chapitre*, « **Amendement de la Convention de Collaboration** ».

C'est dans le cadre de ce contrat amendé que s'effectueront désormais en RDC les *travaux de construction des infrastructures de base*. En fait, il s'avérera que ces travaux exécutés par les entreprises chinoises ne seront pas seulement financés par les Chinois (à travers l'institution Exim Bank ou le gouvernement de Pékin) et par la joint-venture Sicomines, mais ils bénéficieront également des fonds divers, pouvant provenir du gouvernement congolais, de la Banque mondiale, ou de l'Union européenne. Le financement du Projet de Coopération sino-congolaise est abordé dans le *cinquième chapitre*, « **Le financement dans l'exécution de la Convention de Collaboration** ».

Le *sixième chapitre*, « **L'entrée en vigueur de la Convention de Collaboration** », recense les quelques difficultés qui ont prévalu, notamment au niveau de réalisation des engagements des Parties **et** constitution de la Sicomines, avant la mise en application effective de deux volets du Projet de Coopération sino-congolaise, à savoir le Projet minier et le Projet d'Infrastructures. Leur mise en œuvre est traité dans les deux chapitres suivants, le septième et le huitième.

« **La mise en œuvre du Projet minier** », sous le pilotage du BCPSC, fait l'objet du *septième chapitre*. Il suit la constitution difficile de la Sicomines, la concrétisation laborieuse de son projet industriel et l'érection du barrage de Busanga devant satisfaire ses besoins en énergie électrique.

Le *huitième chapitre*, basé sur « **L'exécution du Projet d'Infrastructures** », s'attèle aux *résultats* les plus probants des travaux effectués dans le cadre de la Convention, présentés sous forme des fiches produites par l'ACGT, qui supervise ces travaux, pour quelques réalisations du Programme sino-congolais. Ces résultats sont aujourd'hui visibles à Kinshasa (Hôpital du Cinquantenaire, modernisation des voies de circulation, dont les boulevards du 30 juin, Sendwe, Triomphal et Lumumba) et à l'intérieur du pays (dont aménagement et bitumage de quelques tronçons de certaines routes nationales, etc.)…

Le *neuvième chapitre* tente de dresser le ***bilan*** de la Convention de Collaboration cinq ans puis dix ans après sa naissance. Un bilan globalement positif, vu les réalisations d'infrastructures enregistrées. La signature de la Convention de Collaboration a été ainsi utile, utile pour le peuple congolais, puisque, comme l'a si bien dit le chef de l'Etat dès le 6 décembre 2007 et l'a confirmé le Secrétaire exécutif du BCPSC dans sa conférence de presse du 24 mai 2013, ''les ressources du pays, dans le cadre de la Convention d'avril 2008, sont mises en exploitation afin de réaliser les infrastructures qui sont mises au service de tous les secteurs d'activités et améliorent la vie de la population''.

Pour terminer, le *dixième et dernier chapitre* de l'ouvrage reprend quelques ***annexes***, jugées importantes, précieuses pour les chercheurs et ceux qui veulent approfondir leur connaissance et leur compréhension de la Convention de Collaboration. Les annexes concernent les textes fondamentaux (Protocole d'accord du 17 septembre 2007, Convention de Collaboration du 22 avril 2008, Avenants à cette Convention), la création de trois institutions-clé pour la Convention (Sicomines, ACGT et BCPSC), les positions pour et contre la Convention, la revue de presse sur les différentes interventions du Secrétaire exécutif du BCPSC et d'autres personnes relatives à la Convention.

***

Le présent ouvrage, on l'aura compris, ne développe qu'un thème, à savoir la *Convention de Collaboration* (ou le *Projet de*

Coopération, ou encore le *Programme sino-congolais*), lui-même déployé en plusieurs sous-thèmes. En général, l'objectif visé par un chercheur consiste à livrer sa propre lecture de l'histoire et de l'actualité de l'objet qu'il veut présenter au public. Pour ce faire, le choix est en principe à opérer entre une *présentation thématique* et une *présentation chronologique*. Bien entendu, chaque option présente ses avantages et ses inconvénients.

La méthode *thématique* permet de regrouper des idées, d'aller pour ainsi dire directement à l'essentiel, en évitant de reproduire les répétitions constatées au fil des textes traitant le même thème ; mais elle a aussi tendance à aplanir la réalité, à en donner une vision expurgée qui empêche d'en mesurer toute la portée.

La méthode *chronologique*, quant à elle, offre la possibilité de suivre l'évolution des phénomènes étape par étape, et permet alors d'en rendre compte de façon plus fidèle, mais par ailleurs elle implique certaines longueurs qui peuvent paraître fastidieuses.

Dans le cas qui nous concerne, nous ne pouvions opter que pour une présentation chronologique, une méthode qui mette en lumière certains sous-thèmes fondateurs, car nous espérons pouvoir donner ainsi une vue d'ensemble de la progression réelle des idées théorisées et pratiquées. Il nous semble en effet que cette méthode permet de mieux prendre conscience des diverses caractéristiques à souligner. En d'autres termes, elle nous replonge dans le contexte de l'époque où le discours a été tenu ou l'interview a été accordée : nous refaisons en quelque sorte le chemin suivi par une idée ou son auteur, et de ce fait, nous mesurons mieux la distance parcourue depuis lors. Nous en avons en quelque sorte une connaissance intime. En outre, cela permet de situer les phénomènes dans un cadre englobant, et nous pouvons davantage en saisir la portée en notant comment ils s'enchaînent les uns aux autres, dans quelle situation ils surgissent, se renforcent, s'estompent, ou se perpétuent. On ressent le poids du passé, et on réalise pleinement à quel point l'histoire de l'idée ou de l'action est liée aux multiples autres facteurs qui font l'histoire en général, qu'ils soient économiques, culturels, politiques, etc. Au fil des années, on voit se dessiner des lignes de force, se distinguer certains aspects dont la position dominante se confirme et se consolide.

Bref, cette approche reflète le développement réel de la pensée et de l'action. Elle implique par ailleurs que ce qui apparaît à plusieurs reprises au cours de l'histoire soit également réitéré dans le panorama. Bien sûr, une telle démarche peut entraîner des lourdeurs propres aux répétitions, mais elle permet, nous semble-t-il, de mettre en relief le caractère répétitif des thèmes en question. Ce qui n'est pas sans importance lorsqu'on s'attache à repérer les principaux courants historiques et leur évolution.

***

Le présent ouvrage n'est pas l'expression officielle du Bureau de Coordination et de Suivi du Programme sino-congolais. C'est nous, un membre de cette entreprise publique depuis dix ans – de sa naissance jusqu'en décembre 2018, qui donne notre propre compréhension de son évolution et de ses activités.

J'ai établi cette chronique avec la participation, ou la collaboration, de mes collègues experts du BCPSC. Je les ai nommés dans les lignes précédentes.

Même s'il ne constitue pas un document officiel du Bureau de Coordination et de Suivi du Programme sino-congolais (BCPSC), notre exposé a été élaboré tel qu'il puisse refléter tant soit peu la réalité et la vérité sur ce Projet de Collaboration entre la Chine et la RDC. S'il en est ainsi, nous espérons que la somme de nos cogitations sera la réponse, que nous souhaitons être imparable ou patente, à ceux qui, en RDC ou ailleurs, affirmaient, ou affirment encore, de bonne ou de mauvaise foi, avec ou sans raison, que la Convention de Collaboration était –

est – frappée d'un sceau de secret, c'est-à-dire que ses animateurs ne voulaient pas – ou ne cherchaient pas à – communiquer sur le contenu réel de ce texte essentiel et sur l'évolution des activités effectuées dans son cadre.

Ce sera notre grande joie d'avoir atteint cet objectif.

Jean MPISI

1
Aux origines du Bureau de Coordination et de Suivi du Programme Sino-Congolais (BCPSC)

Deux événements peuvent être considérés comme constituant des préludes à la création du Bureau de Coordination et du Suivi du Programme Sino-Congolais, BCPSC en sigle. Ce sont :

- la volonté du président Joseph Kabila de mettre en œuvre un programme de développement national qu'il élabore au lendemain de son élection à la magistrature suprême du pays en 2006, un programme ambitieux qui sera connu sous le nom de « Cinq Chantiers (de la République) » ;

- la signature de la Convention de Collaboration entre la RDC et un groupement d'entreprises chinoises.

CONTEXTE DE LA (NOUVELLE) « COOPERATION ECONOMIQUE » SINO-CONGOLAISE

22 avril 2008 – 22 avril 2020. La « Convention de Collaboration » sino-congolaise accomplit douze ans. Cinq ans de (nouvelle) coopération économique entre l'Etat congolais et un consortium d'entreprises chinoises.

Cette Convention, approuvée et signée à Beijing, formalise l'ensemble d'accords que, depuis 2007, la RDC s'est mise à signer avec les entreprises chinoises et donne un cadre aux autres accords qui seront négociés après.

Pour répondre aux nombreuses critiques qui seront formulées contre tous ces contrats, il faut essayer de replacer cette démarche dans un contexte historique, afin de dégager son importance pour la RDC.

La réflexion peut partir de 2001. Le 26 janvier de cette année-là, Joseph Kabila, qui prend la succession, à la tête de l'Etat congolais, de son père Laurent-Désiré Kabila, mort assassiné, donne, dans son discours de prise de pouvoir, les grandes lignes de ce que sera sa politique. Le développement socioéconomique en constitue l'un des défis à relever : ''le défi de la reconstruction nationale sur tous les plans''. Pour ''reconstruire un pays plus beau qu'avant, comme l'affirme notre hymne national'', l'ouverture au monde extérieur s'avère nécessaire : ''En appui à nos propres efforts, je demande à la communauté financière internationale de nous assister à mobiliser les ressources humaines, techniques et financières pour accélérer notre programme de reconstruction nationale.''

Le nouveau chef de l'Etat en arrive là, après avoir noté l'état calamiteux de l'économie nationale. Dès le départ, le problème consistait surtout à assainir le cadre macroéconomique, afin de permettre la relance de la production et des activités économiques. Des programmes d'urgence furent alors élaborés et mis en exécution. Ils aboutirent, le 1er juillet 2010, à l'atteinte du point d'achèvement de l'initiative « Pays Pauvre Très Endetté » (i-PPTE). Autrement dit, le stock de la dette extérieure de la RDC venait d'être réduit d'au moins 80 %, passant de 13,7 milliards USD à 2,9 milliards USD.

Mais, l'on n'en était pas encore là. De 2001 à 2006, le Président « gère » ce qu'il a hérité : la guerre, une économie délabrée et tant d'autres crises, dont celle de la légitimité au pouvoir. Cette dernière crise est résolue en novembre 2006, lorsque, à la suite de l'organisation des élections démocratiques, il est élu Président de la République.

Son pouvoir légitimé par le peuple, Joseph Kabila peut élaborer un vrai plan de reconstruction nationale. Pour le financer, il s'enquit auprès de tous ses partenaires traditionnels. Ceux-ci multiplièrent des promesses pour financer la reconstruction. Par exemple, l'Union européenne s'était engagée à verser 750 millions d'euros sous forme de dons. Mais la RDC ne voyait rien venir.

C'est alors qu'elle décida de tenter une nouvelle expérience avec les Chinois, qui avaient prouvé leur efficacité par le passé en construisant, à peu de frais peut-on dire, des grandes œuvres telles que le Palais du Peuple et le Stade des Martyrs à Kinshasa ou la Sucrerie de Lutokila en Province Orientale.

En signant des contrats avec les entreprises de ce dernier pays, le Gouvernement de la République est parti du fait que, en 1990, la reconstruction du pays coûtait au bas mot 9 milliards de dollars, un chiffre qui doit être triplé ou quadruplé aujourd'hui. Cette somme devait évidemment venir des partenaires traditionnels occidentaux. Mais les déboursements effectifs de cette « aide » internationale n'atteignaient qu'un quart des montants promis, dont 30 ou 40 % étaient affectés aux salaires et aux frais de fonctionnement. En définitive, l'Etat ne tirait qu'un très faible bénéfice. Ainsi, ce bénéfice n'était que de 6 % du budget, versé par les quelque 400 contrats miniers passés avec des entreprises occidentales pendant la transition (de 2003 à 2006, période « 1 + 4 »). C'est dans ces conditions que le Gouvernement s'est vu obligé de prendre deux mesures palliatives : la « révisitation » des contrats miniers et l'appel au secours de la Chine.

Mais pendant cinq ans, le chef de l'Etat ne put matérialiser véritablement sa politique de développement économique, tout occupé qu'il fut à chercher à réduire la guerre à l'est du pays et à légitimer son pouvoir. La légitimation du pouvoir arrive en 2006, lorsque, à l'issue des élections démocratiques, il est confirmé dans sa fonction présidentielle. C'est en ce moment-là qu'il élabore un plan de reconstruction nationale, lequel se décline en ce qu'il appelle judicieusement *les **« Cinq chantiers** »*, une formule-choc qui va qualifier son programme d'action.

LES « CINQ CHANTIERS », LE PROGRAMME PRESIDENTIEL DE RECONSTRUCTION NATIONALE

La réflexion qui aboutit aux « Cinq Chantiers » peut partir du 26 janvier 2001, date où Joseph Kabila, qui prend la succession, à la tête de l'Etat, de son père Laurent-Désiré Kabila, mort assassiné de façon inattendu, donne, dans son discours de prise de pouvoir, les grandes lignes de ce que sera sa politique. Le développement socioéconomique en constitue l'un des défis à relever : ''le défi de la reconstruction nationale sur tous les plans''. Pour ''reconstruire un pays plus beau qu'avant, comme l'affirme notre hymne national'', l'ouverture au monde extérieur s'avère nécessaire : ''En appui à nos propres efforts, je demande à la communauté financière internationale de nous assister à mobiliser les ressources humaines, techniques et financières pour accélérer notre programme de reconstruction nationale.''

Le nouveau chef de l'Etat en arrive là, après avoir noté l'état déliquescent de l'économie nationale. Dès le départ, le problème consistait surtout à assainir le cadre macroéconomique, afin de permettre la relance de la production et des activités économiques. Des programmes d'urgence furent alors élaborés et mis en exécution. Ils aboutirent, le 1er juillet 2010, à l'atteinte du point d'achèvement de l'initiative « Pays Pauvre Très Endetté » (i-PPTE). Autrement dit, le stock de la dette extérieure de la RDC venait d'être réduit d'au moins 80 %, passant de 13,7 milliards USD à 2,9 milliards USD.

Mais, l'on n'en était pas encore là. De 2001 à 2006, le Président « gère » ce qu'il a hérité : la guerre, une économie délabrée et tant d'autres crises, dont celle de la légitimité au pouvoir. Cette dernière crise est résolue en novembre 2006, lorsque, à la suite de l'organisation des élections démocratiques, il est élu Président de la République.

Son pouvoir légitimé par le peuple, Joseph Kabila peut élaborer un vrai plan de reconstruction nationale. Pour le financer, il s'enquit auprès de tous ses partenaires traditionnels. Ceux-ci multiplièrent des promesses pour financer la reconstruction. Par exemple, l'Union européenne s'était engagée à verser 750 millions d'euros sous forme de dons. Mais la RDC ne voyait rien venir.

C'est alors qu'elle décida de tenter une nouvelle expérience avec les Chinois, qui avaient prouvé leur efficacité par le passé en construisant, à peu de frais peut-on dire, des grandes œuvres telles que le Palais du Peuple et le Stade des Martyrs à Kinshasa ou la Sucrerie de Lutokila en Province Orientale.

En signant des contrats avec les entreprises de ce dernier pays, le Gouvernement de la République est parti du fait que, en 1990, la reconstruction du pays coûtait au bas mot 9 milliards de dollars, un chiffre qui doit être triplé ou quadruplé aujourd'hui. Cette somme devait évidemment venir des partenaires traditionnels occidentaux. Mais les déboursements effectifs de cette « aide » internationale n'atteignaient qu'un quart des montants promis, dont 30 ou 40 % étaient affectés aux salaires et aux frais de fonctionnement. En définitive, l'Etat ne tirait qu'un très faible bénéfice. Ainsi, ce bénéfice n'était que de 6 % du budget, versé par les quelque 400 contrats miniers passés avec des entreprises occidentales pendant la transition (de 2003 à 2006, période « 1 + 4 »). C'est dans ces conditions que le

Gouvernement s'est vu obligé de prendre deux mesures palliatives : la « revisitation » des contrats miniers et l'appel au secours de la Chine.

Mais pendant cinq ans, le chef de l'Etat ne put matérialiser véritablement sa politique de développement économique, tout occupé qu'il fut à chercher à réduire la guerre à l'est du pays et à légitimer son pouvoir. La légitimation du pouvoir arrive en 2006, lorsque, à l'issue des élections démocratiques, il est confirmé dans sa fonction présidentielle. C'est en ce moment-là qu'il élabore un plan de reconstruction nationale, lequel se décline en ce qu'il appelle judicieusement *les* ***« Cinq chantiers »***, une formule-choc qui va qualifier son programme d'action, un programme qui va asseoir la politique de reconstruction nationale qu'il définit méthodiquement en 2006. Le 14 novembre de cette année-là, le nouveau Président élu démocratiquement révèle en effet, à Colette Braeckman du journal belge *Le Soir*, ses priorités :

"La réalité, c'est que le Congo d'aujourd'hui, ce n'est même pas le Congo de 1960. En 1960, il y avait des infrastructures, aujourd'hui la situation est tellement plus morose. J'ai identifié *cinq chantiers* urgents : *les infrastructures* d'abord, routes, rails, ponts ; il faut que les régions soient reliées les unes aux autres, que les gens puissent circuler.

Ensuite la *création d'emplois*. Aujourd'hui, moins de 5 % de la population travaille dans les secteurs formels, le reste dans l'informel, les autres sont au chômage. La création d'emplois doit passer par l'investissement. Troisième chantier : *l'éducation*. Ecoles primaires, secondaires, universités, tout est à reconstruire. Quatrième chantier : *l'eau et l'électricité*. Pendant la campagne, j'ai sillonné le pays et partout c'étaient les plus grands problèmes. Et puis, bien sûr, il y a le chantier de *la santé*. Voilà les priorités des priorités."

"Voici mes propositions pour changer la face de la RDC"

Peu avant de se confier à la presse, le chef de l'Etat avait, en juin 2006, produit un opuscule qui portait bien son titre : *"Voici mes 100 propositions pour changer la face de la RDC"*. C'était un condensé, en 100 points bien numérotés, de son programme politique, un projet de société assez ambitieux, dont l'essentiel repose sur les quelques fondamentaux suivants : la consolidation de la paix, la restauration de l'Etat et de son autorité, la relance économique, la lutte contre la pauvreté et les inégalités sociales… Dans ce programme, la relance économique prend une place importante ; elle concerne surtout les infrastructures de base, fer de lance des « Cinq chantiers », et est libellée dans les quelques points suivants :

33. Réhabilitation des routes nationales et de desserte agricole ainsi que des ponts et bacs sur ces routes afin d'accroître la fluidité du trafic à l'arrière-pays et de favoriser les mouvements des personnes et des biens ;

34. Achèvement des travaux en cours sur les grands axes routiers Kisangani-Niania-Beni, Kisangani-Bunia, Mbuji-Mayi-Kasongo, Bukavu-Kasongo, Kinshasa-Kikwit ;

35. Réhabilitation des ports fluviaux, dragage et balisage des principaux cours d'eau pour augmenter le tonnage en trafic fluvial ;

36. Appui à l'Onatra ainsi qu'à la SNCC pour moderniser le charroi ferroviaire et fluvial afin de désenclaver le pays et restructurer, pour ce faire, ces deux sociétés ;

37. Poursuite de la réhabilitation des équipements collectifs, tels que les hôpitaux, les écoles, la voirie urbaine, les bâtiments publics… ;

38. Relance de l'Office Congolais des Postes et des Télécommunications (OCPT) ;

39. Intéressement de l'initiative privée à la construction et à la gestion des infrastructures des transports et communications ;

40. Diversification des sources de financement internes des infrastructures publiques des transports et des communications ;

41. Modernisation de l'aéroport international de Ndjili et des aéroports de Lubumbashi, Kisangani, Mbuji-Mayi, Kananga et Goma ;

42. Accroissement des efforts en vue de diversifier les sources d'énergie et d'augmenter la production énergétique nationale ainsi que l'approvisionnement de l'ensemble du pays ;

43. Promotion et extension des champs de production des hydrocarbures dans le bassin côtier, la cuvette centrale et le graben par les investissements privés ;

44. Achèvement des travaux de réhabilitation partielle des turbines du barrage d'Inga et lancement des travaux du barrage de Kakobola dans le Bandundu et achèvement de celui de Katende dans le Kasaï Oriental ;

45. Augmentation du taux de desserte électrique par l'intensification de l'électrification rurale et utilisation des énergies renouvelables dans l'arrière-pays, telles que l'énergie solaire, éolienne, biomasse… ;

46. Assainissement et développement des réseaux de distribution d'électricité notamment par des investissements nouveaux publics et privés afin de doter la RD Congo des infrastructures viables de transport d'énergie ;

47. Elargissement de l'accès à l'eau potable au plus grand nombre des Congolais par l'amélioration du réseau de distribution notamment par la relance du programme d'hydraulique rurale et l'achèvement des chantiers en cours ;

50. Encouragement des investissements privés dans les secteurs de l'eau et de l'électricité ;

51. Octroi des titres miniers en conformité avec le code minier, plus particulièrement par adjudication publique et suivi rigoureux de l'exécution des conventions minières notamment par l'évaluation périodique de l'exécution des engagements pris et des investissements promis par les opérateurs privés ;

68. Réhabilitation des infrastructures médico-sanitaires et accroissement de leur capacité d'accueil par des investissements nouveaux en vue d'élargir la couverture sanitaire et l'accès aux soins de santé à toutes les couches de la population ;

81. Réhabilitation, extension et création des écoles techniques, agricoles, et vétérinaires à l'arrière-pays ;

82. Réhabilitation progressive des infrastructures scolaires avec la participation des communautés de base ;

84. Promulgation d'une loi-cadre sur l'habitat, assistance à l'auto-construction, promotion de l'industrie locale de production des matériaux de construction et intéressement des promoteurs privés à la construction des logements sociaux ;

94. Redynamisation du Programme National d'Assainissement et promotion des initiatives privées pour mettre fin à l'insalubrité publique surtout dans les grands centres urbains…

“Compter d’abord sur nous-mêmes, mobiliser davantage nos ressources, nos recettes. Compter aussi sur l’appui des pays amis”

Sur qui allez-vous compter pour réaliser cette tâche colossale ? Telle est la question que la journaliste belge Colette Braeckman pose au Président de la République[1]. La réponse est on ne peut plus claire :

“*On va compter d’abord sur nous-mêmes. Mobiliser davantage nos ressources, nos recettes. Compter aussi sur l’appui des pays amis, mais avant tout sur la réorganisation interne. L’objectif est de transformer la société, non pas avec des changements cosmétiques, mais des bouleversements en profondeur.*”

« Compter aussi sur l’appui des pays amis ». Pendant longtemps, la RDC a eu comme amis les pays occidentaux. Mais ceux-ci ont, pour intervenir en faveur du développement national, commencé à poser beaucoup de conditions, les unes parfois plus insupportables que les autres. Alors, s’est dit le Président de la République, pourquoi ne pas essayer avec de nouveaux amis, sans abandonner les amis traditionnels ?

Parmi les nouveaux amis, le choix s’est posé sur la République populaire de Chine, qui, apparemment, n’assujettissait pas son aide à des considérations d’une nature qui n’avait rien à voir avec l’économie. Bien plus, la Chine se mettait volontiers au service des pays du Sud, en leur construisant des ouvrages de bonne qualité et qui coûtaient moins chers. Quand les entreprises chinoises étaient mises en compétition avec les autres partout dans le monde, elles avaient tendance à rafler tous les marchés, car sur le plan qualité, leurs soumissions s’avéraient très compétitives et en ce qui concerne le prix elles étaient quasi imbattables. En effet, comme l’écrivent Stefaan Marysse et Sara Geenen[2], “le désavantage de l’aide occidentale est que son prix, à cause de l’exclusion de la compétition, est plus élevé. Cependant, dans le cas de la Chine, il paraît très étonnant que des entreprises occidentales puissent faire mieux en termes de prix, vu que les Chinois travaillent volontiers dans des conditions que d’autres entreprises internationales ne peuvent se permettre. En effet, on sait que les travailleurs chinois non qualifiés reçoivent un salaire qui

---

[1] *Le Soir*, 14 novembre 2006.

[2] S. Marysse et S. Geenen, « Les contrats chinois en RDC : l’impérialisme rouge en marche ? », *L’Afrique des Grands Lacs, Annuaire 2007-2008*.

consiste dans le paiement d'un à deux dollars par jour et les frais d'entretien de la main d'œuvre (logement sur les chantiers dans des conditions austères, et nourriture). De même les cadres reçoivent un salaire qui est à peu près le cinquième de ce qu'un cadre local pourrait gagner en travaillant pour une entreprise occidentale''.

Ainsi, la Chine serait un partenaire idéal pour la RDC. C'est un pays du « Sud », qui comprend mieux les autres pays du Sud. Joseph Kabila a appris à découvrir et à admirer ce pays depuis son jeune âge. En 1998, il y a été pendant quelques mois pour suivre une formation militaire. Là, il a découvert que la Chine s'est concentrée sur elle-même pour sortir de son sous-développement dans tous les domaines, dont économique, et elle y est parvenue, au grand étonnement du monde extérieur. Joseph Kabila a aimé cette expérience chinoise, et a voulu que la RDC s'en inspire, afin qu'elle fasse comme elle, et même qu'elle se hisse à son niveau. Aussi, en mars 2006, peu avant son élection à la tête de l'Etat congolais, il affichait clairement son rêve pour son pays ; en effet, à un journaliste qui lui demande ''à quoi ressemblera le Congo dans dix ans ?'', il répond[1] :

''A ce qu'il aurait dû être depuis longtemps. Un pays puissant, stable. Il sera possible d'y circuler par route de Kinshasa à Goma et de Lubumbashi à Gbadolite. L'espérance de vie à la naissance, qui est aujourd'hui de 49 ans, sera de 55 ans, voire plus. Le Congo, c'est la Chine de demain en Afrique. Avec toutes les richesses que nous avons, notre sous-développement est un scandale permanent.''

Les richesses naturelles, notamment minières, que possède la RDC, peuvent intéresser la Chine, qui est devenue l'une des nations les plus grosses consommatrices des matières premières du monde. Pourquoi ne peut-on pas les lui fournir, en échange avec des travaux de reconstruction nationale ?

L'idée vient de germer dans la tête du chef de l'Etat. Une idée qu'il faut matérialiser. Voilà pourquoi Joseph Kabila, au début de cette année 2007, engage ses émissaires à des négociations avec des Chinois, afin de conclure des accords de coopération économique et technique.

---

[1] *Jeune Afrique*, n° 2361, 12 avril 2006.

Moïse Ekanga, qui sera appelé à conduire le BCPSC, explique[1] :

''Face à l'insuffisance de ressources financières internes, dans ce pays détruit par trente ans de dictature et une longue guerre et où les partenaires traditionnels n'ont réalisé que 30 à 40 % des promesses de financement, il fallait trouver des voies et moyens, mieux, concevoir un modèle pouvant servir de palliatif à la modicité des recettes du Trésor et financer ainsi le programme des « Cinq chantiers ». C'est pour répondre à cet impératif que des équipes d'experts ont été déployées à travers les différents continents à la recherche des partenaires.

Le 25 février 2007, l'une de ces équipes fit le déplacement de la République Sud-Africaine, de Hong-Kong, de Shanghai et de l'Indonésie. C'est cette équipe qui participa aux premières concertations avec la China Development Bank (CDB), les entreprises CREC et Sinohydro ainsi que Export Import Bank of China (Exim Bank) en juin de la même année.''

DES ACCORDS DE PARTENARIAT ECONOMIQUE ET TECHNIQUE AVEC DES ENTREPRISES CHINOISES

Les concertations entreprises en Cchine par les émissaires du chef de l'Etat vont déboucher à la signature d'une série d'accords entre entre le Gouvernement de la République et des entreprises chinoises. Ce sont, successivement :

- Le « Mémorandum d'entente commune sur le développement des infrastructures de la RDC par l'exploitation de ses ressources », signé à Beijing le 9 août 2007 entre la RDC et Sinohydro Corporation Ltd, la plus grande société chinoise spécialisée dans les hydrocarbures, la construction d'infrastructures et l'exploitation minière ;

- le « Mémorandum d'entente commune sur le développement des infrastructures de la RDC par l'exploitation de ses ressources », signé à Beijing le 9 août 2007, entre la RDC et Shanghai Pengxin Group Co. Ltd, une entreprise qui utilise les crédits obtenus de la Banque

---

[1] M. Ekanga, dans une *conférence de presse* au Congo Fleuve Hôtel de Kinshasa, à l'occasion de la commémoration du 5ème anniversaire du BCPSC, 24 mai 2013.

chinoise Exim Bank pour l'exploitation des ressources naturelles et le financement des projets d'infrastructures ;

- l'« *Accord de Coopération de financement* » signé à Beijing le 16 août 2007 entre la RDC et Export-Import Bank Of China (Exim Bank), le premier partenaire devant garantir un approvisionnement régulier en ressources minérales au second afin que celui-ci finance la réhabilitation, la reconstruction et la construction des infrastructures prioritaires en faveur de la RDC ;

- l'« *Accord de Coopération économique et technique* », signé le 17 août à Beijing entre les deux Gouvernements de Chine et du Congo, le premier devant accorder au second ''une aide sans contrepartie d'un montant de quarante millions (40.000.000) de yuans renminbi'', une aide qui ''sera destinée à la réalisation des projets conclus entre les deux Gouvernements'' ;

- le « Mémorandum d'entente commune sur le développement des infrastructures de la RDC par l'exploitation de ses ressources », conclu à Beijing le 17 août 2007 entre la RDC et China Railway Engineering Corporation (CREC), une société qui utilisera les crédits obtenus des organisations financières chinoises pour l'exploitation des ressources naturelles (cuivre, cobalt, or, etc.) et la participation dans le plan de développement d'infrastructures en RDC ;

- le « *Protocole de coopération* » signé à Kinshasa le 6 septembre 2007 entre la RDC et l'entreprise chinoise Sinohydro Corporation Ltd, qui stipule que ''le Gouvernement charge Sinohydro en liaison étroite avec les entreprises et bureaux d'études congolais désignés par le Gouvernement de préparer, pour chacun des projets énumérés dans l'annexe, les études de faisabilité dans un délai de deux mois'' ;

- le « *Protocole d'accord* » conclu à Kinshasa le 17 septembre 2007 entre le Gouvernement congolais et trois entreprises privées chinoises (Exim-Bank, Sinohydro et CREC), un contrat qui ''porte sur la fixation des modalités de coopération de financement pour le déve loppement des infrastructures de la première tranche, en contrepartie, de l'exploitation des ressources naturelles de la RDC'' ;

- l'« *Accord-cadre de coopération de financement pour le développement* », signé le 11 octobre 2007 à Kinshasa entre la RDC et la Banque de Développement de Chine (CDB), qui engage cette dernière à ''fournir les ressources nécessaires pour la réalisation des projets'' présentés par la RDC, ''en vue de l'amélioration de l'économie, du marché et la crédibilité du système financier de la RDC''.

Le président Joseph Kabila décline la logique des accords signés avec les entreprises chinoises

Dans son discours sur l'état de la Nation prononcé le 6 décembre 2007 devant les parlementaires réunis en congrès, le chef de l'Etat explique le bien-fondé des accords sino-congolais susmentionnés :

''Permettez que, en quelques mots, je puisse rendre compte des accords conclus et à conclure avec la République Populaire de Chine, et rassurer notre peuple quant au sens et au contenu de notre démarche. La logique de ces accords se décline en cinq points.

Premièrement, « Cinq chantiers pour changer le Congo », ce n'est ni un slogan, ni une utopie. C'est un projet. Mieux, c'est un contrat passé avec le peuple. Nous avons donc une obligation de résultat, et il nous faut trouver des ressources financières pour matérialiser ces chantiers sur le terrain.

Deuxièmement, nous avons assaini le cadre macroéconomique et nous gérons mieux nos finances publiques. Cependant, nos ressources propres, quoique en constante progression, demeurent insuffisantes face à l'ampleur de nos besoins de reconstruction.

Troisièmement, le concours de nos partenaires traditionnels est fort appréciable et apprécié. Il est cependant déjà pris en compte dans le calcul du déficit de financement à combler et, vu les procédures de décaissement qui lui sont propres, il ne répond pas à l'urgence de nos besoins.

Quatrièmement, nous sommes dans la dernière ligne droite vers le point d'achèvement de l'initiative PPTE et la réduction substantielle du fardeau de la dette. Le financement additionnel à trouver doit être susceptible de décaissement rapide, et s'obtenir à des conditions qui n'accroissent pas notre endettement et mettent en danger le point d'achèvement.

Cinquièmement, puisque les institutions financières chinoises disposent de liquidités importantes et que leur pays a des besoins importants en ressources naturelles, notamment minières, pourquoi ne pas conclure avec eux un accord où chaque partie trouverait son compte ? En échange de concessions minières, exploitées en partenariat avec des entreprises publiques congolaises, donnant de l'emploi aux Congolais et produisant de la valeur ajoutée localement, les banques chinoises acceptent de contribuer au financement de nos Cinq chantiers.

Pour la première fois dans notre histoire, le peuple congolais pourra enfin voir à quoi aura servi son cobalt, nickel ou cuivre ! Tel est l'esprit des accords avec la partie chinoise. Ils ont été conclus en toute transparence et nous sommes prêts à conclure des accords similaires avec d'autres partenaires.''

Puis, le Président de la République énumère les principales tâches auxquelles vont s'atteler les entreprises chinoises :

''Désormais, notre devoir est de nous attaquer aux tâches de développement et de reconstruction. Dans cette perspective, nous accordons la priorité à la construction et à la modernisation des infrastructures de base, de manière à libérer le potentiel des secteurs productifs porteurs de croissance.

Nous avons en effet l'ambition de mettre fin à l'enclavement du Congo et des parties entières de son territoire, d'interconnecter tous les coins et recoins du pays et de rendre fluide la circulation des personnes, des biens et des services.

C'est pourquoi, plusieurs projets de routes, ports, aéroports et chemins de fer, d'écoles et hôpitaux, d'adduction d'eau, d'électrification, d'aménagement des biefs maritime et fluvial et de modernisation du système national des télécommunications ont été identifiés, sont en voie d'être étudiés, vont être financés et devraient bientôt démarrer. Sans être exhaustif, il s'agit principalement des projets prioritaires suivants :

- Modernisation des aéroports, dont ceux de Kavumu et de Ndjili, et construction d'une autoroute reliant ce dernier aéroport au centre de la ville ;
- Modernisation de la voirie urbaine des principales villes du pays, sur une longueur de 450 km, en plus du Boulevard Lumumba, du Boulevard du 30 Juin et de l'Avenue de la Libération à Kinshasa ;
- Construction d'hôtels cinq étoiles de classe internationale, dont au moins un à Kinshasa et un autre à Lubumbashi ;
- Lancement des travaux de construction et modernisation d'une ligne de chemin de fer reliant Sakania à Matadi ;
- Construction de centres commerciaux ultra modernes ;

- Réhabilitation de quatre quais au Port maritime de Matadi, de la drague de Banana, du port de Mbandaka et, de plusieurs bacs ;

- Construction de deux universités modernes et réhabilitation des homes des étudiants dans plusieurs universités et instituts d'enseignement supérieurs publics ;

- Début des travaux de modernisation de plusieurs routes d'intérêt national à travers toutes les provinces du pays, dont une route bitumée reliant Lubumbashi à Kisangani ;

- Démarrage du programme de développement des infrastructures sociales qui prévoit à terme la construction des hôpitaux, de centres de santé et de logements sociaux.''

Cet ensemble de travaux que décrit le Président de la République est contenu spécialement dans le « *Protocole d'accord* » conclu à Kinshasa le 17 septembre 2007 entre le Gouvernement congolais et trois entreprises privées chinoises (Exim-Bank, Sinohydro et CREC). Cet accord est l'ancêtre de la grande « Convention de Collaboration » entre les parties congolaise et chinoise, laquelle fait l'objet de la section suivante.

LA CONVENTION DE COLLABORATION ENTRE LA RDC ET LES ENTREPRISES CHINOISES

Le 22 avril 2008, est conclu à Beijing un important accord, appelé « Convention de Collaboration », entre la RDC (représenté par le ministre des Infrastructures, Travaux Publics et Reconstruction (ITPR), Pierre Lumbi) et deux entreprises chinoises, China Railway Group Limited et Sinohydro Corporation (représentées respectivement par Li ChangJin et Fan JiXiang).

C'est un accord historique, que d'aucuns vont appeler – abusivement – « contrat chinois » (alors qu'il s'agit d'un « contrat sino-congolais »). C'est un « méga-contrat », ou encore « contrat du siècle », puisque, évalué à 9 milliards USD, il constitue, à l'époque, et encore aujourd'hui, le plus grand accord de partenariat économique jamais conclu en Afrique par la République populaire de Chine[1]. En

[1] Selon le FMI, le commerce entre la Chine et l'Afrique est passé de 10 milliards USD en 2001 à 55 milliards USD en 2006. L'Angola a reçu plus de 5 milliards USD, et l'aide de 8,3 milliards lui avait été promise pour un projet de chemin de fer.

effet, comme l'écrit *Global Witness*, ONG internationale créée en 1993 et spécialisée dans la lutte contre le pillage des ressources naturelles des pays en développement (PVD) et la corruption, dans un rapport sur la RDC publié en 2011[1] :

''Au moment de sa signature, l'accord avec le Congo était le plus gros contrat « ressources contre infrastructures » conclu avec la Chine en Afrique. Des dispositions similaires avaient été prises en Angola, où un montage financier de 2 milliards de dollars pour des projets d'investissements publics avait été approuvé en mars 2004. Par ailleurs, en 2006, une entreprise paraétatique chinoise avait signé, avec le soutien de la China Exim Bank,.un accord de 3 milliards de dollars avec le gouvernement gabonais pour accéder à des réserves de minerai de fer jusquelà inexploitées et construire des lignes de chemin de fer, des ports et des barrages. Depuis début 2009, des entreprises chinoises ont également conclu un accord de 7 milliards de dollars avec la Guinée, et un autre de 8 milliards de dollars avec le Zimbabwe. Ces pays ont plusieurs points communs : ils sont riches en ressources, pauvres en liquidités et peu solvables. C'est justement pour cette raison que les ressources naturelles servent souvent de garanties en cas d'emprunt.''

Cette entente sino-congolaise (*ressources contre infrastructures*) du 22 avril 2008 résulte en réalité d'une série d'accords de coopération antérieurs conclus en 2007 (le 9 août avec la Sinohydro, le 16 août avec Exim Bank, le 17 août avec CREC et le 17 septembre avec Exim Bank, Sinohydro et CREC). Puisqu'il s'agit de plusieurs accords passés et d'autres à venir, le « contrat du siècle » (celui du 17 septembre 2007, confirmé par la Convention du 22 avril 2008) est parfois mis au pluriel : les « accords » entre la RDC et la Chine, ou même seulement les « contrats chinois ». Mais il paraît plus exact de dire : « contrat sino-congolais », pour désigner « Convention de Collaboration RDC-Chine », et qui comprend donc l'ensemble d'accords passés entre les deux pays depuis le 17 septembre 2007. Dire qu'il s'agit d'un « contrat chinois » (ou des « contrats chinois ») paraît inexact, puisque l'on aurait dans ce cas-là l'impression que c'est un deal imposé par une seule partie et acceptée sans rechigner par

[1] *La Chine et le Congo : Des amis dans le besoin*. Un rapport de Global Witness sur la République démocratique du Congo, mars 2011. *https://www.globalwitness.org/sites/default/files/library/friends_in_need_fr_lr2.pdf*

l'autre. Cependant, dans la bouche ou sous la plume de beaucoup de gens, l'on entend souvent « contrats chinois ». Nous allons admettre ainsi cette expression, même si nous la préférons à la formule plus exacte de « contrat sino-congolais ».

« Convention de Collaboration »

Parfois, et cela est surtout passé dans le langage politique et courant, la « Convention de Collaboration » a pris le nom de « Programme sino-congolais », car il s'agit d'un programme de développement basé sur l'accord de partenariat économique conclu entre la RDC et la Chine, un point qui entre dans le programme général présidentiel de la reconstruction nationale. Les spécialistes, eux, préfèrent utiliser le terme consacré arrêté le 22 avril 2008.

Selon le dictionnaire Littré, une « convention » indique « un arrangement formalisé entre personnes ou entités qui s'entendent autour d'une idée ou d'un point ». Elle peut donc être entendue comme un accord de volonté écrit conclu entre des personnes et/ou des entreprises pour créer, modifier, étendre des obligations ou transférer des droits. C'est un pacte, qui s'apparente à un contrat.

En fait, un *contrat* est une convention spéciale, formelle ou informelle, celle par laquelle des parties s'engagent, s'obligent à respecter certaines choses. Il s'approche, dans ce cas, du mot « accord » (en anglais, *contract*, *agreement*). D'ailleurs, en pratique, les mots « contrat » et « convention » sont souvent utilisés indifféremment. En fait, « contrat » désigne plutôt le document et « convention » désigne plutôt le contenu du contrat, c'est-à-dire ce à quoi les signataires se sont engagés.

La convention étant un contrat, les personnes qui sont tenues par les termes de cette convention sont les « parties contractantes », ou simplement les « parties », les « contractants » ou encore les « signataires ». Comme celles d'un contrat, les dispositions d'une convention sont appelées « clauses » ou « stipulations ».

Puisqu'un engagement est pris entre au moins deux parties appelées à travailler ensemble, la convention se précise par le vocable « de collaboration ». Une « convention de collaboration » est donc une convention bilatérale ou multilatérale. Celle du 22 avril 2008, qui concerne deux parties, est bilatérale.

Une telle « Convention de Collaboration » est en fait un « Contrat de partenariat » économique, c'est-à-dire un accord par lequel deux parties, en l'occurrence congolaise et chinoise, s'entendent, dans le respect des règles relatives à la concurrence pour coopérer autour d'un point commun en vue d'acquérir des parts de marché ou de faire face à des évolutions de marché. Il s'agit d'un projet commun, ou d'une forme de prestation interentreprises (la RDC considérée comme une « entreprise » publique, et les entreprises chinoises étant des entités privées sous le paravent de l'Etat).

Le contrat de partenariat, ou dans ce cas « Convention de Collaboration », formalise en effet la volonté des parties de construire une relation suivie. C'est pourquoi un tel accord comporte généralement une clause de la confidentialité. C'est pourquoi, pendant longtemps, la Convention de Collaboration ne sera pas publiée, ce qui suscitera l'ire de ses encenseurs.

Projet de Coopération

Dès le premier article de la Convention de Collaboration, qui parle des objectifs des parties signataires (RDC et entreprises chinoises), l'on évoque ''le financement pour la construction des infrastructures en RDC''.

La construction des infrastructures constitue le « Projet d'Infrastructures ». Le financement des infrastructures trouvé auprès des banques chinoises sera remboursé par les revenus de l'exploitation minière des gisements de Kolwezi ; cet aspect de la Convention constitue le « Projet Minier » (ensemble des activités de conception, de prospection, de recherche, de développement, d'exploitation minière et de gestion visant à la mise en valeur des gisements reçus ainsi qu'à la commercialisation des produits qui en résultent).

''Le Projet Minier et le Projet d'Infrastructures sont appelés collectivement le Projet de Coopération.'' (Alinéa 3 de l'article 1).

Le but de la Convention de Collaboration est de définir et de préciser le Projet de Coopération que les Parties, congolaise et chinoise, vont réaliser, ainsi que leurs droits et leurs obligations (article 2).

Groupement d'entreprises chinoises et consortium

Les entreprises qui signent l'accord du 22 avril 2008 (CREC et Sinohydro) et d'autres chinoises qui travailleront dans ce cadre forment ce que la Convention de Collaboration appelle le « Groupement d'entreprises chinoises ».

Dans la Convention, les deux entreprises fondatrices sont appelées à désigner cinq sociétés devant réaliser le Projet Minier. Ces cinq « sociétés affiliées de CREC et de Sinohydro » sont toutes chinoises : China Railway Group (Hong Kong) Limited, China Railway Sino-Congo Mining Limited, China Railway Resources Development Limited, Sinohydro Corporation Limited et Sinohydro Harbour Co., Ltd. ; elles forment le « consortium » (art. 1.5).

C'est le consortium qui participera à la constitution de ce qui est appelée la Joint-Venture Minière (Sicomines Sarl).

Joint-venture

Pour financer les infrastructures, la Convention de Collaboration prévoit, en son article 1.5, la constitution d'une « société de joint-venture minière » ; ce thème fait l'objet du deuxième grand point de la Convention de Collaboration, intitulé « Projet Minier ».

Expression anglaise, *joint venture* (ou joint-venture) pourrait se traduire en français par le mot « co-entreprise », un terme désignant un projet pour lequel au moins deux entreprises se sont groupées.

La joint venture est donc une entité commune, montée dans le but de créer des synergies entre les entreprises qui se sont mises ensemble, afin de diversifier leurs activités, ou surtout de partager les compétences dans un ou des domaines particuliers. Il s'agit généralement d'une alliance technologique et industrielle pour mettre en commun l'expertise des partenaires de la joint venture pour la réalisation d'un *projet industriel* ou de *projets d'infrastructures*.

La plupart des alliances technologiques ou industrielles se traduisent par la création d'une société commune ou joint-venture souvent détenue à 50/50. En cela, elle diffère d'une simple alliance, qui ne requiert pas que les deux entreprises partagent les parts d'une compagnie commune.

En créant une joint venture, les parties s'accordent sur le partage des bénéfices et des dépenses, ainsi que sur le contrôle de la co-entreprise. Une joint-venture peut être créée pour un projet spécifique, ou pour faire l'objet d'un partenariat sur le long terme. C'est une voie privilégiée par certains pays développés ou émergents, comme la Chine, qui incitent les entreprises souhaitant entrer sur le marché local à former des joint-ventures avec des entreprises locales.

Sur le plan juridique, une « *joint venture* » peut être contractuelle, et les parties peuvent chercher dans le contrat à exclure toute responsabilité solidaire en prévoyant qu'il ne s'agit pas d'une association de nature sociétaire. Elle peut avoir un caractère institutionnel avec la création d'une personne morale. C'est le cas de la joint venture minière évoquée par la Convention sino-congolaise. La joint-venture optée pour le contrat sino-congolais se présente en effet comme une société par actions à responsabilité limitée (SARL) de droit congolais.

Cette société, qui sera créée un peu plus tard sous la dénomination de la « Sino-Congolaise des Mines », en sigle « Sicomines », sera dotée d'un capital social de 100 millions de dollars américains dont la structure sera de 68 % pour le groupement d'entreprises chinoises et de 32 % pour la Gécamines, représentante de l'Etat congolais.

La constitution du capital de la joint-venture minière proposée procède d'une manière particulière. Alors qu'en général et en principe chaque partie apporte directement sa part du capital, dans le cas du contrat sino-congolais, c'est la partie chinoise qui apporte tout l'argent ! Autrement dit, non seulement elle amène sa propre part, mais elle contribue aussi, sous forme de prêt, pour la part de la partie congolaise. En plus, la partie chinoise apporte, toujours sous forme de prêt, l'assistance financière à la rénovation technique de la Gécamines d'un montant de 50 millions USD (Article 5.2 de la Convention). Il faut noter également, en plus de ces prêts, que la partie chinoise mobilisera et mettra en place le financement du projet d'infrastructures (Article 9).

Bref, tout ce montage juridique signifie simplement que c'est la partie chinoise qui apporte l'argent et la partie congolaise qui apporte les ressources minières qui doivent encore être exploitées. Mais le Congo avait-il le choix ?

Droits et titres miniers

La Convention de Collaboration (en ses articles 1.2.1, 3.1, 4, 5, 9.3, 13 et 14.2.2) parle des « droits et titres miniers » couvrant les gisements naturels cupro-cobaltifères détenus par la Gécamines que celle-ci, au nom de l'Etat congolais, doit céder à la Société de Joint Venture afin de rembourser, par l'exploitation minière, le financement du Projet de Coopération.

Un « *titre minier* » est une concession, ou permis d'exploitation attribué par décret en Conseil de ministres après une longue procédure. Il mentionne un périmètre, une superficie, une société titulaire, le ou les produits concernés. Il donne un droit d'exclusivité au titulaire pour la recherche et l'exploitation de ce ou ces produits dans le périmètre défini dans le texte du décret. Attribué à l'origine à perpétuité à la Gécamines, sa durée est en principe limitée à des sociétés non étatiques.

Le titre peut être cédé, mais cette vente doit être validée par l'autorité concédante par un arrêté ministériel qui autorise la *mutation* du titre et qui est obtenu à la suite d'une procédure précise. Il peut être aussi loué sous forme d'une *amodiation* (l'amodiation est la location d'un droit d'exploitation) qui doit également être autorisée par l'autorité concédante. L'amodiation peut ne porter que sur une partie de la concession, une partie des produits, voire sur une seule couche.

Le titulaire du titre (concession ou permis d'exploitation) peut à tout moment et après là encore une procédure spéciale, renoncer à son titre. Cette *renonciation* peut être totale ou partielle. Elle fait l'objet d'une autorisation de la part de l'autorité concédante sous forme d'un arrêté ministériel. S'il n'a pas exploité sa concession, le propriétaire peut être déchu de son titre ; enfin, les concessions dont les titulaires ne sont plus connus (sociétés dissoutes, héritages indivis ...) peuvent être annulées par l'autorité concédante sous forme d'arrêtés de retrait.

Ce titre donne d'abord la possibilité pour la société d'exploiter les matériaux situés sur ou sous des terrains ne lui appartenant pas (contrairement aux carrières). Le « concessionnaire » est également autorisé à utiliser les terrains de surface même sans l'autorisation de leur propriétaire, pour y édifier les installations nécessaires à son travail y compris routes et voies ferrées. Ces *servitudes* ouvrent évidemment droit à indemnité.

Dans la Convention de JV Minière, « Droits et Titres miniers » signifient Permis d'Exploitation et Certificats d'Exploitation au sens donné à ces termes par le Code Minier congolais (loi n° 007/2002 du 11 juillet 2002) et qui couvrent les gisements de Cuvette Dima, Dikuluwe, Jonction Dima, Mashamba Ouest, Cuvette Mashamba et synclinal Dikuluwe Colline D (ces gisements contiennent, sous réserve de confirmation par l'Etude de Faisabilité, des réserves minières estimées à environ 10.616.000 de tonnes de cuivre dont environ 6.813.000 de tonnes de ressources certaines, environ 626.600 tonnes de cobalt et, en tonnages encore à déterminer, toutes autres substances minérales valorisables, gisements pour lesquels Gécamines détient droits et titres miniers et situés dans le Groupe Ouest de Gécamines, au Katanga, conformément au plan en Annexe D).

Pas-de-porte

L'article 5.1 de la Convention de Collaboration évoque un « pas-de-porte », d'une valeur de 350.000.000 USD, que la Partie chinoise doit verser à la Partie congolaise avant qu'elle n'entreprenne l'exploitation des ressources minières congolaises.

Un « *pas-de-porte* » (aussi écrit « pas de porte ») est souvent appelé « droit d'entrée », une expression plus utilisée dans le langage courant. Dans le domaine minier, un « pas-de-porte » équivaut au bonus de signature dans le domaine pétrolier. C'est une somme d'argent non remboursable et sans contrepartie qu'un opérateur minier verse au titulaire des titres miniers dont il veut se faire cessionnaire… C'est une sorte de prime ou droit d'entrée dans les lieux. Dès lors, les 350.000.000 USD versés ou à verser à la RDC par le GEC au titre de pas-de-porte est usuel et n'emporte aucune obligation particulière du côté de la partie congolaise. Sous réserve du montant qui est variable, il en est ainsi pour tous les contrats miniers.

Le pas-de-porte n'est pas du tout réglementé en droit congolais et le montant reste du domaine conventionnel. Ainsi, l'on ne sait sur quels critères les négociateurs congolais se sont fondés pour obtenir les 350 millions USD qu'ils ont exigé des Chinois ou que ceux-ci leur ont proposé. De plus, ce montant sera, selon la volonté du « donneur », versé non pas en une fois, mais en plusieurs.

Le droit d'entrée est une somme versée en une ou plusieurs fois par le locataire ou le preneur d'un local commercial au bailleur. Cette somme est définitivement acquise par le bailleur.

Il ne faut pas confondre le rôle du pas de porte et celui de la cession d'une concession minière. La cession d'une concession minière s'établit entre l'ancien « locataire » et le nouveau. Ici, il s'effectuera entre la Gécamines, propriétaire au nom de l'Etat de la concession, et la Société de Joint Venture (Sicomines).

Il faut noter que dans la Convention de Collaboration, le versement de pas-de-porte est conditionné par les études de préfaisabilité et de faisabilité, l'audit effectué par le consortium sur la régularité et la validité des droits et titres miniers, la cession des droits et titres miniers par la GCM à la JVM (art. 5.1).

Les études de Préfaisabilité et de Faisabilité doivent démontrer que le Projet Minier permettra de dégager un taux interne de rentabilité d'au moins 19 % au profit du Groupement d'entreprises chinoises (art. 6.3). Les conclusions de ces études doivent, après avoir été soumises au Conseil d'Administration et à l'Assemblée Générale de la JVM, approuvées par les Gouvernements de Pékin et de Kinshasa (art. 6.20).

Maître d'ouvrage, maître d'œuvre et entrepreneur

L'article 10 de la Convention de Collaboration mentionne ces trois concepts.

Un « ***maître d'ouvrage*** » est l'entité qui porte un ou des besoins et attend que se réalise un produit, appelé ouvrage, lequel est destiné aux utilisateurs. Avant d'obtenir ce produit, il élabore, à partir de ses besoins, un projet, dont il définit l'objectif (ou les objectifs), le calendrier d'exécution et le budget qui est alloué à ce projet.

En d'autres termes, le maître d'ouvrage se présente comme celui qui *commande* le produit et qui fixe formellement les objectifs du produit à réaliser en matière de « coût, délai, performance » :

- Le maître de l'ouvrage est celui qui exprime et formalise le besoin à satisfaire et les caractéristiques du produit qui lui permettront de satisfaire à son emploi futur.

- Sur le plan budgétaire, il est celui qui *paie* l'ouvrage à construire. A ce titre, il est juge final des arbitrages envisageables entre coûts et performances.

- Sur le plan calendaire, il est celui qui juge de l'opportunité du projet par rapport à son calendrier propre, lance sa réalisation, et le clôt en prononçant la réception.

Il appartient à la maîtrise d'ouvrage :

- de s'assurer de la faisabilité et de l'opportunité de l'opération envisagée ;

- d'en déterminer la localisation et d'en définir le programme : il définit dans le programme les objectifs de l'opération et les besoins qu'elle doit satisfaire ainsi que les contraintes et exigences relatives à la réalisation et à l'utilisation de l'ouvrage ;

- d'en arrêter l'enveloppe financière prévisionnelle et d'en assurer le financement.

Dans la Convention de Collaboration, le Maître d'Ouvrage du Projet d'Infrastructures est le Ministère en charge des Infrastructures, Travaux Publics et Reconstruction (ITPR) de la RDC. (art. 10.4).

La maîtrise d'ouvrage induit la ***maîtrise d'œuvre***. Parfois appelé *architecte*, un « *maître d'œuvre* » a pour mission de réaliser l'ouvrage, dans les conditions de délais, de qualité et de coût fixées par le maître d'ouvrage, et généralement conformément à un contrat. Il est donc responsable du bon déroulement du projet, des choix techniques (relevant de l'état de l'art) inhérents à la réalisation de l'ouvrage et nécessaires pour atteindre les objectifs fixés, ainsi que du suivi des délais et des budgets selon les modalités définies dans le cahier des clauses administratives particulières.

Concrètement, son rôle propre est :

*Dans une première phase de *conception*, l'établissement des plans de l'ouvrage apte à satisfaire le besoin exprimé ;

*Dans une seconde phase de *réalisation*, le contrôle de l'exécution des travaux par rapport à ses *spécifications* techniques.

La Convention de Collaboration annonce que le Maître d'œuvre (architecte) des travaux d'infrastructures sera tout organisme désigné par le Maître d'Ouvrage (art 10.5). Dans le cas du programme sino-congolais, le Maître d'Ouvrage choisira le plus souvent les entreprises pérennes, généralement étatiques ; par exemple l'Office des Routes

(OR) pour gérer une route construite, et l'Office des Voiries et Drainage (OVD) pour les travaux d'infrastructure urbaine.

Le maître d'œuvre joue un rôle de conseil dans le choix des entreprises ou des entrepreneurs qui vont les réaliser. Le terme « ***entrepreneur*** » recouvre différentes significations connexes mais distinctes :

- L'usage courant l'assimile à un chef d'entreprise, porteur d'un projet d'entreprise en phase de démarrage ou dirigeant d'une entreprise établie, à laquelle le plus souvent il s'identifie étroitement et personnellement.

- L'entrepreneur correspond également à l'appellation donnée aux chefs d'entreprise du secteur du Bâtiment ou des travaux publics.

- En droit l'entrepreneur (ou Maîtrise d'œuvre) désigne ''*la personne qui, dans un contrat d'entreprise, s'engage à effectuer un travail pour le maître d'ouvrage''*.

La Convention de Collaboration a retenu cette dernière acception du terme, le Maître d'Ouvrage, qui est l'Etat congolais, ayant estimé que le choix effectif des entreprises relevait de sa compétence. La Convention stipule : ''Chaque projet des travaux d'infrastructures fera l'objet d'un contrat spécifique entre le Maître d'ouvrage, la JV Minière, l'une ou l'autre des sociétés du Groupement d'Entreprises Chinoises et/ou ses sociétés affiliées qui seront autorisées et appelées à les réaliser.'' (art. 10). Puis la Convention décrète que ''l'Entrepreneur sera le Groupement d'Entreprises Chinoises et/ou ses sociétés affiliées dûment désignées'' (art. 10.6).

On le voit, la maîtrise d'ouvrage doit assurer de nombreuses tâches pendant le déroulement du projet : validité de l'opportunité, faisabilité, programmation, budget et modes de financement, autorisations administratives et d'urbanisme, cahiers des charges, recrutement des compétences qui l'assisteront, validation des phases d'études du projet, lancement des appels d'offres, passations des marchés, suivi des opérations techniques et des dépenses, réception des ouvrages, désignation du maître d'œuvre et de l'entrepreneur, etc.

A défaut de compétence dans un domaine donné (construction de bâtiment par exemple), le maître d'ouvrage peut confier à un *mandataire* l'exercice, en son nom et pour son compte, de tout ou partie des attributions de la maîtrise d'ouvrage. Un maître d'ouvrage mandaté est appelé aussi *maître d'ouvrage délégué.*

La Convention de Collaboration ne prévoit pas cette disposition, mais le Maître d'Ouvrage, qui est le Ministère des ITPR, afin de suivre complètement et minutieusement la construction d'infrastructures, confiera d'importants pouvoirs à un Maître d'Ouvrage délégué, lequel sera un service public créé entre autres à cet effet : l'Agence congolaise des grands travaux (ACGT).

Sous la tutelle donc du Maître d'Ouvrage, le Maître d'Ouvrage délégué accomplira les tâches suivantes :

- Définition des conditions administratives et techniques selon lesquelles l'ouvrage sera étudié et exécuté ;
- Préparation du choix du maître d'œuvre, signature du contrat de maîtrise d'œuvre, après approbation du choix du maître d'œuvre par le maître de l'ouvrage, et gestion du contrat de maîtrise d'œuvre ;
- Approbation des avant-projets et accord sur le projet ;
- Préparation du choix de l'entrepreneur, signature du contrat de travaux, après approbation du choix de l'entrepreneur par le maître de l'ouvrage, et gestion du contrat de travaux ;
- Versement de la rémunération de la mission de maîtrise d'œuvre et des travaux ;
- Réception de l'ouvrage (l'acte par lequel le maître de l'ouvrage déclare accepter l'ouvrage avec ou sans réserves. Avant la réception des travaux, le maître d'ouvrage doit s'assurer de ce que le résultat est conforme à ses exigences. Il peut faire l'objet dans ce but d'un programme de qualification).

L'on peut se résumer en disant que dans l'exercice de ses fonctions, le mandataire ou maître d'ouvrage délégué :

- représentera le maître de l'ouvrage à l'égard des tiers dans l'exercice des attributions qui lui ont été confiées ;
- pourra le représenter pour l'accomplissement de tous actes afférents aux attributions mentionnées ci-dessus ;
- pourra notamment agir en justice. Cependant, il ne peut agir que dans la limite du programme arrêté par le maître de l'ouvrage, qu'il doit respecter. Il doit également en respecter l'enveloppe financière prévisionnelle ;

- devra respecter la mission qui lui a été confiée et doit rendre des comptes au mandant.

Le maître d'ouvrage conserve un droit de regard sur l'exécution des missions de son délégué. Le mandat s'achève quand il a pu constater l'achèvement de sa mission.

Objet de la Convention

La Convention de Collaboration du 22 avril 2008 vient préciser le projet mentionné dans le Protocole d'accord du 17 septembre 2007, les modalités de sa réalisation ainsi que les droits et obligations des parties (Article 2 de la Convention de collaboration).

Outre le préambule, le document comprend 27 articles répartis en 9 points, lesquls portent respectivement sur :

- l'objet, - le projet minier, - le projet d'infrastructures, - le remboursement des investissements, - les engagements et garanties de la RDC, - les garanties du Groupement des Entreprises chinoises, - la consultation périodique des parties, - la force majeure et - le règlement des différends et les dispositions finales.

La Convention de Collaboration a pour ***objet*** :

- L'apport de financement par les entreprises chinoises en vue d'investir dans la réalisation d'un Projet de joint-venture minier et dans celle d'un Projet de construction d'infrastructures ;
- La création d'une joint-venture minière entre la Gécamines et un consortium formé de 5 sociétés chinoises. Cette joint-venture sera chargée de réaliser le Projet minier et de prendre en charge le remboursement des investissements miniers et des infrastructures ;
- La cession par la Gécamines à la joint-venture des gisements de Dikuluwe, Mashamba Ouest, Jonction D, Cuvette Dima, Cuvette Mashamba et Synclinal Dikuluwe Colline D contenant environ 10.616.070 tonnes de cuivre dont 6.813.070 tonnes en ressources certaines, 626.619 tonnes de cobalt et d'autres substances minérales valorisables à déterminer ;
- L'exécution d'un projet de construction d'infrastructures pour la RDC.

Cet objet de la Convention de Collaboration se résume, donc, en la construction d'une série d'infrastructures de base en RDC par les entreprises chinoises (Projet d'Infrastructures), qui les financeront par l'exploitation des ressources minières congolaises (Projet Minier).

INFRASTRUCTURES CONTRE MINES

1. Construction d'infrastructures par les Chinois

Sur quoi porte le contrat sino-congolais ? Il s'agit d'un accord de *troc*[1], diminuant au maximum la circulation d'argent (ou d'enveloppes...) : les Chinois s'engagent à construire une série d'infrastructures en RDC, que financera une de leurs banques.

L'article 8 énonce que la liste des travaux d'infrastructures à choisir, à financer et à réaliser est jointe en ***Annexe C*** de la Convention de Collaboration.

1°. Routes et voiries

- 3.402 km de routes bitumées reliant la Province du Katanga (Kasumbalesa) à la Province Orientale (Kisangani), en passant par le Sud-Kivu et le Nord-Kivu (au total, 12 routes d'intérêt national et provincial et 3 autoroutes).
- 135 km de routes à réhabiliter entre Matadi et Boma et les 135 autres km entre Mbuji-Mayi et Mwene-Ditu.
- 2.738 km de routes en terre battue reliant quelques entités, dont Kananga-Kindu, Boma-Moanda-Yema, Niania-Isiro.
- 450 km de voiries urbaines (construction, renforcement et réhabilitation) dont 249 km à Kinshasa et 251 km dans les chefs-lieux des provinces en raison de 30 km par chef-lieu.
- Une autoroute entre Lubumbashi (Katanga) et la frontière zambienne.

2°. Chemin de fer :

Une ligne de chemin de fer, longue de 3.213 km reliant le Bas-Congo (Matadi) au Katanga (Sakania), en passant par les provinces du Kasaï-Oriental, du Kasaï-Occidental, de Bandundu et de Kinshasa (construction de 1.015 km Kinshasa-Ilebo, modernisation Matadi-Kinshasa et Ilebo-Kananga-Lubumbashi-Sakania).

[1] Plus tard, le mot « troc » sera récusé, pour dire qu'il s'agit d'un contrat « normal », où l'argent (issu de l'Etat congolais ou de la vente de ses matières premières, dont les mines) intervient pour payer le travail rendu par les entreprises chinoises.

3°. *Hôpitaux*

- 1 hôpital moderne de 450 lits à Kinshasa (appelé Hôpital du Cinquantenaire).
- 31 hôpitaux de 150 lits, répartis sur les 26 futures Provinces.
- 145 centres de santé de 50 lits, soit 1 centre de santé par Territoire.

4°. Enseignement

- 2 grandes universités modernes dont la localisation est encore à déterminer par le Gouvernement.
- 2 centres de formation aux métiers de Bâtiments et Travaux Publics à Kinshasa et à Lubumbashi.

5°. Electricité

- 2 barrages hydroélectriques (à Katende au Kasaï Occidental et à Kakobola dans le Bandundu).
- 2 réseaux de distribution électrique à Kinshasa et à Lubumbashi (réhabilitation).

6°. Autres

- 5.000 logements sociaux, dont 2.000 à Kinshasa et 3.000 en Provinces.
- 2 aéroports, ceux de Goma et de Bukavu (réhabilitation).

2. Travaux contre exploitation minière

Toutes les réalisations mentionnées seront exécutées par des entreprises chinoises, en partenariat avec des sociétés congolaises, à hauteur de 6,5 milliards de dollars pour la première tranche. Les crédits pourraient atteindre 11 milliards de dollars en phase finale.

En contrepartie, les entreprises chinoises doivent exploiter les ressources naturelles du Congo pendant 30 ans. Pendant cette période, elles entendent produire 8,05 millions de tonnes de cuivre (ce qui donnera 6,5 millions de tonnes de cuivre raffiné), 202.290 tonnes de cobalt dans des sites situés dans les cuvettes de Mashamba et Dima, sur le synclinal Dik colline D. et la ville de Kolwezi, et 372 tonnes d'or dans les sites à prospecter et exploiter.

La valeur de ces biens exportés, au moment de la signature du contrat, est estimée à 3,25 milliards de dollars. Un premier prêt chinois (2 milliards de dollars) permettra de moderniser l'appareil minier afin d'entamer l'exploitation. Un deuxième prêt sera affecté au financement des travaux d'infrastructures. Le total de ces prêts consentis par Exim Bank atteint environ 9 milliards de dollars (une somme qui sera réduite à 6 milliards, après amendement).

3. Remboursement

Le remboursement des prêts consentis par Exim Bank sera garanti par la constitution d'une Société de Joint Venture avec participation majoritaire chinoise qui va exploiter, produire et fournir huit millions de tonnes de cuivre et de cobalt (investissements miniers : 3,2 milliards USD et développement des infrastructures : 6 milliards USD) se fera en trois étapes principales, figurant au programme de répartition des résultats d'exploitation.

1°. Première étape : pendant quatre ans, la totalité des bénéfices à réaliser sera destinée au remboursement et à l'amortissement de l'investissement minier, ainsi qu'aux intérêts.

2°. Seconde étape : 66 % du bénéfice net du résultat d'exploitation de la Société de Joint Venture (appelée Sino-congolaise des mines, Sicomines en abrégé) couvriront le paiement et le remboursement de la première tranche des travaux d'infrastructures, dont le montant total est estimé à 3 milliards de dollars. Le solde, soit 34 %, sera distribué au titre de dividendes entre les actionnaires au prorata de leurs mises.

3°. Troisième étape, en pleine période de l'exploitation commerciale de la Sicomines : il est prévu le remboursement et l'amortissement de la totalité des investissements, grâce aux impôts et taxes prélevés sur l'activité minière. C'est au cours de cette dernière étape qu'interviendra la répartition du dividende proportionnel à la participation, en raison de 68 % pour les entreprises chinoises et 32 % pour les sociétés congolaises.

Le passage d'une phase à l'autre ne peut se réaliser qu'après le remboursement total (principal + intérêts) du prêt y relatif. Le taux d'intérêt est de 6,1 % pour le remboursement des investissements miniers et de Libor+1 pour les infrastructures, une partie de ce dernier taux sera à charge des entrepreneurs chinois suivant chaque projet.

LES OBLIGATIONS DES PARTIES

Engagements et garanties de la RDC et avantages accordés

La RDC prend les engagements (les plus nombreux de toutes les Parties) suivants envers les entreprises chinoises (le chiffre placé devant est l'article qui évoque l'obligation) :

3.1. *Céder, par l'entremise de son entreprise publique Gécamines et avec la participation de cette dernière, les droits et titres sur les gisements miniers* (art. 3.1). Ces gisements sont donnés en Annexe A (« Liste des gisements cédés à la JV Minière ») et décrits en Annexe B (« Description géologique et coordonnées des gisements ») de la convention de Collaboration. Localisés à Kolwezi, au Katanga, ils couvrent ''les gisements naturels cupro-cobaltifères suivants : Dikuluwe, Mashamba Ouest, Jonction D, Cuvette Dima, Cuvette Mashamba et Synclinal Dikuluwe Colline D contenant des réserves minières estimées à environ 10.616.070 tonnes de cuivre dont environ 6.813.070 tonnes de cuivres en ressources certaines, environ 626.619 tonnes de cobalt et, en tonnage restant à déterminer, toutes autres substances minérales valorisables.'' (art. 4).

10.3. *Assurer la garantie du remboursement* et s'engager à octroyer au Groupement d'Entreprises Chinoises d'autres concessions minières ou d'autres ressources et moyens satisfaisants au cas où les revenus attendus de la JV Minière s'avéreraient insuffisants pour réaliser le remboursement de ses investissements dans le Projet Minier et dans le Projet d'Infrastructures.

13.1. *Garantir, pendant toute la période du Projet de Coopération, que les Droits et Titres miniers cédés à la JV Minière ne soient entachés d'aucun vice caché et/ou apparent* pouvant compromettre leur jouissance paisible. Si ce vice apparaît, la Gécamines s'engage à y remédier dans les plus brefs délais. Au cas où le vice est irrémédiable, la Convention de Collaboration sera résiliée !

13.2. *Garantir que les gisements, dont les Droits et Titres miniers seront cédés à la JV Minière, contiennent les réserves minières indiquées*. Si le niveau de réserve n'est pas atteint, s'engager à accorder de nouvelles concessions à la JV minière, ou suspendre l'investissement d'infrastructures !

13.3. *S'engager à accepter la résiliation de la Convention et la dissolution de la JV Minière* si, en définitive, l'Etude de Préfaisabilité sur le Projet Minier n'est pas acceptée et si l'Etude de Faisabilité n'est pas validée par les Gouvernements chinois et la RDC.

13.3.3. *S'engager à prendre toutes les mesures susceptibles d'améliorer les conditions de coopération* afin d'atteindre le seuil de 19 % au profit du Groupement d'Entreprises Chinoises.

13.3.4. *S'engager à rembourser le solde restant à payer par toutes autres voies* si la JV Minière n'a pas remboursé les investissements et les intérêts des Projets Minier et d'Infrastructures dans les 25 ans qui suivent sa création.

14.1.1. *Accorder à la JV Minière le bénéfice de tous les avantages* douaniers, fiscaux et de change prévus par les lois et les règlements en vigueur en RDC ainsi que les dispositions particulières applicables aux marchés publics à financement extérieur.

14.1.2. *Consentir au GEC les dispositions particulières* applicables aux marchés publics pour que la JV Minière atteigne le plus tôt possible un niveau permettant de payer ou de rembourser la construction des travaux d'infrastructures.

14.1.3. *Garantir au GEC et/ou à la JV Minière le libre transfert de fonds*, la libre ouverture de comptes bancaires en devises et en monnaie locale à l'intérieur comme à l'extérieur du pays et la sécurité des opérations intéressées ainsi que l'exemption des droits, impôts et frais bancaires liés à l'imposition administrative.

14.1.4. *Accepter que la JV Minière ait le loisir de choisir librement le fournisseur du matérie1 et d'équipements*, de technologie et de service, d'embaucher, à l'intérieur comme à l'extérieur du pays, le personnel qualifié conformément à la législation congolaise en la matière.

14.2. *Concéder*, pendant les périodes de remboursement de l'investissement minier et de l'investissement de la première tranche d'infrastructures, les avantages particuliers suivants :

14.2.1. *L'exonération totale* de tous les impôts, droits, taxes, douanes, redevances, directs ou indirects, à l'intérieur ou à l'import et l'export, payables en RDC et ceux liés aux activités minières et au développement d'infrastructures.

14.2.2. *L'exemption des frais et paiements* relatifs à la demande, à l'octroi, au transfert et à la cession des Droits et Titres miniers, des permis de prospection et d'exploitation ;

14.2.3. *L'exemption des frais des royalties* liées à l'exploitation minière.

14.2.4. Durant les deux premières périodes, *tous paiements éventuels d'impôts*, droits, taxes douanières, redevances, qui auraient été payés par la IV Minière ou par les entreprises chinoises chargées des travaux d'infrastructures, dans le cadre de la présente Convention de Collaboration, seront considérés et comptabilisés comme dépenses des travaux d'infrastructures.

14.3.1. *S'engager à faciliter l'octroi des visas et permis de travail aux employés expatriés*, en RDC, de l'entrepreneur d'infrastructure et de la JV Minière.

14.3.2 *S'engager à maintenir la sécurité sur les sites* des Projets Minier et d'Infrastructures, et à régler, en temps voulu, tous les problèmes relatifs aux ou provoqués par les émeutes, les actes de violence publique, les grèves, etc. afin que les Projets Minier et d'Infrastructures puissent être réalisés dans les meilleures conditions.

14.4. *Admettre que la JV Minière et l'entrepreneur chargé des travaux d'infrastructures bénéficient des avantages résultant de toutes les nouvelles dispositions légales et réglementaires* qui seraient ultérieurement prises par la RDC ou des conventions que celle-ci viendrait à conclure avec d'autres investisseurs.

15.1. *S'engager à obtenir*, dans les 12 mois qui suivent l'approbation du Projet de Coopération par le Gouvernement chinois, *de son Parlement l'adoption d'une loi devant sécuriser le régime fiscal, douanier et de change* applicable au Projet de Coopération en raison de sa spécificité. Sinon, le GEC aura le droit de décider de réaliser ou résilier la Convention !

15.2. *S'engager à ne jamais, en aucun cas, s'approprier, nationaliser*, ni exproprier, directement ou indirectement, la JV minière ainsi que son patrimoine.

15.3. *S'engager à respecter le Traité relatif à l'encouragement et à la protection mutuelle des investissements* signé entre les Gouvernements congolais et chinois à la date du 18 décembre 1997.

15.4. *S'engager à donner à temps sa garantie au GEC et ses sociétés affiliées* au cas où ils décident de s'assurer, à leurs frais, du Projet Minier, des investissements des travaux d'infrastructures ou d'autres projets de coopération éventuels ultérieurement convenus, contre les risques politiques en particulier.

15.5. *Reconnaître la validité d'un éventuel paiement en réparation reçu par le GEC et ses sociétés affiliées*, suite à la souscription d'assurance, et également accepter la subrogation de l'assureur pour le remboursement.

15.6. Garantir à la JV Minière la sécurité de son investissement minier et le remboursement des travaux d'infrastructures qui seront réalisés.

16. *S'engager à instituer, un comité multisectoriel, appelé «Comité de Pilotage et de Coordination»*, ayant pour tâches : suivre la présente Convention de Collaboration et les accords signés dans ce cadre ; faciliter la réalisation du Projet de Coopération, notamment les questions liées au transport, à l'accès à l'eau et à l'électricité, etc. ; assurer le suivi des Travaux d'Infrastructures Gouvernementales ; assurer l'interface entre le Gouvernement chinois, la RDC et la JV Minière. Ce Comité :

- servira de guichet unique qui pourra représenter la RDC ;
- se chargera de toutes les questions et formalités relatives aux travaux d'infrastructures ;
- se chargera également des relations et des formalités entre le JV Minière et les autorités gouvernementales ;
- pourra jouer d'autres rôles que pourront lui attribuer la RDC et le GEC ;
- élaborera le plus rapidement possible un règlement d'ordre intérieur, afin d'assurer le bon fonctionnement du Projet de Coopération.

19.4. *Savoir* que "l'expropriation, la nationalisation, la promulgation d'une nouvelle loi ou la modification de législation en RDC ne peut, en aucun cas, constituer un *cas de force majeure*."

En résumé, ***pour bénéficier des infrastructures, la RDC accorde aux entreprises chinoises des nombreux avantages***. Ceux-ci sont décortiqués dans tout le titre V de la Convention, constitué de 4 articles (13 à 16). L'article 13 relatif aux garanties relatives aux gisements et droits et titres miniers contient 10 alinéas, l'article 14 relatif aux avantages commerciaux et fiscaux et d'autres avantages accordés par la RDC en contient 12, l'article 15 relatif aux garanties de la RDC contre les risques politiques en contient 6 et l'article 16 relatif aux autres engagements et garanties en contient un seul.

On peut récapituler comme suit ces ***avantages accordés au GEC*** (et parfois à la JVM) :

- l'exclusivité sur les droits et titres miniers pour la constitution de la JVM,
- d'autres concessions dans le cas où les gisements cédés s'avéraient insuffisants ou non productifs,
- la clause de la nation la plus favorisée,
- des dispositions particulières applicables aux marchés publics,
- des incitants fiscaux,
- des exonérations tarifaires et douanières (impôts, droits, taxes, douanes, redevances directs ou indirects, à l'intérieur ou à l'import et export, payables en RDC et ceux liés aux activités minières et au développement d'infrastructures),
- l'exemption des frais et paiements relatifs à la demande, à l'octroi, au transfert et à la cession des Droits et titres miniers, des permis de prospection et d'exploitation, l'exemption des frais des royalties,
- la latitude d'importer les matériels et autres équipements ou technologies de leur choix,
- La latitude d'embaucher, à l'intérieur comme à l'extérieur, le personnel qualifié pour la bonne exécution des projets.

Engagements et garanties des entreprises chinoises

5.1. *Verser un pas-de-porte* de 350 millions de dollars américains (350.000.000 USD) à la Partie congolaise, à condition que : l'Etude de Préfaisabilité ait été approuvée par le Gouvernement Chinois.

5.2. *Chercher et mettre en place une assistance financière* à hauteur de 50 millions de dollars américains (50.000.000 USD), sous la forme d'un prêt à Gécamines, pour la réhabilitation de ses Ateliers de l'Ouest (AO), du Centre (ACP) et de Lubumbashi (LC). Ledit financement sera payé en liquide et/ou en équipement.

6.1. *Effectuer une Etude de Préfaisabilité sur le Projet Minier* pour le compte et à charge de la JV Minière, une étude à soumettre à l'approbation des organes autorisés de Gécamines et du G.E.C.

9. *Mobiliser et mettre en place le financement du Projet d'Infrastructures*, au travers de la JV Minière. Le montant total de celui-ci sera déterminé en fonction du résultat d'exploitation minière. Ledit financement sera compté dans le financement pour la première tranche de travaux d'infrastructures et sera remboursé par la JVM.

9.3. *Mettre en place le financement pour réaliser des travaux d'infrastructures les plus urgents* et dont les conditions de réalisation sont remplies, à condition qu'une hypothèque ait été constituée en sa faveur sur les titres miniers. Ledit financement sera compté dans le financement pour la première tranche de travaux d'infrastructures et sera remboursé par la JV Minière.

11.2. *Recourir au maximum aux entreprises congolaises* pour toutes les fournitures et les prestations qu'elles seront capables de satisfaire, mais pour les prestations que les entreprises congolaises ne pourront pas satisfaire, donner priorité au marché chinois à condition que les prix offerts par ce dernier soient compétitifs.

10.6. *Entreprendre* les travaux d'infrastructures.

17.1. *Garantir, stipuler et déclarer* qu'il a la ferme volonté de s'engager, en partenariat avec la RDC ou la Gécamines (GCM), dans la réalisation du Projet de Coopération.

17.2. *S'engager à mobiliser les financements nécessaires pour la réalisation du Projet de Coopération*, c'est-à-dire à octroyer à la JV Minière, sur prêt d'Actionnaire, à rembourser sans intérêt, 30 % des investissements estimés nécessaires pour son développement par l'Etude de Faisabilité qui sera effectuée préalablement et pour la mise en œuvre du Projet Minier.

17.3. *S'engager à prêter à Gécamines les fonds nécessaires pour sa participation au capital social de la JV minière* et aux augmentations éventuelles de celui-ci.

17.4. *Veiller notamment à ce que la JV Minière soit capable de faire face à un remboursement rapide* des investissements miniers et des Travaux d'Infrastructures Gouvernementales ; veiller aussi à ce que la JV Minière opte pour une technologie performante, capable de réduire les coûts d'exploitation qui devront être avantageusement comparables à ceux des sociétés opérant dans le même secteur.

17.5. *S'engager à tout mettre en œuvre pour réduire le coût de revient*, économiser les ressources financières des constructions, assurer la moderne conception, la qualité, le haut rendement, la fiabilité et la durabilité des travaux d'infrastructures et de service à travers sa participation à la reconstruction nationale en cours en RDC.

17.6. *Veiller à ce que le Projet de Coopération soit approuvé par l'autorité compétente chinoise* dans les 120 jours qui suivent la signature de la présente Convention de Collaboration.

En résumé, le GEC s'engage à mobiliser les financements nécessaires pour la réalisation des projets, mais la JV Minière doit rembourser ses investissements dans le Projet minier et dans le Projet d'infrastructures (art. 10.3). Le GEC fait un prêt remboursable à la JVM dont il est pourtant membre 30 % des investissements estimés nécessaires pour son développement par l'étude de faisabilité (art. 17.2) ; il prête même à la GCM les fonds nécessaires pour sa participation au capital social de la JVM… Il est évident que le GEC ne fait aucun apport ; en dehors de pas-de-porte, tout l'argent qu'il apporte ne constitue que des prêts à rembourser avec intérêts.

Engagements de la Joint Venture Minière

La Joint Venture Minière (JV Minière, ou JVM) s'engage à :

6.2. *Effectuer une Etude de Faisabilité* à soumettre pour approbation au Conseil d'Administration et à l'Assemblée générale de la JV Minière, puis à l'aval des Gouvernements chinois et la RDC.

10.1. *Emprunter des fonds* pour les travaux d'infrastructures, réaliser le Projet Minier et prendre en charge le remboursement des investissements miniers et d'infrastructures.

10.2. *Effectuer le remboursement* du financement des travaux d'infrastructures.

10.7. *Ne pas intervenir dans la conduite ou dans la supervision des travaux d'infrastructures*, mais pouvoir effectuer les opérations et procédures financières et comptables, les transferts, la mise à disposition des fonds destinés à la construction des infrastructures, et effectuer le paiement des travaux sur instruction du Maître d'ouvrage, sur la base des factures décomptes présentées par les entreprises prestataires et après qu'elle aura vérifié la conformité de prix.

12. *Rembourser les investissements du GEC* dans le Projet Minier et le Projet d'Infrastructures, de la manière suivante :

1ère* période*, dite ***période de remboursement minier* (1ère Etape), *affecter la totalité de ses bénéfices au remboursement complet des investissements miniers*, y compris au paiement de leurs intérêts, du GEC dans le développement du Projet Minier. Le financement du Projet Minier sera fait à 30 % sous forme de prêt d'Actionnaire, remboursé sans l'application d'intérêts. Les 70 % restants seront remboursés avec un taux d'intérêts annuel de 6.1 %.

2ème période*, dite ***période de remboursement de la 1ère tranche des infrastructures* (2ème Etape), *affecter 66 % de son bénéfice au remboursement des investissements de la première tranche des infrastructures* et au paiement de leurs intérêts annuels de Libor (six mois) + 100 BP[1], et répartir les 34 % restant à la rétribution de ses actionnaires, proportionnellement à leurs parts dans le capital social. Le montant total du remboursement durant cette période ne saurait dépasser 3 milliards de dollars américains en principal.

3ème période*, dite ***période commerciale* (3ème Etape), *distribuer la totalité de ses bénéfices à ses Actionnaires*, au prorata de leurs parts dans le capital social.

Financer la 2ème tranche des travaux d'infrastructures ainsi que le paiement de leurs intérêts annuels de Libor (six mois) + 100 BP.

Engagements communs de la RDC et du GEC

Ces engagements sont pris envers la JVM ; parfois, la RDC les prend seule pour rassurer le GEC ou la JVM :

7.1. *Aider la JV Minière à commencer la production commerciale* dans le délai fixé par l'Etude de Faisabilité réalisée par la JV Minière. L'objectif de la première année de production commerciale est fixé à

[1] Acronyme pour « London Interbank Offered Rates », le LIBOR est le taux d'intérêt utilisé pour les emprunts/prêts entre banques sur le marché de l'argent de Londres. Si l'on ajoute un pourcentage à ce LIBOR, l'on obtient « + 100BP », qui est l'abréviation pour « 100 basic points ».

200.000 tCu. Ce niveau sera porté à 400.000 tCu à partir de la troisième année de production commerciale.

7.2. *Accepter* que le montant total des investissements miniers ainsi que le délai pour la mise en place de ce financement seront déterminés par l'Etude de Faisabilité.

9.3. *Procéder par consultation mutuelle*, en fonction de la rentabilité du Projet minier, pour déterminer le démarrage ainsi que le volume des travaux des infrastructures de la deuxième tranche.

11.1. *Reconnaître* que ''le financement du développement d'infrastructures par le dividende de la part de l'Etat résultant de l'exploitation minière de la JV Minière ne sera pas le choix unique dans le cadre de la Convention de Collaboration entre la RDC et la JV Minière.''

11.2. *Convenir* que pour la réalisation des investissements qu'il fera pour les Projets Minier et d'Infrastructures, le GEC recoure au maximum aux entreprises congolaises pour toutes les fournitures et les prestations qu'elles seront capables de satisfaire, mais pour leurs approvisionnements à l'étranger, il donne priorité au marché chinois à condition que les prix offerts par ce dernier soient compétitifs.

13.3.1. *Se concerter pour trouver une solution si l'étude de Préfaisabilité sur le Projet Minier n'est pas acceptée* par le GEC et/ou Gécamines, et éviter ainsi que le GEC mette fin à l'investissement d'infrastructures.

CREATION DE LA JOINT VENTURE MINIERE (LA SINO-CONGOLAISE DES MINES – « SICOMINES »)

Le Protocole d'accord du 17 septembre 2007 avait prévu, en son article 2, l'érection d'une *société de joint-venture minière*.

Le 24 décembre 2007, une telle entreprise publie son acte constitutif et ses statuts, où on lit qu'elle naît et s'établit à Lubumbashi, qu'elle est une société à responsabilité limitée et qu'elle prend le nom de « La Sino-Congolaise des Mines Sarl », en abrégé « Sicomines Sarl »''.

La Sicomines se présente comme une société mixte de droit congolais, comprenant sept actionnaires, congolais (Catégorie « A ») et chinois (Catégorie « B »), chacun intervenant avec ses parts sociales, pour un capital social global de cinquante milliards de francs congolais (FC. 50.000.000.000), équivalant à cent millions de dollars américains (USD 100.000.000). Chaque part sociale vaut cent mille (100.000) Actions d'une valeur nominale de cinq cent mille francs (FC 500.000) chacune, équivalant à mille dollars (USD 1.000).

1. GECAMINES (« A ») : 20.000 Actions, soit 20 % du capital social ;
2. Monsieur Gilbert Kalamba Banika (« A ») : 12.000 Actions, soit 12 % du capital social ;
3. COVEC (« B ») : 20.000 Actions, soit 20 % du capital social ;
4. CEC (« B ») : 13.000 Actions, soit 13 % du capital social ;
5. China Railway Sixth Group Co. Ltd (« B ») : 10.000 Actions, soit 10 % du capital social ;
6. Sinohydro Corporation Limited (« B ») : 20.000 Actions, soit 20% du capital social ;
7. Sinohydro Harbour Co. Ltd. (« B ») : 5.000 Actions, soit 5 % du capital social.

L'on note que les actionnaires de la catégorie « B » (des Chinois) sont majoritaires par rapport à ceux de la catégorie « A » (des Congolais), soit 68 % contre 32 % du capital social.

L'article 4 définit les tâches auxquelles s'adonnera la nouvelle entreprise :

''Sicomines a pour objet toutes opérations d'études, de prospection, de recherche et d'exploitation de toutes substances minérales valorisables, ainsi que toutes opérations de concentration et de traitement métallurgique et chimique, de transformation et de commercialisation de ces substances et de leurs dérivés, pour son compte ou pour le compte des tiers, ainsi que toutes autres opérations connexes de nature à favoriser le développement de son objet social.

Sicomines Sarl peut, en conséquence, faire toutes opérations à caractère industriel, commercial, financier ou de nature immobilière, ayant un rapport direct ou indirect avec son objet ou pouvant en faciliter la réalisation ou en assurer le développement.''

La Convention de Collaboration du 22 avril 2008, qui confirme le Protocole d'accord du 17 septembre 2007, ne parle pas de la Sicomines, mais évoque simplement, en son article 1 (1.4 et 1.5), ''la constitution d'une « Joint Venture Minière »'', laquelle comprendra le « Groupe Gécamines » (constituée par la Gécamines et ''une autre personne physique de son choix qui sera ultérieurement remplacée par l'une des sociétés affiliées de Gécamines'') et un Groupement de cinq entreprises chinoises (China Railway Group (Hong Kong) Ltd, China Railway SinoCongo Mining Ltd, China Railway Resources Development Ltd, Sinohydro Corporation Ltd et Sinohydro Harbour Co. Ltd.).

La constitution de la joint venture minière est détaillée dans les articles 3 à 7, en rapport avec le « Projet Minier ».

- L'article 3 parle ''d'une JV Minière à laquelle la RDC fera céder, par l'entremise de son entreprise publique Gécamines et avec la participation de cette dernière, les droits et titres sur les gisements faisant l'objet de la présente Convention de Collaboration au Projet Minier.'' La répartition du capital social de la JV Minière se fera de la manière suivante : ''68 % pour le Groupement d'entreprises chinoises et 32 % pour le Groupe Gécamines.''

- L'article 4 détaille les gisements à céder à la JV : ''Dikuluwe, Mashamba Ouest, Jonction D, Cuvette Dima, Cuvette Mashamba et Synclinal Dikuluwe Colline D''. Ces sites naturels sont cupro-cobaltifères et contiennent ''des réserves minières estimées à environ 10.616.070 tonnes de cuivre dont environ 6.813.070 tonnes de cuivres en ressources certaines, environ 626.619 tonnes de cobalt et, en tonnage restant à déterminer, toutes autres substances minérales valorisables. Ces gisements, dont Gécamines détient les Droits et Titres miniers sous la numérotation PE 9681 et 9682 tels que inscrits dans les registres ad hoc tenus par le Cadastre Minier (« CAMI »), sont situés dans la région de Kolwezi, Province du Katanga, République Démocratique du Congo, conformément au plan en Annexe B de la présente Convention de Collaboration.''

- L'article 5 évoque ''un pas-de-porte de 350.000 USD'', que ''la Partie chinoise s'engage à verser'' ''à la Partie congolaise, à condition que : l'Etude de Préfaisabilité ait été approuvée par le Gouvernement chinois, lors de l'approbation de la Convention de JV qui sera conclue entre le Groupe Gécamines et le Consortium''. Par ailleurs, ''le

Groupement d'entreprises chinoises promet de chercher et mettre en place une assistance financière à hauteur de 50 millions de dollars américains (50.000.000 USD), sous la forme d'un prêt à Gécamines, pour la réhabilitation de ses Ateliers de l'Ouest (AO), du Centre (ACP) et de Lubumbashi (LC).''

- L'article 6 parle d'une ''Etude de Préfaisabilité sur le Projet Minier pour le compte et à charge de la JV Minière'', à effectuer par le Groupement d'Entreprises Chinoises et à soumettre ''à l'approbation des organes autorisés de Gécamines et des sociétés du Groupement d'Entreprises Chinoises''. Il parle ensuite d'une ''Etude de Faisabilité'' à entreprendre par la JV Minière et à soumettre pour approbation au Conseil d'Administration et à l'Assemblée générale de la JVM, afin qu'elle soit ''avalisée par les Gouvernements chinois et la RDC.'' L'article conclut que ''les Etudes de Préfaisabilité et Faisabilité devront démontrer que le Projet Minier permettra de dégager un taux interne de rentabilité au profit du Groupement d'Entreprises Chinoises, c'est-à-dire un IRR, d'au moins 19 %.''

- L'article 7 insiste sur la réalisation du Projet Minier, dont ''l'objectif de la première année de production commerciale est fixé à 200.000 tCu. Ce niveau sera porté à 400.000 tCu à partir de la troisième année de production commerciale.''

Pendant quelque temps, le « Comité de Pilotage et de Coordination », mis en place pour appliquer la Convention de Collaboration, comme ignorant l'existence de la Sicomines née le 24 décembre 2007, ne parle toujours que d'une joint venture minière. Jusqu'au 28 juin 2008, date où est produit un avenant, dit « Avenant N°1 à la Convention de Joint Venture du 22 avril 2008 ».

Dans ce dernier document, on lit notamment que ''Gécamines a constitué Simco Sprl au sein de laquelle elle détient 99 % des parts sociales constitutives du capital social ; de ce fait, Simco Sprl, étant sa filiale, Gécamines la désigne, en remplacement de Monsieur Gilbert Kalamba Banika[1], pour participer avec elle dans la création de la JV Minière qui sera dénommée « La Sino-Congolaise des Mines Sarl », en abrégé « Sicomines Sarl »''

[1] Kalamba Banika, Secrétaire Général chargé de la gestion légale et juridique de la Gécamines, a été écarté du « Groupe Gécamines » selon une loi datant du… 13 août 1954, à laquelle la Gécamines n'aurait pas su se conformer.

La Sicomines est évoquée donc comme une entreprise à naître. Et effectivement, c'est le 14 juillet 2008 qu'une ordonnance présidentielle (N° 08/046) autorise enfin la création d'une société par actions à responsabilité limitée dénommée la « Sino-Congolaise des Mines », en sigle « SICOMINES SARL ».

La nouvelle entreprise étatique de droit congolais est placée sous la tutelle du Ministre de l'Economie Nationale et du Commerce.

Actuellement, la *Fiche d'information* de la Sicomines est la suivante :

1. Structure

a) Consortium d'entreprises chinoises :

*China Railway Group (27 %)
*China Railway Resources Development (6 %)
*Sinohydro International (26 %)
*Sinohydro Harbour (4 %)
*Huayou Cobalt (5 %).

b) Groupe Gécamines :

*Gécamines (20 %)
*Simco (12 %)

2. Historique des partenaires

*Avril 2008 : CRHK, CR Resources, China Railway Sino-Congo Mining Ltd (CR Sino-Congo), Sinohydro International, Sinohydro Harbour, Gécamines 20 %, Gilbert Kalamba Banika 12 %.

*Juin 2008 : CRHK 22 %, CR Resources 6 %, Sinohydro International 16 %, Sinohydro Harbour 4 %, China Metallurgical Group Corp (MCC) 20 %, Gécamines 20 %, Simco 12 %.

*2009 : CRHK 27 %, CR Resources 6 %, Sinohydro International 26 %, Sinohydro Harbour 4 %, Huayou 5 %, Gécamines 20 %, Simco 12 %.

*Actuellement : China Railway 33 %, Sinohydro Corp 30 %, Gécamines 20 %, Gilbert Kalamba Banika 12 %, Huayou Cobalt 5 %.

3. Permis et contrats publiés officiellement :

a) Convention de collaboration (RDC – Consortium entreprises chinoises) :

*« Protocole d'Accord entre la RDC et le groupement des entreprises chinoises » ;

*« Convention de collaboration entre la RDC et le groupement d'entreprises chinoises… » ;

*Avenant 1 du 28.06.2008 à la Convention de collaboration ;

*Avenant 2 à la Convention de Collaboration (non publié) ;

*Avenant 3 du 21.10.2009 à la Convention de collaboration…

b) Convention JV Sicomines (Gécamines – Consortium entreprises chinoises 2) :

*« Convention de Joint-Venture entre le groupe Gécamines et le consortium d'entreprises chinoises » et « Acte Constitutif et Statuts, La Sino-Congolaise des Mines (Sicomines Sarl) » de Décembre 2007 ;

*Avenant 1 du 28.06.2008 au contrat de JV Sicomines du 22.04.2008 ;

*Avenant 2 du 11.11.2008 au contrat de JV Sicomines du 22.04.2008.

4. Gisements

Dikuluwe et Mashamba Ouest.

Le projet Sicomines détient les Permis d'Exploitation 9681 (7 carrés miniers) et le Permis d'Exploitation 9682 (6 carrés miniers) pour l'exploitation des gisements de Mashamba Ouest et Dikuluwe Mashamba, situées dans les environs de la ville de Kolwezi, précisément à Kapata, à environ 350 km de Lubumbashi.

2

Le pilotage et la coordination de la « Convention de Collaboration » sino-congolaise

« COMITÉ DE PILOTAGE ET DE COORDINATION »

En son article 16, la Convention de Collaboration du 22 avril 2008 exige de la RDC qu'elle s'engage à ''instituer un comité multisectoriel (« Comité de Pilotage et de Coordination ») chargé :

- 1) du suivi de la présente Convention de Collaboration et des accords dans le cadre de la présente Convention de Collaboration,

- 2) de la facilitation de la réalisation du Projet de Coopération, notamment les questions liées au transport, à l'accès à l'eau et à l'électricité, etc.

- 3) d'assurer le suivi des Travaux d'Infrastructures Gouvernementales,

- 4) de l'interface entre le Gouvernement chinois, la RDC et la JV Minière.

Ce Comité servira de guichet unique qui pourra représenter la RDC. De plus, le Comité se chargera de toutes les questions et formalités relatives aux travaux d'infrastructures.

Le Comité se charge également des relations et des formalités entre la JV Minière et les autorités gouvernementales.

La RDC et le Groupement d'Entreprises Chinoises pourront convenir par la suite de lui attribuer d'autres responsabilités. Un règlement d'ordre intérieur devra être élaboré le plus rapidement possible par le Comité afin d'assurer le bon fonctionnement du Projet de Coopération.''

Mais, constatant au fil des années que le comité interministériel ne fonctionnera point et que ses prérogatives seront en fait assumées par le « Bureau de Coordination et de Suivi du Programme Sino-Congolais », il sera produit, neuf ans plus tard, soit en juillet 2017, un avenant, dit « *Avenant n° 4* a la Convention de Collaboration relative au développement d'un Projet Minier et d'un Projet d'Infrastructures en République Démocratique du Congo du 22 avril 2008 ». Cet avenant, en son article 3, confiera précisément au « Bureau de Coordination et de Suivi du Programme Sino-Congolais » (BCPSC) les rôles initialement définis pour le « Comité de Pilotage et de Coordination », modifiant ainsi l'article 16 de la Convention de Collaboration (où l'expression *comité multisectoriel*, ou *« Comité de Pilotage et de Coordination »*, s'effacera devant l'expression *« Bureau de Coordination et de Suivi du Programme Sino-Congolais », BCPSC* en sigle, dénommé « Bureau de Coordination »).

AGENCE CONGOLAISE DES GRANDS TRAVAUX (ACGT)

Ainsi donc, le BCPSC qui naît le 26 août 2008, accumulera plus tard les prérogatives attribuées au Comité de Pilotage dans la Convention de Collaboration.

Mais, avant d'en arriver là, le « Comité de Pilotage et de Coordination » produisit, par deux décrets du Premier ministre signés le 26 août 2008, numérotés respectivement 08/017 et 08/018, deux structures étatiques dévolues au Programme sino-congolais : l'Agence Congolaise des Grands Travaux (ACGT) et le « Bureau de Coordination et de Suivi du Programme Sino-Congolais » (BCPSC).

Placée sous la dépendance du Ministre des ITPR (Infrastructures, Travaux Publics et Reconstruction) et siégeant à Kinshasa[1], l'ACGT, comme le BCPSC, est un service public doté d'une autonomie administrative et financière, créé pour une mise en œuvre du Programme National de Reconstruction initié par le Président de la République, afin d'assurer la gestion, en qualité de Maître d'ouvrage délégué, de l'exécution des Projets d'infrastructures définis dans la Convention de Collaboration RDC-Chine du 22 avril 2008.

L'ACGT joue aussi le rôle de guichet unique dans la mise en œuvre des projets qui lui sont confiés par le gouvernement dans le secteur des infrastructures routières, ferroviaires, portuaires, aéroportuaires, énergétiques, sociales, sanitaires, touristiques, sportives, publiques…

---

[1] Adresse : 01, av. OUA, Kinshasa-Ngaliema. Tél. (+243)990783779. E-mail : contact@acgt.cd ; Web : www.acgt.cd.

L'ACGT est conduite par un Directeur Général et un Directeur Général adjoint. Depuis début 2011, ce sont deux hommes de compétence et d'expérience, tous des ingénieurs civils, Charles-Médard Ilunga Mwamba et Nico Nzau Nzau, nommés par l'ordonnance présidentielle n°11/008 du 21 janvier 2011.

En 1988, Ilunga sort de la prestigieuse Faculté Polytechnique de l'Université de Kinshasa, avec un diplôme envié et convoîté d'Ingénieur civil des constructions. Un sésame qui lui ouvre rapidement et facilement les grandes portes. Ainsi, de 1988 à 1989, il est consultant à la division immobilière de l'UNIBRA. Après, il se retrouve à la REGIDESO, où il occupe successivement les fonctions d'Ingénieur d'études chargé des projets BAD (1989-1991), d'Ingénieur d'exploitation (1991-1992) et de Directeur provincial au Maniema et au Katanga, de Directeur Commercial ainsi que de Directeur des approvisionnements (1997-2010). Entre 1992 et 2001, il s'engage dans l'enseignement universitaire : il donne le cours de résistance des matériaux et codirige des mémoires de fin d'études à la Faculté polytechnique de l'Université de Lubumbashi et à l'Institut supérieur technique de Likasi. C'est pendant cette époque qu'il est remarqué par le ministre des Infrastructures et Travaux Publics, Pierre Lumbi, qui l'appelle auprès de lui comme Conseiller en matière des routes. Il fait tellement bonne impression auprès du ministre que celui-ci le propose auprès du président Joseph Kabila et du Premier ministre Adolphe Muzito, qui l'appellent à diriger l'ACGT née le 26 août 2008. En cette qualité, Ilunga va initier et piloter l'élaboration du Plan stratégique de développement de l'ACGT entre 2015-2019 et le processus de la mise en place de la démarche qualité en vue de la certification ISO 9001 de l'ACGT. Dès février 2016, il sera président du Conseil d'administration de l'association congolaise des ingénieurs civils (ACIC).

Nico Nzau Nzau, lui, a également un parcours éloquent. En 1984, il est proclamé Ingénieur des bâtiments et travaux publics de l'Institut du Bâtiment et des Travaux Publics de Kinshasa (IBTP). Avec ce diplôme, il travaille, de 1984 à 1985, comme Ingénieur chargé des études et des expertises immobilières au bureau d'études Klat international. Il se rend ensuite en France, où, en 1986, il obtient un diplôme d'études supérieures spécialisées de l'Ecole d'ingénieurs & École Nationale des Arts et Industries de Strasbourg. Il revient au Congo, où, entre 1986 et 2005, il est embauché à l'Office des Voiries et Drainage (OVD), où il exerce tour à tour les fonctions d'Inspecteur technique et chef de secteur chargé des voiries urbaines (1986-1998), de Directeur Adjoint et Auditeur technique (1999-2002) et Directeur chargé de la Programmation et Planification (2004 – 2005). Pendant qu'il est à l'OVD, le Gouverneur de la ville-province de Kinshasa le remarque, qui, entre 2002 et 2004, lui confie les responsabilités de Conseiller Technique en son Cabinet. Après, de 2005 à 2006, Nzau est Chargé des missions, puis Coordinateur adjoint à la Cellule Infrastructures, une structure en charge de la coordination des projets financés par les bailleurs de fonds bilatéraux et multilatéraux. Quand l'ACGT voit le jour le 26 août 2008, il est engagé dans la nouvelle entreprise publique en qualité de Directeur du Département de Planification Stratégique. Il se dévoue à son travail tel que, en janvier 2011, il est nommé Directeur Général Adjoint.

Depuis lors, en harmonie avec Ilunga, ce membre de l'association d'ingénieurs BTP de l'Etat de Brandenburg en Allemagne mène à bien le projet de construction des infrastructures de base en RDC.

La tâche de ces deux ingénieurs chevronnés : lancer l'énorme machine ACGT, entre autres, dans la planification du programme d'infrastructures, l'établissement et la mise en œuvre des plans annuels d'investissement, ainsi que l'ingénierie de conception des projets d'infrastructures de grande envergure et structurantes du gouvernement et l'évaluation de leurs coûts.

Le DG Médard Ilunga présente l'ACGT comme suit[1] :

''Créée en août 2008, dans le cadre de la mise en œuvre du Programme sino-congolais, l'Agence Congolaise des Grands Travaux (ACGT) poursuit trois missions principales, à savoir : Concevoir, Superviser et Conseiller.

A ce titre, l'ACGT joue aussi bien le rôle de maître d'ouvrage délégué du ministère des Infrastructures et Travaux publics, que de maître d'œuvre.

Elle coordonne ainsi l'exécution des projets d'infrastructures spécifiés dans la Convention et Accords de Collaboration signés entre la République Démocratique du Congo et le groupement des entreprises chinoises CREC et Sinohydro.

---

[1] *Infrastructures*, le magazine de l'Agence Congolaise des Grands Travaux, novembre 2016, p. 5.

L'ACGT intervient dans les secteurs des infrastructures routières, ferroviaires, portuaires, aéroportuaires, énergétiques, sociales, sanitaires, touristiques, sportives, de bâtiments et autres infrastructures publiques.

Ses objectifs spécifiques sont la Constitution d'un fonds documentaire technique sur l'ensemble de projets ; l'interface des projets avec les Ministères sectoriels et autres structures publiques ; la facilitation administrative pour toutes les questions se rapportant aux projets.''

Les missions de l'ACGT sont autrement déclinées par l'agence elle-même comme suit[1] :

''L'Agence Congolaise des Grands Travaux (ACGT) a été créée par le décret n° 08/017 du 26 août 2008 avec pour objectif de piloter les projets d'infrastructures structurantes des secteurs suivants : routes, voiries, ports, aéroports, bâtiments et énergie.

Ainsi, les missions de l'ACGT dans ses secteurs d'intervention sont de concevoir, superviser et conseiller pour une mise en œuvre efficace et efficiente des projets.

A ce titre, elle est chargée des tâches spécifiques suivantes :

1. Planifier le programme d'infrastructures, établir et mettre en œuvre les plans annuels d'investissement ;
2. Assurer l'ingénierie de conception des projets d'infrastructures de grande envergure et structurantes du Gouvernement et en évaluer les coûts : études de préfaisabilité et de faisabilité, études d'avant-projets sommaires et détaillés, études de cohérence, d'opportunité, d'insertion, de diagnostic et de pertinence. Ces études concerneront à la fois les volets techniques (architecture, aménagement, géotechnique, hydrologie, hydraulique et industries), socio-économiques, financières, d'impacts sociaux et environnementaux, afin de réaliser des projets bancables ;
3. Valider les études réalisées par les tiers pour la mise en œuvre de différents projets y relatifs ;
4. Elaborer les dossiers d'appel d'offre (DAO), préparer et signer les contrats de travaux, de prestations intellectuelles, de services et de fournitures pour la mise en œuvre des projets d'infrastructures ;
5. Piloter, en sa qualité de Maitre d'ouvrage délégué du Ministère de l'Aménagement du Territoire, Urbanisme, Habitat, Infrastructures, Travaux Publics et Reconstruction, la mise en œuvre des projets d'infrastructures lui confiés par le Ministère ;
6. Assurer l'interface des projets d'infrastructures avec les Ministères sectoriels ;

---

[1] *ACGT Rapport annuel 2013*, *www.acgt.cd/cmssurmesure/pdf/25.pdf*, p. 51.

7. Constituer une base de données technique et scientifique des infrastructures.''

De cette façon, l'ACGT ambitionne de devenir un acteur majeur de la construction d'infrastructures au Congo[1] :

''L'ACGT exerce la mission de conception et de management des projets d'infrastructures structurantes dans les secteurs de Routes, Voiries, Ports, Aéroports, Chemins de fer, Architecture, Énergies, Infrastructures passives de télécommunication et Environnement.

L'ACGT ambitionne devenir un grand bureau d'ingénierie compétitif et performant, capable d'apporter des solutions innovantes aux questions de développement des projets d'infrastructures en République Démocratique du Congo.

Nous pouvons affirmer, sans crainte, que l'ACGT est un creuset d'expertise en matière d'ingénierie de conception des projets. Grâce aux formations et au partage d'expériences et de connaissances, l'ACGT dispose d'une équipe d'ingénieurs, parmi les meilleurs du pays, dans les domaines d'études, d'infrastructures.

La maitrise de la gestion des concessions, qui est une expérience nouvelle au pays, par l'ACGT, a permis le financement de nouveaux projets d'infrastructures dans les zones de leur influence. Cette expérience acquise est un atout dans la mise en œuvre des projets de nouvelles concessions, en cours d'implémentation sous initiative de l'ACGT.''

Pour conduire à bon port l'ACGT, une organisation bien structurée, Médard Ilunga et Nico Nzau s'entourent d'une solide équipe d'experts répartie en six directions et 24 sections ainsi qu'entités. Les six directions, chapeautées par une Direction Générale, sont :

* Direction Générale elle-même ;

* Direction des Etudes et Développement (DED), chargée de la réalisation des études et la conception des ouvrages en vue de maîtriser la qualité, le coût et le délai d'exécution des projets ;

* Direction de Gestion des Projets (DGP), qui assure le Management (planification, suivi de la mise en œuvre et évaluation) des projets d'infrastructures ;

* Direction Financière (DFI), qui gère les finances et la logistique de l'ACGT ;

---

[1] *http://www.acgt.cd/a-propos-de-l-acgt/creation-missions-et-valeurs*

* Direction Administrative et Juridique (DAJ), qui gère les ressources humaines, prévient et gère les risques juridiques ;

* Direction de l'Audit et Contrôle (DAC), qui s'assure de l'application des procédures, règlements, politiques et stratégies de l'ACGT.

S'attachent également à la Direction Générale une « Cellule de Gestion et Passation des Marchés publics (CGPMP), un « Noyau Qualité » (NQ), une « Unité Planification et Informatique » (UPI) et trois (Antennes Provinciales » (Grand Katanga, Grand Kivu et Kongo Central, principaux lieux d'activités).

Outre les 24 sections ainsi qu'entités regroupées en 6 Directions, l'ACGT comprend la « Cellule de Gestion de Passation des Marchés Publics » (CGPMP) et 2 Antennes provinciales, lesquelles relèvent de la responsabilité de la Coordination de la Direction Générale.

Les 2 Antennes Provinciales sont établies respectivement à Lubumbashi pour les provinces démembrées du Katanga et à Matadi pour la Province du Kongo-Central. L'ACGT a aussi des représentations qui assurent la gestion des projets :

*à Kisangani : projet d'installation d'une unité de fabrication des panneaux préfabriqués ;

*à Bukavu : projet de modernisation de la RN5, tronçon Bukavu-Nyangezi-Kamanyola ;

*à Butembo : projet de construction d'une route revêtue RN2 : traversée ville de Butembo.

Pour réussir sa mission, la Direction Générale élabore, en 2015, un « Plan Stratégique de Développement (PSD) pour une période de 5 ans »[1], couvrant la période allant de 2015 à 2019. Cette « vision et politique managériale de développement de l'ACGT », assurent les DG et DGA, ''constitue un référentiel pour le développement de l'ACGT et la mise en œuvre d'actions visant la réalisation de ses missions. Il identifie les dysfonctionnements et les besoins en compétences de l'Entreprise. Il fixe les objectifs à atteindre en matière de formations, d'acquisition d'équipements et de réalisation des projets d'infrastructures structurantes aussi bien qu'il repense

[1] Agence Congolaise des Grands Travaux (ACGT), « Rapport annuel 2015, 5. Vision et politique managériale de développement de l'ACGT », p. 16, *http://www.acgt.cd/images/documents/rapports_annuels/R2015.pdf*

l'organisation du travail et le management des hommes. Ce plan se fixe notamment les priorités suivantes :

*Faire du management de la qualité un atout de réussite pour l'ACGT ;

*Attirer et fidéliser les compétences requises, développer les compétences acquises et mobiliser celles disponibles ;

*Maintenir et améliorer les dispositifs pertinents nécessaires à la mesure et à la surveillance de l'efficacité et de l'efficience du personnel et des processus ;

*Implanter une « Culture d'Entreprise » basée sur l'innovation, l'esprit d'équipe, la rigueur, la discipline, l'intégrité, la réactivité et l'anticipation.

*Investir dans l'innovation technologique soutenue par l'acquisition des équipements matériels et logiciels modernes pour réaliser avec efficacité et efficiente la conception des projets et la supervision des travaux.''

Après les analyses diagnostiques et prospectives sur le fonctionnement de l'ACGT, le PSD ACGT 2015-2019 articule ses actions autour de 6 piliers qui tiennent compte de la vision, des missions et des valeurs de l'ACGT. Ces piliers sont :

1. Réorganiser et restructurer l'ACGT ;
2. Renforcer les capacités de l'ACGT ;
3. Elaborer les études des projets ;
4. Renforcer la fonction Supervision des travaux ;
5. Développer les projets en Partenariat Public Privé ;
6. Développer une communication stratégique autour des valeurs et des missions de l'ACGT.

Les actions retenues dans le PSD ACGT 2015-2019 seront financés par les fonds propres de l'ACGT, provenant des recettes des frais des études des projets et celles des frais de maitrise d'ouvrage dans le cadre de la supervision des travaux d'infrastructures des projets sous son pilotage. Le PSD ACGT 2015-2019 s'est fixé les objectifs suivants :

*Poursuivre l'effort de renforcement des capacités, notamment le développement de l'expertise dans les domaines stratégiques liés à ses métiers et de la gouvernance pour un budget total de 2.545.324 USD, avec une moyenne de 19 participations aux formations par agent ;

*Investir 7.301.561USD pour l'acquisition des équipements nécessaires à la maitrise des produits et l'amélioration de la productivité dans la conception des projets et la supervision des travaux. Ce montant représente 6 fois les coûts d'investissements de 5 dernières années ;

*Accroître de 252 % le nombre actuel de projets d'études (38), en réalisant en moyennant 19 projets d'études par année ;

*Accroitre de 6 à 32 le nombre de projets mis en œuvre par l'ACGT dans le cadre du Partenariat Public Privé (PPP) ;

*Renforcer le corps des spécialistes des métiers de l'ACGT qui ne représente que 51 % des effectifs des cadres de l'ACGT en le portant à 80 % en 2016 et 88 % en 2019 par les actions de reconversion soutenue par les formations et de recrutement de 50 spécialistes principalement dans les compétences stratégiques, entre 2015 et 2019. En considération de recrutement et de départ en retraite, les effectifs de l'ACGT connaitront ainsi un accroissement de 30% à l'horizon 2019 ;

*Réaménager le cadre organique de l'ACGT en vue de la mise en œuvre efficace des actions projetées...

Le nouvel organigramme comprend une classification des emplois de cadres sur une échelle de 15 grades. Il engage l'ACGT dans la démarche qualité, initiée depuis décembre 2014. Le PSD ACGT annonce la devise de l'ACGT qui est « Excellence est ma loi ».

Le DG Charles-Médard Ilunga Mwamba explique ce que signifie cette devise bien trouvée[1] :

''« Excellence est ma loi », telle est la devise de l'ACGT adoptée au courant de l'année 2015 et qui trouve son fondement dans les principales valeurs de l'entreprise, acquises et escomptées. Toute la culture d'entreprise, qui constitue le levier stratégique pour son développement, est désormais basée sur ses valeurs.

L'ACGT a ainsi développé, tout au long de l'année 2015, l'ensemble de ses actions sur une vision d'excellence, en vue de son positionnement comme une des structures de référence du Gouvernement en matière d'ingénierie de conception et de management des projets d'infrastructures à l'effet d'internationaliser, à terme, ses prestations.

---

[1] Agence Congolaise des Grands Travaux (ACGT), « Rapport annuel 2015, 5. Vision et politique managériale de développement de l'ACGT », p. 8, *http://www.acgt.cd/images/documents/rapports_annuels/R2015.pdf*

Dans la recherche permanente de l'amélioration de ses performances, l'ACGT a, pendant cet exercice, consolidé ses objectfs dans ses missions de conception et de management des projets, en enregistrant, comme l'année passée, une augmentation de nombre de projets d'études et de travaux. En effet, par rapport à l'exercice 2014, le taux d'accroissement des projets d'études réalisés est de 89 % et celui des projets de travaux sous sa supervision est de 150 % ; une amélioration remarquable des performances dues à la politique d'équipement et de formation, amorcée depuis 2012 et soutenue par la Direction de l'entreprise.

En 2015, le développement de l'ACGT a été marquée par trois (3) importantes actions suivantes :

1. L'élaboration du plan stratégique de développement de l'ACGT à l'horizon 2019 : l'objectif global de ce plan était de réorganiser l'entreprise et d'installer les balises pour la matérialisation du tracé du chemin de son ascension, à emprunter pendant les 5 prochaines années ;
2. La mise en œuvre d'un système de management de la qualité au sein de l'entreprise : par cette démarche qualité, commencée en septembre 2014, l'ACGT veut maitriser ce qu'elle fait, garantir la qualité de chaque produit et assurer sa crédibilité vis-à-vis de ses clients, ses partenaires et les bénéficiaires de ses services ;
3. L'amélioration des évaluations de performances professionnelles mensuelles du personnel de l'Agence pour les rendre davantage objectives, accroitre la productivité et mobiliser les agents autour des objetifs de l'entreprise. Pour ce faire, des changements ont été apportées aux outils et au mécanisme d'évaluation.

Quatre (4) ambitions clés pour le développement de l'ACGT sont retenues pour 2016, à savoir :

a) Étendre les activités et contribuer au développement de la RDC ;
b) Produire et renforcer les partenariats stratégiques ;
c) Soutenir l'innovation ;
d) Encadrer la qualité.

Pour les réaliser, l'ACGT doit cibler les projets porteurs de ressources financières et s'engager à affecter 60 % de ses ressources à l'investissement. L'accent sera mis dans l'investissement pour la poursuite des formations et de l'acquisition des équipements de conception et de supervision des projets, conformément aux objectifs définis dans notre plan stratégique de développement 2015-2019.

Un appel au sacrifice et au dévouement est ainsi lancé à l'endroit de tout agent ACGT, pour bâtir une équipe cohérente.''

Un appel pressant, qui va être entendu par chacun des 189 agents (dont 70 % ont un niveau supérieur ou équivalent au bac + 5), parmi lesquels 140 CDI, 42 CDD et 7 détachés (chiffre fin 2018)[1], lesquels vont se déployer « pour bâtir une équipe cohérente » afin de réussir la mission assignée au « Programme sino-congolais », celle de construire, de moderniser et/ou de réhabiliter les infrastructures de base en RDC.

« BUREAU DE COORDINATION ET DE SUIVI DU PROGRAMME SINO-CONGOLAIS » (BCPSC)

Pour la mise en œuvre de la Convention de Collaboration

Service public à caractère administratif et financier placé directement sous la tutelle du Premier ministre, le Bureau de Coordination et de Suivi du Programme Sino-Congolais (BCPSC), qui établit son siège à Kinshasa[2], a pour objet la gestion et le suivi de la mise en œuvre des accords de coopération signés entre la RDC et les partenaires privés chinois dans les domaines des mines et des infrastructures de base. A cet effet, le Bureau :

- joue le rôle de l'*interface* entre les différentes parties et entités intéressées par les projets issus des accords de coopération ;
- suit la mise en œuvre des conventions et accords de partenariat ;
- prépare les différentes rencontres, réunions et/ou négociations et enfin,
- assure les négociations avec les banques ou institutions financières pour obtenir tout appui supplémentaire en vue de bien mener la mise en œuvre des projets.

Nous voyons que les mots « coordination », « interface » et « facilitation » se retrouvent également dans les tâches dévolues au BCPSC, d'où s'impose une certaine précision. Moïse Ekanga, lui qui sera un pion majeur dans l'exécution du programme présidentiel de

[1] C'est, dit le DG Ilunga, une équipe qui a ''une expertise avérée, diversifiée et performante, qui doit rester attentive au besoin du pays, pour de grands projets structurants et à grand impact dans les secteurs de l'énergie, des infrastructures de transport, infrastructures portuaires et aéroportuaires, dans les chemins de fer et dans les bâtiments et autres aménagements urbains.'' (*RDC Infrastructures*, n° 1, p. 7).

[2] 16, avenue du Fleuve, Kinshasa-Gombe.

reconstruction nationale, résume de la manière suivante la différence entre les deux services étatiques[1] :

"L'Agence des Grands Travaux est un service du ministère des Infrastructures. La Convention stipule que si ce n'est pas le ministère des Infrastructures lui-même qui s'occupe du suivi des travaux sur le terrain, il a la possibilité de déléguer, et nous avons créé cette structure comme étant le maître d'ouvrage délégué. Cette agence réalise le travail du ministère des Infrastructures dans le suivi des travaux sur le terrain. Le Bureau de coordination est le service qui est chargé de l'ensemble de la coordination du programme sino-congolais."

Autrement dit, précise Moïse Ekanga, les contrats spécifiques d'infrastructures sont négociés entre l'ACGT et les entreprises chinoises[2] :

"C'est l'ACGT qui est l'œil technique du Gouvernement congolais et qui assure le suivi de l'exécution technique des travaux sur le terrain. C'est la raison pour laquelle l'ACGT, en sa qualité de Maître d'ouvrage délégué, est placée sous la tutelle du Ministère des Infrastructures, Travaux Publics et Reconstruction qui est Maître d'ouvrage en République Démocratique du Congo. Le BCPSC, jouant le rôle d'interface et de facilitation, n'est pas gestionnaire des projets."

Structure du BCPSC

Dans sa structure initiale, le BCPSC comprend le Comité interministériel de coordination et le Secrétariat exécutif.

- Constitué des ministres directement impliqués dans l'œuvre de la reconstruction nationale (dont celui des Infrastructures), le Comité interministériel est un organe délibérant chargé de la *conception*, du *suivi* et de la *définition* des orientations générales sur la supervision projets issus des accords de coopération avec les entreprises chinoises ou d'autres partenaires. Au cours des années de son fonctionnement, ce comité international tombera caduc, et son rôle sera assumé par le seul Secrétariat exécutif.

---

[1] *Le Potentiel*, 16 septembre 2010.
[2] *https://scooprdc.net/2019/08/09.*

- Le Secrétariat exécutif, au départ et encore aujourd'hui, a mission de *coordonner l'ensemble des activités* liées à l'encadrement pour la bonne fin des projets et assure la gestion courante du BCPSC. Il est dirigé par le Secrétaire exécutif, lequel est assisté d'un Secrétaire exécutif adjoint. Dans leur gestion quotidienne du Bureau, ils s'entourent des cadres de commandement (comité d'experts), des agents de collaboration et des agents d'exécution.

Pour diriger le Bureau de Coordination et de Suivi du Programme sino-congolais, le Président de la République opère son choix sur Moïse Ekanga Lushyma et Me Justin-Marie Mbalaka, que le mardi 18 novembre 2008, il nomme par ordonnance, respectivement « *Secrétaire exécutif* » et « *Secrétaire exécutif adjoint* ».

Auparavant, Moïse Ekanga, licencié en Sciences économiques, option « Mathématiques », de l'Université de Kinshasa, était conseiller au Ministère des Finances. A ce titre, il avait participé activement dans les négociations sino-congolaises qui avaient abouti, le 22 avril 2008, à la conclusion de la Convention de Collaboration. Justin-Marie Mbalaka, lui, est un juriste éprouvé.

C'est le mardi 11 décembre 2008 que le ministre des Infrastructures, Travaux publics et Reconstruction (ITPR), Pierre Lumbi Okango, installe le comité de direction du BCPSC (ainsi que celui de l'ACGT).

Le BCPSC, un service majeur autour du Chef de l'Etat et d'autres institutions de la République

Pour revenir au contrat sino-congolais, l'importance que l'Etat lui accorde est donc telle qu'il a été élevé au niveau d'un programme dans son exécution. Un programme sino-congolais qui constitue, sans doute, la pièce-maîtresse de la politique générale de la reconstruction nationale, puisqu'il se confond pratiquement avec « les Cinq chantiers de la République ».

Aussi, ce programme, qui existe par la coopération RDC-Chine, se concentre d'abord sur la Présidence et les acteurs clés tournant autour du Président. Pour celui-ci, la relation avec les entreprises chinoises est si précieuse qu'un jour ne se passe sans qu'il ne l'évoque avec ses collaborateurs. Les investissements dans les infrastructures, en cours et futurs, par les Chinois sont donc cruciaux pour la Présidence.

A cet effet, le BCPSC revêt d'une importance capitale aux yeux du Chef de l'Etat. Celui-ci ne manque pas une occasion d'entrer en contact, téléphonique ou autre, avec le Secrétaire exécutif de cette institution étatique, pour avoir des nouvelles sur l'évolution des projets exécutés par les entreprises chinoises, ou des rapports sur l'état des discussions menées en RDC ou en Chine avec les partenaires chinois, ou encore des propositions pour la mise sur pied d'une idée entrant dans la réalisation des « cinq chantiers ». Le Président est tellement attaché au patron du BCPSC qu'il n'hésite pas de l'amener souvent dans ses tournées des chantiers, dans ses déplacements à Kinshasa ou en province pour des poses de première pierre d'une infrastructure ou pour des inaugurations d'ouvrages terminés.

Les autres corps de l'Etat ont compris l'intérêt que le Président de la République porte pour le Programme sino-congolais et pour Moïse Ekanga, son principal animateur. Aussi s'empressent-ils quotidiennement vers celui-ci pour « avoir des nouvelles »... Le siège du BCPSC est ainsi devenu un lieu de passage quasi-obligatoire pour beaucoup de membres du gouvernement et d'autres personnalités intéressées de loin ou de près au Programme sino-congolais, ou tout simplement à la politique présidentielle de reconstruction nationale.

Pour être juste et complet, il faut dire aussi que d'autres centres d'intérêt du Programme sino-congolais existent. Mentionnons des acteurs cruciaux que sont le bureau du Premier Ministre et le Ministère des Affaires étrangères (MAE). Au sein de ce dernier fonctionne un comité de suivi du FOCAC (« Forum sur la coopération sino-africaine »). Il se compose de 30 membres, dont cinq du MAE et ceux d'autres Ministères (Plan, Agriculture, Transports, Enseignement primaire et secondaire, Mines, Energie, Enseignement supérieur, PTT), ainsi que d'autres représentants (Banque centrale du Congo, Société nationale d'électricité, Office congolais des Postes et de Télécommunication et Régie de distribution d'eau). Le travail du comité se passe bien, notamment en raison du fait que la Présidence accorde une place prioritaire aux relations sino-congolaises. Tous ces ministères et tous ces services étatiques entretiennent des bonnes relations avec le BCPSC, ou le BCPSC avec eux.

De plus, comme on le sait, les activités chinoises en RDC se concentrent principalement sur les infrastructures et l'extraction des ressources. En conséquence, le Ministère des Infrastructures, Travaux publics et Reconstruction (ITPR) et le Ministère des Mines sont des acteurs essentiels dans le contrat sino-congolais. Le BCPSC, dont la tâche principale est de faire avancer l'exécution des projets, entretient naturellement d'étroites relations avec ces deux ministères.

Le BCPSC vit également en bons termes avec d'autres acteurs impliqués dans le Programme sino-congolais. Il faut citer la JV Minière, la Gécamines qui lui a cédé droits et titres miniers et qui entre dans sa composition, ainsi que, évidemment, l'ACGT et les entrepreneurs chinois. Ces derniers sont les plus fréquents au siège du BCPSC et ceux qui maintiennent un contact permanent avec lui.

Il faut, pour terminer, mentionner l'engouement des gouverneurs de province pour le BCPSC. Pratiquement tous se bousculent auprès du Secrétaire exécutif, pour savoir ce qui est prévu comme réalisations du Programme sino-congolais dans leur entité administrative, ou pour l'inciter à faire quelque chose pour leur entité administrative.

Nous parlons des acteurs congolais impliqués de loin ou de près au Programme sino-congolais. Nous ne pouvons naturellement pas oublier les Chinois, qui sont des partenaires sans lesquels le Projet de Coopération n'existerait pas. Ces Chinois ne manquent pas, eux aussi, une occasion pour nouer le contact avec le BCPSC, au téléphone ou en se rendant à ses bureaux. Ils sont de diverses sortes : des officiels, comme l'Ambassadeur accrédité à Kinshasa ou le Conseiller économique et commerciel de l'Ambassade, ou encore des acteurs sur le terrain des opérations.

Résolument, le BCPSC est au centre du Programme de développement national basé sur l'apport chinois.

Des missions fréquentes en rapport avec les différents projets pour le Secrétaire exécutif et ses collaborateurs

Pour faire avancer la matérialisation des Projets Infrastructures et Mines, ainsi que pallier les carences dans l'exécution de la Convention de Collaboration, les autorités du BCPSC et leurs collaborateurs ont été amenés, depuis début 2009, à accomplir des missions sur les terrains d'opérations des travaux en RDC ou à effectuer des voyages à l'étranger.

C'est naturellement le Secrétaire Exécutif qui a été en 2009 – et sera les années suivantes – l'homme-orchestre, le centre d'impulsion de toutes les activités. Dans l'exercice de ses fonctions, il s'est rendu – et se rendra – de manière fréquente, en Chine, en particulier à Beijing, pour des missions précises, consistant notamment à :

- discuter avec le Ministre du Commerce de Chine et les entreprises chinoises pour la participation de celles-ci dans le capital de la Sicomines ;
- participer aux concertations et à l'évaluation du programme avec les responsables d'Exim Bank, et discuter les modalités de paiement des pas-de-porte en dehors des clauses contenues dans la convention de collaboration ;
- négocier avec la partie chinoise sur un rapport d'étape relatif à l'adaptation de certaines clauses de la Convention de Collaboration pour la rendre compatible aux exigences du programme avec des bailleurs des fonds traditionnels de la RDC ;
- évaluer les projets sino-congolais contenus dans la Convention de Collaboration sur les modalités pratiques de leur réalisation en tenant compte de la réalité du terrain ;
- discuter avec les partenaires chinois sur les titres et droits miniers à transférer à la Sicomines par la Gécamines ;
- rencontrer le Ministre des Affaires étrangères et autres dirigeants chinois pour leur intervention en faveur de la RDC concernant différents problèmes.
- acccomlir divers autres missions.

Parfois, ou souvent, le Secrétaire exécutif du BCPSC a été honoré de faire partie de la délégation qui accompagnait en Chine le chef de l'Etat ou d'autres personnalités du gouvernement.

Accompagnant ou non les plus hautes autorités congolaises (le Président de la République, le Premier ministre, les Ministres), le Secrétaire exécutif ne s'est pas déplacé qu'en Chine. Il s'est rendu également dans les pays du Continent noir où se sont tenus les sommets du « Forum sur la coopération sino-africaine » (FOCAC), ''une plate-forme pour les consultations et dialogues collectifs entre la Chine et les pays amis africains, et dans le cadre de la coopération sud-sud, un mécanisme de coopération pour les pays en développement''[1] :

- à Sharm El Sheik en Egypte, où avait lieu, du 8 au 9 novembre 2009, le 4ème sommet ;

- à Johannesburg, en Afrique du Sud, où, du 3 au 5 décembre 2015, s'était déroulée la sixième rencontre.

Le Programme sino-congolais n'exclut pas que les autorités congolaises s'entendent avec d'autres pays, des partenaires traditionnels ou non, pour les inviter à travailler seuls ou avec les Chinois. C'est pourquoi le Secrétaire exécutif a accueilli certains investisseurs de ces pays, ou s'est rendu directement chez eux pour négocier des projets ou signer des contrats. Ces mouvements deviendront fréquents depuis la promulgation de la Loi du 11 février 2014 sur le Partenariat Public-Privé (PPP), qui confiera au BCPSC la mission de travailler avec tous les partenaires, Chinois et autres.

Par la suite, le BCPSC pour le suivi de toutes les Conventions de Collaboration signées entre la RDC et les partenaires privés

L'importance du BCPSC s'accroîtra au fil des années, au point que, dès février 2014, cette institution étatique se verra octroyer de nouvelles prérogatives qui dépassent le simple cadre du Programme sino-congolais : il va coordonner et suivre toutes les Conventions de Collaboration signées entre la RDC et les partenaires privés. Le BCPSC pilotera ainsi le Partenariat Public-Privé (PPP), et pourra, de cette façon, dialoguer avec les opérateurs nationaux et étrangers non chinois qui cherchent à investir au pays.

La nécessité d'un PPP résulte de la volonté manifeste de la RDC, dans sa politique des « Cinq chantiers », de la mobilisation des fonds importants pour financer le vaste programme de reconstruction et de développement destiné à doter le pays d'infrastructures de base pour le bien-être social de la population. Les infrastructures de base ne sont pas les seules à constituer des domaines créateurs de richesse ; il y a aussi les ressources naturelles, telles que les mines, les hydrocarbures, la forêt et l'eau. Celles-ci visent également les projets connexes,

---

[1] Site du Forum sur la coopération sino-africaine (2009). – Caractéristiques du FOCAC. Accès sur *http://www.focac.org/eng/gylt/ltjj/t157576.htm*

concernant notamment la construction des centrales hydroélectriques, du réseau d'électricité, des infrastructures routières, ferroviaires, etc.

Déjà matérialisée par la Convention de Collaboration du 22 avril 2008, cette volonté de mobiliser les fonds afin de procéder au développement national va s'étendre avec les partenaires non chinois. D'où la loi que, le 11 février 2014, le Président de la République va promulguer, une loi qui crée un nouveau cadre juridique pour la promotion, en RDC, du partenariat public-privé (PPP) dans les domaines fiscal, parafiscal, douanier et de change susceptibles de promouvoir ou de soutenir des projets d'investissements dans les secteurs porteurs de richesses et de développement pour le pays.

La loi sur le PPP précise qu'un décret du Premier Ministre détermine les conditions d'éligibilité et le contenu des conventions de collaboration. Néanmoins les conditions essentielles devant être remplies sont au nombre de cinq, à savoir :

- la valeur des investissements ne doit pas être inférieure à l'équivalent en francs congolais d'un milliard de dollars américains ;
- la prise en charge des clauses sociales et environnementales ;
- la présentation d'une offre sous forme d'un montage financier sur le projet ;
- l'engagement d'assurer le transfert de la technologie ;
- l'engagement de ne recourir à la main d'œuvre étrangère que si les qualifications et compétences ne sont pas disponibles localement.

A l'endroit des entreprises, groupements d'entreprises, sociétés, établissements ou entreprises créées en vertu des conventions de collaboration, qui exécutent la convention de collaboration et les conventions connexes, la Loi prévoit les modalités du régime fiscal, dont les principales définissent :

**Une exonération générale de principe* : le contractant est exonéré des impôts, droits, taxes, et redevances tant au niveau national, provincial que municipal ;

**Un régime d'exonération étendu aux sous-traitants du contractant* ;

**L'exception : la liste d'impositions fixée par la Loi*, des impositions qui font échec au principe général d'exonération. Ainsi, le contractant reste, notamment, soumis aux impositions suivantes :

– la redevance pour les services rendus ;

– l'impôt sur les bénéfices et profits à la fin du remboursement des financements ;

– l'impôt sur les rémunérations du personnel expatrié ;

– l'impôt sur les revenus sur les revenus mobiliers à l'exception de celui frappant les intérêts des capitaux empruntés à des fins professionnels en faveur des tiers prêteurs ;

– la taxe sur la valeur ajoutée, l'impôt professionnel sur les rémunérations, les droits superficiaires, la redevance minière, royalties ;

– les droits d'accises ;

– la marge distribuable ;

– le droit de participation de l'État ;

– les bonus prévus dans les secteurs des hydrocarbures et des mines ;

– le profit oil ;

– les pas de porte ;

– les droits, redevances et taxes des secteurs forestier, de l'eau et de l'électricité ;

– les droits, redevances et taxes du secteur de la télécommunication;

– les droits, redevances et les taxes relatifs à la protection de l'environnement (...).

**L'impôt dû par le contractant-collecteur* : le contractant demeure redevable légal de tous impôts et taxes pour lesquels il n'est que simple collecteur.

**L'assujettissement aux taxes de financement du service public* : le contractant reste assujetti aux redevances et taxes qui contribuent au fonctionnement des administrations et services publics.

**L'exercice d'activités étrangères* : le contractant « retombe » dans le régime fiscal de droit commun, en cas d'exercice d'activités étrangères au projet.

Par ailleurs, l'État garantit aux entreprises, groupement d'entreprises, sociétés ou établissements et à leurs actionnaires, ayant conclu des contrats de collaboration, le libre transfert de revenus et capitaux conformément à la Règlementation de change en vigueur, ainsi que la libre ouverture des comptes bancaires en devises et en monnaie locale à l'intérieur du pays dans les conditions prévues par la loi.

Par la mise en place des mécanismes innovants consacrés par la loi sur le PPP, la RDC espère ainsi attirer des investissements conséquents aux fins de la réalisation de son programme de reconstruction et de développement dont les atouts pour l'émergence à l'horizon 2030 sont nombreux et à portée de main. Il est à noter que ce nouveau régime des investissements s'insère dans un vaste processus de réforme du cadre législatif et réglementaire des mines, des hydrocarbures, de l'agriculture, de l'électricité et des assurances.

En son article 29, cette loi du 11 février 2014 attribue au BCPSC le pouvoir d'assurer ''le suivi de la mise en œuvre des conventions de collaboration signées entre la République Démocratique du Congo et les partenaires privés'', en attendant la création de l'établissement public visé à l'article 13, qui stipule que ''le pilotage, la coordination et le suivi des conventions de collaboration sont assurés par un établissement public. Un décret du Premier ministre délibéré en Conseil des ministres en fixe l'organisation et le fonctionnement.''

En juillet 2017, il sera produit un avenant, dit « *Avenant n° 4* à la Convention de Collaboration relative au développement d'un Projet Minier et d'un Projet d'Infrastructures en République Démocratique du Congo du 22 avril 2008 ». Cet avenant, en son article 3, confie précisément au « Bureau de Coordination et de Suivi du Programme Sino-Congolais » (BCPSC) les rôles initialement définis pour le « Comité de Pilotage et de Coordination », modifiant ainsi l'article 16 de la Convention de Collaboration du 22 avril 2008 (où l'expression *comité multisectoriel, ou « Comité de Pilotage et de Coordination »*, s'effacera devant l'expression *« Bureau de Coordination et de Suivi du Programme Sino-Congolais », BCPSC en sigle, dénommé « Bureau de Coordination »*).

Jusqu'à ce jour, cet établissement public, appelé *« Bureau de Coordination »* et censé piloter le Partenariat Public-Privé (PPP) défini par la loi de février 2014, n'est toujours pas créé, mais le BCPSC né en 2008 anticipe pour jouer le rôle qui lui sera dévolu.

Difficultés rencontrées par le BCPSC dans son fonctionnement

Dans son fonctionnement, le BCPSC avait, dès le début, éprouvé d'énormes difficultés, en l'occurrence :

1° l'inadéquation des textes portant son fonctionnement et son organisation à la réalité sur terrain ;

2° la collision permanente avec l'ACGT, dans l'exercice de ses prérogatives, corollaire au premier point ;

3° la difficulté de budgétisation de ses ressources compte tenu de la non-libération de celles émanant des dotations budgétaires d'une part et de l'irrégularité de la mise à disposition des quotités sur différents frais conformément aux prescrits des contrats ;

4° l'exiguïté de ses installations empêchant un déploiement rationnel des ressources humaines ;

5° la méconnaissance par la plupart des services de l'existence du BCPSC et de son rôle dans la mise en œuvre du programme sino-congolais ;

6° l'incapacité de la convocation du comité interministériel suite aux problèmes de préséance causés par l'obsolescence des textes en vigueur à l'époque.

Les difficultés 1° et 2°, qui concernent les rôles de deux services publics commis au Programme sino-congolais, seront aplanies en admettant, de manière provisoire ou définitive, que ***le BCPSC est l'organe qui coordonne toutes les activités liées à l'infrastructure et aux mines***, tandis que ***l'ACGT est l'administration contractante des projets d'infrastructure***.

La difficulté 6°, notée au fil des années et concernant le non fonctionnement comité interministériel, sera résolue en supprimant carrément cet organe et en transférant ses prérogatives au « Bureau de Coordination et de Suivi du Programme Sino-Congolais ».

En conclusion, l'on peut dire que le BCPSC, qui voit le jour quatre mois après la signature de la Convention de Collaboration sino-congolaise, s'élabore véritablement au début de l'année 2009 dans un contexte macroéconomique défavorable pour le monde et la RDC. Dans ce cas, il lui était difficile, en 2009, de se constituer en entreprise performante et de jouer pleinement son rôle de « pilotage » du programme sino-congolais. Il n'amorcera son rythme de « croisière » que vers la fin de l'année et s'affirmera pendant les années suivantes.

Mais il nous faut revenir sur la Convention de Collaboration, lorsqu'elle est reçue par les Congolais et les différents partenaires étrangers. Une Convention qui essuie des critiques, auxquelles doivent répondre les autorités, dont celles du BCPSC.

3

La Convention de Collaboration critiquée. Réponses congolaises et chinoises

LES DIFFERENTES CRITIQUES

Le contrat que la RDC signe avec la Chine le 17 septembre 2007 et qui se formalise dans la Convention de Collaboration du 22 avril 2008 est, à l'époque, vivement critiqué, à l'intérieur par l'opposition politique, et à l'extérieur par les partenaires occidentaux.

Tous ont voulu connaître les dessous de ce nouveau modèle d'aide au développement qu'expérimente la RDC, pays post-conflit, en proie aux difficultés financières inextricables pour éponger sa dette extérieure, rétablir l'autorité de l'Etat, remettre son administration en marche, reconstruire ses infrastructures détruites par des guerres, des rébellions et des pillages. Selon les Occidentaux, les Congolais ont tout simplement été abusés par les Chinois.

La nette hostilité de l'Occident

Dès que le Protocole d'accord du 17 septembre 2007 fut connu, il y eut un grand tollé en Occident. Le sentiment quasi-unanime était : ''Les Chinois vont nous voler « notre Congo » !''. C'est ce qu'exprime la journaliste française Marie-Françoise Cros[1] :

''Le contenu de l'accord avait soulevé une série de protestations chez les Occidentaux, soit dans les milieux d'affaires, où l'on craignait que les Chinois ne mettent la main sur toutes les richesses congolaises ; soit dans les milieux politiques, où l'on s'indignait de ce que Pékin coupe ainsi l'herbe sous le pied de ceux qui conditionnaient l'aide à Kinshasa à une diminution de la corruption et une amélioration des droits de l'homme ; soit dans les milieux d'aide au

---

[1] M.-F. Cros, « RDC : Le contrat chinois est modifié », in *La Libre Belgique*, 16 novembre 2009.

développement, où l'on considérait le contrat comme léonin pour le Congo.''

François Kabasele abonde dans le même sens, lorsqu'il donne les raisons du mécontentement de l'Occident à la signature du contrat sino-congolais[1] :

''Le Congo n'est pas n'importe quel pays. Nous-mêmes répétons à longueur des journées que notre pays est un scandale géologique, mais souvent nous n'avons pas une idée précise de ce que ce « scandale » vaut en termes de dollars. Le journal *New African* a publié au mois d'avril de l'année passée, sous le titre « The curse of coltan » (La ruée vers le coltan), les conclusions troublantes d'une enquête menée par Valérie Noury, après recoupement avec bien d'autres études sur le sujet : « la richesse minérale non exploitée de la RDC est estimée à 24.000 milliards de dollars américains d'aujourd'hui » ! Soit une valeur correspondant au produit intérieur brut (PIB) de toute l'Europe et les Etats-Unis d'Amérique combinée ! Dans l'esprit de l'Occident, il ne sera jamais question de laisser n'importe qui faire main basse sur pareil pactole.''

C'est aussi l'opinion de la journaliste belge Colette Braeckman, qui écrit[2] :

''Les « amis » traditionnels de la RDC – qui, comme la Belgique et la France, s'étaient fortement engagés pour mettre fin à la guerre (d'agression de 1998) et convaincre la « communauté internationale » de soutenir financièrement l'organisation des élections – éprouvèrent le sentiment très net, et teinté d'amertume, que les réserves de matières premières congolaises allaient changer de mains pour servir au développement économique de la Chine et d'autres pays émergents comme l'Inde, la Corée du Sud ou encore le Brésil, impliqué dans l'exploration pétrolière. Parmi les ressources en jeu se trouvent des minerais rares ou stratégiques comme l'uranium, le niobium, le coltan (ou colombo-tantalite) et le cobalt, sans oublier le pétrole récemment découvert.''

---

[1] F. Kabasele, « Les contrats sino-congolais du 17 septembre 2007, contrats léonins ou contrat du siècle », *DIA/MMC*, Kinshasa, 22/09/2011.
[2] *Le Monde Diplomatique*, septembre 2009.

George Forrest, un puissant homme d'affaires belge opérant en RDC, exprime brutalement, mais clairement, cette amertume éprouvée par certains Occidentaux[1] :

''Si on les laisse faire, ils vont nous évincer d'Afrique. Les Occidentaux parlent de bonne gouvernance, imposent des conditions impossibles à leur aide au développement. Les Chinois sont moins regardants et nous taillent des croupières.''

C'est peut-être pour cette raison, qu'au début de l'année 2009, le FMI va tenter de bloquer l'application du contrat sino-congolais, en arguant que la RDC ne pouvait pas conclure de nouvel arrangement avec un créancier préférentiel privilégié alors qu'elle n'avait pas encore réglé sa dette extérieure de 11 milliards de dollars. Pour y parvenir, le FMI va s'attaquer à ce qui paraît être le talon d'Achille de ce contrat, à savoir la « garantie de l'Etat » !

Pour le FMI et les partenaires occidentaux, le contrat sino-congolais signifie un (re)endettement de l'Etat

Contrairement aux opposants congolais qui parlent le plus souvent d'un contrat léonin, le Fonds Monétaire international (FMI) et la Banque Mondiale, bailleurs des fonds traditionnels, sans doute pour ne pas froisser l'Etat congolais, ont trouvé deux arguments pour combattre le contrat sino-congolais.

Le premier, ce sont, soutiennent-ils alors, les dérapages en matière de dépenses militaires. Celles-ci ont augmenté en 2008 à cause de la guerre menée dans l'Est du pays, des opérations de désarmement des rebelles des Forces démocratiques pour la libération du Rwanda (FDLR) et finalement, de l'intégration des militaires du Conseil national pour la paix et le développement (CNDP) au sein des forces gouvernementales. Sur ce point, la Belgique fait observer qu'on ne pouvait à la fois inciter le Congo à désarmer les FDLR et à intégrer les groupes armés, et le pénaliser pour le coût de ces opérations.

L'autre point litigieux, sans doute le plus déterminant, est beaucoup plus sensible ; il concerne l'atteinte du point d'achèvement de l'initiative « pays pauvre très endetté » (PPTE), un objet poursuivi

[1] Dans une interview au quotidien français *Le Monde*, 25 mars 2008.

avec détermination par l'Etat congolais et encouragé par le FMI et la BM. Or, du point de vue de ces bailleurs des fonds, le gouvernement congolais s'est engagé sur deux projets qui leur paraissent inconciliables, puisque contradictoires : permettre au pays d'atteindre enfin le « point d'achèvement », qui signifiera un allègement substantiel du paiement des intérêts de la dette et accepter les « contrats chinois », essentiels pour le développement des infrastructures (routes, hôpitaux, écoles, logements sociaux) et le démarrage des « cinq chantiers » de la reconstruction.

Sur le plan technique, en dépit de la crise financière et de la chute des prix des matières premières, le Congo estime qu'en juin 2009, il aura rempli les conditions requises pour que ses principaux créanciers consentent à effacer une partie substantielle de la dette, soit 6,3 milliards de dollars. Le service de cette dette absorbe chaque mois quelque 40 millions de dollars, une ponction qui freine le financement des secteurs sociaux (santé et éducation) et celui de la sécurité. Les Occidentaux, y compris la Belgique, estiment qu'on ne peut consentir un allègement substantiel de la dette congolaise alors que, dans le même temps, Kinshasa se rendetterait auprès de la Chine, en accordant la garantie de l'Etat au contrat passé avec les sociétés chargées de réaliser les travaux d'infrastructures. Autrement dit, l'argument consiste à dire que la « garantie » par l'Etat congolais de l'emprunt de la société de joint-venture minière créée pour l'occasion (et détenue à 68 % par des entreprises chinoises et à 32 % par la société publique congolaise Gécamines) signifie que la RDC contracte de nouvelles dettes auprès de la Chine alors que les Occidentaux envisagent d'effacer son ardoise.

C'est donc, pour les bailleurs de Washington, la garantie d'Etat dans le contrat sino-congolais qui poserait le plus problème. Le fait que l'Etat congolais garantit le crédit de la China Exim Bank, signifie que le contrat doit être considéré comme une dette nationale.

En RDC, c'est sur un autre type d'argument que les opposants vont s'attarder pour attaquer la Convention de Collaboration : celle-ci serait tout simplement un contrat « léonin » !

L'opposition parlementaire : "Le contrat sino-congolais est léonin ; il faut le renégocier !"

Aussitôt la Convention de Collaboration signée, elle fut vivement attaquée par les députés de l'opposition. Les critiques les plus acerbes furent entendues au Palais du Peuple, le siège du Parlement, le vendredi 9 mai 2008. Le quotidien kinois *Le Potentiel* du lendemain rapporte l'atmosphère qui fut notée dans la salle des Congrès :

"Une scène surréaliste ! La ferveur s'est substituée, vendredi à la passion qui caractérise généralement les séances de l'Assemblée nationale consacrées à l'audition des membres du gouvernement sur des questions d'actualité. L'explication : la lumière attendue des délégués de l'Exécutif sur les contrats miniers engageant la RDC et la Chine dans une aventure multisectorielle aux contours demeurés flous. Rappelons que la nature des contrats controversés ainsi que le contexte international entourant ce dealer en ont fait un mystère. Mystère dont la communauté tant nationale qu'internationale cherchait à percer le secret. Y parviendra-t-on après l'ouverture du débat parlementaire ? La République y gagnerait. Transparence oblige. L'heure est grave. La souveraineté de la RDC remise en cause. Les contrats signés entre la RDC et la Chine paraissent flous. Le Congo est le plus grand perdant dans ce dossier.

C'est ce qu'ont dénoncé plusieurs députés de l'Opposition intervenant au cours de la plénière, hier vendredi 9 mai 2008, dans la salle de Congrès. C'est pourquoi, le ministre des Travaux publics et Infrastructures (TPI) qui a signé ces contrats, pour la partie congolaise, était convié à éclairer la lanterne de la députation nationale sur ce dossier combien brûlant…

Les députés du Mouvement de Libération du Congo (MLC) ont développé des arguments massues qui ont imposé un silence de cimetière dans la salle des Congrès du Palais du peuple."

Et *Le Potentiel* cite les quelques interventions parmi les plus marquantes. Celle d'abord qui ouvre le débat, venue de François Mwamba, président du Groupe Parlementaire et secrétaire général du Mouvement de libération du Congo (MLC). Au nom de son parti, le député, sans détours, a rejeté tous les contrats que la RDC a signés avec le Groupement d'entreprises chinoises dans leur formulation actuelle et a fustigé la Convention qui entérine tous ces accords.

D'après lui, la coopération avec la Chine est floue. "Comment comprendre que pour 4 km de route qui coûteraient 7.000.000 USD d'après le devis confidentiel de nos ingénieurs, les Chinois exigent 17.000.000 USD''. Dans ces conditions, ''qui aide qui ?'', s'est interrogé François Mwamba. Avant de déplorer le fait que sur 100 % de la production, ''les amis qui viennent les mains vides doivent gagner 68 % tandis que 32 % reviennent à la RDC.''

Il faut, termine Mwamba, renégocier le contrat sino-congolais. Conclusion approuvée par Delly Sessanga, président de la Commission Politique et administrative de l'Assemblée nationale. Pour lui, cet accord n'est qu'un contrat léonin ! Et le ministre des TPI qui l'a signé n'avait pas qualité d'engager le pays à ce niveau-là !

Le timide soutien de la majorité parlementaire : ''Il n'existe pas de contrat parfait !''

L'on retient que les parlementaires de l'opposition ne demandent pas l'abandon, mais seulement la renégociation du contrat sino-congolais.

L'offensive du groupe parlementaire de l'opposition, appuyée par des arguments plus ou moins crédibles qui rencontrent ceux du FMI, va impressionner les députés de la majorité parlementaire, qui ne trouveront presque pas d'arguments étayés pour défendre totalement le protocole d'accord sino-congolais. *Le Potentiel*[1] écrit :

''Curieusement, dans le camp du PPRD et de l'AMP, tous les gros calibres connus se sont abstenus de prendre la parole. On dirait qu'ils étaient tous convaincus par le discours de MLC François Mwamba et Delly Sessanga, qui exigent la renégociation desdits contrats.

Nul n'ignore que, chaque fois qu'il y a débat sur un sujet d'actualité, si Delly Sessanga, Thomas Luhaka, Lucien Busa et François Mwamba de l'Opposition prennent la parole, la majorité réplique toujours à travers notamment Boris Mboku Laka, Aubain Minaku, Mwenze, Alexis Thambwe Mwamba et pourquoi pas Théophile Mbemba. Ce n'en était pas le cas hier.''

Tout au plus, ces ténors de la majorité vont soutenir, en public ou en privé, que ce contrat, pour être accepté par tous, peut subir quelque

[1] *Le Potentiel*, Kinshasa, 10 mai 2008.

« toilettage ». Position exprimée par Evariste Boshab, secrétaire général du PPRD, le parti le plus important de la majorité parlementaire. Pour lui, sur cette terre des hommes, il n'existe pas de contrat parfait en droit, il y a toujours à dire sinon à redire tant et si bien que la plus grande prudence serait de ne jamais conclure pour ne pas être floué... Mais il faut toujours conclure, en essayant de tirer le maximum que l'on peut...

Pour appuyer cette attitude de prudence, Boshab rappelle que le contrat sous analyse n'est pas le premier du genre :

''Lorsque la RDC, à l'époque Zaïre, avait cédé la Sominki à un groupe canadien, pour créer la Sakima, notre pays n'a eu droit qu'à 7% du capital. Si l'on n'accède pas à la logique de ce genre de contrat, on peut s'en offusquer et crier au scandale, pourtant, il n'en est rien, car il faut tenir compte des trois paramètres.

Il s'agit des réserves géologiques qui constituent une denrée aléatoire qui peut à tout moment être contredite dans l'exploitation effective ; la deuxième contrainte c'est le temps en ce que les prix des métaux oscillent entre la hausse et la baisse. C'est donc un risque que prend tout investisseur. Et la troisième contrainte porte sur les conditions de génie civil particulièrement difficiles dans notre pays où il y a souvent glissement des terrains et éboulement.''

Et Evariste Boshab tire la conclusion qui lui paraît logique :

''Dans la vie d'une nation et même dans sa survie, la décision de mise en place des infrastructures pour permettre le décollage économique et social ne se prend pas deux fois. On la prend une seule fois quitte à pouvoir apporter des correctifs sinon les adaptations en raison des impondérables... Pour une fois que notre pays vient de prendre cette décision, nous avons le devoir d'offrir aux générations à venir les conditions meilleures par rapport aux nôtres.

Saisissons cette occasion pour que notre pays prenne date avec l'humanité. Certes, il y a des inquiétudes, mais celles-ci sont mineures par rapport aux avantages attendus par toute la nation''.

Recommandations de l'Assemblée Nationale

Les réactions vives et désagréables suscitées par les contrats sino-congolais dans les capitales occidentales ainsi que dans l'opinion nationale congolaise vont être canalisées par l'Assemblée nationale.

Dans ce sanctuaire, les élus du peuple vont prendre acte de la Convention de Collaboration signée entre les entreprises chinoises et le gouvernement congolais, moyennant plusieurs recommandations.

L'Opposition ne rejetait pas le deal sino-congolais, mais exigeait plutôt sa renégociation, et c'est cela que sous-entendent les recommandations formulées par l'Assemblée nationale. Ces recommandations sont[1] :

1. indiquer clairement la valeur des infrastructures à construire ;
2. respecter les standards internationaux de coûts ;
3. évaluer clairement la valeur des gisements de la Gécamines cédés dans le cadre de la Convention ;
4. définir clairement les avantages de la Gécamines découlant de son apport à la joint-venture ;
5. revoir les réalisations pour la ville de Kolwezi où seront exploités les principaux minerais ;
6. retirer de l'actionnariat la personne physique de Gilbert Kalamba, en faveur de la société Kisenge Manganèse ;
7. s'assurer que les termes de la Convention sont conformes à la Constitution et aux lois congolaises, notamment le code minier ;
8. définir un chronogramme ou feuille de route des travaux ;
9. respecter les législations congolaises en matière de passation des marchés et de sous-traitance ;
10. recourir aux instances internationales d'arbitrage au lieu du droit chinois.

REPONSES DE MOISE EKANGA ET DES PARTENAIRES CHINOIS AUX CRITIQUES

Pour contrecarrer les nombreuses critiques venues de l'opposition congolaise et surtout du monde politique et financier occidental, la meilleure manière consisterait à répondre à ces quelques questions :

- Dans quel contexte ce contrat a-t-il été signé ?
- Quelle est la philosophie de cet accord ?

[1] « Contrats chinois : Voici les recommandations faites au gouvernement », *Le Phare*, 14 mai 2008.

- Pourquoi les Occidentaux sont-ils hostiles à ce contrat ?
- Qui gagne et qui perd ?
- S'agit-il d'un contrat léonin ?

Les réponses à ces quelques questions sont contenues dans la plaidoirie des autorités de l'Etat, lesquelles vont défendre bec et ongle les accords qu'elles ont négocié avec les Chinois. Ces réponses sont naturellement à l'opposé des adversaires de ces accords. Nous retenons celles de Moïse Ekanga.

La Chine offre échéances de remboursement et taux d'intérêt exceptionnels et extrêmement concessionnels

En signant un contrat avec les Chinois, les Congolais ont été séduits par quelques avantages qu'ils ne trouvaient pas auparavant chez les partenaires traditionnels.

Il faut d'abord savoir que, concernant les obligations des parties, la partie chinoise s'engage à financer la Gécamines sans intérêt, à concurrence de 30 % de sa participation au capital de la Sicomines, à valoir sur ses dividendes. Elle devrait verser en outre à la Gécamines un montant de 350 millions USD à titre de pas-de-porte, de même qu'elle accepte de prêter à cette dernière 50 millions USD en équipements, sans intérêt, remboursables sur les dividendes.

Il faut ensuite souligner que les Chinois acceptent que, dans chacun des projets, 1 % du coût total devrait être utilisé pour financer le social dans les régions minières, 3 % pour couvrir les coûts environnementaux et 10 à 12 % des travaux effectués devraient être sous-traités à des sociétés congolaises.

Il faut remarquer également et surtout que le préfinancement chinois est un prêt sur 30 ans au taux de 0,25 % assuré par la banque d'Etat China Exim Bank. Cela montre que les échéances de remboursement et le taux d'intérêt offerts par la Chine sont exceptionnels et extrêmement concessionnels. L'on peut noter à cet effet que le taux d'intérêt lié aux contrats miniers signés par la Gécamines avec les firmes occidentales varie entre 15 et 20 % l'an.

Le remboursement du prêt chinois est garanti, on le sait, par la constitution d'une joint venture, la Sicomines, détenue à 68 % par des entreprises chinoises, à 32 % par la société publique congolaise, Gécamines. La Gécamines apporte les titres miniers sur ses concessions et les sociétés chinoises apportent le financement pour une exploitation du cuivre, du cobalt et de l'or au Katanga. Ce n'est pas une partie, mais les deux (chinoise et congolaise) qui rembourseront le prêt, puisqu'elles se retrouvent dans la Sicomines, dont les profits seront utilisés pour rembourser ces investissements en priorité. La Sicomines exploitera environ 10 millions de tonnes de cuivre brut d'où sortiront 6,5 millions de tonnes de cuivre raffiné, 200.000 tonnes de cobalt, 372 tonnes d'or.

C'est dans ce sens que François Kabasele écrit[1] :

''Il faut se rappeler que c'est au terme de 20 ans de production, à raison d'environ 500 000 tonnes de minerais produits par an, que ce chiffre d'affaires pourrait être réalisé. Si dans l'entre-temps le cours de ces minerais augmentait très sensiblement, la Chine et la RDC feraient une meilleure affaire ensemble. Pour la Chine ce serait une juste récompense des risques qu'elle a pris car personne d'autre avant elle n'a tiré profit d'un investissement massif et à long terme dans ce pays (nous avons tendance à l'oublier). Que l'on se rappelle également que le chiffre d'affaires n'est pas à confondre avec le bénéfice. Etant donné que dans ce secteur minier les coûts de production sont souvent évalués à 60 %, la Chine et la RDC se partageront en réalité un profit de 24,1 milliards USD à raison de 16,4 milliards pour la Chine et 7,7 pour la RDC.''

En optant pour l'investissement chinois, les Congolais ont aussi aimé le fait que les accords conclus précisent que les Chinois livrent à la RDC les ouvrages réalisés clés en main. Les Chinois s'engagent avec les partenaires dans les affaires et, par conséquent, refusent de s'ingérer dans la politique intérieure du pays hôte. Ils savent que chaque peuple a ses problèmes et que lui seul parviendra à les surmonter. Lui donner les leçons n'entre pas dans la mentalité chinoise. Là où les Occidentaux assujettissent leur aide ou leur investissement à l'orientation politique qui n'est pas la leur, les Chinois travaillent sans état d'âme. Peut-on leur reprocher cette attitude ? Trop de conditions politiques tuent assurément les affaires. Trop de critères « scientifiques » également qui font qu'un tel pays ne peut pas bénéficier ou mériter de l'aide financière d'un pays nanti. Ainsi, un pays sans argent ou sans capacité de remboursement doit être exclu de la marche vers le développement. La Chine ne le pense

[1] F. Kabasele, ''Les contrats sino-congolais du 17 septembre 2007, contrats léonins ou contrat du siècle ?'', *DIA-MMC*, Kinshasa, 22/09/2011.

pas. Elle doit trouver la parade. Pour beaucoup de pays africains, la parade est que ceux-ci mettent à profit leurs ressources naturelles pour financer le développement ou pour rembourser les prêts. Le contrat qui s'ensuit relève du « troc » : dans le cas de la RDC, minerais contre travaux d'infrastructure. Ce mode financement présente l'avantage de laisser très peu de place à la corruption et au détournement des fonds. Cet aspect constitue un atout et non un inconvénient, car il est plus adapté aux réalités de gestion des pays africains.

L'on peut également évoquer une autre raison, et non la moindre, qui justifie l'option congolaise pour l'investissement chinois : les ouvrages construits par les Chinois ont un rapport qualité/prix. En effet, quand les entreprises chinoises sont mises en compétition avec les autres, que ce soit en Angola, au Cameroun, en Tanzanie ou en RDC, elles ont tendance à rafler tous les marchés. Car, sur le plan de la qualité, leurs soumissions sont très compétitives, et en ce qui concerne le prix, elles sont quasi imbattables. En effet, l'ouvrier qualifié chinois ne coûte pas si cher : autant ou même moins cher que son homologue congolais, car il ne gagne que 1 USD par jour, en dehors de l'hébergement et la nourriture qui sont à charge de l'employeur ; de même, un ingénieur chinois travaillant sur les chantiers congolais ne touche que 130 USD le mois (selon le *Centre for chinese studies, China's Interest and Activity in Africa's Construction and Infrastructure Sector*).

En dépit de ces avantages que les Congolais ont pu trouver en décidant d'avoir conclu avec la Chine une Convention de Collaboration, les bailleurs de fonds occidentaux, à travers le FMI, ne peuvent admettre l'investissement chinois qui, selon eux, constituent une dette, laquelle viendrait alourdir celle que la RDC a déjà contractée auprès d'eux et qu'elle peine à payer. C'est contre cet argument que Congolais et Chinois vont en guerre.

"L'Etat ne reprendra la dette que si le projet d'exploitation minière remboursant le prêt échoue"

La position du FMI, qui parle d'un nouvel endettement de la RDC, est battue en brèche par Moïse Ekanga, qui, exprimant la position du Gouvernement congolais, tente de démontrer que, sur le plan technique, le contrat sino-congolais ne peut être assimilé à une dette publique, puisqu'il est couvert par le gisement minier[1] :

''L'Etat ne devra reprendre la dette que si le projet d'exploitation minière, qui rembourse le prêt, échoue. Celle-ci est couverte par le gisement minier concédé…

Partout dans le monde il y a des risques. Est-ce à dire que nous ne resterons pas fidèles au contrat ? Non. Le risque est tout à fait réduit.

Le Congo a également accepté une plus longue échéance sur le crédit, qui améliore les conditions de remboursement afin de répondre à la demande du FMI.

Les entreprises chinoises ont déjà commencé à s'investir dans l'infrastructure à plus de 300 millions USD. Un autre contrat de 400 millions USD dans le développement est actuellement à l'étude.

Sicomines, la joint-venture minière dans laquelle la RDC détient 32 % de part, va finaliser ses études géologiques à la fin de l'année.''

Sur ce dernier point, les détracteurs du contrat sino-congolais affirment que celui-ci est un contrat léonin, c'est-à-dire un contrat dont la « part du lion » revient à une seule entité, ici à la partie chinoise. C'est déjà à la signature du méga-contrat du 17 septembre 2007 et encore aujourd'hui, que, nous l'avons vu, certaines voix, provenant notamment de l'opposition parlementaire, se sont levées pour dénoncer ce contrat qui ne profiterait qu'à la Chine.

''Ce partenariat n'est pas uniquement profitable aux Chinois, et nous ne nous faisons pas « spolier »''

Le contrat sino-congolais est-il vraiment *léonin* ? Oui, acquiescent certains le plus sérieusement du monde. Comme Guilain Babs, qui affirme que le contrat ne serait pas léonin si l'Etat congolais participait au capital avec au moins 40 % des parts[2] :

''La participation de la Gécamines au capital avec 32 % et celle du Groupe d'entreprises chinoises avec 68 % ne s'accordent pas avec l'article 2 de la loi n°77-027 du 17 Novembre 1997 portant mesures générales de rétrocession des biens zaïrianisés ou radicalisés qui exige

[1] Agence britannique *Bloomberg*, 2 juin 2009.

[2] Guilain Babs, « Quelques considérations juridiques sur le deal sino-congolais », *business-et-finances.com*, 29 avril 2015.

que pour toute entreprise exerçant ses activités en République Démocratique du Congo, la part détenue par les personnes physiques ou morales étrangères ne peut excéder 60 % du capital, le reste des parts devant revenir aux Congolais à 40 % ou plus. Ce qui entraine que, du point de vue de l'orthodoxie juridique, le contrat de société SICOMINES Joint-venture serait illégal et donc ne saurait ressortir ses effets juridiques. Néanmoins, le non-respect de cette règle dans plusieurs contrats de société depuis maintenant plusieurs années devrait plutôt conduire à la conclusion que cette disposition légale est devenue désuète.''

La désuétude de cette loi du 17 novembre 1997 a sans doute également été constatée par les gouvernements pos-mobutistes, ou du moins par le Ministre des Infrastructures, Travaux Publics et Reconstruction ayant signé la Convention de Collaboration, puisque, dans son allocution devant l'Assemblée Nationale en date du 9 Mai 2008, il souligne le fait que "Le taux de participation de la Gécamines au capital social de la JV minière est le plus élevé de toutes les autres conventions, soit 32 % contre une autre tranche allant de 7 à 25 %".

Guilain Bats, qui mentionne cette intervention du Ministre, s'attaque à deux autres aspects du contrat qui le feraient léonin, ou « illégal » :

''Mieux encore, l'invalidité du contrat Sicomines Joint-venture partant de ce grief ne saurait être invoquée en cas de différend entre les parties à cause de l'internationalisation du contrat. En soumettant leur différend à la compétence du CIRDI (Centre international pour le règlement des différends relatif aux investissements), les parties ont entendu soustraire les contrats ''chinois'' de la juridiction du juge national. (…). La même remarque vaut pour le point de vue selon lequel la Convention serait nulle du fait de l'absence du contreseing de tous les ministres concernés ainsi qu'alternativement de la délégation de pouvoir de ceux-ci à un de leurs collègues, tels que prescrit par l'ordonnance-loi n° 07/018 du 16 mai 2007 (...).''

Le gouvernement congolais ne nie pas le fait du partage inégal (et « illégal » ?) « 32 – 68 ». Mais il soutient que le contrat sino-congolais n'est nullement léonin. En effet, s'il est vrai que la SICOMINES s'établit sur une base inégale de 32 % pour la Gécamines et 68 % pour le groupement d'entreprises chinoises (plus que la plupart des contrats passés avec les sociétés occidentales), la RDC, longtemps laissée pour compte par l'Occident, devrait beaucoup gagner dans sa collaboration avec la Chine. Notamment, les ressources du pays seront mises en exploitation au lieu d'être dilapidées, bradées sauvagement ou gardées en réserve pour les générations futures, mais les infrastructures réalisées seront mises au service de tous les secteurs d'activité et devraient améliorer la vie de tous les Congolais…

Ainsi donc, en signant le mégacontrat avec les Chinois, la RDC ne se serait pas fait spolier par eux ; l'accord profiterait au contraire aux deux parties. Ce serait donc effectivement un accord « gagnant-gagnant ». Moïse Ekanga, Secrétaire exécutif du BCPSC, répond à ceux qui prétendent que l'accord sino-congolais est un contrat léonin ; il explique pourquoi il ne peut l'être[1] :

''Le partenariat [Chine-RDC] est un partenariat comme tous les autres. Avec les anciens partenaires, la part revenant à la Gécamines était comprise entre 7 et 25 %, tandis que cette part s'élève à 32 % avec les Chinois, ce qui représente pour nous une grande première.

De plus, pour les réserves de 10 millions de tonnes de gisements de cuivre, le « pas-de-porte » prévu pour la Gécamines est de 350 millions de dollars à raison de 35 dollars la tonne, alors que cette tonne rapportait à peine 10 dollars avec les autres partenariats. Et lorsque l'on tente de réviser les contrats miniers avec les entreprises autres que chinoises, elles ne se montrent pas prêtes à payer plus de 20 dollars la tonne. Donc ce partenariat n'est pas uniquement profitable aux Chinois, et nous ne nous faisons pas « spolier ».

Deuxième chose, lorsque les gens se mettent en association, les bénéfices nets sont généralement divisés en termes de dividendes entre les actionnaires. Or dans ce cas-là, nous réservons 66 % des bénéfices nets au remboursement des investissements réalisés dans les infrastructures et dans les projets miniers, et sur les 34 % restant, la Gécamines en récupère 32 % et les entreprises chinoises se répartissent les autres 68 % sans obtenir de contrepartie.''

Voilà donc pour la défense de la Convention de Collaboration RDC-Chine, assurée par Moïse Ekanga, qui dirige le « Bureau de Coordination et de Suivi du Programme Sino-Congolais ».

Un point de vue partagé par les Chinois.

[1] *Le Potentiel*, 16 septembre 2010.

Wu Zexian : "Le FMI est de mauvaise foi. A Beijing, il nous a dissuadé de nous entendre avec la RDC !"

« Malmenée » par le FMI, la RDC ne sera secourue que par son alliée, la Chine. En effet, ainsi que le rapporte Colette Braeckman[1], l'ambassadeur de Chine à Kinshasa, Wu Zexian, prend nettement la défense de la position congolaise, en niant également, et de manière catégorique, l'idée d'un (re)endettement de la RDC :

''Nous avons évité, dès le début, une situation qui pouvait mener à une augmentation de la dette. Et donc il n'y a plus de discussion possible. Le FMI doit trouver de nouveaux éléments, et ce n'est pas notre travail de les trouver. Nous, nous travaillons à aider le Congo, nous ne sommes pas de ceux qui créent les problèmes.''

L'ambassadeur réfute également que la garantie des projets d'infrastructure par les réserves minérales puisse constituer une dette extérieure. Il insiste sur le fait que les entreprises chinoises ont déjà commencé à travailler sur trois routes et un hôpital, sans attendre que l'exploitation minière soit effective, ou que l'Etat congolais ne commence à rembourser quoi que ce soit.

''Nous n'avons demandé qu'une seule garantie : que l'Etat, au cas où les gisements existants ne permettraient pas de tenir les engagements, nous autorise à réaliser de nouvelles prospections. Les risques seraient pris par la banque d'Etat China Exim Bank, et par elle seule...
De toute façon, même si les mines ne suffisent pas, le Congo a d'autres ressources à proposer dans ces accords de troc, de la terre par exemple...''

Selon le diplomate chinois, la garantie de l'Etat, présentée comme un nouvel endettement, n'interviendrait donc qu'en troisième position. Pour lui, le Club de Paris, à travers les institutions de Breton Woods, dont le FMI, en tentant de bloquer les contrats sino-congolais, veut faire croire que la RDC ne pouvait pas conclure de nouvel arrangement avec un créancier préférentiel privilégié alors qu'elle devait encore à des créanciers de l'Ouest 11,5 milliards de dollars. La vérité serait tout autre : en s'attaquant au talon d'Achille de ces accords, la "garantie de l'Etat", le FMI ne vise qu'un objectif, celui d'amener la Chine à se retirer de la scène économique africaine en général et congolaise en particulier. Wu Zexian a beau expliquer que

[1] C. Braeckman, dans *Le Monde Diplomatique* du mois de septembre 2009.

“l’Etat congolais n’est nullement tenu de rembourser le moindre sou en cas de difficulté” mais simplement de proposer des alternatives, son discours ne convainc les milieux hostiles au Projet de coopération sino-congolais …

Sans langue de bois, l’ambassadeur dénonce l’ambigüité de l’attitude du monde occidental ; l’Occident, révèle-t-il, accepte bien de commercer avec la Chine mais en même temps veut empêcher que celle-ci fasse les affaires avec l’Afrique :

‘‘Le FMI est de mauvaise foi. Ses représentants se sont même déplacés à Beijing pour nous dissuader de nous entendre avec la RDC. Et cela alors que la Chine est sollicitée pour engager des milliards de dollars dans le refinancement du FMI lui-même...’’

Ce qui montre, suggère le diplomate, que la Chine n’est nullement un pays agressif comme veulent le faire croire les Occidentaux ; au contraire, elle veut être amie avec tout le monde. Wu Zexiang souligne, non sans étonnement, qu’il est contradictoire de voir les institutions internationales et les pays occidentaux s’intéresser aux réserves financières de la Chine, qui est le premier partenaire économique de l’Union européenne, et tenter en même temps de bloquer la même Chine en Afrique et plus particulièrement au Congo…

Les Occidentaux, à travers les institutions de Bretton Woods, FMI et BM, seraient de mauvaise foi parce que, soutient l’ambassadeur, lors de la négociation du contrat de joint venture, les Chinois étaient parfaitement conscients du fait qu’il fallait absolument éviter que le Congo contracte de nouvelles dettes. En réalité, poursuit Wu Zexian, c’est la Chine qui a pris tous les risques : si les mines actuelles ne suffisent pas, assure-t-il, les Chinois investiront dans de nouvelles prospections et c’est l’Exim Bank chinoise qui les financera…

Pour terminer, l’ambassadeur affirme, avec fermeté, que le contrat sino-congolais est irréversible ; les Chinois ne vont pas reculer, et les Congolais non plus…

Les Congolais non plus : à l’époque, en effet, ils se montrent solidaires de la position chinoise, celle qui consiste à ne pas revoir les termes de la « Convention de Collaboration » du 22 avril 2008.

Aussi, quelques jours plus tard, le 28 mai, la Chine et la RDC signent à Kinshasa un nouveau protocole d’accord portant sur 40 millions de yuans chinois, soit près de 6 millions de dollars américains. Cette aide financière servira à la réalisation de nouveaux projets de développement qui seront déterminés par le gouvernement congolais.

Mais cette détermination de deux alliés d'appliquer la Convention de collaboration sans en modifier les termes va finir par s'effriter sous la pression du FMI et… de l'Assemblée nationale congolaise. La Convention signée le 22 avril 2008 va ainsi subir des amendements, pour son application acceptée par tous.

4

Amendement de la Convention de Collaboration

UN AMENDEMENT DU CONTRAT SINO-CONGOLAIS, POUR L'ATTEINTE DU POINT D'ACHEVEMENT

La RDC, pays pauvre préoccupé par l'allègement de sa dette publique extérieure

Depuis l'arrivée au pouvoir de Joseph Kabila en janvier 2001, le principal objectif du Gouvernement congolais a été d'atteindre le point d'achèvement de l'initiative « Pays Pauvres Très Endettés » (PPTE, HIPC *Heavily Indebted Poor Countries* en anglais) », c'est-à-dire d'obtenir l'allègement, voire la suppression totale de sa dette extérieure qui a fait que la RDC soit devenue un pays pauvre.

Dire que la RDC est un pays pauvre signifie que le Congolais ne mange plus à sa fin. Pour nourrir ses habitants, le pays est obligé d'importer plus qu'il ne peut exporter des biens. Pire, il dispose de peu d'argent pour payer ces biens. D'où il recourt fréquemment à l'aide des pays ou des organismes étrangers. Ces derniers, les pays occidentaux en tête, l'ont ainsi classé dans la catégorie des « pays pauvres » ! Et puisque la dette contractée est énorme (Mobutu lui a légué pas moins de 8 milliards USD, une dette dite « odieuse », qui s'est alourdie à 11 milliards en 2011) et difficilement remboursable, la RDC, devenue un pays à « prendre en charge », a rejoint la classe moins enviée des PPTE.

Ce sont le Fonds monétaire international (FMI) et la Banque mondiale (BM), les principaux prêteurs d'argent, qui, en septembre 1996, ont inventé le vocable peu fier de PPTE. Le but de ces deux institutions de Bretton Woods est de s'assurer qu'aucun pays n'est confronté à une charge d'endettement qu'il ne peut gérer et que le remboursement du prêt qu'ils consentent soit effectué. Ce prêt n'est pas gratuit : il doit être remboursé dans un délai déterminé et selon un intérêt bien calculé. Cet intérêt augmente avec célérité quand le remboursement paraît insignifiant ou quand le délai de ce remboursement n'est pas respecté. Et puisque, en règle générale, les démunis qui sollicitent le prêt se montrent incapables de s'acquitter convenablement de leur dette, laquelle ne fait que grimper au cours des ans, le FMI et la BM ont suscité une « *Initiative PPTE* » (IPPTE), qu'ils définissent pudiquement comme un ensemble de mesures visant à assister les grands malades que sont précisément les PPTE, en rendant leurs dettes internationales « soutenables ».

Contraignantes, ces mesures somment les Etats débiteurs à n'apurer que leurs dettes ; elles ne laissent pas souvent place au développement du bien-être social, le FMI et la BM prétendant que ce bien-être social viendra avec l'exécution de leurs mesures d'austérité et pas avant ! Les populations doivent serrer la ceinture, si elles veulent aspirer au bien-être ! Le slogan qu'elles doivent apprendre s'énonce désormais : ''la réduction de la dette est la clé de la réduction de la pauvreté'' !

Sous l'impulsion de certaines organisations comme le Comité d'annulation de la dette du Tiers-Monde (CADTM), les PPTE ont tenté d'amener les institutions de Bretton Woods à desserrer un peu la vis. C'est ainsi qu'en septembre 1999 elles ont accepté d'adoucir leurs conditionnalités, en ramenant à un niveau soutenable la charge de l'endettement extérieur des pays pauvres les plus lourdement endettés. Elles souscrivaient à l'idée de leur octroyer un allègement plus substantiel, afin de renforcer les liens entre l'allègement de la dette, la réduction de la pauvreté et la politique sociale. Ce programme de l'IPPTE révisé et réformé porte le nom de l'*IPPTE renforcée*.

En 2005, les Nations unies définissent, pour les PPTE, des « Objectifs du millénaire pour le développement » (OMD) ; à cet effet, l'IPPTE est complétée par l'« Initiative d'allègement de la dette multilatérale » (IADM). Le FMI et d'autres créanciers décident alors que sur les 40 pays du monde, dont 36 en Afrique, qui sont admissibles ou peuvent être admis à une assistance au titre de l'IPPTE, 30 (la RDC comprise) peuvent bénéficier d'un allègement intégral de leur dette, après être parvenus au point d'achèvement (d'IPPTE).

A ce stade de l'IPPTE ou de l'IPPTE renforcée, l'on peut parler de quatre étapes successives que doit absolument franchir un PPTE pour voir sa dette allégée : une phase « préliminaire », un niveau appelé « point de décision », une étape « intermédiaire » et une dernière dite « point d'achèvement ».

Dès son arrivée au pouvoir en janvier 2001, le président Joseph Kabila, à l'époque à la fois chef de l'Etat et chef du gouvernement, s'engage à reconstruire le Congo détruit pendant des décennies par le régime mobutiste trentenaire. Il s'active à instaurer la paix, gage d'un (re)démarrage politique et économique, pense-t-il. Une bonne économie vise la réduction de la pauvreté. C'est ainsi que dès la première année de son mandat, il définit un « Programme Intérimaire Renforcé » (PIR) pour sortir le pays du gouffre économique.

Ce programme, qui s'est exécuté sans appuis budgétaires extérieurs, a permis de réduire très nettement l'hyperinflation de 9.000% (léguée par le régime de Mobutu) à 511 %, puis à 13 %. Cette surprenante performance a induit qu'un programme formel a été conclu avec le FMI en 2002.

C'est à partir de cette année 2002 que, avec ce dernier programme, l'on perçoit une évolution positive du taux de croissance. Ce retour sur le sentier de la croissance annonce la stabilité macroéconomique, résultant des effets des réformes structurelles. Quelques indicateurs macroéconomiques attestent ce changement, dont la relative stabilité des prix et du taux de change...

En même temps, contrairement à son père qui n'avait opéré que quelques rares remboursements de la dette contractée sous le régime dictatorial de Mobutu, laissant les arriérés de cette dette s'accumuler, Joseph Kabila, lui, ne veut pas se fâcher avec la communauté internationale. La dette « odieuse », évaluée alors à 13 milliards USD, sera donc intégralement payée, mais progressivement. C'est ainsi qu'à partir de 2002, les remboursements reprennent avec vigueur.

La bonne volonté affichée par le chef de l'Etat réjouit les créanciers. Le gouvernement congolais est ainsi autorisé d'entrer dans le cadre de l'Initiative d'allégement de la dette des PPTE. En septembre 2002, le Club de Paris, cartel des pays créanciers, s'accorde alors pour l'annulation de 4,6 milliards de dollars de dettes de la RDC – correspondant au montant des arriérés sur le principal de la dette extérieure congolaise de l'époque – et pour le rééchelonnement de 4,3 autres milliards.

Les efforts de Kinshasa aboutissent, en juillet 2003, avec l'obtention du « point de décision » de l'IPPTE, décerné par le FMI. A ce stade, sorte de « mi-parcours » de l'initiative, la RDC devient éligible à l'IPPTE et reçoit une modeste aide intérimaire ; elle devra, au « point d'achèvement » de l'initiative, bénéficier d'un allégement de dette.

Globalement, depuis cette date, tous les gouvernements de la République vont lutter, de manière âpre et parfois héroïque, pour atteindre le point d'achèvement de l'IPPTE. Cette marche a été plus longue que prévue (sept années au lieu d'une), émaillée de problèmes d'apparence difficiles, comme le non aboutissement aux résultats escomptés de son « Programme économique du Gouvernement » (PEG I) et le « Programme relais de Consolidation » (PRC) et certains repères n'ont pas été complètement atteints. Mais de réels efforts ont été fournis et l'atteinte de cet objectif capital, par le Gouvernement, n'a pas été un « cadeau » reçu des institutions de Bretton Woods.

Mais la voie vers l'atteinte du point d'achèvement est jonchée de divers obstacles, dont le plus caractéristique est sans aucun doute le contrat sino-congolais.

La position des parlementaires congolais et celle du FMI, renouvelée par son directeur général, finit par ébranler la « résistance » du gouvernement congolais. Celui-ci finit par se dire qu'il ne peut pas se permettre de mécontenter indéfiniment ses partenaires traditionnels. C'est alors qu'il décide qu'il procédera à la revisitation du contrat, quitte à convaincre le partenaire chinois de cette nécessité.

Le contrat sino-congolais, qu'il ne considère pourtant pas comme un contrat léonin (ainsi qu'il le dit aux amis chinois) sera donc révisé. C'est le Premier ministre Muzito qui le dit publiquement le 25 mai 2009, à l'issue de la visite du directeur général du FMI en RDC :

''Le gouvernement veut et a, d'ailleurs, déjà commencé à discuter avec nos amis chinois pour des réajustements possibles, de manière à rendre compatible ce contrat avec les conditionnalités aussi bien du FMI que des bailleurs bilatéraux.''

La stratégie, pour y parvenir, passe par la conclusion préalable d'''un programme formel avec le FMI, dont l'entrée en vigueur est prévue de manière rétroactive au 1er juillet 2009.''

Un tel programme sera bientôt conclu, assure le Premier ministre, avec la signature, entre le gouvernement congolais et les entreprises chinoises engagées dans la reconstruction nationale, de l'avenant à la Convention de Collaboration signée le 22 avril 2008.

Moïse Ekanga : "Nous sommes des partenaires du FMI. Nous ne pouvons faire la sourde oreille à ce qu'il dit"

A la suite du chef du Gouvernement, le Secrétaire exécutif du Bureau de coordination et de suivi du Programme sino-congolais, Moïse Ekanga, dans une interview à l'agence de presse britannique *Bloomberg*[1], traduit la nouvelle position congolaise – que certains n'hésitent pas d'assimiler à une « capitulation » : ''Nous sommes des partenaires du FMI. Nous ne pouvons pas faire la sourde oreille à ce qu'il dit''.

Ce changement dans la position congolaise, indique le patron du BCPSC, signifie que les trois milliards de dollars américains de la deuxième phase de livraison ne seront uniquement envisagés qu'après l'achèvement de la première.

Le patron du BCPSC ajoute : ''La deuxième phase de livraison ne sera envisagée qu'après l'achèvement de la première''. Autrement dit, au moins trois milliards de dollars du contrat chinois passé avec le gouvernement de la RDC vont être gelés, pour ne pas dire abandonnés.

Le bras de fer aura donc tourné à l'avantage du FMI, malgré la longue résistance de Kinshasa. La Chine est contrainte, momentanément peut-être, de renoncer à une partie des 10 millions de tonnes de cuivre et des 600 000 tonnes de cobalt dont elle avait acquis les droits d'exploitation en contrepartie de 9 milliards de dollars de travaux d'infrastructures.

Ainsi, entre les besoins de la reconstruction et la nécessité de renouer avec le FMI, la RDC a choisi la voie du « bon sens ». Le divorce avec l'institution de Bretton Woods allait conduire le pays à un isolement financier qui, à son tour, allait lui priver des fonds indispensables à la reconstruction.

---

[1] *Bloomberg*, 2 juin 2009.

C'est donc en force que le FMI va désormais entamer les discussions sur la renégociation du contrat sino-congolais. C'est ainsi que, du 16 au 31 mars 2009, il envoie à Kinshasa une mission, dirigée par M. Brian Ames. Objectif : discuter un nouvel accord triennal dans le cadre de la facilité pour la réduction de la pauvreté et la croissance (FRPC) du FMI. Dans le communiqué publié à l'issue de son séjour, on peut lire : ''La mission attend la finalisation de l'accord de coopération sino-congolais afin d'en évaluer les implications sur la viabilité de la dette et l'allègement de la dette.''

C'est pour pousser un peu plus le gouvernement à décréter l'amendement du contrat que le plus haut dirigeant du FMI décide d'effectuer le déplacement de Kinshasa.

AVENANT A LA CONVENTION DE COLLABORATION

Modifier certains points de la Convention

La revisitation du contrat sino-congolais consiste à produire un *avenant* à la Convention de Collaboration du 22 avril 2008.

L'article 24 de la Convention de Collaboration avait prévu la possibilité d'un amendement : ''Tout amendement à la présente Convention de Collaboration ne pourra intervenir qu'après et par la voie d'un avenant dûment signé par les Parties.''

En droit, un « avenant » désigne une convention par laquelle les parties liées par un contrat antérieurement conclu entre elles apportent une ou plusieurs modifications aux termes et conditions dudit contrat.

L'avenant explicite les points sur lesquels l'accord initial est modifié (qui peuvent être très divers : prix, durée, définition des prestations, etc.). Les éléments de l'accord initial qui ne sont pas explicitement visés ou modifiés implicitement par l'avenant demeurent inchangés.

Le mot « avenant » peut également être approché du concept anglais « amendment » (« amendement » en français), qui, en termes de Législation, signifie ''modification faite à un projet de loi, d'arrêté, pour changer quelqu'une de ses dispositions, ou seulement pour lui donner plus de clarté, plus de précision.''

Dans le cas qui nous concerne, l'on parlera donc d'un ou des amendements à la Convention de Collaboration. Mais, puisqu'il s'agit ici d'un contrat et non d'un projet de loi ou d'un arrêté, il est préférable de privilégier le vocable « avenant », plus précis, plutôt que celui d'amendement, assez général.

L'avenant dont il est question doit être signé avec la Chine, et donc être accepté d'elle. L'Etat congolais se doit donc de convaincre ce précieux partenaire, sans trop le bousculer. En ce moment, la RDC s'était mise à discuter sur la production de cet avenant.

En réalité, les discussions seront encore longues et fastidieuses, et la RDC pourrait y laisser des plumes. Les députés le savent, ou le pressentent, qui, au lendemain de la visite de Strauss-Kahn qui a accouché d'une souris, en font leur affaire à l'Assemblée nationale. Pour beaucoup d'entre eux, la RDC devrait militer pour l'harmonisation des deux points de vue du FMI et de la Chine. De cette façon, elle ne devrait être prisonnière d'aucun camp.

Nouvelle amie de la Chine, la RDC est invitée à appeler celle-ci à réviser et à clarifier le contrat qu'elles avaient signé ensemble…

8e Commission mixte RDC-Chine

Le problème de la « révision » du contrat sino-congolais constitue l'un des thèmes abordés lors de la « 8ème Commission mixte de Coopération Economique, Commerciale et Technique entre la République populaire de Chine et la République démocratique du Congo », brièvement « 8e session de la commission mixte RDC-Chine ».

Cet évènement, qui s'organise à Kinshasa les 27 et 28 mai 2009, vient à la suite de la Commission mixte sino-congolaise qui avait eu lieu il y a huit ans (en 2001). L'on n'a pas pu la tenir rapidement à cause de quelques problèmes internes en RDC, notamment l'instabilité politique et la guerre qui déchirait l'Est du pays. Maintenant que la situation semblait s'être stabilisée, il était temps qu'on relance la coopération économique et commerciale bilatérale.

Au cours de cette rencontre, Chinois et Congolais ont :

- passé en revue tous les dossiers économiques et commerciaux,
- engagé des discussions franches concernant les dossiers à problèmes,
- fait des propositions concrètes pour la consolidation des relations entre les deux pays.

Parmi les « dossiers à problèmes » figure précisément la « revisitation » du contrat sino-congolais, un cas à traiter dans le cadre du Commerce bilatéral, un de deux volets importants de la coopération économique, commerciale et technique entre la RDC et la Chine (l'autre volet étant l'Aide au développement).

Le volet Commerce bilatéral comprend, en effet, la Convention de Collaboration, dont on parle tant en ce moment concernant un avenant à lui attacher. Les Chinois sont invités à aider la RDC à évacuer tous les obstacles créés par les institutions de Bretton Woods dans l'exécution du programme sino-congolais.

A l'issue de cette rencontre, un nouvel accord de 6 millions USD est signé entre les deux pays. Le ministre congolais de la Coopération Internationale et Régionale remercie tout naturellement la Chine pour ce nouvel appui au développement de la RDC. Raymond Tshibanda réaffirme, sans doute à l'endroit des bailleurs des fonds occidentaux, les liens de coopération entre le Congo et la Chine :

''La Chine est un de nos principaux partenaires. Nous avons des domaines de coopération, qui entrent dans le cadre de la coopération économique et technique, qui sont importantes et s'accroissent chaque jour davantage.''

De son côté, le vice-ministre chinois du Commerce, Zong Chan, assure que son pays s'engage à élargir ses relations commerciales avec la RDC et ne l'abandonnera point dans son souci d'atteindre le point d'achèvement de l'I-PPTE.

La RDC retire sa garantie d'Etat

En dépit de ces amabilités, les Chinois vont se montrer réticents à revisiter les termes de la Convention de Collaboration. Ils ne veulent pas toujours approuver le discours du FMI qui veut qu'il y ait de dette du fait qu'il s'agit d'un contrat « minerais contre infrastructures ».

Du lundi 10 au mardi 18 août 2009, une équipe du département Afrique du FMI, conduite par Brian Ames, séjourne à Kinshasa. L'amendement du contrat sino-congolais constitue l'un des points traités au cours des discussions de l'institution financière internationale avec les autorités congolaises. A ce propos, la mission communique[1] :

''Malgré les incertitudes qui pèsent sur la signature effective du contrat chinois révisé, la mission du FMI est confiante quant à l'aboutissement concret de ce nouvel accord qui prévoit : (i) la levée de la garantie de l'Etat sur les investissements d'un montant de USD 3 milliards sur le volet commercial de l'activité minière ; (ii) le maintien de la garantie de l'Etat sur les projets d'infrastructures de USD 3 milliards mais à des taux concessionnels n'excédant pas 4.5% ; (iii) et l'élimination de la deuxième phase du projet d'infrastructure d'un montant de USD 3 milliards.

La feuille de route pour l'accès au point d'achèvement de l'initiative PPTE reste maintenue sous réserve d'un accord tangible sur les amendements du contrat sino-congolais.''

Bien que se disant ''confiante quant à l'aboutissement concret de ce nouvel accord'', la mission du FMI ne s'empêche pas de ''souligner quelques sources d'inquiétudes que seule l'action du Gouvernement peut aplanir'', dont la première d'entre elles :

''Le nouveau contrat sino-congolais amendé n'est pas disponible et la mission FMI fonde ses analyses sur un engagement verbal et la volonté politique manifeste du Gouvernement, pour avancer dans la préparation de ses dossiers et du calendrier tout en reconnaissant que son action est conditionnée à l'accord cadre (signature du contrat chinois amendé et accord du Club de Paris).''

C'est le même mercredi 19 août 2009 de la communication de la mission du FMI que l'Etat congolais prend enfin officiellement la décision de *retirer sa garantie* au prêt chinois de 9 milliards. Son porte-parole l'annonce : ''Après huit mois de négociations, la Chine avait levé sa demande de garantie de l'Etat sur la dernière tranche. Elle se contentera désormais de simples garanties d'ordre commercial.'' La première partie des prêts destinés aux infrastructures

[1] 24.08.09 « FMI : débriefing de la Mission au Congo », *www.congoforum.be/fr/nieuwsdetail.asp?subitem=1&newsid...*

sera bien libérée, ainsi que les trois milliards de dollars destinés au secteur minier. Par contre les trois milliards destinés à la deuxième phase de reconstruction des infrastructures seront mis en veilleuse.

Privé d'un tiers des crédits chinois, la RDC n'obtiendra cependant pas tout de suite l'allègement d'une dette estimée à 11 milliards de dollars : le FMI l'invite encore à remettre de l'ordre dans ses finances publiques et à donner des gages en matière de bonne gouvernance, ce qui reporterait à 2010 l'échéance de la remise de 90 % de la dette.

Le Gouvernement approuve le FMI. Son seul souci est de conduire le pays à l'atteinte du point d'achèvement. Le 24 octobre 2009, le Premier ministre adresse une lettre au Directeur général du FMI, avec une copie réservée au président de la Banque mondiale. Dans le courrier, il assure que les autorités congolaises ont négocié un amendement au Projet de coopération sino-congolais, rendant ainsi *l'Accord conforme à la viabilité de la dette de la RDC*. Est jointe à la lettre, une copie signée de l'amendement à cet Accord.

Les termes de l'Avenant

On peut retenir trois grands types de modifications de la « Convention » amorcés par l'Avenant, qui concernent :
- la garantie d'Etat,
- le remboursement des investissements chinois,
- le degré de concessionnalité des conditions du remboursement.

1°. Pas de garantie d'Etat pour le remboursement des investissements dans le Projet Minier par l'octroi d'autres concessions minières.

C'est ainsi que les articles 5 et 8 de l'Avenant modifient l'article 10.3 de la « Convention ». La garantie d'Etat demeure pour le remboursement dans le Projet d'Infrastructures. Pour le Projet Minier, elle dépendra du succès de l'entreprise.

Le FMI a donc réussi à faire plier les partenaires congolais et chinois. Il est parvenu à imposer sa logique, qui consiste à dire que le remboursement ne dépende que de la capacité à produire. C'est à l'entreprise, et non à l'Etat, de prendre le risque d'entrepreneur, car l'investissement n'alourdira pas la dette de l'Etat en cas de non-fonctionnement de l'entreprise.

Cette logique de marché correcte introduite par le FMI épargnerait ainsi un nouvel endettement à l'Etat congolais : celui-ci ne garantira plus que les infrastructures publiques, mais pas l'investissement d'une entreprise œuvrant pour le marché mondial ; l'entreprise doit se repayer elle-même et ne pas compter sur l'Etat.

Cependant, il faut noter que, bien que la garantie de l'Etat congolais pour le Projet Minier soit désormais rayée, l'article 7 de l'Avenant stipule que ce projet et l'étude de faisabilité doivent acquérir l'approbation du Conseil des Affaires de l'Etat de Chine !

La « Convention » soutenait aussi l'accord de l'Etat congolais. Cette clause disparaît. Autrement dit, la garantie ne joue plus une fois que le contrat est en cours d'exécution. Mais cette garantie demeure, dans le sens que la RDC est toujours appelée à octroyer d'autres droits et titres si la Chine n'approuve pas l'accord de faisabilité !

2°. *Changement dans le remboursement des investissements du Groupement d'entreprises chinoises*

L'article 6 de l'Avenant modifie fondamentalement l'article 12 de la « Convention », puisqu'il redéfinit les étapes du Projet Minier et du Projet d'Infrastructures ainsi que les conditions de concessionnalités des emprunts. Notamment :

- La première période sera celle du remboursement des travaux d'infrastructures « les plus urgents ». Ces travaux, qui seront énumérés ultérieurement, ne devront pas dépasser 3 milliards de dollars américains. Le remboursement des travaux sera effectué pendant cette période ; il proviendra de la totalité des bénéfices et des intérêts de la joint-venture (Sicomines).

- La deuxième période concernera le remboursement des investissements miniers et de la première tranche d'infrastructures (non comprises les infrastructures les plus urgentes). Le remboursement des investissements miniers sera à la hauteur de 30 % sous forme de prêt d'actionnaires, sans intérêt, et à la hauteur de 70 % avec un taux d'intérêt de 6,1 % (comme dit dans la « Convention »). En outre, le remboursement des investissements par la joint-venture ne se fera plus à 100 %, mais à 85 % de son taux de rendement interne (bénéfices), comme stipulé dans la « Convention ». C'est seulement après cela que s'appliquera, pour le remboursement des infrastructures, le taux d'intérêt de Libor (six mois) + 100BP (Libor du 22 avril 2008)[1]. De nouveau la *joint venture* doit affecter 85 % de ses bénéfices. Pour cette phase, la Convention prévoyait une affectation de 66 % de son bénéfice au remboursement.

3°. *Augmentation du degré de concessionnalité des conditions du remboursement*

L'article 6 de l'Avenant scinde entre les deux parties les responsabilités pour le remboursement des investissements. Mais surtout, il augmente considérablement le degré de concessionnalité des conditions du remboursement. Il énonce que « Les investissements de la première tranche des infrastructures seront remboursés avec un taux d'intérêt annuel de LIBOR (six mois) + 100BP (LIBOR du 22 avril 2008) ». Dans la Convention de Collaboration, il était prévu des taux d'intérêt annuels de « LIBOR (six mois) + 100BP ».

L'on voit la différence, importante, avec la « Convention », dont le LIBOR, calculé avant la crise bancaire, était historiquement bas, à savoir de 3,4 % annuel. Par conséquent, comme l'écrit Stefaan Marysse[2] :

''Il fallait seulement que la RDC repaye ses dettes contre un taux d'intérêt de 3,4 + 1 = 4,4 %. Ceci constitue un taux d'intérêt très bas et fait des différences de remboursement de plusieurs millions de dollars par an. Si on avait pris le taux du marché au moment du remboursement, c'est-à-dire les taux crise ou après crise, qui sont fortement à la hausse, la RDC aurait dû repayer beaucoup plus. Mettre seulement une date entre parenthèses dans un contrat peut signifier une grande différence et des millions gagnés pour la RDC. Un coup de maître de la part du FMI, et on comprend en même temps pourquoi la Chine a rechigné avant de signer l'Avenant en question ici.''

L'on peut résumer que l'Avenant à la Convention de Collaboration apporte des modifications significatives, telles :

---

[1] Acronyme pour « London Interbank Offered Rates », LIBOR est le taux d'intérêt utilisé pour les emprunts/prêts entre banques sur le marché de l'argent de Londres. Si l'on ajoute un pourcentage à ce LIBOR, l'on obtient « + 100 BP », qui est l'abréviation pour « 100 basic points ».

[2] S. Marysse, ''Le bras de fer entre la Chine, la RDC et le FMI : la révision des contrats chinois en RDC'', *L'Afrique des Grands Lacs. Annuaire 2009-2010*, juin 2010.

- la révision à la baisse des investissements d'infrastructures (de 6 à 3 milliards) ;

- la révision des paiements d'intérêts et les modalités de remboursement ;

- le retrait de la garantie de l'Etat congolais pour le remboursement de l'investissement minier ;

- le maintien de la garantie de l'Etat congolais sur les projets d'infrastructures de 3 milliards USD, mais à des taux concessionnels n'excédant pas 4,5 % ;

- l'annulation de la deuxième phase du projet d'infrastructures d'un montant de 3 milliards USD ;

- le détail des valeurs des investissements miniers et d'infrastructure, des taux d'intérêt relatifs aux différentes phases et types d'investissement, et de l'attribution des recettes qui devraient être dégagées de la JV minière tout au long du cycle de vie du projet ;

- la désignation de la Commission chinoise nationale pour le développement et la réforme en tant qu'organe d'Etat chinois chargé d'approuver les développements de projets ;

- la suppression de la garantie donnée par le consortium de compagnies chinoises consistant à s'assurer que le projet est approuvé par les autorités chinoises dans les 120 jours suivant la signature de la Convention de collaboration.

Ainsi, après d'âpres négociations, les deux parties ont fini par trouver un accord sur deux points fondamentaux : *les Chinois ont accepté de lever la garantie de l'Etat sur le Projet minier, qui devient ainsi un simple projet commercial, et la deuxième phase du volet infrastructures a été annulée.* Donc, ***de 9 milliards USD, le contrat a été ramené à 6 milliards USD***. Un endettement qui serait soutenable pour le pays. *Seule la garantie de l'Etat sur le volet infrastructures a été maintenue*, car c'est l'Etat qui est bénéficiaire de ces équipements. Mais elle ne prendra effet que dans vingt-cinq ans.

Dès lors, l'optimisme est donc de mise à Kinshasa fin août 2009. Il ne restait plus qu'à franchir le cap du Club de Paris, qui représente environ 60 % de l'en-cours total de la dette extérieure du pays, avant de conclure l'accord tant attendu. Une étape incontournable pour que le FMI puisse statuer sur la concessionnalité et la viabilité de la dette dans son ensemble. C'était sans compter avec la partie chinoise, qui n'avait pas signé l'avenant à la mi-septembre. Toutefois, c'est promis, elle va le faire, affirme son ambassadeur en RDC, Wu Zexian. Néanmoins, au début d'octobre, seule une des entreprises avait paraphé l'avenant.

Du coup, s'engage la course contre la montre pour respecter le timing. Car tout retard pris avec le FMI prive non seulement la RDC de 600 millions USD, déblocables dès la signature de l'accord, sur les 3 milliards prévus par la « Facilité pour la réduction de la pauvreté et pour la croissance » (FRPC), mais il fait aussi reculer l'échéance de l'atteinte du point d'achèvement de l'initiative PPTE, sésame pour l'allègement de la dette publique.

Les partenaires chinois signent l'Avenant

Trois jours après que le chef du gouvernement ait écrit sa lettre au FMI lui annonçant l'obtention d'un avenant à la Convention de la Collaboration RDC-Chine, soit le mardi 27 octobre 2009, les experts du département Afrique du FMI séjournent en RDC. Ils ont juste deux semaines pour vider tous les litiges qui continuent à obstruer la voie étroite qui mène à un second programme économique du gouvernement (PEG II), après celui qui avait été arrêté brutalement en mars 2006. Deux semaines décisives durant lesquelles le gouvernement doit déployer tous ses artificiers du cercle économico-financier pour convaincre le FMI. Et le gouvernement a de la chance : ce même jour du 27 octobre 2009, les trois entreprises chinoises (Exim Bank, CREC et Sinohydro) signent des amendements portés sous forme d'avenant sur le partenariat sino-congolais.

Le fait de cette signature était déjà acquis un mois plus tôt par Pékin[1], ainsi que le révélait, le mardi 29 septembre 2009, l'ambassadeur chinois en RDC, Wu Zexian. En effet, dans une

[1] Stefaan Marysse (« Le bras de fer entre la Chine, la RDC et le FMI : la révision des contrats chinois en RDC », *L'Afrique des Grands Lacs. Annuaire 2009-2010*, p. 149) affirme : ''Bien qu'il s'agit du Groupement d'Entreprises Chinoises et non du gouvernement de la Chine, il est tout à fait clair que ce contrat a été négocié au plus haut niveau politique en Chine, non seulement parce qu'il s'agit de trois entreprises d'État qui sont les parties contractantes mais aussi parce que l'Avenant stipule que toutes les décisions doivent être entérinées par la « Commission nationale de Développement et de la Réforme de la Chine » et le « Conseil des Affaires de l'État en Chine » (article 2).''

interview au quotidien *Le Potentiel*[1], Wu Zexian expliquait que son pays ne voulait pas porter le chapeau de l'échec des négociations entre la RDC et le FMI. Le journal kinois rend compte de cet entretien de la manière suivante :

''Plus de doute autour de la signature, par le consortium d'entreprises chinoises (Exim Bank, CREC et Sinohydro), de l'avenant qui sanctionne les divers amendements portés au partenariat sino-congolais. L'on pensait que la partie chinoise émettait certaines réticences contre cette option, solution proposée par le Fonds monétaire international, FMI, pour dégager la voie à la conclusion d'un nouvel accord formel avec la RDC au titre de la Facilité pour la réduction de la pauvreté et pour la croissance (FRPC). Il n'en est plus le cas. La Chine cède, mais prévient…

La confirmation est de l'ambassadeur de la Chine en RDC, M. Wu Zexian, en visite hier mardi aux installations du groupe de presse Le Potentiel. « Nous ne nous opposons pas à la signature de cet avenant. Il s'agit tout simplement de clarifier certains termes. Mais, nous espérons qu'il n'y aura plus d'autres points à changer », a néanmoins prévenu l'ambassadeur chinois. Une façon de mettre en garde tous ceux qui s'érigent en obstacle pour gêner la concrétisation de la convention sino-congolaise.

Le diplomate chinois considère toujours cette nouvelle formule de coopération entre la Chine et la RDC comme une manifestation de concrétiser la volonté de la Chine de faire le « développement en commun » avec différents pays. « C'est un accord un peu particulier qui inaugure une ère nouvelle de coopération », a-t-il souligné.

Concernant l'impact supposé négatif de ces contrats sur le cycle d'endettement de la RDC, il a réfuté cette affirmation en précisant que la garantie aux projets d'infrastructures par les réserves minérales ne peut constituer une dette extérieure. Il a insisté sur le fait que les entreprises chinoises avaient déjà commencé à travailler sur trois routes et un hôpital.

« Il faut que les gens changent de raisonnement pour voir les choses plus clairement. Cette nouvelle forme de coopération basé sur le principe « gagnant-gagnant » profite à tout le monde, surtout pour un pays post-conflit comme la RDC qui a un grand besoin d'infrastructures pour se reconstruire », a-t-il indiqué. Plus explicite, il a enchaîné : « Nous avons évité, dès le début, une situation qui pouvait mener à une aggravation de la dette de la RDC. Nous, nous travaillons à aider le Congo, nous ne

---

[1] *Le Potentiel*, 30 septembre 2009.

sommes pas de ceux qui créent les problèmes et la Chine ne s'immisce jamais dans les problèmes internes d'un Etat souverain. La Chine œuvre pour la paix et le développement des Nations ».

Ainsi, les contrats chinois ne sont plus un obstacle sur lequel le FMI devait s'accrocher pour justifier les multiples reports de la conclusion d'un nouveau programme triennal avec la RDC. La Chine a finalement mis de bémol dans son projet d'accompagner la reconstruction de la RDC.

La garantie commerciale rattachée au projet minier sur lequel sont greffés les travaux d'infrastructures constitue une soupape de sécurité à tout accord commercial et joue plus un rôle psychologique. ''La RDC ne court aucun risque d'endettement. Les risques ont été pris par la banque chinoise et la joint-venture'', a-t-il précisé. Plus rien ne bloquerait donc la signature d'un nouveau programme économique entre la RDC et le FMI.

Cependant, si la Chine a accepté, de parvenir à un compromis avec le FMI, elle n'entend pas céder à d'autres pressions ultérieures. La garantie commerciale est certes abandonnée, mais la Chine, à en croire son ambassadeur, continue à défendre l'idée selon laquelle le partenariat signé avec la RDC ne porte nullement des germes d'un nouveau cycle d'endettement.''

FMI et BM : ''La Convention RDC-Chine amendée est compatible avec la viabilité de la dette''

C'est avec la bonne nouvelle de la signature, par la Chine, de l'avenant, que la correspondance du Premier ministre du 24 octobre 2009 est accueillie avec joie par les deux institutions de Bretton Woods. Le 30 octobre, deux de leurs responsables, Mark Plant, directeur par intérim au Département Afrique du FMI, et Obiageli Ezekwesili, vice-présidente de la Banque mondiale pour la région Afrique, signent une lettre conjointe adressée au Premier ministre. Dans ce courrier, le Fonds et la Banque annoncent deux nouvelles, toutes bonnes. La première affirme que *la Convention de collaboration sino-congolaise qui a été amendée est compatible avec la viabilité de la dette*. La deuxième nouvelle soutient que *le montage financier est concessionnel*, avec un élément variant entre 42 et 46 %.

Dans un rapport que le FMI publie à cet effet, il présente le nouvel accord amendé sous forme d'un encadré comme suit[1] :

[1] « Rapport des services du FMI pour les consultations de 2009 au titre de l'article IV, demandes d'un accord triennal au titre de la Facilité pour la réduction de la

‘‘En avril 2008, la RDC a signé un accord de coopération avec un consortium de sociétés chinoises qui fait intervenir un projet minier de 3,2 milliards de dollars EU et un jeu de projets d’infrastructure publiques équivalant à 6 milliards de dollars EU à mettre en œuvre en deux phases. L’Accord a été amendé en octobre 2009 pour exclure la seconde phase des projets d’infrastructure pour ne conserver qu’une phase unique pour un total de 3 milliards de dollars EU à mettre en œuvre au cours de la période qui va de 2009 à 2014. L’accord amendé limite aussi la garantie du financement des projets d’infrastructure par l’État.

L’accord prévoit la création d’un partenariat (Sicomines) entre une entreprise d’exploitation minière paraétatiques congolaise (Gécamines) et le consortium des entreprises chinoises. Le capital entièrement versé de 100 millions de dollars EU donne à Gécamines une prise de participation de 32 % dans le partenariat. Sicomines investira 3,2 milliards de dollars EU dans le projet minier financé par un prêt sans intérêt équivalant à 1,1 milliard de dollars EU et un prêt de 2,1 milliards de dollars EU assorti d’un taux d'intérêt fixe de 6,1 %. L’investissement de 3 milliards de dollars EU dans l’infrastructure publique sera financé moyennant une série de prêts à un taux d'intérêt fixe de 4,4 %. Tous les prêts sont libellés en dollars EU.

Les bénéfices d’exploitation du projet minier seront utilisés pour rembourser le financement de l’infrastructure minière et publique. La mine devrait engendrer des bénéfices exploitation à compter de 2013. Au départ, les bénéfices nets de Sicomines permettront de rembourser le principal et les intérêts capitalisés de quatre projets d'infrastructures publiques prioritaires (375 millions de dollars EU). Lorsque ce financement sera totalement remboursé, 85 % des bénéfices d’exploitation nets seront utilisés pour rembourser le principal et les intérêts capitalisés du prêt minier. Lorsque le financement minier sera complètement remboursé, 85 % des bénéfices d’exploitation net de Sicomines seront utilisés pour rembourser le principal et les intérêts capitalisés des prêts restants d’infrastructure publique et le solde sera distribué aux actionnaires de Sicomines à titre de dividendes.

L’élément don du financement de l’infrastructure est estimé à 42–46 %, selon que l’on prend en compte ou non la prime de signature de 250 millions de dollars EU. Ce chiffre repose sur les hypothèses suivantes : (i) le projet minier ne génère pas suffisamment de revenus

---

pauvreté et pour la croissance et d’une assistance intérimaire supplémentaire dans le cadre de l’Initiative renforcée en faveur des pays pauvres très endettés », Texte préparé par le Département Afrique (En consultation avec d’autres départements) et approuvé par Mark Plant et Dominique Desruelle, le 30 novembre 2009.

nets et la garantie de l'État est appelée au bout de 25 ans, comme prévu dans l'Accord amendé ; (ii) les intérêts cumulés sont composés et (iii) un taux d'intérêt fixe de 4,4 % s'applique.''

Le Premier ministre Adolphe Muzito n'a pas l'habitude d'exprimer publiquement sa joie ; il le fait dans une lettre d'intention adressée le 30 novembre 2009 au directeur général du FMI, où il se dit satisfait de l'obtention de l'amendement à la Convention de Collaboration :

``Je suis heureux de vous annoncer que nous avons fait des progrès importants face aux préoccupations suscitées par l'incidence sur la viabilité de la dette des grands projets miniers et infrastructurels essentiels au développement du pays, que prévoit l'accord de coopération sino-congolais.

Nous avons convenu avec nos partenaires chinois de supprimer la garantie de l'État au financement de la composante minière (3,2 milliards de dollars EU) et d'annuler la seconde phase du financement des infrastructures (3 milliards de dollars EU). Ainsi, la garantie de l'État au titre de l'accord est exclusivement limitée à la composante infrastructurelle de 3 milliards de dollars EU, dont les conditions sont fortement concessionnelles (élément don de 42 à 46 % suivant que le pas-de-porte est pris en compte ou non).''

Un analyste de la scène politique congolaise, Joachim Diana, écrit dans son journal[1] :

``Cette approbation du FMI ouvre la voie à la RDC de réussir ce que d'aucuns considéraient à tort comme une utopie. Il s'agit pour le gouvernement congolais de concilier l'objectif d'accélération du développement des infrastructures, dans le cadre du programme sino-congolais, d'une part et d'autre part d'obtenir un allégement significatif de la dette, dans le cadre de l'initiative PPTE (Pays Pauvres Très Endettés).''

Ainsi donc, le FMI et la BM lèvent le veto sur la conclusion d'un nouvel accord formel avec la RDC. Ce qui devrait permettre au consortium d'entreprises chinoises (Exim Bank, Sinohydro et CREC) impliquées dans le partenariat sino-congolais d'avoir le champ libre pour exécuter les travaux prévus dans ce cadre – mais dans les limites de l'accord révisé. Les auteurs de la lettre soulignent que ``les services

---

[1] *L'Avenir*, 4 novembre 2009.

du FMI et de la Banque mondiale ont achevé une analyse conjointe de la viabilité de la dette (AVD) qui prend en compte les termes de l'Accord de coopération révisé''.

Pourtant, le FMI et la BM ne se montrent pas encore prêts à signer le nouvel accord formel avec Kinshasa. Pour la simple raison que :

''L'AVD aboutit aux conclusions suivantes :

a) le niveau d'endettement de la RDC n'est pas viable sans un allègement substantiel de sa dette ;

b) s'il est vrai que les indicateurs de l'endettement de la RDC devraient repasser sous les seuils pertinents en cas d'allègement, le pays restera néanmoins vulnérable aux chocs exogènes négatifs ;

c) la prise en compte de la garantie de l'Etat congolais prévue dans l'Accord de coopération augmentera le niveau d'endettement extérieur à moyen terme mais n'aura pas d'impact majeur sur la viabilité de la dette à long terme''.

Le FMI et la BM s'imaginent que la RDC peut mal interpréter ses conclusions. Aussi prennent-il soin de l'informer qu'ils ont procédé à l'évaluation du degré de concessionnalité (ou élément don) de la garantie fournie par l'État congolais au financement des infrastructures visées dans l'accord de coopération. Les conclusions qu'ils en ont tiré sont :

''L'élément don a été estimé à 42 % en partant des hypothèses suivantes :

i) le projet minier ne génère aucun revenu net et le recours à la garantie de l'Etat intervient au bout de 25 ans comme le prévoit l'Accord révisé ;

ii) les intérêts courus sont composés, avec un taux d'intérêt fixe de 4,4 %. L'élément don augmente à 46 % si le gouvernement reçoit 250 millions USD au titre du pas-de-porte de la part des partenaires chinois.''

En conclusion, Mark Plant, du FMI, et Obiageli Ezekwesili, de la BM, notent judicieusement que leurs services ont eu ces derniers mois avec les Congolais des ''entretiens productifs dans le cadre de l'évaluation des incidences de l'Accord de coopération sur la viabilité de la dette de la RDC, afin de permettre au gouvernement de la RDC de concilier l'objectif d'accélération du développement des infrastructures avec l'impératif d'obtention d'un allègement significatif de la dette''.

Concilier les créanciers traditionnels de la RDC avec les partenaires chinois

Aucune entrave sérieuse ne serait donc plus permise à la conclusion du nouvel accord formel à signer entre le FMI et la RDC dont on parle depuis très longtemps. La RDC n'a qu'à régler que quelques « questions de détail » si elle veut y arriver, ainsi que la lui recommandent FMI et BM.

Pour le gouvernement, il s'agit là sans aucun doute d'une bonne nouvelle. Adolphe Muzito considère que l'heure est venue de concilier l'objectif d'accélération du développement des infrastructures, dans le cadre du programme sino-congolais, avec l'impératif d'obtenir un allègement significatif de la dette, dans le cadre de l'initiative PPTE, à travers le point d'achèvement. Il le déclare devant les ambassadeurs de l'Union européenne et les chefs de mission du FMI et de la BM réunis le mardi 3 novembre 2009 à la Primature :

''Depuis le lundi 2 novembre 2009, le gouvernement a transmis au secrétariat du Club de Paris une étude sur l'analyse de viabilité de la dette et l'évaluation par les services du FMI et de la Banque mondiale du degré de concessionnalité du financement des projets dans le cadre de la Convention de collaboration sino-congolaise.''

A cet effet, le Premier ministre prie les diplomates présents à la réunion de plaidoyer auprès de leurs pays pour que l'issue de la réunion du Club de Paris soit favorable à la RDC.

Ainsi donc, les autorités du pays viennent de concilier les créanciers traditionnels de la RDC avec les partenaires chinois. On peut lire dans *Le Potentiel* (3 novembre 2009) :

''La persévérance de Kabila et du gouvernement. Les contrats chinois semblaient être condamnés définitivement par la volonté exprimée de l'Occident. La remise en cause de ce montage financier constituait, à n'en point douter, le requiem des Cinq chantiers initiés par le président de la République. Au plus fort de la crise, Joseph Kabila et le gouvernement ont tenu bon jusqu'à sauver l'essentiel de ce partenariat voulu « gagnant-gagnant » avec les opérateurs chinois.

Une dose de patience et de persévérance a suffi pour amorcer des négociations ayant conduit à la signature des avenants. D'évidence, le financement de grands travaux de construction d'infrastructures logistiques de base d'envergure contenues dans les cinq chantiers est désormais possible.''

Le mardi 10 novembre 2009 au soir, la RDC et le FMI bouclent, à Kinshasa, leurs discussions entamées depuis près de deux semaines. Le contrat sino-congolais, qui faisait obstacle à un programme économique entre le FMI et la RDC, ne pose donc plus problème et la voie est ouverte pour l'effacement de la dette extérieure du pays.

Cet avènement se produira le 1er juillet 2010. A cette occasion, les autorités congolaises, à l'instar du Premier ministre, salueront les partenaires chinois, pour avoir accepté de collaborer avec elles dans la construction des infrastructures de base :

''Notre joie est d'autant plus immense que nous avons gagné sur deux fronts : le front de l'allègement de la dette dans le cadre de l'initiative PPTE et celui de la mobilisation des financements de la part de nos partenaires chinois.

Ce double défi a été un succès grâce à la détermination du Président de la République et du Gouvernement mais aussi à la franche collaboration de nos partenaires traditionnels.

Ces derniers, en accord avec le Gouvernement, ont reconnu en effet que l'Etat congolais pouvait concilier ce double objectif. C'est-à-dire, obtenir l'allègement de sa dette et en même temps contracter de nouveaux prêts à des conditions concessionnelles, dans les limites de la viabilité de sa dette.

Je remercie également nos partenaires chinois, ainsi que leur Gouvernement, pour avoir fait preuve d'ouverture en accordant à la RDC des financements concessionnels et indispensables au développement de ses infrastructures, dans le cadre de la convention de collaboration sino-congolaise.''

La révision du contrat : bonne pour les deux pays

Ainsi donc, le Gouvernement congolais se satisfait de la signature de l'Avenant à la Convention de Collaboration du 22 avril 2008. La partie chinoise, en dépit de ses réticences du début, devrait finalement être aussi contente, en considérant que certains amendements lui ont été plus favorables qu'à la RDC. Nous l'avons souligné à travers les lignes précédentes. Mais laissons Stefaan Marysse nous résumer mieux l'évaluation de la révision du contrat sino-congolais[1] :

"La révision du contrat sino-congolais a beaucoup de mérites et clarifie les choses mais a aussi un important point faible si on l'évalue dans la perspective du développement et de la reconstruction du Congo.

En premier lieu, la révision a le mérite de bien scinder ce qui est de l'aide et qui doit donc répondre aux critères de l'aide publique, et ce qui ressort d'une logique de marché qui est l'investissement dans la production minière.

Les prêts pour réaliser les infrastructures publiques sont des biens publics qui doivent normalement être payés par les fonds publics : au cas où il n'y a pas de fonds publics propres, un État peut faire appel aux fonds publics internationaux, c'est-à-dire l'aide publique. Pour qu'on puisse parler d'aide, il doit y avoir une composante de concessionnalité, c'est-à-dire l'élément don dans les prêts peut être de 100 % s'il s'agit de dons ou, dans le cas où il s'agit de prêts, les conditions de remboursement doivent être plus généreuses que des prêts contractés sur le marché privé financier. La différence entre un don à 100 % et un prêt aux conditions de marché constitue l'élément don. Le Fonds monétaire, en fixant le taux d'intérêt dû sur le remboursement du principal au taux du LIBOR + 100 BP au moment de la passation du contrat, c'est-à-dire le 22 avril 2008, réalise un coup de maître car les taux étaient historiquement bas à ce moment. Le résultat se lit dans l'encadré publié par le FMI, le taux d'intérêt des remboursements est de 4,4 %, ce qui augmente sensiblement l'élément don, car les Chinois voulaient utiliser le taux LIBOR du jour du remboursement et donc normalement sensiblement plus haut. Ensuite, c'est seulement pour ces prêts d'infrastructures publiques que la garantie d'État est donnée, c'est-à-dire où la Chine peut exiger que l'État congolais doive donner d'autres concessions minières s'il n'était pas en mesure de rembourser les dettes. Enfin le remboursement des travaux prioritaires, donc selon l'encadré de 375 millions USD et celui de la 'première' tranche des infrastructures doivent être remboursés à partir des profits générés par la production minière qui sont attendus à partir de 2013. Cependant la Sicomines devra utiliser 85 % de ces

[1] S. Marysse, "Le bras de fer entre la Chine, la RDC et le FMI : la révision des contrats chinois en RDC", *L'Afrique des Grands Lacs. Annuaire 2009-2010*, pp. 146-147.

bénéfices pour rembourser la première tranche des travaux d'infrastructures et non 66 % comme prévu dans la « Convention… », ce qui augmente la capacité de repayer les dettes plus vite que prévu en utilisant les bénéfices de la société minière au lieu d'augmenter le risque de transférer le remboursement sur la dette publique congolaise.

Tous les investissements miniers sont considérés comme des biens privés qui doivent plutôt répondre aux exigences du marché et il n'y a donc pas de garanties d'État pour ces investissements. La Chine peut exiger ici un taux d'intérêt plus haut (de 6,1 %) pour rembourser le principal et les capitalisations des intérêts de cet investissement minier.

En ce qui concerne les mérites de cette révision, il reste à mentionner que le texte du FMI est plus clair que l'Avenant sur différents points : le calendrier d'exécution des travaux et le remboursement, ainsi que les sommes engagées. Les travaux d'infrastructures doivent être réalisés dans les quatre années à venir (2014). C'est aussi le moment où le début des remboursements à partir de la production minière est attendu. Puis commence le remboursement des prêts pour les travaux d'infrastructures prioritaires (de 375 millions USD), et ensuite le remboursement des investissements miniers et ensuite les prêts travaux d'infrastructures restants, c'est-à-dire 3 milliards de dollars moins les 375 millions des travaux d'infrastructures prioritaires. Et c'est exactement dans le mot « restants » que plane le doute sur l'impact de cette révision.

Il est dit très clairement [selon le FMI] que l'accord sur les financements de l'infrastructure exclut « la seconde phase des projets d'infrastructure pour ne conserver qu'une phase unique pour un total de 3 milliards de dollars EU ». *La logique du FMI et son souci premier sont donc de limiter l'impact du contrat sino-congolais sur la formation de la dette, non de maximaliser l'impact sur le développement et la reconstruction du Congo.* En bonne logique, on peut comprendre qu'un pays qui sera admis à une remise de la dette dans le cadre des PPTE n'aille pas immédiatement se jeter dans un nouveau cycle de dettes. Le mérite revient au FMI d'avoir amélioré les conditions de prêts et de minimaliser les impacts sur la dette de l'État congolais vu le peu de possibilités qu'a eu ce dernier de rembourser les dettes dans le passé. Ce qu'on déplore dans cette révision est que la RDC a grandement besoin d'infrastructures publiques, car sans cela toute la reconstruction économique s'en trouvera ralentie.''

La conclusion que tire Stefaan Marysse de « l'affrontement » entre les trois protagonistes (RDC, Chine et FMI), qui a abouti à la signature de l'Avenant au contrat sino-congolais, semble être pertinente[1] :

"L'analyse du bras de fer entre la Chine, la RDC et le FMI penche nettement en faveur de ce dernier. La RDC a essayé à différentes reprises de maintenir le contrat dans sa forme convenue avec la Chine. La RDC se trouvait entre le marteau et l'enclume et elle n'avait que peu de marge de manœuvre, car ne pas accepter les changements apportés par le FMI voulait dire pas d'accord dans le Club de Paris, pas d'accès à la réduction substantielle de sa dette et pas d'accord pour l'entrée en vigueur du nouveau programme triennal avec le FMI/Banque mondiale (FPRC). Cela compromettrait d'autres formes d'aide de la part des bailleurs de fonds qui exigent souvent un accord préalable avec le FMI/Banque mondiale. Bien entendu la RDC a gagné suite à cette révision car les modalités de concessionnalité des prêts chinois ont été améliorées, mais elle a grandement perdu en ce qui concerne le montant d'investissements nécessaires pour reconstruire le pays.

La Chine par contre avait bien une porte de sortie, mais alors elle compromettait son accès aux matières premières dont elle a besoin pour alimenter sa croissance fulgurante. Elle a longtemps résisté à cette révision et ce n'est qu'à la toute dernière minute qu'elle a signé l'Avenant, lequel alors a débloqué l'accord sur l'allégement de la dette au sein du Club de Paris du 18 novembre 2009, et permis l'atteinte du « point d'achèvement » de l'initiative PPTE et l'IADM au sein des IFI.

Du point de vue maîtrise d'une dette supportable pour la RDC, on peut dire que le FMI a rendu un service appréciable en faisant en sorte que celle-ci ne rentre pas dans l'engrenage d'un nouveau cycle de dettes. En effet, la révision du contrat sino-congolais forcé par le FMI a clarifié bien de choses.

D'abord elle a introduit une logique claire. Un investissement privé étranger doit se rembourser soi-même et la garantie de remboursement ne doit pas être supportée par l'État congolais, mais c'est le principe de marché et le risque d'entrepreneur qui doit jouer ici. Ensuite, le Projet d'infrastructures publiques est bel et bien un projet d'aide à l'État congolais et donc il est logique que ce dernier

---

[1] S. Marysse, *op. cit.*, pp. 149-150.

rembourse l'argent et apporte des garanties pour ce remboursement. Le FMI enfin a fait en sorte que ces prêts chinois soient beaucoup moins onéreux pour l'État congolais en changeant les conditions de ces prêts chinois pour la construction des infrastructures. Le FMI a pu augmenter sensiblement la concessionnalité de ces prêts en abaissant le taux d'intérêt appliqué pour le remboursement du principal et des arriérés.

Cependant, du point de vue du développement congolais, il y a quand même une grande ombre qui plane sur cette révision. Rien n'a été fait pour qu'il y ait, par exemple, des garanties concernant la valeur ajouté créée par cette *joint venture*. Est-ce qu'on va exporter ces matières premières sous forme brute où y-a-t-il des garanties pour que l'emploi et la création de revenus soient maximisés au Congo ? Qui va payer et entretenir les infrastructures étant donné que les exonérations de taxes de la *joint venture* minière Sicomines restent très libérales ? A-t-on oublié que la Gécamines, en produisant dans les années de gloire 500 000 tonnes de cuivre annuellement, alimentait la caisse de l'État à concurrence de plus de la moitié du budget de celui-ci ? C'est cette production annuelle qui est prévue par le contrat sino-congolais mais rien pour la caisse d'État pendant les premières phases de l'opération, ce qui peut durer 25 ans ?

Enfin et surtout le FMI a seulement visé, non sans y rechercher aussi son intérêt propre, la viabilité/soutenabilité de la dette congolaise dans le court et moyen terme, mais elle l'a surtout fait en réduisant le nombre d'infrastructures qui auraient été construites et qu'elle a ramené de 6,2 milliards à trois milliards USD. Pourtant, on sait que la priorité des priorités de la reconstruction congolaise est la construction d'infrastructures et là on la prive, le Congo au nom de la viabilité de la dette de ce dont il a le plus besoin.

Si on peut comprendre logiquement que la capacité d'absorption de l'aide et donc de contracter de nouvelle dettes soient limitées, il est un peu amer de voir comment un petit pays relativement riche comme la Grèce peut attirer 30 milliards USD d'aide du FMI pour le redressement de son économie3 tandis que le FMI et donc la communauté internationale rechigne à propos des 3 milliards qui sont absolument nécessaires pour la reconstruction de la RDC. À titre d'exemple nous avons aussi développé le cas de l'ex-Allemagne de l'Est lors de la réunification de l'Allemagne après la période de la guerre froide. On a montré combien d'argent doit être investi si on veut vraiment reconstruire un pays. C'est à la lumière de cette réalité que nous avons commencé cet article en évoquant « l'effet Matthieu » : « Car on donnera à celui qui a et il sera dans l'abondance, mais à celui qui n'a pas, même ce qu'il a lui sera retiré. »''

5

Exim Bank of China et le financement dans l'exécution de la Convention de Collaboration

DIFFERENTS TYPES DE FINANCEMENT

Les travaux effectués en RDC par les entreprises chinoises ne sont pas seulement financés par le Programme sino-congolais dans le cadre de la Convention de Collaboration, mais parfois aussi avec les fonds provenant :

- des institutions financières non chinoises (par exemple la Banque mondiale),
- des pays étrangers (souvent des pays occidentaux partenaires traditionnels de la RDC),
- du mode BOT,
- du Fonds d'entretien routier (FONER),
- du gouvernement congolais.

Financement de la Banque mondiale

En dépit de leur hostilité avérée ou non envers les entreprises chinoises, les organismes occidentaux ont accepté que celles-ci, à la demande de la RDC, exécutent certains projets d'infrastructures.

C'est le cas de la Banque mondiale, qui intervient financièrement dans la réhabilitation de certaines avenues de Kinshasa. Pour ce faire, elle alloue des fonds à l'Unité de coordination des projets (UCOP, agence gouvernementale placée sous tutelle du Ministère du Plan), qui gère le Projet d'urgence à la réhabilitation urbaine et sociale (PURUS). Pour l'exécution des travaux, l'UCOP, depuis la signature de la Convention de Collaboration, conclut régulièrement des contrats avec des entreprises chinoises. Par exemple, le 6 octobre 2008, elle s'est entendu avec l'entreprise chinoise ayant gagné le marché, le 7ème Groupement de chemin de fer de Chine. Le 4 avril 2009, un autre contrat a été passé avec un groupe d'entreprises chinoises pour la réhabilitation de l'avenue Lukengo dans la commune de Limete. Un troisième contrat (de 17 millions USD), dans le même cadre, a été signé avec deux entreprises chinoises (Power Master Congo et China First High), pour l'exécution des travaux du 3ème lot du PURUS, concernant quelques avenues de la capitale.

Mais l'un des financements le plus visible de la Banque mondiale (36 millions USD), utilisé par une entreprise chinoise (Sinohydro), a été libéré en 2010, pour construire le « Pont du Cinquantenaire » sur la rivière Lwange entre la province du Kasaï Occidental et la province du Bandundu, construit par la société chinoise Sinohydro.

Financement BOT

Acronyme de l'anglais « *Build, operate, tranfer* » ou du français « Bâtir, œuvrer, transférer », le BOT est un mode de financement ou une politique d'investissement consistant à transférer la propriété d'une infrastructure après en avoir assuré la réalisation et l'exploitation pour une période donnée.

S'il veut répondre à ses besoins en infrastructures tout en contrôlant ses déficits, un Etat se doit de devoir faire appel à des investisseurs privés dans le cadre de partenariats public-privé (PPP). La forme de contrat communément utilisée dans cette perspective est donc le contrat de type « concession-BOT ». Dans les contrats BOT, des investisseurs privés financent tout ou partie d'une infrastructure en échange du droit de l'exploiter pendant la durée de la concession, en général de 30 à 99 ans. Quand celle-ci prend fin, l'infrastructure est remise au public.

En période de restriction budgétaire, ce type de contrat est attractif, car il permet de faire supporter le coût de l'investissement aux usagers via des péages sur les autoroutes, les ponts, les tunnels, ou directement en facturant les services tels que l'électricité ou le transport. La présence de péages ou de nouvelles tarifications réduit bien évidemment l'usage des équipements, ce qui heurte l'efficacité économique. Mais, même avec un prix de monopole, cette situation reste préférable à celle où l'infrastructure n'est pas construite.

Les contrats BOT existent sous plusieurs formes et sont utilisés partout dans le monde. Sur 4 300 projets recensés dans la base de données « participations privées dans les infrastructures » (PPI) de la

Banque mondiale, qui couvre 137 pays pauvres ou intermédiaires, plus de la moitié sont de type BOT. Dans les pays riches, ports, aéroports, autoroutes, tunnels, stations d'épuration, métros sont financés grâce à des BOT.

Dans aucun de ses articles, la Convention de Collaboration RDC-Chine n'évoque ce mode de financement, mais l'on peut noter qu'il est envisagé dans un accord bilatéral postérieur : « Accord de Coopération entre la Banque de Développement de Chine et le Gouvernement de la RDC », 30 juillet 2008. On peut y lire en effet :

''A long terme, sans préjudice de l'article 5 de l'Accord-cadre de Coopération de financement pour le Développement signé le 11 octobre 2007, les deux parties discuteront l'application du modèle de BOT pour soutenir les projets de la centrale hydroélectrique Inga, le port en eau profonde Banana et l'exploitation des mines de fer...''

D'autres projets, non compris dans cet accord, bénéficieront également du financement BOT dans leur réalisation ; citons-en quelques-uns :

- Construction du Pont Mpozo, travaux exécutés par CREC 7, coût : 21.000.000 USD ;
- Réhabilitation, renforcement, assainissement et réfection des ouvrages sur la RN1 : Kinshasa-Matadi, lot 1 : pont Mpozo – Nduizi (40 km) : 27.545.683 USD ;
- Modernisation des 10 km de la voirie de Matadi ;
- Construction de l'autoroute Lubumbashi-Kasumbalesa (en BOT avec l'entreprise COVEC et dont les travaux sont lancés).

Il faut noter que dans le cadre du financement en mode BOT, d'autres projets existent, notamment pour la réalisation de divers travaux sur la route Matadi-Kinshasa ; il s'agit, entre autres, de l'entretien régulier de la route Matadi jusqu'au pont Maréchal, de la modernisation de trois stations de péage et de pesage, de la construction de deux stations de péage, de la construction de voiries à Matadi, du financement des travaux de réhabilitation de la route en terre Kisantu-Ndinginga, etc.

En 2011, le BOT entrait pour 6 % dans l'exécution des travaux du programme sino-congolais.

Le financement FONER

Créé par la loi n° 08/006-A du 7 juillet 2008 et par le décret n° 08/27 du 24 décembre 2008, le Fonds national d'entretien routier (FONER) est un service public placé sous la tutelle administrative du Ministère des Finances et sous la tutelle technique des deux Ministères des Travaux publics et des Transports. Il a pour missions :

- la collecte des ressources financières,
- le financement de l'entretien et la protection des routes et voirie urbaine d'intérêt national,
- l'affectation de la quotité réservée aux provinces pour l'entretien et la protection des routes et voiries d'intérêt provincial et local.

A ce jour, le FONER n'est intervenu que dans le financement de deux petits projets impliquant une entreprise chinoise. Il s'agit de la sauvegarde du site érosif de Kindele à Kinshasa et de la route qui relie Kimwenza à Kinshasa dont l'état a été dégradé à la suite de l'érosion qui l'a coupée en deux. Les travaux de l'exécution de deux projets liés ont été effectués par l'entreprise chinoise ChangDa Highway Engineering Corporation (CGCD).

Le projet « Sauvegarde du site érosif de Kindele », dont les travaux ont été exécutés pendant 21 mois (au lieu de 4 mois prévisionnels), soit de novembre 2009 à août 2011, a coûté 5.698.013 USD (4.750.000 USD contractuels plus un avenant de 948.013 USD). Le projet « Reconstruction de la route de Kimwenza » (tronçon de 450 m à l'endroit du site érosif sauvegardé), lui, dont les travaux ne devaient durer qu'un mois, était estimé à 1.337.136 USD.

C'est vrai, cette intervention du FONER est mineure, voire négligeable, puisque, en 2011, elle n'entrait que pour 1 % dans l'exécution des travaux de la reconstruction nationale dans le cadre du Programme sino-congolais, mais elle a une certaine signification.

Les fonds propres du gouvernement congolais

A la signature de la Convention de Collaboration, il était prévu que les travaux de la reconstruction en RDC soient uniquement financés par Exim Bank via la joint venture minière (Sicomines). Mais cette institution financière ne s'exécutait pas toujours ou le faisait parfois en prenant tout son temps. C'est alors que, quand elle faisait défaillance, c'est le gouvernement congolais qui puisait dans ses fonds propres pour pallier le manque.

Ainsi, bien qu'exécutés par les entreprises chinoises, quelques projets ont été financés par le trésor public congolais. Parmi eux, la modernisation du Boulevard du 30 Juin à Kinshasa, Lot 1 : Gare Centrale – Socimat. Travaux réalisés par CREC, sur financement mixte (Programme Relais RDC : 25 841 000 USD et Sino-Congolais : 24 118 559,82 USD) ;

Au total, selon le ministère des ITPR, les travaux d'infrastructures à fin 2011 ont coûté 2.696,5 millions USD ; les sources de ce financement se répartissent comme suit :

- Financement sur Fonds propres de l'Etat congolais : 489,5 millions USD ;

- Financements extérieurs : 1.557 millions USD ;

- Financements Sino-congolais 650 millions USD.

Le financement sino-congolais

Le financement sino-congolais est naturellement le plus important du programme sino-congolais. Car, en termes de montants alloués, c'est cette source qui fournit évidemment le plus d'argent. Elle est suivie, de très loin, par le mode BOT, le Trésor public congolais et le financement FONER.

Ainsi, en 2011, elle a, selon l'ACGT, contribué pour l'exécution (par cinq entreprises chinoises : CREC 7, CREC 8, Sinohydro 1, Sinohydro 2 et Sinohydro 14) de 15 projets, à hauteur de 733,35 millions USD représentant 93 % du financement global (pendant la même année, les parts du mode BOT et du FONER ont été respectivement de 6 % et de 1 %, soit 49 millions USD et 7 millions USD).

En 2014, intervient le Trésor public congolais, et, toujours selon l'ACGT, la situation se présente de la manière suivante, reprise dans le tableau ci-dessous :

Répartition par source de financement 2009-2014

Financement	*Montant (en dollars)*	*Pourcentage (%)*
Programme sino-congolais	662 550 797,21	64
BOT	196 345 899,10	19
Trésor public	162 445 306,24	16
Foner	7 035 149,44	1

EXIM BANK OF CHINA, POUR FINANCER LE PROGRAMME SINO-CONGOLAIS

Le financement sino-congolais, que d'aucuns appelleraient (improprement) « financement chinois », consiste au financement des entreprises chinoises, via la Sicomines, par une institution financière chinoise agréée par Pékin.

Il s'agit ici de la *Banque d'Export-Import de Chine* (en pinyin : *Zhōngguó Jìnchūkǒu Yínháng*), plus connue sous son appellation anglaise de *The Export Import Bank of China*, en abrégé *China Exim Bank*, ou encore *Exim Bank of China*, ou simplement *Exim Bank* (orthographié aussi *Eximbank*), ou rarement *C-Exim* (pour China Exim Bank). C'est elle qui a été retenue depuis le début et pendant longtemps comme la seule banque chinoise engagée dans l'exécution des travaux définis dans la Convention de Collaboration.

Exim Bank est l'une des trois banques institutionnelles en Chine, avec la China Development Bank (CDB) et Sinosure. Subordonnées au Conseil d'Etat, toutes trois sont destinées à mettre en œuvre les politiques de l'État dans l'industrie, le commerce extérieur, la diplomatie, économie, et à fournir un soutien financier de la politique afin de favoriser l'exportation des produits chinois et des services.

Exim Bank, la CDB et Sinosaure sont donc des banques étatiques chinoises, donc des banques à caractère dit politique, entièrement détenues par l'Etat chinois et relevant directement de l'autorité du Conseil des Affaires d'Etat. L'on peut comparer leur notation internationale de solvabilité à la notation souveraine de la Chine.

Deux de ces banques, à travers lesquelles la Chine opère, les plus grandes, créées en 1994, sont actives en Afrique, la CDB et Exim Bank. A elles seules, elles font mieux que la Banque mondiale. Amine Ater[1] écrit :

‘‘Ces banques ont rapidement séduit en Afrique vu leur capacité à offrir aux gouvernements africains une alternative au système dominé par les banques occidentales qui imposent des conditions politiques et sociales contraignantes.

L'Eximbank ou C-Exim et la CDB détiennent aujourd'hui plus d'actifs que les actifs combinés des banques de développement multilatérales soutenues par l'Occident. En effet, les deux banques détiennent plus de 1,8 mille milliards de dollars en actifs à travers le monde, alors que les banques soutenues par l'Occident n'en détiennent qu'un peu plus de 700 milliards de dollars. Une force de frappe qui s'explique par le large éventail de produits financiers proposés par les « policy banks », notamment des financements concessionnels et non concessionnels.’’

C'est à travers ces deux banques que la Chine a mis au point sa politique africaine de financement d'ouvrages.

‘‘Les relations économiques sino-africaines ont toujours reposé sur le besoin en matières premières de Pékin et sa volonté d'en diversifier les sources. Un besoin qui a conduit la Chine à adopter une stratégie active vis-à-vis de l'Afrique, en tirant parti de la libéralisation opérée sur le continent suite aux différents programmes d'ajustement mis en place entre 1980 et 1990. La République Populaire de Chine (RPC) s'est également basée sur le Forum de coopération sino-africain, véritable plate-forme diplomatique qui a facilité un grand nombre d'investissements à grande échelle. Une fois les objectifs de coopération bilatérale fixés par le forum de coopération, les opérations des entreprises chinoises sont couvertes par les *policy banks*, avec l'Exim Bank en première ligne chargée de les financer. Pour mener à bien cette mission, la banque a décidé de dupliquer le modèle « prêts contre ressources ». Un mode de financement pratiqué par le Japon en 1970 dans plusieurs pays en développement (notamment en Chine). Ironie du sort, c'est aujourd'hui Pékin qui utilise ce procédé en Afrique.’’

---

[1] Amine Ater, « Banques : Eximbank et CDB, le duo de choc chinois », 28/03/2017, 17:35, *https://afrique.latribune.fr › Finances › Banques / Assurances*

Ce type de financement « prêts contre ressources » (ou « ressources contre financement »), écrit Amine Ater, ‘‘repose sur un accord conclu avec un gouvernement africain pour un programme d'infrastructures financé par des prêts chinois et réalisé essentiellement par des firmes chinoises. Un accord qui accorde au passage à une compagnie nationale chinoise le droit d'investir ou d'intervenir comme opérateur dans l'exploitation de ressources (pétrole, bauxite, chrome, minerai de fer, cacao...).''

Cette approche – « prêts contre ressources » – porte parfois, ou souvent d'ailleurs, le curieux nom de « financement angolais », puisque, comme l'écrit Amine Ater, l'Angola en est le plus grand bénéficiaire en Afrique[1] :

‘‘En 14 ans (2000-2014), les établissements bancaires chinois (publics) ont injecté pas moins de 86,3 milliards de dollars en crédits en faveur des gouvernements africains comme des entreprises nationales. L'Angola reste l'un des pays à avoir eu le plus recours aux crédits chinois avec une dette cumulée dépassant les 21,2 milliards de dollars depuis 15 ans, dont le quart est chinois. Luanda est suivie par l'Ethiopie avec 12,3 milliards de dollars, le Soudan 5,6 milliards, le Kenya avec 5,2 milliards ou encore la RDC avec 4,9 milliards de dollars.

La majeure partie de ces créances sont détenues par l'Exim Bank, puis par la China Development Bank (CDB).''

Exim Bank a naturellement son siège à Pékin, mais elle a ouvert des filiales commerciales et des bureaux de représentation dans d'autres endroits en Chine. À la fin de l'année 2016, elle compte 29 succursales nationales et un bureau de représentation national à Hong Kong. La Banque est également présente à l'étranger, où elle a érigé quatre établissements, à savoir la succursale de Paris (France) ouverte le 29 octobre 2013 pour les pays européens, le Bureau de représentation à Saint-Pétersbourg (Russie) pour les pays de l'ancien bloc soviétique et deux bureaux de représentation pour l'Afrique, un dans sa partie orientale et australe établi à Rabat (Maroc) le 28 mai 2015 et un autre pour le nord et l'ouest du continent installé à Johannesburg (Afrique du Sud) depuis 1999. L'on voit que c'est d'abord en Afrique que la banque chinoise avait ouvert sa première

[1] Amine Ater, « Banques : Eximbank et CDB, le duo de choc chinois », 28/03/2017, 17:35, *https://afrique.latribune.fr › Finances › Banques / Assurances*

représentation étrangère. L'on peut noter également que le Bureau de Johannesburg s'occupe de 26 pays anglophones du continent, tandis que celui de Rabat couvre 26 pays francophones d'Afrique (y compris le Maroc, l'Algérie, la Tunisie, etc.). La banque a également noué des relations avec plus de 300 correspondants bancaires dans le monde.

L'Exim Bank joue un rôle important dans le soutien du commerce extérieur et du développement économique de l'État chinois sur la scène mondiale. Elle finance le commerce des produits et équipements de haute technologie, contrats de construction offshore, projets d'investissement à l'étranger, et fournit des garanties internationales. En outre, Exim Bank a pour mandat de promouvoir l'accès à long terme de la Chine à des ressources naturelles stratégiquement importantes par les méthodes conventionnelles de crédit à l'exportation (CEA), une subvention dans laquelle une CEA assume le risque d'un emprunteur étranger, et non conventionnelles, telles que les prêts directs et les garanties de crédit.''

De façon générale, Exim Bank excelle dans les *principaux domaines d'activité* suivants[1] :

- l'octroi des crédits à l'importation et crédits à l'exportation, des prêts pour contrats de travaux publics ou investissements à l'étranger et des prêts préférentiels ;
- la rédaction des lettres de garantie internationale ;
- la rétrocession de prêts consentis par des gouvernements étrangers et des institutions financières ;
- les activités de règlements nationaux et internationaux et de services d'épargne d'entreprise proposées dans le cadre des prêts ;
- la levée de fonds sur les marchés de capitaux et les marchés monétaires nationaux et internationaux ;
- les prêts interbancaires internationaux, prêts syndiqués nationaux ou internationaux (organisation et participation) ;
- le crédit interbancaire au comptant et le rachat d'obligations en yuans ;
- les transactions de fonds en devises pour le compte de la banque et, sur autorisation de l'Etat, pour le compte de ses clients ;

[1] Amine Ater, « Banques : Eximbank et CDB, le duo de choc chinois », 28/03/2017, 17:35, *https://afrique.latribune.fr › Finances › Banques / Assurances*

- l'offre des services de vérification du crédit standing, de consultation, d'évaluation et d'attestation, entrant dans le cadre des activités de la banque ;

- les autres activités que la China Exim Bank s'est vue confiée ou autorisée à exercer.

En RDC, c'est Exim Bank qui finance les entreprises chinoises œuvrant dans l'optique du Projet de coopération. Pourtant, cette institution financière n'était pas partie prenante dans la Convention de Convention du 22 avril 2008, mais elle avait bien signé le Protocole d'accord du 17 septembre 2007 qui annonçait cette Convention. C'est peut-être pour rappeler que l'institution financière chinoise sera indispensable dans l'exécution du Projet de coopération que, en juillet 2008, le chef de l'Etat signe une ordonnance portant approbation de l'accord-cadre des prêts préférentiels entre la RDC et Exim Bank. A la même date, deux autres ordonnances sont publiées, qui portent respectivement autorisation de la création de la Sino-Congolaise des Mines (Sicomines), co-entreprise via laquelle Exim Bank agira, et sur des projets conclus dans le cadre des accords entre la Chine et la RDC.

LE CAS EXIM BANK ET LES OBSERVATIONS DE MOISE EKANGA DU BCPSC

Ayant été retenue depuis le début et pendant longtemps comme la seule banque chinoise engagée dans l'exécution des travaux définis dans la Convention de Collaboration, Exim Bank est apparue ainsi comme la source de financement naturellement le plus important du Programme sino-congolais. Car, en termes de montants alloués, c'est elle qui fournit évidemment le plus d'argent.

Depuis avril 2013, la presse a alarmé l'opinion en prétendant que Exim Bank, le prêteur attitré de l'argent pour l'exécution des travaux dans le cadre de la Convention de Collaboration, avait signé la mort de cette Convention, puisqu'elle ne la finançait plus. La presse ignorait – ou voulait ignorer – que l'institution financière chinoise, bien que la plus grande, n'était pas la seule fournisseuse en prêts, puisque, comme on l'a vu, le programme sino-congolais bénéficiait aussi d'autres sources d'argent, dont le gouvernement congolais, le la banque mondiale, mode BOT et le FONER.

Il est intéressant de revenir sur cette « information » sensationnelle de la presse – qui se révélera être une « fausse alerte » – pour comprendre que, avec ou sans Exim Bank, le programme sino-congolais allait continuer son bonhomme de chemin.

La presse annonce le retrait d'Exim Bank du Projet de Coopération sino-congolais !

Le jeudi 2 mai 2013, *Congonews*, un quotidien de la capitale, plutôt proche de l'opposition politique, produit, sous la signature de Paul Muland, ce titre-choc : « Fini le ''contrat chinois'' – Exim Bank se retire ».

Cet article, qui pose le problème du financement et de l'existence même de la Convention de Collaboration du 22 avril 2008, va faire la joie de l'opposition au régime de Joseph Kabila, laquelle va crier à l'échec de sa politique de développement ! En même temps, il va créer de l'émoi dans les milieux qui animent le contrat sino-congolais, notamment à l'ACGT, où les agents ont cru à la fin de leur emploi !

Il est important de reproduire ledit article, afin de répondre aux points litigieux.

''Kabila et son gouvernement viennent d'essuyer un échec de plus retentissant. Ils sont dans une impasse terrible. Et pour cause, le fameux « contrat chinois » – d'un montant initial de 9 milliards USD revu par la suite à la baisse pour 6.2 milliards USD sur conseil du Fonds monétaire international (FMI) – a du plomb dans l'aile après le retrait de China Export-Import (Exim Bank), l'unique financier de ce deal particulier où l'Etat s'était engagé à offrir ses mines contre un projet ambitieux de construction d'infrastructures.

Cette nouvelle a été annoncée dans *The European Financial Review* par Patrick Smith, qui s'appuyait sur une étude de l'influence de la Chine en Afrique publiée en mars par Johanna Jansson sous le titre « China in African : Think again ».

Cette nouvelle est une véritable bombe car Joseph Kabila avait fait du contrat chinois la pierre angulaire de son ambitieux programme de reconstruction appelé « Cinq chantiers » avant d'être rebaptisé « révolution de la modernité ». Le motif de cette rétractation de la banque chinoise se justifie par le risque trop élevé que comporte ce contrat après le retrait de la garantie de l'Etat opérée en 2008 suite aux recommandations des institutions de Bretton Wood. Interrogé par Johanna, Moïse Ekanga, le responsable du Bureau de Coordination et de Suivi du Programme Sino-Congolais, la vraie appellation du "contrat chinois", a affirmé que ce retrait découle du refus par le gouvernement de céder les 32 % de la Gécamines dans la Sicomines. Les investisseurs chinois voulaient absolument avoir 100 % de la Sicomines pour compenser l'absence de garantie de l'Etat.

La Sicomines est cette Joint-Venture qui garantissait les prêts chinois. L'Etat via la Gécamines y détient 32 % contre 68 % au consortium chinois. Elle a hérité de deux gisements riches en cuivre et cobalt, celles de Dikuluwe et Mashamba au Katanga. La dernière a été dépossédée à l'homme d'affaires belge Forrest qui continue à réclamer son dû estimé à 800 millions USD. Pour Exim Bank, le retrait de la garantie de l'Etat avait lézardé l'édifice. Et pour le consolider, les Chinois, en vrais capitalistes, ont exigé les 32 % de la Gécamines dans cette JV. De ce fait, les Chinois allaient contrôler la coentreprise à 100 % de telle sorte qu'on ne parlerait plus de JV mais d'une entreprise chinoise à part entière.

L'Etat n'a pas cédé à cette exigence d'Exim Bank, d'où l'impasse dans laquelle se trouve ce projet avec un décaissement qu'on peut qualifier de dérisoire. Sur les 3 milliards USD destinés aux projets d'infrastructures et sur les 3.2 milliards dédiés à l'érection de la mine, seuls à peine 468 millions USD en près de 5 ans ont été décaissés. Ce sont notamment les fameux « pas de porte » versés à la Gécamines : 175 millions USD.

Le différend entre le gouvernement et la banque chinoise a donc eu raison du « contrat chinois ». Le dernier signe qui atteste de la crédibilité de cette information, c'est la lettre qu'Exim Bank a adressé à la Snel (société nationale d'électricité) et dans laquelle elle l'informait de son retrait du projet de construction de la centrale hydroélectrique de Busanga, celle même qui doit fournir de l'énergie à la Sicomines. Pas d'énergie, pas de production de cuivre et, partant, pas de remboursement du prêt. Le projet est donc à l'arrêt. Joseph Kabila essuie là une déconfiture économico-politique majeure qui doit l'amener à reconsidérer sa stratégie en matière de développement des infrastructures. Selon des experts interrogés par *Congonews*, cela était prévisible, disent-ils. Le fait que le tout nouveau président chinois, Xi Ping, ait zappé la RD-Congo lors de son périple africain en dit long sur les rapports entre les deux Etats. Le président chinois a pris la peine de faire escale en Zambie pour souligner les liens forts qui existent entre les deux pays notamment dans les mines. Il s'est aussi rendu au Congo-Brazza. La Chine, faut-il le rappeler, s'était abstenue lors du vote au conseil de sécurité des Nations unies sur la mise sur pied de la Force neutre internationale pour combattre les mouvements rebelles qui écument l'Est de la République. Ceci mis ensemble avec cela, fait donc dire aux analystes avertis que la RD-Congo ne compte que pour du beurre dans ses rapports diplomatiques avec l'empire du milieu.

Avec cet échec du « contrat chinois », la RD-Congo vient de révéler qu'elle est incapable de garder même les investisseurs les moins rigoureux que sont les chinois. Aujourd'hui que le socle de la reconstruction selon la vision présidentielle est sérieusement compromis, il y a lieu d'initier un véritable débat national pour tirer les responsabilités des uns et des autres dans ce fiasco économique. Nos mines troquées aux Chinois contre les infrastructures étaient la panacée de Kabila pour résoudre la problématique de la carence en infrastructure. Le retrait d'Exim Bank est un désaveu à la politique de Kabila. Il faut que des explications soient fournies à l'opinion afin que des mesures palliatives soient prises.

Il sied de rappeler que « le contrat chinois » avait été signé dans des conditions contestables car en dehors des responsables gouvernementaux attitrés. Il a fallu une forte pression de la communauté internationale et de l'opposition pour qu'une version de ce contrat soit débattu en plénière à l'Assemblée nationale. Avec ce contrat le gouvernement avait promis monts et merveilles à la population notamment la construction des plusieurs kilomètres de route, la construction des plusieurs kilomètres de rail pour relier Lubumbashi à Matadi en passant par les deux Kasaï et le Bandundu, l'érection des universités et hôpitaux à travers la République ainsi que la construction des barrages hydroélectriques.

Le bilan du « contrat chinois » s'impose donc pour savoir de quoi il retourne exactement plus de 5 ans après son entrée en vigueur. A ce jour, selon Moïse Ekanga lors du débat public sur le « contrat chinois» organisé par l'ITIE-RDC en novembre dernier, il a ventilé les dépenses comme suite : sur le volet infrastructure du contrat chinois, seulement 468 millions USD ont été dépensés. A peu près 100 millions pour l'hôpital du Cinquantenaire, 54 millions pour le boulevard du 30 juin, 44 millions pour l'avenue du Tourisme, le tronçon Lubumbashi Kasomeno pour 135 millions et la bretelle Beni-Luna pour 64 millions. On est loin du compte des 3 milliards USD.

Des questions demeurent tout de même sur le sort des sommes déjà décaissées par les Chinois tant sur le volet infrastructure que sur le volet construction de la mine où on nous apprend que 548 millions ont été libérés notamment pour actualiser les études de faisabilité de la mine. Quoi qu'on dise, il y a dans ce « contrat chinois » trop de zones d'ombres, et c'est la réponse des responsables gouvernementaux comme le ministre des Mines Martin Kabwelulu où celui des Infrastructures Fridolin Kasweshi qui doivent éclairer la lanterne des Rd-congolais.

En tous les cas, le retrait d'Exim Bank vient de porter un coup dur à Joseph Kabila et son projet de reconstruction. Le gouvernement est dos au mur car il ne peut pas accéder à l'exigence des Chinois alors qu'il est en train de négocier un programme économique formel avec le FMI après l'échec du PEG II. D'où la nécessité de définir une nouvelle stratégie de construction des infrastructures.''

Congonews ne semble pas être le premier journal à évoquer la fin du contrat sino-congolais. L'on sait qu'il se base sur *The European Financial Review* pour avancer ses affirmations. Mais un mois auparavant, un autre journal congolais, *Les Médias du Citoyen* (9 avril 2013), sous la signature d'Achille Ekele, JDC/Ifasic, titrait : « RDC : le contrat chinois s'estompe ». Dans l'article, on pouvait lire :

''La présence des entreprises chinoises, qui opèrent depuis 2006 à Kinshasa dans le cadre du programme gouvernemental de la reconstruction nationale, devient de moins en moins perceptible sur le terrain des travaux publics, à travers la capitale de la RDC. Sur les quelques chantiers encore ouverts, notamment au niveau de l'Echangeur de Limete, le long de la nationale 1 qui mène à l'aéroport international de Ndjili ou le long de l'Avenue By-Pass dans la commune de Lemba, les mouvements des engins et des travailleurs deviennent quasi-rares. *« Les Chinois sont en train de déserter leurs sites »*, remarque-t-on à travers la ville. Juste après l'élargissement de quelques artères principales de la ville de Kinshasa, les travaux des *« cinq chantiers »* ont tendance à se ralentir sensiblement, comme si leur financement ne suivait plus.

Dans les milieux de l'opposition politique, l'on n'arrête pas d'arguer que les institutions financières de Bretton Woods ont tellement mis la pression sur l'actuel régime congolais pour avoir signé un contrat avec Pékin que le gouvernement congolais a fini par jeter l'éponge.''

Après *Congonews*, *Le Phare* (7 mai 2013). Se basant lui aussi sur les élucubrations de *The European Financial Review*, le quotidien kinois reprend « l'information » sous le titre : « Contrats chinois : Exim Bank bloque ! » Voici le contenu de l'article (signé Kimp) :

"La nouvelle se chuchote dans la ville haute, encore sous forme de rumeur. En dehors du pays pourtant, des médias périphériques soutiennent que les fameux « Contrats chinois » conclus en 2007 en vue de financer les travaux d'infrastructures à travers le pays, seraient en panne. Ceux qui ont lu la dernière édition de « The European Financial Review » soutiennent que l'information ne fait l'ombre d'aucun doute.

On laisse entendre que Exim Bank, l'institution financière chinoise qui devait mettre la main à la poche, a donné un brutal, coup de frein au processus de décaissement. Pourtant, il était entendu qu'elle puisse disponibiliser un fond estimé au départ à 9 milliards de dollars américains puis revu à la baisse à hauteur de 6,2 milliards Us à la suite des remous suscités par le bradage des minerais congolais au niveau des capitales occidentales et des Institutions de Bretton Woods, notamment le Fonds Monétaire International.

La fermeture du robinet d'Exim Bank serait liée, indique-t-on, au refus de Kinshasa de céder à la partie chinoise les 32 % des parts de la Gécamines : Sicomines, la joint-venture censée piloter l'exécution du contrat entre l'Etat congolais et les investisseurs chinois. Ceux-ci, indique-t-on, tenaient à contrôler à 100 % le capital de Sicomines. Il y a aussi la décision de l'Etat congolais portant retrait de sa garantie depuis 2008, sur insistance des institutions de Bretton Woods.

La peur d'Exim Bank se fondait sur le risque de travailler, sans la moindre couverture des aléas du secteur minier, un domaine où les chutes brutales des cours font parfois des malheurs dans les rangs des Etats comme des multinationales.

S'agissant de la mobilisation effective des fonds, il semble qu'Exim Bank, rendue fort prudente et méfiante par l'Etat congolais, n'a décaissé jusque-là, en tout et pour tout que 368 millions USD en cinq ans, ce qui représente à peine le 1/10 des fonds promis à l'Etat congolais. D'où, l'opinion congolaise ne devrait pas être surprise par' la lenteur des travaux sur de nombreux chantiers et la fermeture de plusieurs autres.

On croit savoir que les prétentions de Sicomines sur l'actionnariat conclu avec l'Etat congolais découlent des habitudes constatées chez les négociateurs congolais, à savoir la signature des contrats léonins au mépris de la, loi. Alors que celle-ci dispose que dans l'optique d'une société d'économie mixte, l'Etat congolais contrôle au moins 51 % du capital, l'on en est aujourd'hui à la conclusion des partenariats gagnants-

gagnants où la RDC se retrouve avec 30 ou 20 % des parts. On ne devrait pas se scandaliser de voir Sicomines réclamer carrément les 100 % des parts.''

Pendant au moins une semaine, « l'information » donnée par *Congonews* et *Le Phare* va être reprise abondamment par quelques autres organes de presse et surtout par les sites internet, le plus souvent d'obédience antikabiliste. Il fallait au plus vite dénoncer la « désinformation ». C'est ce à quoi va laborieusement s'atteler le Secrétaire exécutif du BCPSC.

La réplique de Moïse Ekanga : ''Le programme sino-congolais continue. Exim Bank n'y est pas partie prenante !''

Après avoir pris connaissance de l'article « dévastateur » de *Congonews*, tous ceux qui s'intéressent, de loin ou de près, au Programme sino-congolais, se tournent vers Moïse Ekanga, son principal animateur. Celui-ci est appelé avec diligence à confirmer ou à infirmer les propos de Paul Muland.

Avec son sang-froid et son assurance habituels, Moïse Ekanga répond volontiers aux différentes inquiétudes. C'est ainsi que, le lundi 6 mai, quatre jours après la publication de l'article de *Congonews*, il s'adresse, pour la première fois, à la direction de l'ACGT. Le lendemain 7 mai, il réunit les cadres du BCPSC. Partout, il fournit les plus amples explications sur le projet sino-congolais, des explications qui vont montrer que le « scoop » de *Congonews* n'en est pas un, et qu'au contraire il ne signifierait que méconnaissance du dossier ou mauvaise foi d'un organe de presse en mal de sensation.

Tout d'abord, souligne le Secrétaire exécutif du BCPSC, l'opinion doit retenir qu'Exim Bank of China ne fait pas partie de la Convention de Collaboration, puisqu'elle ne figure pas parmi les signataires de cet accord bilatéral. En effet, la Convention est conclue entre deux parties, la partie congolaise représentée par le ministre des ITPR et la partie chinoise formée par un groupement d'entreprises, dont les plus importantes sont Sinohydro et CREC.

Dans la Convention, continue Moïse Ekanga, chaque partie a ses obligations. Les Congolais s'engagent à fournir aux Chinois les ressources minières non ferreuses localisées au Katanga. Les Chinois, eux, promettent de construire les infrastructures de base en RDC, des infrastructures qui seront financées par une ou des institutions qu'ils trouveront eux-mêmes. Les Chinois ont naturellement trouvé une banque de chez eux, Exim Bank. Celle-ci n'est donc pas directement liée avec la RDC, mais fait équipe avec les entreprises chinoises engagées dans la construction d'infrastructures en RDC.

Pour garantir le remboursement des infrastructures, Chinois et Congolais ont mis sur pied une joint-venture, une société mixte de droit congolais qui porte le nom de la « Sino-congolaise des Mines », Sicomines en abrégé. Dans cette institution, la RDC, par le biais de la Gécamines, une entreprise publique, détient 32 % des parts, tandis que les Chinois contribuent pour le reste du capital. Au départ, et pendant deux ou trois ans, Exim Bank va se prêter au jeu, en finançant, pour le compte des entreprises chinoises, les infrastructures, celles-ci étant parfois financées par l'Etat congolais dans le cas où l'institution financière chinoise ne juge pas nécessaire d'intervenir. Au fil du temps, Exim Bank, croyant avoir le monopole du financement chinois, va devenir exigeante, en tentant d'imposer des nouvelles règles du jeu dans la Convention de Collaboration qu'elle n'avait pas signée. L'une de ses exigences sera celle de déposséder la RDC de ses parts dans la Sicomines, et de faire de celle-ci une société à 100 % chinoise ! Inacceptable pour l'Etat congolais, qui ne voudrait pas brader le patrimoine national, lui que ses opposants nationaux et internationaux avaient accusé d'avoir signé un contrat profitable aux Chinois !

Pour exprimer son mécontentement, Exim Bank, dans une lettre écrite en 2011 à la SNEL, renonça au financement des barrages de Zongo II au Bas-Congo et de Busanga au Katanga, et ne se manifesta plus dans d'autres projets. L'on ne peut pas dire qu'elle se retira de la Convention de Collaboration dont elle ne fait pas partie, et que son refus de participer au financement des projets ne condamnait pas l'ensemble du Programme sino-congolais !

Le « retrait » d'Exim Bank, s'il faut parler ainsi, devrait être compris comme une mise à mal d'une des principales obligations du groupement d'entreprises chinoises, consistant à trouver de l'argent auprès d'une institution pour financer les infrastructures. La RDC vint, en quelque sorte, au secours de ses partenaires (entreprises chinoises), en leur cherchant d'autres éventuels financeurs. Elle en retint alors deux, la Bank of China et la China Bank of Development (CBD), qui acceptèrent d'intégrer « l'aventure » sino-congolaise. Mais dès qu'Exim Bank apprit qu'elle allait être remplacée, elle revint dans la danse (un peu comme un mari qui, en répudiant sa femme, aurait voulu que celle-ci soit condamnée à la solitude ; mais quand il apprend que l'épouse abandonnée veut s'envoler avec un autre homme, il revient auprès d'elle pour empêcher la nouvelle liaison) ! Dès lors, les parties chinoises prenantes au contrat historique du 22 avril 2008 se retrouvent avec trois banques prêtes à financer les infrastructures ! Bien plus, Exim Bank voudrait qu'elle redevienne l'unique financeur, mais c'est à l'Etat congolais d'en décider !

L'analyse de Paul Muland, tendancieuse dans son fondement, s'appuierait donc sur la position ancienne d'Exim Bank, une position qui a évolué et qui n'a pas été remarquée ! En concluant que le retrait d'Exim Bank du Projet de coopération sino-congolais signifiait la mort de celui-ci, il avait tout simplement tort. L'article n'informait pas le public, mais le désinformait !

Moïse Ekanga : ''Exim Bank voulait que la Sicomines devienne 100 % chinoise. L'Etat congolais a dit non !''

Mais la publication de ce texte était, en quelque sorte, un « mal nécessaire », puisqu'il va permettre au Secrétaire exécutif du BCPSC d'expliquer avec force détails ce qu'est la Convention de Collaboration signée en 2008 entre la République et un groupe d'entreprises de Chine. Ainsi, le mardi 12 mai, Moïse Ekanga revient sur « l'affaire Exim Bank », dans une interview accordée à *Radio Okapi*. Au cours de l'entretien, le responsable du BCPSC dément naturellement les informations selon lesquelles Exim Bank refuserait désormais de financer les travaux de construction entrepris par les sociétés chinoises engagées dans le partenariat sino-congolais.

D'après lui, il ne s'agit là que de rumeurs. Moïse Ekanga précise en outre qu'il n'y a pas d'accord direct entre Exim Bank et la RDC dans le cadre du programme sino-congolais actuel. En effet, Exim Bank n'était pas signataire de la Convention de Collaboration ; pourtant, cette institution financière publique chinoise est devenue, il est vrai, la principale pourvoyeuse des fonds dans le projet Sicomines. Les financements liés tant au développement de la mine qu'à celui des infrastructures sont soumis à l'approbation préalable de la Commission Nationale du Développement et de la Réforme de la

Chine qui se trouve être une institution étatique chinoise. Partant, on aura noté que les deux gouvernements sont impliqués dans le projet à partir des contacts diplomatiques jusque dans la mise en œuvre du projet proprement dit par différents services attitrés.

Et le Secrétaire exécutif du BCPSC de poursuivre :

''Dans le cadre du programme sino-congolais, il y a deux parties prenantes à la convention. Il y a un groupement d'entreprises chinoises qui, elles, sont chargées d'apporter le financement, et il y a la République démocratique du Congo qui, elle, a mis une concession minière à la disposition des entreprises chinoises, via une JV (Joint-venture) d'exploitation minière, la Sicomines. Il n'y a pas d'accord, dans le cadre du projet de coopération sino-congolais, entre Exim Bank et la République démocratique du Congo, mais c'est entre la République et les entreprises chinoises.''

Moïse Ekanga livre l'information la plus importante qui explique le malentendu : dans les correspondances qui ont suivi la Convention, dit-il, ''la Banque chinoise avait, en 2011, demandé à la Gécamines de céder ses 32 % des parts dans la Sicomines afin que cette dernière devienne 100 % chinoise.''

Selon le responsable du BCPSC : ''la banque chinoise n'avait pas fait cette demande directement à la République, mais plutôt aux entreprises chinoises engagées dans le partenariat sino-congolais.''

Mais, mis au courant, l'Etat congolais, indique Moïse Ekanga, ne pouvait accéder à cette demande osée :

''Etant donné que les entreprises chinoises, en tant qu'actionnaires de Sicomines, au même titre que la Gécamines, déposent des garanties auprès d'Exim Bank, cette dernière voulait que la Gécamines apporte aussi des garanties. Nous avons dit que ce n'était pas prévu dans les accords, notamment dans la Convention de Collaboration. Et c'était en 2011. Depuis lors, cette question a été réglée, les entreprises chinoises ont compris…''

C'est à ce niveau que le Secrétaire Exécutif du BCPSC révèle : ''Avant la mise en production de la Sicomines, il est prévu qu'on puisse décaisser à peu près 1 milliard de dollars américains. Et dans le 1 milliard, aujourd'hui, les paiements qui sont effectués sont de l'ordre de 750 millions de dollars''.

Par ailleurs, Moïse Ekanga affirme que des projets comme la réhabilitation de la piste de l'aéroport international de Ndjili et la construction du barrage hydroélectrique de Zongo II ''sont en train d'être financés conformément au chronogramme établi par les deux parties'', entendez la RDC et Exim Bank. Il termine son intervention en ces termes :

''J'insiste pour dire qu'on n'a pas de problèmes avec Exim Bank... Il n'y a pas d'accord, dans le cadre du Projet de coopération sino-congolais, entre Exim Bank et la République, mais c'est entre la République et les entreprises chinoises.''

''Exim Bank continue de financer les entreprises dans la construction d'infrastructures en RDC''

Le jeudi 16 mai 2013, les propos du Secrétaire exécutif du BCPSC sont corroborés par le Gouvernement de la République, par la voie de son porte-parole, le ministre des Médias Lambert Mende Omalanga. Notamment, celui-ci annonce que la banque chinoise Exim Bank a ''déjà décaissé 750 millions USD sur le milliard prévu dans le cadre du contrat sino-congolais.'' Il dément ainsi la rumeur persistante faisant état d'un « retrait de la banque chinoise Exim Bank du partenariat sino-congolais » :

''Exim Bank continue de financer non seulement les entreprises chinoises engagées dans la construction d'infrastructures en RDC, mais finance directement d'autres projets de construction tels que la réhabilitation de la piste de l'aéroport international de Ndjili et le projet de construction du barrage hydroélectrique de Zongo II. Exim Bank ne s'est donc pas retirée du partenariat sino-congolais.''

Dans une conférence de presse, le porte-parole du Gouvernement congolais précise et assure :

''Le partenariat sino-congolais n'a pas été directement établi entre Exim Bank et l'Etat congolais, mais plutôt entre ce dernier et un groupe d'entreprises chinoises qui, elles, sont financées par Exim Bank.

Il y a certes eu certains débats entre partenaires, notamment Exim Bank avait souhaité en 2011 que la Gécamines puisse céder ses 32 % des parts dans la Sicomines pour que celle-ci fût 100 % chinoise. Ce débat a été clos et la question a été réglée depuis lors. Tout le reste, c'est de la rumeur mensongère''.

Auparavant, le mardi 7 mai, le Premier ministre Matata Ponyo avait quelque peu semé le trouble, en ne confirmant ni en infirmant la rumeur du retrait d'Exim Bank. En effet, sur les antennes de *Radio Okapi* de la Mission de l'Organisation des Nations unies au Congo (MONUC), il avait déclaré que le partenariat qui lie la République démocratique du Congo à la République populaire de Chine à travers un certain nombre de contrats est devenu une ''question qui nécessite un examen en profondeur''.

Avant d'expliquer :

''Comme vous le savez, il y a beaucoup d'entreprises qui sont sur place et qui travaillent avec nous. Il y en a qui travaillent avec des financements de ce partenariat avec la Chine et celles qui travaillent avec le financement du gouvernement. Disons que c'est une question d'actualité, nous continuons à y travailler. Peut-être dans les jours à venir, nous vous donnerons une réponse beaucoup plus appropriée''.

C'est donc au cours d'une réunion du 16 mai, dont le compte était rendu par le ministre des Médias, que le malentendu était levé.

Du « chantage » des entreprises chinoises à travers Exim Bank ?

Exim Bank a-t-elle réellement voulu chercher à divorcer d'avec la RDC ? Si oui, pourquoi cette volte-face, après cinq ans d'un engagement loyal avec la RDC ? Serait-ce une sorte de caprices d'une entreprise qui s'estime non satisfaite de son partenaire ? Serait-ce tout simplement du « chantage » fait au partenaire qui n'accomplit pas correctement ou complètement sa part du contrat ?

Cette dernière hypothèse est sérieusement avancée par certains. Comme l'expert-juriste Didier Bazola de Lubumbashi, haut cadre du secteur minier à la Fédération des entreprises du Congo / Katanga. Pour ce spécialiste en matière de transactions dans le secteur minier[1] :

''Le consortium des entreprises chinoises, à travers Exim Bank, a essayé de faire du chantage sur le gouvernement congolais, mais malheureusement ce chantage a échoué.

Au départ le « contrat chinois » (appelé comme tel) est un contrat passé entre un groupe d'entreprises chinoises dont Exim Bank et la RDC

[1] Divorce entre Exim Bank et la RDC ? L'expert-juriste Didier Bazola contextualise les faits, *www.desc-wondo.org*, le 16 mai 2013.

et prévoyait la construction des Infrastructures en échange des gisements miniers mais que les gisements à mettre à la disposition du groupe chinois devait avoir des réserves prouvées de plus de 10 millions de tonnes de cuivre et que si jamais ces gisements n'avaient pas ce minimum en termes de réserves, le Gouvernement de la RDC donnait sa garantie de compenser ce déficit en donnant au groupe chinois d'autres gisements devant compléter le manque de réserves.

Après que sous la conduite de Dominique Strauss Khan (DSK) avec le FMI, ce contrat a été reformulé et la garantie de l'Etat congolais de pourvoir à d'autres gisements élaguée (signalons au passage la délicatesse de DSK qui a pesé de tout son poids pour la revisitation dudit contrat, laquelle revisitation devait permettre l'élection de la RDC à l'IPPTE – Initiative de Pays Pauvres Très Endettés – en vue de l'effacement de sa dette de plus de 10 milliards USD. Et que malgré cette revisitation le gouvernement canadien a failli faire échec à l'élection de la RDC à cette initiative à la suite du contentieux avec le groupe minier canadien First Quantum Mining. DSK s'est imposé à ce que l'élection de la RDC se fasse au motif qu'il avait sa promesse au Gouvernement Muzito).

Par la suite, le Groupe chinois a essayé de faire pression pour que la Gécamines cède ses 32 % d'actions détenues à la Sicomines (la Joint-venture née de ce contrat chinois) pour compenser la garantie de l'Etat congolais, exigence à laquelle la RDC n'a pas cédé ; à raison du reste parce que la question des réserves, comme l'avait, en son temps, relevé les experts du FMI, devra être réglée par l'étude de faisabilité qui est faite et financée par les Chinois. C'est donc l'étude de faisabilité d'une mine qui est sensée déterminer et donner des informations sur les réserves géologiques et non pas une quelconque garantie de l'Etat. Ainsi Exim Bank a annoncé son intention de sortir du groupe d'entreprises chinoises à ce contrat avant de se rétracter.

Soit dit en passant (…) sur les 6 milliards USD du contrat revisité, seuls 468 millions USD ont été débloqués à ce jour, à raison de 100 millions USD pour la construction de l'Hôpital du Cinquantenaire (en face du Camp Kokolo), 54 millions USD pour la modernisation du Boulevard du 30 Juin à Kinshasa qui ne représente qu'un peu moins de 5 km, 44 millions USD pour la construction de l'avenue du Tourisme (Mont Ngaliema-Kinsuka), 135 millions USD pour le tronçon Lubumbashi-Kasomeno (plus ou moins 90 km, c'est la première étape du tronçon qui est sensé relier Kasumbalesa à Kisangani) ainsi que 64 millions USD pour la construction du tronçon Beni-Luna. On est encore très loin de la matérialisation dudit contrat.''

A la suite du juriste Didier Bazola, le géologue Domy Sambwa, tous deux anciens de la Congolaise des Mines et de Développement (COMIDE), apporte ses éclaircissements sur le cas Exim Bank[1] :

‘‘Une étude de faisabilité permet entre autres de déterminer la réserve minière, le niveau de production escompté sur base du procédé métallurgique qui serait retenu pour le traitement des minerais extrais, les usines et infrastructures à implanter, les études sociales et environnementales à prendre en compte et le niveau d'investissement à consentir pour la construction de la mine, des usines de traitement et des infrastructures ainsi que le fond de roulement initial.

En théorie, une banque ne s'engage dans un financement minier que lorsque les ressources ou les réserves sont définies et l'étude de faisabilité publiée. Parce que l'étude définit notamment la période de remboursement des fonds obtenus.

Au point des ressources géologiques il ne peut s'agir que des ressources classifiées suivant les codifications internationales. *Ce qui n'est pas le cas avec la majorité des ressources Gécamines qui ont été définies suivant un protocole « maison » non homologué par les systèmes internationaux.* Pour le cas d'espèce, il me souvient que la Gécamines avait eu à obtenir 4 millions de tonnes de cuivre en réserves prouvées pour les transférer à la joint-venture Sicomines. Aussi dans ses pratiques courantes, la Gécamines procède toujours par un contrat préliminaire créant le cadre pour déterminer les réserves minières au terme des études de faisabilité. Et en général ces études sont financées par les partenaires.

La joint-venture est créée lorsque les réserves minières sont connues ainsi que le niveau d'investissement requis pour mettre la mine en service. Les entreprises chinoises auraient-elles entraîné Exim Bank comme institution financière devant garantir le financement des opérations et du projet dans son entièreté ? Si tel est le cas, Exim Bank devrait en effet exiger des garanties pour ne pas faire un investissement à fond perdu dans un programme d'exploration des gisements dont les ressources ne sont pas classifiées. Et si les 4 millions répondaient à cette préoccupation, l'exigence des 32 % des parts de la Gécamines dans Sicomines n'a pas de sens ! Mais les gisements affectés à ce projet ont un potentiel connu.

Même si leurs ressources peuvent être controversées, *l'expérience a montré que les ressources évaluées au terme des procédures des codes internationaux actuels ne font pas un grand écart avec les ressources estimées par la Gécamines* au travers de son protocole « maison ». Et

[1] Divorce entre Exim Bank et la RDC…, *www.desc-wondo.org*, le 16 mai 2013.

souvent, cet écart est positif. *La fameuse garantie de l'État n'a pas de sens dans un processus comme celui-ci.*

Les ressources géologiques sont un don de la nature et nul ne peut prévoir au départ qu'un tel tonnage serait garanti. Cela est d'autant plus critique que presque l'ensemble des concessions minières du pays a été attribué soit pour l'exploration (nul n'en connait la ressource) soit pour l'exploitation (et *je ne vois pas quelqu'un céder son potentiel a posteriori pour tirer l'Etat d'affaire à moins qu'il ne s'agisse d'un fait de prince…* arracher le potentiel « quia nominor leo »… et le climat des affaires…) et les ressources minières de la RDC ne sont pas connues par manque de structures adéquates d'exploration à l'échelle nationale.

Ce fameux « contrat chinois » semble être une opportunité pas commune ! 10 millions de tonnes de cuivre peuvent être exploitées en 40 ans si le processus mis en place est semblable à celui de TFM (Tenke-Fungurume Mining), c'est-à-dire 250 mille tonnes par an, cela équivaudrait à encaisser le chiffre d'affaires correspondant dans les 40 ans ! Et la construction du Barrage de Busanga aurait permis la fourniture en énergie électrique requise pour ce faire. Et *10 millions de tonnes de cuivre au cours actuel des métaux représenteraient 80 milliards de dollars américains de chiffre d'affaires* mais le cours des métaux ne peut pas rester stable sur toute la durée de vie du projet ; il faut envisager une baisse du prix du cuivre après que l'émergence de la Chine et l'Inde ait atteint un point d'équilibre. Donc il faut compter avec quelques 60 milliards USD au plus optimiste !! *Le bénéfice lié à un tel chiffre d'affaires serait de l'ordre de 20 % soit environ 12 milliards de dollars américains sur 40 ans soit encore 300 millions USD par an.*

Obtenir une avance de 6 milliards USD soit 50 % des bénéfices escompté en 40 ans au bout de quelques années pour construire des infrastructures en plus des unités de traitement qui seraient construites au Congo donc générant de l'emploi et des taxes sur la rémunération et autres effets d'entrainement (on ne sait pas si ce contrat prévoyait que Sicomines soit assujettie au régime fiscal normal), ça paraît être équitable… et un bon « deal » ! Maintenant si seule Exim Bank en tant qu'institution financière devant garantir le financement de ce projet se retire, les autres sociétés chinoises devraient trouver un autre partenaire financier sinon le projet est en porte-à-faux ! D'autre part, l'utilisation des 480 millions USD initial laisse un arrière-goût d'abus! 54 millions USD pour faire 5 km d'une simple route multipiste ?!!''

A qui aurait profité – ou profiterait – un éventuel désengagement financier chinois ?

Introduisant l'interview, le 12 mai 2013, à *Radio Okapi*, du responsable du BCPSC, Omer Nsongo die Lema se demande ce qui pousse l'opposition à s'en prendre au Programme sino-congolais[1] :

''La fausse nouvelle de capotage du partenariat sino-congolais qui réalise les « Cinq chantiers » de la reconstruction de la RDC a paru réjouir des éternels grincheux jaloux du succès visible là-dessus du président Joseph Kabila et sa famille politique, alors que le pays tire d'indéniables bénéfices du contrat concerné via la banque chinoise Exim Bank.

Après tout, les routes, les écoles, les hôpitaux, les centrales hydroélectriques financés dans le cadre du « contrat chinois » appartiennent aux Congolais et non à Joseph Kabila, même s'ils sont à mettre au crédit du chef de l'Etat et de sa famille politique !

En fait, les Zaïrois qui s'étaient réjouis entre 1990 et 1997 de la suspension de la coopération structurelle semblent n'avoir tiré aucune leçon des effets négatifs qui continuent de se manifester une vingtaine d'années après sur le vécu quotidien…

Depuis une dizaine de jours, Internet bruisse de rumeurs sur le désengagement de la banque chinoise « Exim Bank ». Ceux qui semblent connaître tout de la convention conclue entre la RDC et le regroupement d'entreprises chinoises impliquées dans le cadre des « 5 Chantiers » ont excellé dans les « révélations » visant à discréditer le Président Joseph Kabila et la Majorité présidentielle.

Il a fallu la mise au point de Moïse Ekanga, rendue publique le 13 mai 2013, par le site www.radiookapi.net...''

Puis, après avoir repris les extraits de l'interview accordée à la radio onusienne en RDC, Omer Nsongo die Lema clôt le débat :

''Maintenant que ce qui devrait être dit est dit et que toute insistance de soutenir le contraire relève simplement de la mauvaise foi, on ne peut que se demander si les Congolais devraient se réjouir du retrait d'Exim Bank, si retrait il y a ! Car, il est de notoriété publique qu'en 50 ans d'indépendance, il n'y a jamais eu en RDC

[1] « Peut-on vraiment se réjouir du retrait d'Exim Bank, si retrait il y a ? Parlons-en, et alors parlons-en courageusement… », *Digitalcongo.net*, 18 mai 2013.

autant d'investissements en infrastructures que sous le régime Joseph Kabila, et encore depuis 2007 !

On peut tout dire jusqu'à se livrer à des spéculations, le rythme de construction des routes, des écoles, des hôpitaux, des centrales hydroélectriques, etc., observé au cours de ces six dernières années n'a pas de commune mesure avec ce qui a été fait entre 1960 et 2007.

Et encore, dans un contexte bousculé par le « débat démocratique» et l'insécurité réputés en RDC comme facteurs de démobilisation, d'inhibition...

On se souviendra que six mois seulement après l'aventure imposée à la RDC par le M23, le Premier ministre Augustin Matata Ponyo situait déjà l'effort de guerre à près de 120 millions USD. On imagine seulement ce que le pays aurait gagné en termes d'investissements dans la construction d'autres routes, d'autres écoles, d'autres hôpitaux, d'autres centrales hydroélectriques etc. !

La question de fond reste toutefois posée : à qui appartiennent tous ces investissements financés dans le cadre du contrat chinois ? A ce que l'on sache, pas à Joseph Kabila, encore moins à sa famille politique, quand bien même ils sont à mettre à leur actif politique.

Le boulevard du 30 juin n'a jamais été fermé à la circulation pour n'y laisser que le chef de l'Etat le parcourir de bout en bout. L'hôpital du Cinquantenaire de Kisangani n'a pas pour pensionnaire Mme Olive Lembe Kabila. L'Ecole de l'Excellence de Bandalungwa n'accueille pas Laurent-Désiré Kabila Jr.

A son stade final, la centrale hydroélectrique de Zongo II ne fournira pas du courant à Sifa Mahanya. Bien plus, toutes ces infrastructures ne sont pas accessibles seulement aux « gens » de la Majorité présidentielle, à leurs familles et à leur électorat. Tous les Congolais en profitent !

Il n'est alors pas du tout élégant que des Congolais se réjouissent du retrait d'un financier ou d'un investisseur qui apporte quelque chose de positif au pays. Pour la petite histoire, au cours de la transition dite mobutienne (1990-1997), il s'était trouvé des Zaïrois à se réjouir de la suspension de la coopération structurelle.

La suite est connue : près de deux décennies après, les Congolais peinent à venir à bout du Moloch appelé « délestage » en ce qui concerne la fourniture de l'eau et de l'électricité, pour ne citer que ces deux produits vitaux. Apparemment, l'histoire se répète par la volonté de ceux qui ont du mal à assimiler la leçon. Et curieusement, ce sont les mêmes…''

6

L'entrée en vigueur de la Convention de Collaboration

Aussitôt signée le 22 avril 2008, la Convention de Collaboration entre l'Etat congolais et le groupement d'entreprises chinoises devait être mise en application. La tâche en incombait au Bureau de Coordination et de Suivi du Programme sino-congolais (BCPSC), né le 26 août 2008, soit quatre mois après la signature de la Convention.

Pour matérialiser la Convention, le BCPSC eut une tâche ardue, à plusieurs niveaux. Nommé en novembre 2008 Secrétaire exécutif de ce service étatique, Moïse Ekanga, à qui était adjoint Maître Mbalaka, eut à examiner à la loupe les articles de la Convention, leur pertinence et leur applicabilité au regard de la Loi congolaise ou à la confrontation de la réalité en présence.

Plusieurs difficultés se présentèrent aux deux autorités du nouveau service publique.

PREMIERES DIFFICULTES RENCONTREES

Dès sa prise de fonction, le Secrétariat exécutif eut notamment à examiner les points de la Convention suivants concernant :

- la législation en vigueur,
- la sous-traitance congolaise prônée dans la Convention,
- le tonnage du cuivre prévu,
- les types infrastructures à exécuter et leur coût,
- le problème de la joint-venture créée pour le remboursement du prêt chinois…

1°. *La législation.* L'on a noté que le régime fiscal prévu à l'article 14.2.1 de la Convention dérogeait à la législation congolaise en la matière. Il fallait obtenir une loi congolaise devant prendre en compte ce régime ; cette loi ne sera obtenue que plus tard, le 11 février 2014.

2°. *La sous-traitance.* Il n'apparait pas clairement que la sous-traitance congolaise dont il est question dans la Convention renvoie à la sous-traitance congolaise des sociétés constituées par des personnes physiques congolaises.

3°. *La quantité de cuivre à produire.* La production de 200.000 tCu prévue à la fin de la première année ne pourra être effective qu'avec la mise en marche de la centrale hydroélectrique de Busanga, un fait qui ne pourra être possible qu'à la fin de l'année 2020.

4°. *Les infrastructures* à construire ou à moderniser. Les dispositions de l'article 8 de la Convention étaient dépassées ; par conséquent, la liste des travaux d'infrastructures jointes en annexe C de la Convention devait être modifiée. Par ailleurs, les dispositions de l'article 17.5 n'étaient pas respectées ; malgré l'expertise de la partie chinoise, les coûts des travaux demeuraient très élevés. Pour ce faire, les dispositions de l'article 10.6 devaient être élargies aux autres entreprises chinoises éligibles au financement Exim Bank.

5°. *La joint-venture.* L'article 10 de la Convention qui autorise la la joint-venture, née sous le nom de Sicomines en septembre 2008, à contresigner les contrats spécifiques n'était pas respecté au départ ; ce fait sera corrigé plus tard.

Ce dernier point, celui sur la Sicomines, sans doute le plus important d'entre tous, va être au centre de toutes les rencontres et toutes les discussions autour de l'approbation, et donc de la mise en œuvre, de la Convention de Convention.

Par exemple, la question va dominer notamment l'organisation à Pékin en juillet 2009 puis à Kinshasa, du 22 au 25 mars 2010, de forums sur l'*évaluation du Projet de Coopération Sino-Congolais*.

EVALUATIONS DU NIVEAU DE REALISATION DES ENGAGEMENTS DES PARTIES PRENANTES

Première évaluation, Pékin juillet 2009

Signé le 17 septembre 2007 et formalisé dans la Convention de Collaboration le 22 avril 2008, le contrat sino-congolais subit rapidement, nous le savons, les critiques les plus diverses, venues de l'opposition parlementaire congolaise et des bailleurs des fonds traditionnels de la RDC. Le Gouvernement congolais et ses partenaires chinois se devaient donc de « reconsidérer » ou d'évaluer les termes de leur contrat.

La Convention de Collaboration, en son article 18, avait prévu la possibilité d'une telle évaluation. C'est donc, conformément à la loi, que, en juillet 2009, les deux parties prenantes se retrouvent à Pékin (Beijing en chinois).

L'évaluation est faite par le « Plan d'Action de Beijing », né à l'issue du 3ème sommet du « Forum sur la coopération sino-africaine » (FOCAC) qui se tint du 4 au 5 novembre 2006 dans la capitale chinoise et auquel participa une délégation de la RDC. Lancé en 2000, le FOCAC constitue « une plate-forme pour les consultations et dialogues collectifs entre la Chine et les pays amis africains, et dans le cadre de la coopération sud-sud, un mécanisme de coopération pour les pays en développement »[1]. Des réunions ministérielles à haut niveau entrant dans le cadre du FOCAC se sont déroulées à Pékin en 2000, à Addis-Abeba en 2003 et de nouveau à Pékin en 2006. La quatrième rencontre a eu lieu en novembre 2009 à Sharm El Sheik en Egypte.

C'est lors du 3ème FOCAC donc qu'un certain nombre d'engagements furent pris (envers cinq pays africains : l'Angola, la RDC, le Mozambique, la Tanzanie et l'Ouganda) et incorporés dans le Plan d'Action de Beijing. Ces engagements couvrent la coopération dans divers secteurs, incluant les domaines économiques, politiques et les affaires internationales.

Le Plan d'Action de Beijing retient les engagements de la Chine pour l'Afrique pendant la période 2007-2009. Le Plan d'Action de Sharm El Sheik, lui, concerne la période 2010-2012.

La Convention de Collaboration RDC-Chine, en ce mois de juillet 2009, s'évalue donc à travers le Plan d'Action de Beijing, allant de 2007 à 2009. Un collectif d'auteurs a, pour le compte de la Fondation Rockefeller, mené et produit une étude assez intéressante axée sur

---

[1] Site du Forum sur la coopération sino-africaine (2009). —Caractéristiques du FOCAC. Accès sur *http://www.focac.org/eng/gylt/ltjj/t157576.htm*

l'évaluation du Plan d'Action de Beijing envers les cinq pays engagés avec la Chine (Angola, RDC, Mozambique, Tanzanie et Ouganda)[1].

En ce qui concerne la RDC, les auteurs ont procédé à l'évaluation du Plan d'Action de Beijing dans les domaines suivants :

- Coopération politique ;
- Coopération économique (Agriculture, Coopération en matière d'investissement et d'entreprises, Echanges commerciaux, Financement, Développement de l'infrastructure, Energie et Ressources) ;
- Coopération en matière de développement social (Aide au développement, Développement des ressources humaines, Éducation, Soins médicaux et santé publique) ;
- Impact politique, social et économique du FOCAC.

Recommandations aux parties prenantes de la Convention de Collaboration

Les auteurs de l'étude connue sur l'évaluation de juillet 2009 de Beijing suggèrent les quelques recommandations suivantes, retenues par la plupart des interlocuteurs interviewés[2] :

- Le *transfert de technologie* devrait être le point focal des relations sino-congolaises, car sans cela, la collaboration avec la Chine aura très peu, voire aucun impact positif sur la RDC. Ce transfert devrait se faire en particulier à travers la formation de professionnels congolais dans le domaine de l'ingénierie et de la santé. Ceci serait la responsabilité première du BCPSC.

- *Les efforts de concentration pour l'infrastructure* au sein des relations sino-congolaises ont aussi un impact positif sur la santé et la sécurité alimentaire. Au lieu de diversifier les efforts de développement chinois dans un trop grand nombre de domaines, il est donc recommandé de concentrer la collaboration avec la Chine principalement sur l'infrastructure.

- *Engager la société civile pour améliorer la transparence* : Le gouvernement congolais se doit de veiller à ce que le processus de

---

[1] *Evaluation des engagements de la Chine en Afrique dans le cadre du FOCAC et cartographie des perspectives d'avenir. Un rapport du Centre d'études chinoises.* Préparé pour la Fondation Rockefeller, Janvier 2010. Publié par le Centre d'études chinoises, Université de Stellenbosch.
[2] *Idem.*

consultation relatif au développement des relations sino-congolaises s'élargisse pour y inclure des représentants de la société civile.

- *Assurer la capacité technique et culturelle pendant les négociations avec la Chine* : Il est impératif de s'assurer que les délégations congolaises qui sont chargées des accords de négociation avec les parties prenantes chinoises aient les compétences culturelles, techniques et juridiques de le faire.

- *Nommer une personne de contact pour gérer la coopération sino-congolaise en matière de santé* : Pour améliorer l'impact du développement de l'aide chinoise en matière de santé, il est recommandé de nommer une personne de contact au sein du Ministère congolais de la Santé pour coordonner les questions.

- *Concentrer le développement des Ressources humaines (RH) sur la capacité gestionnaire dans le secteur de la santé* : L'aide chinoise pour les RH à la RDC devrait porter sur l'amélioration de la capacité gestionnaire et de la santé en ligne dans le secteur de la santé par l'apport de formation du personnel administratif.

- *Les autorités provinciales du Katanga devraient s'engager avec la Chambre de commerce chinoise*, active à Lubumbashi, capitale de la province minière, par le biais d'un intermédiaire chinois parlant le français et/ou un intermédiaire congolais parlant le mandarin, pour veiller à ce que toutes les entreprises chinoises dans le secteur minier de Lubumbashi appliquent les normes de travail adéquates.

- *Concentrer la coopération sino-congolaise en matière de santé sur la prévention du paludisme*, étant donné la forte expérience de la Chine dans ce domaine. Le paludisme est un risque important pour la santé en RDC.

- *Utiliser les programmes de plantations villageoises pour l'investissement chinois dans la culture de palmiers à huile.*

Les recommandations particulières à la partie prenante chinoise sont :

- *Ouvrir un consulat de Chine à Lubumbashi* pour soutenir la coordination entre les entrepreneurs chinois, les autorités congolaises et la société civile congolaise.

- *Participer activement aux efforts de coordination de l'aide au développement* en vue d'ajuster la répartition du travail dans les domaines sur lesquels la Chine se concentre, notamment celui de l'infrastructure, tandis que les autres partenaires du développement peuvent se concentrer sur les autres questions (santé, éducation..).

- *Eduquer les étudiants congolais en Chine* uniquement dans les domaines non disponibles dans les universités congolaises.

Cette première évaluation du Projet de Coopération sino-congolaise qui a lieu à Pékin n'aura pas beaucoup de retentissement. En ce moment-là, le BCPSC n'avait pas encore pris son envol.

Deuxième évaluation, Kinshasa 22-25 mars 2010

Ouverts le samedi 20 mars, dans la salle des réunions du BCPSC, par Fridolin Kasweshi Musoka, ministre des ITPR, les travaux préparatoires sur l'*évaluation du Projet de Coopération Sino-Congolais*, placée sous la conduite du Secrétaire exécutif du BCPSC, se tiennent conformément à l'article 18 de la Convention de Collaboration. Ils se déroulent, du lundi 22 au jeudi 25 mars, en ateliers dans trois sous-commissions :

- La « Sous-Commission des *Conventions* », chargée de l'évaluation des Conventions de Collaboration et la joint-venture du 22 avril 2008 et dirigée par le Secrétaire exécutif du BCPSC ;

- La « Sous-Commission du *Projet Minier* », chargée de l'évaluation du Projet Minier et dirigée par l'ADG a.i. de la Gécamines ;

- La « Sous-Commission du *Projet d'Infrastructures* », chargée de l'évaluation du Projet d'Infrastructures.

Plusieurs institutions étatiques et privées impliquées dans le programme de la reconstruction nationale dénommé « Les Cinq Chantiers » sont présentes. Ce sont : la Présidence de la République, la Primature, le MITPR, le Ministère des Mines, le BCPSC, la Sicomines, la Gécamines, l'Ambassade de Chine, le Cabinet Mukendi, le Cabinet Cheng, Sinohydro et CREC.

Le but de ces assises est triple :

1°/ dégager le niveau de réalisation des engagements des parties, deux ans après la signature des Conventions de Collaboration et de JV ;

2°/ relever difficultés et obstacles à surmonter, afin d'accélérer ou de faciliter la réalisation des engagements des parties insuffisamment ou non réalisés à date ;

3°/ formuler, pour ce faire, les recommandations pertinentes.

Chaque sous-commission a produit un rapport intéressant, qui donne des détails sur l'état réel d'exécution des termes de la Convention de Collaboration, des travaux d'infrastructures et du projet minier. Les obstacles sont nombreux, et les participants ont produit plusieurs recommandations pour faire avancer la mise en œuvre du Programme sino-congolais.

Pour la « Sous-Commission des *Conventions* », la question consistait à évaluer le niveau de réalisation des engagements des parties après la signature de la Convention de Collaboration et de la joint-venture minière (JV Minière ou JVM).

La Convention de Collaboration avait prévu la réalisation du Projet de Coopération par la constitution d'une JV Minière. L'entrée en vigueur de cette Convention de JVM était initialement conditionnée par :

- La signature de la Convention de Collaboration ;
- L'approbation du Projet de Coopération par les autorités gouvernementales de tutelle, à savoir, pour le Groupe Gécamines, les Ministères ayant les mines et le portefeuille dans leurs attributions, et, pour le Consortium, la Commission Nationale du Développement et de la Réforme de la Chine, le Ministère du Commerce de la Chine et l'Administration Nationale des Devises Etrangères de la Chine. Les Ministères congolais des Mines et du Portefeuille ont approuvé le Projet de Coopération en décembre 2007, avant la signature des Conventions.

L'Avenant n° 3 à la Convention de Collaboration a :

- modifié la composition des autorités gouvernementales chinoises devant approuver le Projet minier. Celui-ci devra également être approuvé par le Conseil des Affaires d'Etat ;

- consacré l'approbation, par la Commission Nationale du Développement et de la Réforme de la Chine, de la « dépense préliminaire » d'environ 518 millions USD pour le Projet Minier ;

- chargé le Groupement d'Entreprises Chinoises de mettre en place le financement nécessaire à la réalisation des travaux d'infrastructures les plus urgents en attendant l'approbation du projet minier.

En conclusion, le Projet de Coopération ne pouvait être formellement approuvé par les autorités compétentes de deux Etats, congolais et chinois que, par l'entrée en vigueur de la Convention de la JV minière. C'est d'elle qu'il faut maintenant parler.

CONSTITUTION DE LA SICOMINES

La Convention de Collaboration, en son 1er article, point 1.2.1, stipule que le financement pour la construction des infrastructures (Projet d'infrastructures) sera remboursé par les revenus de l'exploitation minière des gisements cupro-cobaltifères situés dans la province du Lualaba, dont l'Entreprise publique « Gécamines » est titulaire des droits et titres miniers qui s'y rapportent.

Pour la réalisation de cette disposition, la Convention de Collaboration a prévu la constitution d'une Joint venture minière, Sicomines, qui devrait être exécutée selon les phases suivantes :

a. Etude de Préfaisabilité ;
b. Constitution de Sicomines ;
c. Etude de Faisabilité ;
d. Recherche et Montage du financement nécessaire pour le Projet de Coopération ;
e. Développement des mines ;
f. Développement des unités de traitement des minerais.

Le Projet minier commence avec la constitution de « La Sino-Congolaise des Mines », en abrégé SICOMINES. Celle-ci intervient officiellement le 26 septembre 2008, par le décret portant autorisation de fondation de cette société et survenu après la tenue, le 28 juin 2008, de l'Assemblée Générale constitutive.

C'est une « société par actions à responsabilité limitée (SARL) de droit congolais », logée au Nouveau registre de commerce sous le numéro 0369M, conformément à ses Acte Constitutif et Statuts ainsi qu'à la Convention de Joint-venture.

Mais, après que la Loi n°007/2002 du 11 juillet 2002 portant Code Minier ait été modifiée et complétée par la Loi n°18/001 du 9 mars 2018, la Sicomines est devenue une « société anonyme » (SA), qui se présente désormais comme suit[1] :

''Cette société a été créée, conformément au droit congolais, suivant les Acte constitutif et Statuts du 02 septembre 2008, notariés le 19 septembre 2008 conclu entre la Générale des Carrières et des Mines, en abrégé « GECAMINES », la Société Immobilière du Congo et China Railway Group (Hong Kong) Limited, suivant les stipulations de l'article 4, alinéa 1er de la Convention de Joint-venture du 22 avril 2008 entre GECAMINES et le Consortium d'Entreprises Chinoises.

Elle est immatriculée au RCCM sous le numéro CD/KZI/RCCM/17-B611, son numéro d'identification nationale est 6-128-N53217B et son siège social est actuellement établi au Quartier Kapata, Commune Dilala, Ville de Kolwezi, Province du Lualaba, République Démocratique du Congo.''

Contrairement à ce que certains ont cru ou continuent à croire, la Sicomines n'est donc point une entreprise chinoise, mais bien une entreprise congolaise, ou plutôt une entreprise de droit congolais, ayant cependant pour actionnaires majoritaires des Chinois, avec 68 % des parts, l'Etat congolais ne détenant que 32 % des parts.

Les 68 % des parts (du consortium des entreprises) chinoises, constituant les actionnaires de la catégorie B, se répartissent comme suit : 27 % (27.000.000 USD) pour China Railway Group (Hong Kong) Limited ; 26 % (26.000.000 USD) pour Sinohydro Corporation Limited ; 6 % (6.000.000 USD) pour China Railway Resources Development Limited ; 5 % (5.000.000 USD) pour Zhejiang Huayou Coalt Co., Ltd et 4 % (4.000.000 USD) pour Sinohydro Harbour Co. Ltd. Les parts congolaises, qui constituent les actionnaires de la catégorie A, sont détenues par la Gécamines pour 20 % (20.000.000 USD) et sa filiale SIMCO SPRL pour 12 % (12.000.000 USD).

Au total, à la date de la signature des Statuts, le capital social de la Sicomines est fixé à 50.000.000.000 FC (francs congolais), une somme équivalant à 100.000 USD. Il est représenté par 100.000 Actions d'une valeur nominale de 500.000 FC chacune, correspondant à 1.000 USD.

---

[1] SICOMINES SA EIE&PGEP, *Office Of Envronnemental And Mining Studies « OEMS » sprl* (Nom du Bureau d'Etudes Environnementales), 2018.

L'on peut noter ici la notion de *l'incessibilité temporaire des actions*, prévue d'ailleurs par les Statuts : la Convention de JV a retenu le principe de l'incessibilité des parts des actionnaires, selon lequel seul le Consortium peut céder ses actions uniquement à Exim Bank ou à une des filiales de celle-ci. C'est ce qu'énonce l'article 14.7 :

''Sans préjudice de l'Article 15 relatif aux dispositions concernant la cession libre d'Actions, les Actions seront incessibles pendant la période la plus courte correspondant soit à vingt (20) ans à compter de la constitution de Sicomines Sarl, soit à la période correspondant aux deux premières étapes prévues par la Convention de JV concernant le remboursement de l'Investissement Minier et la première tranche de l'Investissement d'infrastructures.

Par dérogation aux dispositions sur l'incessibilité temporaire, les Actionnaires de la catégorie B ont le droit de céder leurs Actions, à une hauteur maximum de 17 % du capital social, à condition que le cessionnaire soit une société minière ou l'Export-Import Bank of China (« Exim Bank ») ou une société affiliée de l'Exim Bank. Les Actionnaires de catégorie B s'engagent ainsi à détenir, tout au long de la période d'incessibilité temporaire, 51 % au moins du capital social.''

A quoi servira la Joint-venture ainsi constituée ? L'article 4 des Statuts en énonce *l'objet* :

''Sicomines Sarl a pour objet toutes opérations d'études, de prospection, de recherche et d'exploitation de toutes substances minérales valorisables, ainsi que toutes opérations de concentration et de traitement métallurgique et chimique, de transformation et de commercialisation de ces substances et de leurs dérivés, pour son compte ou pour le compte des tiers, ainsi que toutes autres opérations connexes de nature à favoriser le développement de son objet social.

Sicomines Sarl peut, en conséquence, faire toute opération à caractère industriel, commercial, financier ou de nature immobilière, ayant un rapport direct ou indirect avec son objet ou pouvant en faciliter la réalisation ou en assurer le développement.

L'Assemblée Générale pourra modifier l'objet social à la majorité des quatre cinquièmes des voix.''

A la tête de la co-entreprise, ''constituée pour une durée de trente (30) années prenant cours à la date de l'autorisation administrative de sa création telle que prévue à l'Article 6 du Décret du 27 février 1887'', se trouve un Conseil d'Administration, présidé logiquement par un Chinois, lequel est assisté d'un Congolais. La gestion quotienne est assurée par un Directeur Général, un Chinois, et un Directeur Général adjoint, un Congolais. La Gécamines fournit un Directeur des Ressources humaines, un Congolais donc. Dès 2010, l'effectif est de 60 unités, dont 58 Chinois affectés essentiellement à la finalisation de l'Etude de faisabilité. Plus tard, jusqu'à la fin de mars 2014, la société comptera 382 employés, dont 156 chinois et 226 congolais. Ce nombre de travailleurs augmentera rapidement, jusqu'à atteindre, en 2018, 3000, dont 75 % des Congolais.

A sa naissance, la Sicomines, qui se déploie en 14 départements, établit son siège social au n° 2432, avenue Mama Yemo, Commune Lubumbashi, à Lubumbashi, dans l'actuelle province congolaise du Haut-Katanga. En décembre 2008, elle installe un bureau de représentation en Chine (Bâtiment 6, Cour 16, Boulevard Xisihuan ouest, Pékin ; code postal : 100039). Depuis avril 2009, la Sicomines ouvre un bureau de liaison à Kolwezi, dans l'actuelle province du Lualaba, où sont localisées ses unités de production. Un peu plus tard, elle sera représentée à Kinshasa. En 2015, quand la province du Katanga se démembre en trois provinces distinctes, Kolwezi, devenue chef-lieu de la province du Lualaba, raflera à Lubumbashi, chef-lieu de la province du Haut-Katanga, le siège social de la Sicomines. Celle-ci l'a voulue ainsi, pour qu'il soit plus près de ses installations métallurgiques ; ce siège est donc désormais situé au Quartier Kapata, dans la Commune Dilala de la Ville de Kolwezi.

Intégration de la Sicomines dans l'exécution du Projet de Coopération

Les esprits enflammés par le débat sur la Sicomines se sont quelque peu calmés avec les questions liées à la mise en pratique des termes de la Convention de Collaboration du 22 avril 2008. Notamment, l'évaluation de juillet 2009 faite à Pékin note avec satisfaction que les premiers stades des investissements dans l'infrastructure sont déjà en application. Une délégation du bureau parisien de Exim Bank of China était déjà venue à Kinshasa pendant la dernière semaine de mars 2009, et le gouvernement congolais avait lancé des mesures visibles pour la mise en œuvre du Projet Sicomines.

Ainsi constituée, la Sicomines va devenir un acteur majeur dans la mise en œuvre du Projet de Coopération sino-congolaise.

Plusieurs recommandations pour cela :

1. De l'entrée en vigueur de la Convention de JV.

- A la partie chinoise : de faire diligence pour obtenir l'approbation du Projet de Coopération par les autorités gouvernementales compétentes dans les trois mois suivants la fin des présents travaux d'évaluation du Programme Sino-Congolais ;

- Au BCPSC : d'obtenir des Ministères congolais ayant les Mines et le Portefeuille dans leurs attributions de reconfirmer formellement leur approbation du Projet de Coopération, étant donné que celle antérieurement donnée avait été fournie avant la signature de la Convention intervenue le 22 avril 2008.

2. De la Constitution de la Sicomines Sarl

Il est demandé à la Sicomines et à ses actionnaires de fournir au BCPSC ainsi qu'au Cabinet Mukendi la preuve de libération des 50 % du capital social de Sicomines Sarl ou, en cas d'absence de preuve, de régulariser la situation avant le 15 avril 2010.

3. *Du prêt de 32 millions USD*

Que la Gécamines et le Consortium procèdent diligemment à la signature de ladite convention de prêt.

4. *De l'enregistrement des actions et délivrance des certificats*

La Sicomines Sarl doit ouvrir diligemment le registre des actionnaires, au cas où elle ne l'aurait pas encore fait, ainsi qu'établir et délivrer aux actionnaires les certificats attestant leur propriété des actions de Sicomines Sarl.

5. De la cession des droits et titres miniers

Que la partie chinoise notifie formellement à la Gécamines que droits et titres miniers ont été effectivement cédés à la Sicomines Sarl.

6. Des Espaces vides

Que la Gécamines réalise dans les meilleurs délais la stérilisation des sites miniers à céder à la Sicomines Sarl.

7. De l'Etude de Faisabilité

Que la Sicomines et le Consortium approuvent l'Etude de faisabilité et obtiennent son approbation auprès des autorités étatiques compétentes, étant donné que la viabilité du Projet en dépend. Les tonnages contractuels de production devraient être intégrés dans l'Etude de faisabilité afin de garantir un investissement important dans les infrastructures (objectif de 3 milliards USD) et le remboursement rapide des investissements, grâce à des bénéfices plus élevés. Le consortium doit tenir compte de cet engagement contractuel.

8. De la durée de la phase du développement

Que le délai de 4 ans proposé dans l'Etude de faisabilité soit revu à la baisse et que le développement d'une ou de plusieurs unités de traitement de minerais propres à Sicomines soit envisagé en visant la production des métaux nobles conformément à la Convention de JV.

9. *Du remboursement du financement*

Que la Convention de JV soit amendée aussi pour être conforme à la Convention de Collaboration déjà amendée (Avenant n° 3).

10. De la gestion des fonds des infrastructures

Que désormais la Sicomines Sarl soit cosignataire des contrats spécifiques des travaux d'infrastructures et des contrats d'emprunt et qu'elle réalise l'organisation de la vérification des factures et décomptes des travaux d'infrastructures.

11. De la participation de la Gécamines dans la gestion de la Sicomines

Que la présidence collégiale soit renforcée dans la gestion quotidienne de la Sicomines Sarl, et que le BCPSC règle avec les services publics compétents en la matière le problème relatif à l'application de la législation sociale congolaise en ce qui concerne le recrutement de la main-d'œuvre dans la Sicomines.

12. Du siège social

Que l'Administrateur-Délégué Général (en Chine) et l'Administrateur-Délégué Général Adjoint (à Lubumbashi) de la Sicomines travaillent notamment en téléconférence.

13. *De la liste des travaux d'infrastructures*

Que les études du Projet d'Infrastructures soient réalisées sous la responsabilité de la partie congolaise suivant la procédure d'appel d'offres. Une quotité à déterminer par les parties du financement des infrastructures sera allouée à ces études.

14. *Des contrats des travaux d'infrastructures*

Que soit respecté l'article 10 de la Convention de Collaboration qui autorise la Sicomines à contresigner les contrats spécifiques.

15. *Du coût des travaux.* Il est recommandé :

- l'introduction de la sous-traitance dans les études et le contrôle de celles-ci avant la réalisation des travaux ;
- la création d'une commission mixte comprenant la Sicomines Sarl, le Ministère des ITPR, le BCPSC, la Primature, la Présidence de la République pour certains travaux ;
- le respect du rapport qualité/prix.

16. *De l'exécution des travaux d'infrastructures*

Contrairement à l'article 10.6 de la Convention de Collaboration qui exige que les travaux d'infrastructures ne soit exécuté que par le Groupement d'entreprises chinoises, que le marché soit ouvert aux autres entreprises chinoises éligibles au financement Exim Bank.

Problèmes autour de la Sicomines

1. Prêt de 32 millions de dollars américains

La convention de prêt pour la somme de 32 millions de dollars américains qui représente la participation de la Gécamines dans le capital social de la Sicomines Sarl n'a jamais été signée entre les parties avant la constitution de la Sicomines.

2. Enregistrement des actions et délivrance des certificats

La Sicomines Sarl n'a jamais ouvert le registre des actionnaires ni établir et délivrer aux actionnaires les certificats attestant leur propriété des actions de Sicomines Sarl.

3. Cession des droits et titres miniers

La due diligence a été effectuée et clôturée pour le compte du Groupement d'Entreprises Chinoises et les droits et titres miniers de

Gécamines ont été cédés à la Sicomines Sarl le 10 octobre 2008 sans que le GEC ait formellement notifié Gécamines de l'absence de vices.

4. Espaces vides

La Gécamines devait céder et stériliser des espaces vides à la Sicomines pour la construction des usines et parcs de stockage des remblais, des stériles et des rejets. Cela ne se fera que bien plus tard.

5. Pas-de-porte

L'obligation du paiement de pas de porte a été partiellement exécutée, à hauteur de 50 %, mais que le retard de paiement constaté est justifié par les procès en cours à Hong Kong.

6. Prêt de 50 millions de dollars américains

Le prêt de 50 millions de dollars américains de la partie chinoise en faveur de Gécamines devra intervenir après l'approbation du projet minier par le Conseil des Affaires de l'Etat de la Chine et cela, après la demande de la Gécamines.

7. Etude de Faisabilité

L'étude de faisabilité initialement prévue pour six mois à partir du 10 octobre 2008, date de cession des droits et titres miniers n'est toujours pas approuvée ni par le conseil d'administration de la Sicomines ni par les autorités gouvernementales de deux pays.

Cette étude de faisabilité n'a pas intégré les tonnages contractuels de production à atteindre, à la fin de la deuxième année de production, soit, 200.000 tCu, et à la fin de la troisième année, soit 400.000 tCu.

Elle n'a pas non plus intégré des véritables nouvelles technologies pour le traitement métallurgique des minerais.

8. Libération du solde du capital social

Dans les deux mois de l'approbation de l'étude de faisabilité par le Gouvernement de la RPC, la partie chinoise doit libérer le solde du capital social de Sicomines Sarl, soit 50 millions USD.

En ce moment-là, cette obligation n'était pas encore exécutée, l'étude de faisabilité n'étant pas encore achevée.

9. Recherche et mise en place du financement du Projet de Coopération

Contractuellement, le Consortium a l'obligation de rechercher et de mettre en place le financement au profit du Projet de Coopération. Mais aucun délai n'a été fixé dans les Conventions pour la recherche et la mise en place dudit financement au profit du Projet de Coopération. Et le Groupement d'Entreprises Chinoises n'a pas encore communiqué à la Gécamines les engagements financiers du Consortium.

Toutefois, le Consortium a déjà mobilisé 518 millions USD pour la mise en œuvre du Projet Minier et 338 millions USD pour la réalisation des travaux d'infrastructures les plus urgents.

En outre, les droits et titres miniers ont été mis en sûreté auprès d'Exim Bank depuis le 17 mars 2009.

L'Avenant n° 3 à la Convention de Collaboration donne des nouvelles modalités de remboursement.

10. Gestion des fonds des infrastructures

Conformément, à la Convention de Collaboration, la Sicomines Sarl doit être impliquée dans la signature des contrats spécifiques des travaux d'infrastructures et des contrats d'emprunt.

11. De l'incessibilité temporaire des actions

Le principe de l'incessibilité des parts des actionnaires a été retenu dans la Convention de JV. Seulement, il a été reconnu au Consortium le pouvoir de céder ses actions uniquement à Exim Bank ou à une des filiales de celle-ci jusqu'à la hauteur de 17 % et à conserver au moins 51 % du capital social.

ETUDE DE FAISABILITE, SON APPROBATION TARDIVE ET CELLE DU PROJET DE COOPERATION

Après la constitution de la Sicomines, l'élaboration et l'approbation de l'Etude de faisabilité, un autre « obstacle » à franchir.

Après sa constitution officielle en septembre 2008, la Sicomines va bénéficier de l'*approbation de fait*, par le Gouvernement chinois, de *l'étude de préfaisabilité* envisagée pour elle. Mais cette Etude de préfaisabilité devait être confirmée par une *Etude de faisabilité* plus éloquante. Aussi, la Sicomines va s'employer à l'adoption de cette Etude de faisabilité devant lui permettre de construire les usines de production du cuivre et de cobalt, comme elle l'explique dans les lignes suivantes de son ouvrage publié en mars 2013[1].

Tout commence le 10 octobre 2008, lorsque la Gécamines, conformément à la Convention de Collaboration, cède à la Sicomines, pour le compte du Groupement d'entreprises chinoises, les *droits et titres miniers*, lesquels seront mis en sûreté auprès d'Exim Bank le 17 mars 2009. Mais la Gécamines ne fournira que bien tard, en 2010, des espaces vides stérilisés à la Sicomines pour la construction des usines et parcs de stockage des remblais, des stériles et des rejets.

Ce retard serait conséquent au retard de paiement complet du pas-de-porte ; en effet, jusqu'en 2010, ce montant n'était payé qu'à moitié. Ce fait serait justifié par les procès en cours à Hong Kong en ce moment.

Pour la mise en œuvre effective du Parojet minier, la première étape concernait l'approbation de l'Etude de faisabilité par le Conseil d'Administration de Sicomines Sarl, sa validation par la Commission des Réformes et Développement de la Chine et son approbation par les Gouvernements de deux pays.

Produite par une maison spécialisée dans les études, en l'occurrence ENFI Engineering Corporation, ENFI en sigle, l'Etude de faisabilité pour Sicomines[2] recommande l'exploitation de tous les gisements affectés au Projet par la méthode à ciel ouvert. Les réserves minières du Projet sont estimées à 220 millions de tonnes de minerais à 3,30 % en cuivre et 0,20 % en cobalt. Ce qui donne 7,280 millions de tonnes de cuivre métal contenu et 450 mille tonnes de cobalt métal contenu. Le tonnage total annuel des minerais à extraire est estimé à 8,250 millions de tonnes avec les mêmes teneurs.

---

[1] *La Sino-congolaise des Mines « Sicomines Sarl ». Documents du Conseil d'Administration*, Lubumbashi, 17 mars 2013.

[2] Sicomines, *Rapport de l'Etude de faisabilité du projet minier SICOMINES*, avril 2010.

Déposée le 18 septembre 2009, cette Etude de faisabilité n'a cependant pas intégré les tonnages contractuels de production à atteindre, à la fin de la deuxième année de production, soit 200.000 tCu, et à la fin de la troisième année, soit 400.000 tCu. Elle n'a pas non plus intégré des véritables nouvelles technologies pour le traitement métallurgique des minerais.

C'est pourquoi, initialement prévue pour six mois à partir du 10 octobre 2008, date de *cession des droits et titres miniers*, l'Etude de faisabilité ne sera approuvée que le 19 janvier 2010. Car, entretemps, la version initiale de l'Etude de faisabilité n'a pas plu à tous les Actionnaires de la Sicomines, pour les deux raisons que l'on vient d'évoquer, mais aussi pour une autre, celle qui concerne le point « Recherche et Montage du financement nécessaire pour le Projet de Coopération ». En ce point, l'analyse technico-économique était élaborée sur la base des paramètres suivants :

1) Le prix de référence du cuivre = 2,268 USD/lb (5.000 USD/tCu) ;
2) Le prix de référence du cobalt = 15 USD/lb ;
3) Les frais de raffinage du cuivre blister = 0,10 USD/lb ;
4) Le prix de référence du cuivre dans l'alliage cupro-cobaltifère = 70 % du prix de référence du cuivre ;
5) Le prix de référence du cobalt dans l'alliage cupro-cobaltifère = 60 % du prix de référence du cobalt ;
6) Le prix du carbonate de cobalt = 80 % du prix de référence du cobalt ;
7) Le coût de production = 2100 USD/tCu (0,95 USD/lb) ;
8) Le Cash flow = 10.863 millions USD ;
9) La valeur Actuelle Nette = 1642 millions USD ;
10) Le Taux de Rentabilité Interne (TRI) du projet = 17,20 % ;
11) Le TRI pour la partie chinoise = 14,72 %;
12) Le Payback – Period = 9,2 ans ;
13) La Durée de vie du Projet = 23 ans.

Réuni le 19 octobre 2009, le Conseil d'Administration de Sicomines n'a pas approuvé cette version de l'Etude de faisabilité, particulièrement du fait que le TRI du Projet de 17,20 % était inférieur au taux conventionnel de 19 %. Un tel TRI ne devra guère permettre de diminuer le coût de production et d'améliorer les paramètres de rentabilité. Le TRI recherché devrait être supérieur au taux conventionnel. C'est en tout cas l'objectif que s'est fixé Sicomines, celui d'opter pour un process et une technologie performants, capables de minimiser les coûts d'exploitation afin d'être avantageusement comparables à ceux des sociétés opérant dans le même secteur.

C'est pourquoi le Conseil d'Administration de Sicomines, au nom de tous les actionnaires, a voulu la production d'une Etude de faisabilité qui tienne compte de cet objectif. ENFI Engineering Corporation fut conviée à revoir sa copie ; il lui était demandé notamment d'intégrer les observations ci-dessous que les Actionnaires de la Sicomines formulèrent :

1°. La poursuite de la prospection et des travaux de sondages en vue d'améliorer le niveau des réserves, la réduction de 10 % du cout d'investissements miniers, l'adoption d'une technologie appropriée pour le traitement des minerais oxydés et sulfurés, l'adoption d'un plan d'exhaure optimisé conformément aux recommandations issues des échanges entre les experts de la Gécamines et ceux d'ENFI.

Dans cette perspective, il convient de signaler que les travaux complémentaires de prospection sur le périmètre Sicomines sont pratiquement terminés et que les sondages effectués confirment que les informations des anciens travaux de prospection fournies par Gécamines sont fiables.

2°. Dans l'hypothèse où les actions définies au point ci-dessus s'avèrent insuffisantes pour améliorer les Taux de Rentabilité Interne (TRI), la Gécamines est disposée à envisager, en accord avec le BCPSC, de réduire sa quotité des dividendes de manière à augmenter le niveau de remboursement du financement des infrastructures jusqu'à un maximum de 85 % au lieu de 66 % initialement prévus. Cette démarche ne doit pas remettre en question les économies majeures du projet, dont la répartition du capital.

Tenant compte des observations des actionnaires de la Sicomines, ENFI Engeering Corporation produisit une nouvelle version de l'Etude de faisabilité, qu'accepta enfin à Pékin le Conseil d'Administration de la Sicomines. Cette Etude de faisabilité finale résume bien le Projet de coopération en ses deux *niveaux d'investissement :* pour le *Projet minier* et pour le *Projet d'infrastructures*.

1°. *L'investissement total du Projet Minier* répartit les 3,24 milliards USD prévus de la manière suivante :

*2,49 milliards USD pour les travaux de construction ;

*350 millions USD de pas-de-porte (il faut noter que le pas-de-porte a été intégré dans l'investissement total pour calculer la rentabilité du Projet Minier) ;

*260 millions USD d'intérêt sur la durée du Projet (1° intérêt sur l'emprunt, 2° frais de gestion et 3° frais d'assurance) ;

*140 millions USD de Fonds de Roulement.

2°. *L'investissement total du Projet d'Infrastructures* répartit les 3 milliards USD, retenus après amendement, sur une période de 10 ans (de 1 à 10), suivant le planning de décaissement (en millions USD) ci-dessous :

1	2	3	4	5	6	7	8	9	10
560	200	200	250	250	250	250	350	350	350

La 1ère année des investissements devrait commencer avec l'approbation de l'Etude de Faisabilité.

L'Etude de faisabilité approuvée par le Conseil d'Administration de la Sicomines résume également d'autres aspects du Projet minier :

- *Extraction minière et métallurgique* : concernant le Développement des mines et le Développement des unités de traitement des minerais.

- *Problématique d'alimentation en énergie électrique.* Pour les travaux de dénoyage des mines et de construction des usines, Sicomines a besoin de 40 MW que fournira la SNEL. Cependant, les besoins énergétiques totaux de ce Projet sont de 170 MW ; comme l'offre de la SNEL est insuffisante pour satisfaire ces besoins, l'option a été levée de construire un nouveau barrage hydroélectrique sur le site de Busanga d'une capacité estimée à 240 MW.

- *Problématique d'exhaure.* Le dénoyage du site minier est crucial et doit débuter très tôt pour commencer le démarrage de la production commerciale dans le délai de développement du Projet minier. Pour ce faire, avant même l'approbation du Projet de coopération, des sondages hydrogéologiques étaient déjà en cours de réalisation afin de mieux comprendre le comportement de la nappe aquifère.

Approuvée par le Conseil d'Administration de Sicomines Sarl, moyennant l'intégration par ENFI de certains amendements, cette Etude de faisabilité nouvelle version n'avait pourtant pas été présentée à date, c'est-à-dire deux mois après son approbation par la Sicomines, à la Commission des Réformes et Développement de la Chine, afin d'être validée avant son approbation par les Gouvernements de deux Pays. Il sied de noter que la durée maximale d'examen par cette Commission était de quatre mois social entre partenaires.

C'est seulement donc le 19 janvier 2010 que l'Etude de faisabilité, nouvelle version ENFI, déjà avalisée par les Actionnaires de la Sicomines, fut approuvée par la Commission des Réformes et Développement de la Chine.

La voie fut dès lors ouverte aux deux Gouvernements d'approuver, à leur tour, la fameuse Etude de faisabilité, et donc le Projet de Coopération. L'Etat Congolais n'avait pas attendu longtemps pour le faire : il le fit en juillet 2010. Les Chinois, eux, avaient quelque peu traîné les pieds, puisque, à travers leur Commission de la Réforme et du Développement et leur Conseil des Affaires d'Etat, ils ne le firent qu'un an plus tard, c'est-à-dire en juillet 2011 ! C'est dès ce moment que, suivant les accords, l'on pouvait attendre le premier financement tant pour le Projet d'Infrastructures que pour le Projet minier.

Les autorités gouvernementales de tutelle qui signent l'approbation sont :

*pour le Groupe Gécamines : les Ministères des Mines et du Portefeuille (ces ministères avaient déjà approuvé le Projet de Coopération en décembre 2007, avant même la signature des Conventions), et,

*pour le Consortium des Entreprises chinoises : la Commission Nationale du Développement et de la Réforme de la Chine, le Ministère du Commerce de la Chine et l'Administration Nationale des Devises Etrangères de la Chine.

Il parait important de souligner que l'approbation tardive du Projet de Coopération était due, entre autres, par le fait de l'Avenant n° 3 à la Convention de Collaboration du 22 avril 2008. Produit le 21 octobre 2009 et relatif au développement d'un projet minier et d'un projet d'infrastructures en RDC, cet Avenant a :

- modifié la composition des autorités gouvernementales chinoises devant approuver le Projet minier, lequel devra également être approuvé par le Conseil des Affaires d'Etat ;

- consacré l'approbation, par la Commission Nationale du Développement et de la Réforme de la Chine, de la « dépense préliminaire » d'environ 518 millions USD pour le Projet minier ;

- chargé le Groupement d'entreprises chinoises de mettre en place le financement nécessaire à la réalisation des travaux d'infrastructures les plus urgents en attendant l'approbation du Projet minier.

En conclusion, c'est essentiellement à cause de l'élaboration et l'approbation laborieuses de l'Etude de faisabilité que le Projet de Coopération a pris du temps pour son approbation formelle par la RDC et la Chine, et que, par conséquent, la Convention de JV est entrée en vigueur avec quelque retard par rapport au timing initial.

M. Ekanga : "En dépit de la bonne foi des parties, des difficultés ont ralenti l'exécution de la Convention de Collaboration"

Ainsi que nous venons de le voir, quelques difficultés ont pu être relevées dans l'application de la Convention de Collaboration signée le 22 avril 2008, et plus particulièrement de son aspect « Projet minier », des difficultés perçues et gérées évidemment, avec un courage certain il va sans dire, par Moïse Ekanga, au nom de l'institution étatique commise à la Coordination et au Suivi du Programme sino-congolais (BCPSC) qu'il dirige.

Ces difficultés concernent notamment l'approbation de ce Projet avant sa mise en œuvre. En effet, comme la Convention de Collaboration le prévoyait, le Projet de Coopération n'était pas formellement approuvé en 2009 ni par les Ministères congolais des Mines et du Portefeuille ni par les autorités compétentes de la République Populaire de Chine, et que, par conséquent, la Convention de JV n'était toujours pas entrée en vigueur. L'Etat Congolais n'avait approuvé la Convention et l'Etude de faisabilité qu'au deuxième semestre de l'année 2010, tandis que la Commission de la Réforme et du Développement ainsi que le Conseil des Affaires d'Etat de la Chine ne l'avaient fait qu'un an plus tard, c'est-à-dire au deuxième semestre de l'année 2011, période à partir de laquelle, suivant les accords, l'on pouvait attendre le premier financement tant pour le Projet d'Infrastructures que pour le Projet minier.

Fort heureusement, Chinois et Congolais n'avaient pas attendu l'approbation du Projet de Coopération pour démarrer les travaux d'infrastructures ; ces travaux avaient en effet commencé en 2009 et non au deuxième semestre de l'année 2011.

Evoquant les *préalables à l'exécution de la Convention de Collaboration*, Moïse Ekanga, coordonnateur du Programme sino-congolais, résume, mieux que quiconque, les difficultés qui ont retardé le démarrage de l'exécution de la Convention de Collaboration du 22 avril 2008, et particulièrement son aspect « Projet minier » [1] :

''Dès le départ, l'exécution de la Convention de Collaboration avait été subordonnée à la réalisation de l'étude de faisabilité du Projet Minier et son approbation par le Gouvernement de la RDC et celui de la République Populaire de Chine. Dès le deuxième semestre de l'année 2010, l'Etat congolais a approuvé la Convention et l'étude de faisabilité.

Mais, il a fallu attendre le deuxième semestre de l'année 2011 pour voir la Convention approuvée par la Commission de la Réforme et de Développement ainsi que par le Conseil des Affaires d'Etat de la Chine. Or, c'est à partir de cette période que la RDC pouvait s'attendre au premier financement tant pour les infrastructures que pour le Projet minier.

En dépit de ce contretemps, compte tenu de la bonne collaboration qui existe entre les Parties, les travaux ont pu démarrer bien avant 2011 ! C'est que le Groupement d'entreprises chinoises avait, de bonne foi, procédé aux décaissements de 468 millions USD avant l'approbation proprement dit du Projet Minier par le Conseil des Affaires d'Etat du Gouvernement chinois.''

Le Secrétaire exécutif du BCPSC explique que le retard de l'approbation du Projet de Coopération n'en était pas la seule cause :

''En dépit de la bonne foi des parties dans l'exécution de la Convention de Collaboration, quelques autres difficultés ont ralenti le rythme de réalisation des objectifs poursuivis par les contractants.

---

[1] M. Ekanga, *Conférence de presse*, Fleuve Congo Hôtel, Kinshasa, 24 mai 2013.

Parmi ces difficultés, l'on peut citer :

*le crash financier intervenu en 2008 et ses effets pervers sur les cours des minerais ;

*le long délai pris par les institutions chinoises compétentes à approuver l'étude de faisabilité ;

*le long délai qui s'écoule entre le premier décaissement (janvier 2009) et la mise en production (fin 2015) ;

*le retard enregistré dans l'adoption de la loi portant régime fiscal, douanier et de change devant sécuriser le Projet de Coopération;

*le déficit énergétique observé dans la zone du projet (Kolwezi)."

Appesantissous-nous sur la première difficulté, les autres étant largement évoquées dans cet ouvrage. Lorsque le BCPSC naît en août 2008 et débute ses activités trois mois après, la RDC se trouve dans une conjoncture économique difficile, vivant dans un contexte particulièrement hostile : déjà affaiblie par les pressions internes résultant de la crise sécuritaire à l'Est, elle a davantage été frappée de plein fouet par la crise financière internationale, qui surgit le dimanche 15 septembre 2008 à New-York, à la suite de la faillite de Lehman Brothers, la banque d'investissement américaine, icône de Wall Street depuis plus d'un siècle. Cet effondrement entraîne dans son sillage d'autres grandes institutions financières, qui, renflouées in extremis par l'Etat, sont victimes de leur création : les « subprimes », ces crédits immobiliers, à haut risque, accordés à des Américains aux faibles revenus, des prêts qui se sont avérés toxiques et qui ont mis des millions d'Américains sur la paille. Cette crise, qui a bouleversé l'économie mondiale, a surtout inhibé le développement des pays du Tiers-monde ; elle a continué à sévir contre le pays en 2009.

L'activité minière a été la première touchée, tandis qu'il était aussi enregistré des contre-performances des secteurs productifs qui ont affecté les services, dont les télécommunications et le commerce.

Au second semestre 2008, le gouvernement prévoyait de la manière suivante les principaux indicateurs du cadre macroéconomique devant sous-tendre l'exercice 2009 :

- taux de croissance fixé à 9 %,
- taux moyen d'inflation arrêté à 15 %,
- taux de change moyen situé à 580 FC/1 USD.

A la fin de l'année 2009, l'on avait noté que le taux de croissance réel était de 6,5 % ; il s'était donc ralenti, passant de 9 % prévus à

2,5 %, et l'inflation avait atteint un taux effarant de 44,2 %, contre 18 % l'année précédente. Le repli du PIB a entraîné une baisse considérable des recettes de l'Etat au dernier trimestre 2008 et au premier trimestre 2009. La crise a donc, à la fois, diminué la capacité du pays à importer et la capacité de la Banque Centrale du Congo à fournir les devises étrangères à l'économie nationale.

7

La mise en œuvre du Projet minier

PROJET MINIER – OU PROJET SICOMINES, UNE LABORIEUSE MISE EN ŒUVRE

La Convention de Collaboration, en son premier article, point 1.2.1, stipule que le financement pour la construction des infrastructures (projet d'infrastructures) sera remboursé par les revenus de l'exploitation minière des gisements cupro-cobaltifères situés dans la province du Katanga, district de Kolwezi, en ce moment-là inexploités, dont l'Entreprise publique « Gécamines » était titulaire des droits et titres miniers qui s'y rapportent.

Pour la réalisation de cette disposition, la Convention de Collaboration avait prévu la constitution d'une Joint-venture minière, la Sicomines, qui devrait être exécutée selon les phases suivantes :

a. Etude de Préfaisabilité ;
b. Constitution de Sicomines ;
c. Etude de Faisabilité ;
d. Recherche et Montage du financement nécessaire pour le projet de Coopération ;
e. Développement des mines ;
f. Développement des unités de traitement des minerais.

Difficultés au niveau d'exécution de la Convention de la Joint-venture minière au 25 mars 2010

Lors de l'évaluation de la Convention de Collaboration qui a lieu à Kinshasa du 22 au 25 mars 2010 sous la cordination de Moïse Ekanga, l'on note que, de la Convention de la Joint-venture minière, seules les deux premières phases étaient exécutées :

a) Phase 1 : *Etude de Préfaisabilité.*

b) Phase 2 : **Constitution de la Sicomines Sarl.*
**Cession des Droits et Titres Miniers.*

La Phase 3, relative à l'*Etude de Faisabilité*, c'est-à-dire aux Travaux de Prospection et Recherche, étaient partiellement exécutés ou étaient en voie de l'être :

*Travaux de Prospection : réalisés à près de 90 % (taux atteint après les recommandations faites à ENFI et suivant tableau présenté par Sicomines Sarl le 22 mars 2010) ;

*Approbation de l'Etude de Faisabilité : dossier approuvé par le Conseil d'Administration de Sicomines Sarl. Il doit être déposé auprès de la Commission des Réformes et Développement de la Chine avant son approbation par les deux Gouvernements.

Les trois premières phases ayant été accomplies, il restait aux trois dernières – phases 4, 5 et 6 – d'être exécutées. Il fallait s'y investir. Sous la coordination et la facilitation du BCPSC, les protagonistes se mirent au travail.

L'exécution de la Phase 4, sur *Recherche et Montage du financement nécessaire pour le Projet de Coopération*, consistait :

* à la recherche du financement : elle se fit auprès d'Exim Bank.
* au montage financier : il devait être mené par le Consortium des entreprises chinoises, lequel, en ce moment, s'activait déjà à finaliser les termes d'emprunt.

La Phase 5, qui traite du *Développement du Projet minier*, n'était point exécutée : elle était en attente de l'approbation de l'Etude de Faisabilité.

La Phase 6, qui concerne le *Développement des unités de traitement des minerais*, était évidemment lié aux points précédents, attendait, en conséquence, d'être amorcée.

Pour une bonne exécution de ces trois dernières phases, les *dispositions générales* suivantes avaient été prises :

*Implication de Sicomines Sarl en tant qu'emprunteur dans la gestion des fonds destinés aux infrastructures : pas encore effective ;
*Participation du groupe Gécamines dans la gestion de Sicomines Sarl : présence de la Gécamines effective dans les Assemblées générales, Conseil d'Administration et Comité de Direction ;
*Nomination des Commissaires aux Comptes par les Actionnaires de Sicomines Sarl : en cours ;

*Attribution des marchés entre Actionnaires : à rendre effective ;
*Etablissement des états financiers annuels : veiller au respect des principes comptables généralement admis ;
*Langue de travail : le français.

Dès sa naissance, et c'est cela même d'ailleurs le but de sa venue au monde, comme on le sait, le BCPSC avait mission de veiller à la mise en œuvre de la Convention de Coopération du 22 avril 2008, et donc de son aspect « Projet minier », puisque le remboursement des infrastructures à construire devait provenir de la vente des produits de la mine à exploiter. Dans le Projet de Coopération, la matérialisation du « Projet minier » en constituait ainsi le clou. Sa réussite était celle de toute la Convention de Collaboraton.

Par son Secrétaire exécutif, Moïse Ekanga, le BCPSC déploya toute son énergie pour accomplir cette tâche capitale qui lui était dévolue. L'on a vu comment il s'était engagé pour que la Sicomines, constituée peu avant sa prise de pouvoir au BCPSC, s'affirme comme une entreprise digne et capable d'accomplir la mission que lui confiait la Convention de Collaboration, à savoir le financement des infrastructures à construire, à moderniser ou à renover.

En dépit de la constitution de la Sicomines, le BCPSC se rendit compte que le Projet minier n'était pas si simple à réaliser. En effet, née en 2008, Sicomines allait prendre beaucoup plus de temps que prévu dans la production des dérivés cuprièfres et cobaltifères dont on attendait la vente pour procéder au remboursement du prêt chinois. Initialement annoncées pour octobre 2010, les activités de la Sicomines ne commenceront véritablement que plus tard. Pour plusieurs raisons, qui peuvent être réparties en trois catégories :

1°/ Du point de vue de la Convention de Collaboration ;
2°/ Du point de vue des Mines ;
3°/ Du point de vue des Infrastructures.

Nous venions de parcourir les « obstacles » du point de vue de la Convention de Collaboration. Nous verrons les difficultés concernant le Projetes d'Infrastructures.

Des difficultés tardant la mise en marche du Projet minier étaient également nombreuses. Citons-en quelques unes.

1. Non approbation du Projet de Coopération

Le Projet de Coopération n'était pas encore formellement approuvé ni par les Ministères congolais des Mines et du Portefeuille, ni par les autorités compétentes de la République Populaire de Chine (RPC), et que, par conséquent, la Convention de JV n'était toujours pas entrée en vigueur.

2. Non approbation de l'Etude de faisabilité

L'Etude de faisabilité initialement prévue pour six mois à partir du 10 octobre 2008, date de cession des droits et titres miniers, n'était toujours pas approuvée ni par le Conseil d'administration de la Sicomines ni par les autorités gouvernementales de deux pays.

3. Problématique autour de la constitution de la Sicomines

Le décret portant autorisation de fondation de la Sicomines Sarl a été donné illégalement sans que l'une des conditions impératives pour la fondation d'une Sarl, à savoir la libération préalable d'au moins un cinquième du capital social, ait été remplie. Si la preuve de cette libération n'existe pas, Sicomines Sarl s'exposerait aux mêmes désagréments que l'entreprise minière KMT Sarl. Plus tard, ce problème sera résolu, en précisant que Sicomines a cessé d'être une Société à responsabilité limitée (Sarl) pour devenir une Société anonyme (SA).

4. Prêt de 32 millions de dollars américains

La convention de prêt pour la somme de 32 millions USD qui représente la participation de la Gécamines dans le capital social de la Sicomines Sarl n'avait jamais été signée entre les parties avant la constitution de la Sicomines Sarl. Elle le sera bien après.

5. Libération du solde du capital social

Dans les deux mois de l'approbation de l'Etude de faisabilité par le Gouvernement de la RPC, la partie chinoise devait libérer le solde du capital social de Sicomines Sarl, soit 50 millions USD. Elle ne s'exécutera qu'après l'achevement de l'Etude de faisabilité.

Par ailleurs, la Sicomines Sarl n'avait jamais ouvert le registre des actionnaires ni établi et délivré aux actionnaires les certificats attestant leur propriété des actions de Sicomines Sarl. Elle s'acquittera de cette obligation plus tard.

6. La Gécamines et le Groupement d'Entreprises chinoises

Le Groupement d'Entreprises Chinoises n'avait jamais formellement notifié la Gécamines de l'absence de vices bien que la diligence ait été effectuée et clôturée pour le compte du Groupement d'Entreprises Chinoises et les droits et titres miniers de la Gécamines aient été cédés à la Sicomines Sarl le 10 octobre 2008.

En outre, la Gécamines n'avait toujours pas encore cédé (et stérilisé) des espaces vides à la Sicomines pour la construction des usines et parcs de stockage des remblais, des stériles et des rejets. Elle avait fini par le faire plus tard.

7. Recherche et mise en place du financement du Projet de Coopération

Contractuellement, le Consortium avait l'obligation de rechercher et de mettre en place le financement au profit du projet de Coopération. Mais aucun délai n'avait été fixé dans les Conventions pour la recherche et la mise en place dudit financement au profit du projet de Coopération. Et le Groupement d'Entreprises Chinoises n'avait pas encore communiqué à la Gécamines l'acte par lequel il se portait fort des engagements financiers du Consortium.

Toutefois, le Consortium, par le biais de Commission nationale du Développement et de la Réforme de la Chine, avait déjà mobilisé la « dépense préliminaire » d'environ 518 millions USD pour la mise en œuvre du Projet Minier et de 338 millions USD pour la réalisation des travaux d'infrastructures les plus urgents.

Conformément à la Convention, la Sicomines devait être impliquée dans la signature des contrats spécifiques des travaux d'infrastructures et des contrats d'emprunt. Elle ne le sera que bien plus tard.

Recommandations sur le Projet minier

Pour pallier les difficultés ci-dessous énoncées sur l'état du Projet minier au 25 mars 2010, quelques recommandations étaient faites à l'intention des institutions impliquées dans la Convention de Collaborations. Mentionnons-les :

1. Alimentation en énergie électrique

Concomitamment à la collecte des données sur le site par Sinohydro, la Sicomines Sarl était conviée à poursuivre les négociations avec Mag Energy en vue de racheter son Projet (Etude de Faisabilité) sur la construction d'un nouveau barrage hydroélectrique sur le site de Busanga.

2. Problématique d'exhaure

La bonne exécution des opérations d'exhaure constituant la condition sine qua non pour le démarrage effectif de l'exploitation minière, il est demandé que les sondages hydrogéologiques soient terminés en août 2010 au plus tard afin de commencer le dénoyage du site minier le plus rapidement possible.

3. Paramètres technico-économiques

(1) Les observations formulées par les Actionnaires de la Sicomines soient être rapidement intégrées par ENFI de sorte que l'Etude de faisabilité soit approuvée par les deux Gouvernements.

(2) La capacité installée doit être améliorée en tenant compte des résultats des sondages complémentaires.

(3) La Sicomines doit adopter un process et une technologie performants pour une exploitation efficiente des réserves engagées dans le Projet pour minimiser leurs coûts de production.

4. Déploiement de la Sicomines sur le terrain

La Sicomines doit s'en tenir au chronogramme des activités suivant :

- Dépôt de l'Etude de Faisabilité auprès de la Commission des Réformes et Développement de la Chine : avril 2010.
- Approbation de cette étude par les deux Gouvernements : fin septembre 2010.
- Libération par les Parties des soldes de leurs souscriptions au « Capital Social » dans les 60 jours à compter de la date d'approbation de l'Etude de Faisabilité par les Gouvernements congolais et chinois : octobre 2010.
- Finalisation des travaux complémentaires de prospection : mai 2010.
- Démarrage des travaux de construction des bâtiments administratifs devant abriter le Siège social : juillet 2010.

- Démarrage des travaux de construction des infrastructures sociales : juillet 2010.

- Fourniture des 40 MW par la SNEL : avril 2010.

- Construction du Barrage hydroélectrique de Busanga :

  *Finalisation de l'Etude de Faisabilité : mai 2010 ;

  *Création de la JV d'exploitation : mai 2010 ;

  *Début des travaux de construction : novembre 2010.

5. Déploiement de la Sicomines au plan administration et gestion du personnel

Il est exigé que l'organigramme de Sicomines soit finalisé (dans un cadre organique conforme à la législation congolaise) et présenté au Conseil d'Administration pour validation et application.

6. Levée des obstacles constatés dans la mise en route du Projet minier

(1) De la « gestion journalière » et de la « Présidence collégiale » du Comité de Direction : qu'il y ait une concertation préalable entre les deux ADG pour harmoniser leurs points de vue avant toute décision importante (Principe de Gestion Collégiale) ; s'agissant particulièrement de la gestion financière, que l'ADG adjoint ait « la signature autorisée sur tous les comptes de Sicomines Sarl ».

(2) De l'établissement du siège social : que toutes les décisions de gestion soient prises à Lubumbashi, où la Sicomines étant une Société de droit Congolais.

(3) De la lenteur dans le processus d'approbation de l'Etude de Faisabilité : que soit instauré rapidement une commission mixte (Minière des Mines, BCPSC, Gécamines et Sicomines Sarl) chargée d'élaborer des stratégies pour une meilleure gestion de ce dossier.

(4) De l'utilisation de la main-d'œuvre locale : que la Direction des Ressources Humaines veille au recrutement du personnel conformément à la législation congolaise en matière de travail.

(5) Des documents techniques : que tous les documents techniques soient élaborés en anglais (prévalent) et en français, et que les autres documents soient rédigés de préférence en français.

Nous avons vu, dans le chapitre précédent, comment, de manière laborieuse, fut approuvée, l'Etude de faisabilité : le 19 janvier 2010 par la Commission des Réformes et Développement de la Chine, en juillet 2010 par le gouvernement congolais et, un an plus tard, en juillet 2011, par la partie chinoise (Commission de la Réforme et du Développement et Conseil des Affaires d'Etat).

Cette approbation de l'Etude de faisabilité signifiait aussi celle du Projet de Coopération. Elle ouvrait la voie au premier financement tant pour le Projet d'Infrastructures que pour le Projet minier, et donc au démarrage de ce dernier aspect du Projet de Coopération.

L'exécution du Projet minier retardée

En dépit de l'approbation du Projet de Coopération qui autorisait en fait le démarrage du Projet minier, celui-ci n'eut pas lieu tout de suite. Il s'exécuta bien en retard sans doute parce que le décaissement des fonds prit du temps et fut insuffisant.

En effet, l'on sait que sur les 3,2 milliards USD affectés au Projet minier par la Convention de Collaboration, seulement 540 millions USD ont été décaissés jusque-là (fin 2012). C'est ce qu'annonce, par exemple, le 24 mai 2013, devant la presse, le Secrétaire exécutif du BCPSC, qui détaille de la manière suivante le décaissement en ce qui concerne le Projet minier :

*518 millions USD ont été décaissés en janvier 2009 par le Groupement d'entreprises chinoises actionnaires de la Sicomines ;

*32 millions USD ont été libérés par le Groupement d'entreprises chinoises comme prêts d'associés pour la souscription de la Gécamines au capital social.

En résumé, seulement 540 millions USD chinois (518 + 32 millions USD) ont été décaissés pour le Projet minier, sur les 3,2 milliards prévus pour ce Projet dans la Convention de Collaboration.

Il faut signaler aussi que 370 millions USD de financement ont été accordés à Sicomines en 2012, et qu'un prêt de 50 millions USD a été sollicité en faveur de la Gécamines pour réhabiliter ses ateliers de Panda.

Ce retard et cette insuffisance des ressources financières dans l'exécution du Projet minier ont contraint, en 2012, la Sicomines à revoir le contenu initial de ce Projet, à le rajuster et à établir ainsi un *nouveau projet*, dit « Projet de Mise en Production par Etapes du Gisement cupro-cobaltifère de Sicomines en RDC », lequel consiste à raccourcir la période de construction, à baisser l'investissement et à écourter la phase préparatoire afin d'atteindre la productivité anticipée de 7 ans en 4 ans. L'investissement à la construction du gisement est ainsi désormais de 2,250 milliards USD.

En outre, toujours dans le souci de faire progresser le Projet du gisement cupro-cobaltifère que la Convention de Collaboration lui avait confié, la Sicomines, en cette année 2012, s'est mise à la *Recherche des canaux de financement*, c'est-à-dire des voies et moyens pour financer le Projet minier ; ont été contactées à cet effet plusieurs banques : Banque de développement de Chine (CDB), Exim Bank of China, China Construction Bank (CCB), ICBC, Standard Bank of South Africa, Standard Chartered Bank, etc.

Par ailleurs, toujours en 2012, la Sicomines a reçu 331,637 millions USD des entreprises actionnaires et a réalisé par ses propres efforts le financement de 352,500 millions USD venant de la Bank of China de Macao.

En avril 2012, la Sicomines a informé ses actionnaires du remboursement de 304 millions USD à l'Exim Bank of China. Le 10 août suivant, elle a payé, avec l'emprunt à court terme du pas-de-porte de 175 millions USD, 7,5 millions USD au BCPSC pour son fonctionnement et 8 millions USD à la sous-traitance dans le cadre du Projet d'Infrastructures.

Après le *rajustement du Projet minier* et la *recherche des canaux de financement*, la Sicomines s'est attelée aux *travaux préparatoires sur le terrain*. C'est dans cette optique que, le 3 décembre 2012, elle a signé un Protocole d'accord avec la SNEL, au terme duquel celle-ci allait l'alimenter en énergie électrique.

En ce qui concerne l'utilisation de l'espace industriel, la Sicomines a tenu plusieurs entretiens avec la Gécamines et le BCPSC.

Concernant la construction du Projet minier, le rapport d'Etude de faisabilité a été élaboré sur l'ajustement du projet. L'offre d'appel de la conception préliminaire du projet (sur l'optimisation de la conception du génie et du schéma de procédé) a été achevée. Comme la conception préliminaire et la conception d'une partie du plan de la 1ère phase du projet d'alimentation ont été accomplies, il était prévu que l'alimentation en énergie électrique se réalise fin mars 2013.

En 2012, la Sicomines s'est également attelé à l'exécution des travaux de la 1ère phase du dénoyage de la mine à ciel ouvert et a pratiquement achevé les drains au nord-ouest de la fosse DK. Les travaux de base (sous-station, circulation de la ligne électrique 10 KV), ceux du nivellement du terrain et du posage de la route étaient en cours.

En 2012 également, la Sicomines a chargé China ENFI Engineering Corporation de perfectionner l'ancien plan d'exploitation conçu par l'Etude de faisabilité. Le rapport d'ENFI est rendu en mai 2012. Un mois plus tard a paru le plan modifié dénommé « Rapport de comparaison des plans de construction et de mise en production par étapes du gisement cupro-cobaltifère de Sicomines ». La Sicomines a ensuite demandé à Northern Engineering & Technology Corporation, MCC (Dalian) d'améliorer ledit plan. La version modifiée s'intitula « Rapport d'amélioration du plan d'exploitation du gisement cupro-cobaltifère de Sicomines ». C'est sur la base de ces deux Rapports que s'est élaboré le « Plan de mise en production par étapes ».

En 2013, enfin, la Sicomines a commencé à appliquer son *Plan de mise en production par étapes* ; concrètement, elle assura qu'elle allait exécuter ses trois principaux projets : les travaux miniers et métallurgiques, la gestion du Projet d'Infrastructures et la construction de la Centrale hydraulique de Busanga.

Les travaux miniers et métallurgiques, qui constituent le premier point de ce plan, comprennent, en détail, les opérations suivantes :

1°. *Extraction des minerais*, à partir de deux fosses à ciel ouvert :

2°. *Construction du concentrateur*, pour traiter les minerais extraits ;

3°. *Construction de l'usine métallurgique*, pour traiter les minerais concentrés provenant du concentrateur ;

4°. *Mise en œuvre de l'alimentation électrique*, pour satisfaire le besoin en énergie du projet.

Dénoyage du site minier – les Eaux d'exhaure

C'est seulement après l'approbation de l'Etude de faisabilité et donc du Projet de Coopération, acquise avec quelque retard par rapport à la prévision initiale, qu'a commencé la deuxième étape, la

Problématique d'exhaure, consistant au *dénoyage du site minier*, c'est-à-dire en l'évacuation des eaux infiltrées des galeries de mine pour les rendre inaccessibles et impropres à l'exploitation. C'est une étape cruciale pour commencer le *développement des mines*. L'on sait en effet que les mines étaient au départ noyées ; l'exhaure consiste à éliminer ces eaux d'infiltration par l'installation des dispositifs d'évacuation.

La mine acquise par la Sicomines, celle des carrières de Dikuluwe et de Mashamba-ouest (DIMA), avait commencé à être progressivement envahie par les eaux, à la suite de l'interruption de l'exhaure en 1996. En cette année-là, la Gécamines, alors propriétaire des sites DIMA, avait abandonné leur exploitation minière.

Il se devait pour la Sicomines d'effectuer des travaux de dénoyage des cuvettes inondées de Dikuluwe et Mashamba-ouest. Visant à assécher les galeries de mine envahies par les eaux, cette opération a commencé par des sondages hydrogéologiques afin de mieux comprendre le comportement de la nappe aquifère.

L'on a su alors que l'inondation était le fait des *eaux d'exhaure*, des masses d'eau qui s'accumulent sous la terre. Selon la lithologie, la profondeur, le niveau de déformation de la tectonique, ces masses d'eaux se présentent sous forme des couches diverses dans la nappe de Kolwezi constituée en un grand bassin tectonique.

Dans la zone du projet, ces différentes couches sont alimentées en eau par des précipitations fréquentes, favorisées par la végétation qui s'y développe, sa topographie douce et son sol superficiel perméable.

Naturellement, les eaux d'exhaure sont suceptibles de perturber l'exploitation du gisement du projet. C'est pourquoi, pendant l'exploitation de la mine, Sicomines a pris des mesures pour l'assèchement des deux fragments du gisement dans les carrières de Dikuluwe et de Mashamba-ouest, en cas de leur envahissement par les eaux souterraines et par des eaux des pluies.

A la prise de la carrière par la Sicomines, le projet s'est mis à évoluer avec une exhaure secondaire à partir des puisards au sein des mines. L'eau évacuée est drainée jusqu'à un bassin de stockage pour alimenter l'usine de traitement. L'eau excédentaire, décantée au préalable, est dirigée dans des buses[1], au travers d'un chenal, vers la rivière Luilu à 7 km des installations de la Sicomines.

Les puits filtrants, quoique installés, servent à l'exhaure primaire seulement en cas d'augmentation signalée du niveau de la nappe. Sinon ces puits servent au suivi de la qualité des eaux souterraines au sein de la concession, à l'approvisionnement du projet en eau d'humidification des routes et d'alimentation de l'unité de traitement d'eau.

Dans le cadre de l'évolution du projet, la Sicomines a prévu l'exploitation progressive de six fragments du gisement circonscrit, en commençant par Dikuluwe et Mashamba-ouest. Les deux carrières forment une seule fosse et couvrent une aire de plus de 5 km^2 pour une profondeur de 400 m. A cet effet, le projet a envisagé deux types d'exhaures : une exhaure primaire par puits filtrants et une exhaure secondaire à partir d'un puisard.

1°. *L'exhaure primaire* par puits filtrants

Elle est exécutée préférentiellement pour éviter de perturber les travaux lors de l'exploitation. Ici, le dénoyage se fait par un système de deux puits filtrants à câbles (d'un diamètre de 6 m et en béton) verticaux et distants de 2 km, l'un à l'est et l'autre à l'ouest, chaque puits avec une station de pompage, le premier au niveau 1.200 m d'altitude et le second au niveau 1.000 m d'altitude.

Les eaux provenant de l'exhaure trouvent de nombreuses applications. En effet, à partir des puits filtrants, l'eau recueillie sert à l'humidification des voies de circulation, dans le réseau d'eau sanitaire sur tout le site, aux systèmes d'eau industrielle, comme le système anti-incendie. Une partie de ces eaux est utilisée pour la production de l'eau potable à partir d'une usine de traitement, et le trop plein du bassin de stockage est canalisé vers le lieu de rejet des eaux d'exhaure.

2°. *L'exhaure secondaire à partir d'un puisard*

Pour limiter le pompage des eaux d'exhaure, le projet réalise principalement l'exhaure secondaire, au moyen des puisards,

[1] *Buse* : Ouvrage de drainage placé transversalement en tranchée sous la chaussée pour permettre à l'eau venant d'ouvrages longitudinaux, d'écoulements naturels et artificiels de passer sous la route ; elles sont souvent circulaires, ovales ou ovoïdales.

l'exhaure primaire par puits filtrants n'étant utilisée qu'en cas exprès d'augmentation de niveau d'eau de la nappe.

L'exhaure secondaire à partir d'un puisard est exécutée pour assécher le champ minier envahi par les eaux de pluies et les eaux souterraines. Le projet a donc commencé par procéder à cette exhaure pour le dénoyage des carrières de Dikuluwe et Mashamba-ouest. Pour un drainage efficace, la technique utilisée consiste à évacuer l'eau de la carrière de Mashamba-ouest à travers un drain jusqu'au bassin de stockage de l'eau provenant de la carrière de Dikuluwe.

A cet effet, le projet Sicomines réalise un drainage normal avec 2 radeaux dans chacune de deux carrières. En vue de faciliter les travaux, le projet, en cas de nécessité, peut également réaliser un drainage en surface, par le forage des puits au nord-est de la concession.

Les eaux issues de l'exhaure secondaire servent à fournir sur le site l'eau nécessaire pour les usines de traitement et sont stockées dans un bassin situé à l'ouest des usines.

Lancés depuis avril 2013, les travaux de dénoyage étaient terminés deux ans plus tard. A ce jour, près de 40 millions de tonnes de roches (minerais et roches stériles compris) ont déjà été extraits. Fraîchement sorti du sol, le nouveau concentrateur éait déjà en phase d'essai de production depuis février 2015.

Les travaux de construction de deux nouvelles usines hydro-métallurgiques et de diverses autres infrastructures ainsi que des équipes auxiliaires à l'industrie minière ont commencé ; certains sont terminés.

Démarrage des travaux miniers

2013 est l'année du démarrage des travaux miniers. En cette année qui commémore le cinquième anniversaire de la Convention de Collaboration (et du BCPSC), la Sicomines entre dans une phase cruciale, celle de la construction à grande échelle, avec le démarrage de la construction des travaux miniers. Ces travaux, qui s'exécutent selon un « Plan optimisé d'exécution par étapes du Projet », sont nombreux :

- conception préliminaire des travaux miniers et métallurgiques ;
- travaux de l'alimentation en énergie électrique de la 1ère tranche de drainage des cuvettes minières ;
- travaux de drainage des pluies ;
- construction du site des travaux et de la base-vie permanente ;
- travaux de découverture de l'infrastructure ;
- travaux de l'usine principale de concentration ;
- travaux du dépôt des déchets ;
- démarrage des travaux de la centrale hydraulique…

Parmi ces quelques points, retenons trois qui semblent importants pour l'installation de l'exploitation minière : *l'alimentation en énergie électrique* de la 1ère tranche de drainage des cuvettes minières, *la découverture* de l'infrastructure et le *dépôt des déchets*.

L'alimentation en eau et en énergie électrique

Pour effectuer tous les travaux ultérieurs, la Sicomines a eu besoin d'une alimentation en eau et en électricité.

La source d'alimentation en eau provient du système d'exhaure des mines. Le débit d'exhaure est estimé à 60.000 – 80.000 m^3 par jour. Les besoins en eau du projet sont de 335.873 m^3 par jour, dont 68.612 m^3 pour les besoins directs de production.

Pour ses besoins en électricité, la Sicomines, au départ et jusqu'à la production de la première phase, utilise le courant fourni par la SNEL ; notamment, elle est connectée au réseau électrique de 220 kV à la sous-station de SCK de 220/35/10 kV à Kolwezi distante de 20 km du site des installations, à partir de la sous-station RO de 120/35/10 kV à Kolwezi, situé à côté de la sous-station SCK 220 kV.

En cas de panne du courant de la SNEL, la Sicomines recourt au courant produit par ses générateurs. Quelquefois, elle importe, de la Zambie voisine, une partie de l'énergie électrique.

Dès le début, l'on a senti le besoin que l'idéal serait que la Sicomines utilise une énergie issue d'une source unique et puissante. Ce sera le courant en provenance du barrage hydroélectrique de Busanga situé à 80 km à l'ouest de la ville de Kolwezi et dont la puissance d'installation sera de 240 mégawatts (MW).

La découverture de l'infrastructure

Les travaux de la découverture de l'infrastructure ont compté parmi les plus importants effectués pour le projet Sicomines. On peut les présenter comme suit[1] :

''La découverture a consisté à déboiser et à enlever la couche du sol qui recouvre en certains endroits les fragments du gisement pour faciliter l'exploitation, l'installation des différentes composantes de l'usine de traitement et la construction de quelques infrastructures de base de la société (routes, usines, camps de vie, bureaux, bassins de stockage, ...).

Au niveau des mines, la découverture a été réalisée pour le recarrage de manière à prévenir la jonction des deux fosses.

Pour la découverture, compte tenu des propriétés mécaniques des roches, la société procède au forage et au dynamitage des stériles. Elle œuvre au niveau des six fragments du gisement pour les travaux miniers. A ces sites, on y ajoute les sites pour l'usine de concentration, l'usine de traitement des concentrés et leurs parcs à rejets respectifs, les installations des bureaux, le campement, les voies de communication, etc.

Le déboisement total a pu atteindre une superficie de plus de 200 h pour l'ensemble de la concession, compte tenu du fait que celle-ci est remplie des sites des mines, des usines, des sites des rejets et des voies de circulation.

La quantité des matériaux de la découverture est évaluée à 237.450.000 t dont 3.759.000 t de minerai et 233.691.000 t de stériles. L'altitude au début de l'exploitation avait été de 1.305 m. La découverture a permis de disposer de 1.612.000 t de minerai à exploiter et de 8.381.000 t de minerai à développer.''

Le stockage des minerais

Après la découverture d'infrastructure minière, le stockage des minerais et les matières stériles des mines à découvrir. Pour ce faire, la Sicomines a aménagé 10 aires dans les fosses destinées à emmagasiner les minerais et les stériles avant leur acheminement à l'usine de traitement. L'on peut lire dans le rapport du Bureau d'étude *Office of Environmental and Mining Studies, OEMS sarl*[2] :

---

[1] « Sicomines SA, EIE&PGEP », *Office of Environmental and Mining Studies, OEMS sarl*, pp. 32-34, 2018.

[2] « SICOMINES EIE&PGEP », *Office of Environmental and Mining Studies, OEMS sarl*, p. 34, 2018.

‘‘Lors des sept premières années d’exploitation minière, les matériaux tout-venant étaient acheminés vers les installations de concassage à l’usine de concentration. Par la suite, Sicomines SA va installer au sein de la mine des concasseurs pour les minerais et les stériles. En ces sites, il sera aménagé des aires de stockage des matériaux.

Au sud de la mine à environ 3,5 km, le projet Sicomines SA a érigé une halde à stériles. A côté de l’usine de traitement, il a érigé des aires pour la réception des minerais. Ces aires sont pour l’alimentation des usines en minerais.

Tous ces tas de remblais sont constitués de manière à ne pas gêner les travaux au sein des carrières et à faciliter le transport des matériaux vers le concasseur de l’usine de traitement. Sicomines SA constitue ainsi des stocks des minerais pouvant garantir un fonctionnement normal pour environ 1 an.’’

Les différents autres travaux d’aménagement

Plusieurs autres travaux nécessaires pour la mise en place de l’exploitation minière ont été réalisés. Il s’agit notamment des opérations de :

- Déboisement et défrichement,
- Expropriation,
- Dynamitage,
- Remblayage.

Les travaux de déboisement et de défrichement consistaient à s’approprier une étendue de savane herbeuse afin d’installer, sur une étendue de 4,5 hectares environ, ses bureaux, ses dépendances (garages, site de stockage ...), l’usine de traitement des minerais et un parc à stériles. Ils comprennent ‘‘le décapage des fragments du gisement à exploiter, des zones à remblais à stériles, des remblais à minerais et des remblais à produits intermédiaires (rejets de concentration à retraiter), le dégagement d’une large superficie destinée aux infrastructures de garages, des ateliers, des bureaux, des usines de traitement des minerais et d’extraction métallurgiques et des installations connexes et la construction des routes d’accès, des digues et des ponceaux pour détourner l’eau provenant des stockages de stériles et des fosses de mines à ciel ouvert, d’un réseau de canalisations d’eaux, un réseau électrique, etc.’’[1]

---

[1] « SICOMINES EIE&PGEP », *Office of Environmental and Mining Studies, OEMS sarl*, p. 34, 2018.

Au total, pour l'extraction minière, le défrichement a couvert ainsi environ 18 hectares, de telle sorte que les mines se retrouvent sur la concession en un site qui soit accompagné d'un parc à stériles.

A vrai dire, en tenant compte des voies d'accès, de l'emplacement des usines et des bassins à rejets, le défrichement a concerné au total une aire d'environ 90 hectares. La déforestation et la coupe des arbres ne seront réalisées que lorsque cela constituera une nécessité absolue.

Pour ne pas être accusée d'avoir « saccagé » inutilement le territoire « d'autrui », Sicomines SA a pris certaines précautions. Par exemple, ''la terre végétale a été retirée et stockée aux fins de la réhabilitation future du site de la mine ; les arbres et gros buissons qui ont été retirés du site seront mis à la disposition des locaux et des habitants des villages avoisinant le projet pour être utilisés comme matériaux de construction ou comme source d'énergie ; le programme de remise en végétation se déroulera au cours de l'exploitation jusqu'à la fermeture du site pour ramener le couvert végétal à son état d'origine avant exploitation ou à une utilisation du sol alternative viable et acceptable.''[1]

Un autre problème délicat était ***l'expropriation*** qu'il fallait entreprendre afin de libérer le terrain minier. Heureusement pour la Sicomines, celle-ci n'avait pratiquement rencontré, au sein de ses périmètres, aucune communauté humaine ni aucune localité établie de quelque manière ou y exerçant des activités de recherches de revenus.

''Cependant, la zone du projet est à vocation minière, en ce que des sociétés se sont livrées et d'autres se livrent encore aux activités d'exploitations qui produisent, en plus des minerais, des remblais et des stériles. Dans la concession de Sicomines SA, il y a des remblais et des stériles résultants de l'exploitation minière réalisée antérieurement par la Gécamines. Ces exploitations minières ont permis aussi de doter la zone du projet de certaines infrastructures de base telles que les voies de circulations, la construction d'un camp de travailleurs, des digues, etc.

Il s'ensuit que plusieurs personnes, en quête de revenus, se sont installées dans la zone de Sicomines SA, pour y exercer des activités lucratives, notamment l'exploitation artisanale des minerais cuprocobaltifères au niveau des remblais et des carrières. Cet afflux des personnes a entraîné l'extension de l'ex Camp Gécamines de Kapata et

[1] « SICOMINES EIE&PGEP », *Office of Environmental and Mining Studies, OEMS sarl*, p. 34, 2018.

l'implantation du Village Mutaka, situés en dehors et au sud-est de la concession du projet.

Sicomines SA pourra envisager la délocalisation au cas où il apparaissait que ses activités ou certaines modifications topographiques au sein de sa concession était susceptibles de porter atteinte aux populations environnantes ou certaines d'entre elles.

A cet effet, les normes d'IFC seront appliquées afin de minimiser les perturbations sur la société et de s'assurer que la délocalisation si elle est envisagée, puisse se réaliser d'une manière aussi humaine et intelligente que possible.

Les études détaillées sur les conditions de cette délocalisation seront réalisées en temps opportun.''[1]

Cette délocalisation a commencé à être réalisée peu avant que la Sicomines ne démarre, en octobre 2010, l'exploitation minière. En effet, lors d'une tournée dans cette zone d'exploitation minière effectuée le mardi 10 octobre 2010, le Secrétaire exécutif du BCPSC a sensibilisé les creuseurs artisanaux et les autorités en place afin de s'approprier ce projet et à le sécuriser. Les creuseurs artisanaux, que l'on priait de cesser leurs activités dans le domaine cédé à la Sicomines, n'ont pas opposé de grande résistance à la requête de Moïse Ekanga ; leurs coopératives ont demandé et obtenu que leurs membres soient pris en compte lors du recrutement du personnel pour réduire le chômage.

Le dynamitage a constitué une autre tâche à laquelle s'était attelée la Sicomines[2] :

''Dans sa grande majorité, le matériau à exploiter affleure sous forme de collines surplombant les terrains avoisinants. Ce qui permet de prévoir une exploitation en butte, horizontale et en fouille.

Pour le matériau plus en-dessous du niveau normal, le projet prévoit de travailler en profondeur afin de remonter la matière extraite, avec creusement des rampes et constitution des accès aux gîtes à l'aide de niveleuse, de pelle excavatrice et fouilleuse, de bulldozer, de chargeuse et de benne.

La roche est au préalable abattue à l'explosif en faisant sauter une partie de sa paroi, sur une hauteur dûment déterminée, puis les pans

---

[1] *Idem.*

[2] « SICOMINES EIE&PGEP », *Office of Environmental and Mining Studies, OEMS sarl*, pp. 36-37, 2018.

abattus sont en partie fragmentés au même explosif pour faciliter leur chargement dans des camions-bennes.

Sicomines SA procède au dynamitage dans l'exploitation de la carrière au moyen de l'ANFO ou le magnum à environ 0,5 kg/m^3 de roches. La mise à feu est effectuée avec des détonateurs à mèches lentes (capped fuse ou durafuse) de 4,5 minutes de retard.

Le minage est utilisé pour faciliter les travaux de reprise et de manutention des roches. Il est exécuté de manière à éviter de provoquer d'importants jets de roches dans la zone. Il est foré dans les massifs rocheux et à l'aide du compresseur diesel, des trous de 5 à 6 pouces de diamètre et 10 à 20 m de profondeur qui sont chargés d'explosifs, puis bourrés de sable et mis à feu au cordeau détonnant pour désagréger la roche. Les trous sont disposés selon un maillage carré de 6 m sur 6.

Sicomines SA utilise une foreuse sur plate-forme roulante commandée par un seul opérateur, munie d'un compresseur, d'un outil de forage et d'un système de captage de poussières. La consommation spécifique d'explosifs est de 200 à 400 g par m^3 de roche (soit 75 à 150 g/t), dépendant non seulement de la nature de la roche, mais aussi de l'habileté des mineurs et de la méthode employée.

Les matériaux abattus mais ne pouvant pas se prêter facilement aux opérations de manutention (chargement au godet, chargement dans des bennes ou alimentation du concasseur) subissent un minage secondaire. Pour ce minage, la charge explosive est de 60 à 90 g/m^3.

En substance, le projet utilise pour le minage, au maximum 0,488 kg de charge explosive par m^3 de roches.''

Le remblayage constituait enfin la dernière phase des travaux d'aménagement du site devant accueillir l'exploitation minière de la Sicomines. Ainsi, celle-ci a procédé à la constitution des remblais au sein de la carrière, pour faciliter le transport des matériaux. L'*Office of Environmental and Mining Studies*, qui donne cette information, écrit[1] :

''Durant les premières années d'exploitation, la société a constitué un site de remblais de minerai près de la section de concassage primaire. Ce site comprend 10 parties utilisées pour le remblayage en fonction de la teneur et de la nature du minerai. Les stériles sont disposés au niveau de 3 zones des remblais constitués jadis par la Gécamines, dénommées A, B et C. La zone A reçoit les

---

[1] « SICOMINES EIE&PGEP », *Office of Environmental and Mining Studies, OEMS sarl*, p. 38, 2018.

stériles de mine de Mashamba et les zones B et C, les stériles de mine de Dikuluwe.''

Méthodes d'exploitation

Avant et pendant que se déroulaient les travaux d'aménagement du site de l'exploitation minière, se menaient des études géologiques et minéralogiques.

L'Etude de faisabilité approuvée par toutes les parties avait recommandé l'exploitation de tous les gisements affectés au Projet par la méthode à ciel ouvert. En se basant sur la morphologie de son gisement, le projet Sicomines a opté pour la méthode conventionnelle d'exploitation minière à ciel ouvert par fosses emboîtées. Appelée aussi *méthode d'exploitation en cratère*, elle comprend les opérations successives suivantes :

- la fragmentation (forages et minages),
- l'excavation,
- le chargement et le transport des minerais et stériles, ainsi que
- la constitution des remblais de minerais et la mise en terrils.

Cette méthode est résumée comme suit par l'*Office of Environmental and Mining Studies* :

''Les résultats des premiers travaux de recherches géologiques et les analyses des données disponibles indiquent que le gisement présente une couche importante d'aquifères et a la forme d'une couche dont les bords sont relevés et le centre progressivement concave formant une cuvette. Son angle d'inclinaison est faible et ce gisement présente une couche des roches intercalaires.

La méthode d'exploitation à ciel ouvert par fosses emboîtées a été utilisée compte tenu de son faible coût et de la facilité d'exécution des travaux pour atteindre le gisement.

Sicomines SA réalise l'exploitation de deux mines par la méthode à ciel ouvert. Elle réalise l'exploitation des six fragments de son gisement par le développement d'une seule fosse qui consomme les fragments susmentionnés. La méthode d'exploitation est l'exécution d'une mine à ciel ouvert par fosses emboîtées.

A cet effet, Sicomines SA distingue deux périodes d'exploitation. La première va du niveau de 1.455 m d'altitude à 1.035 m d'altitude. La vitesse de descente moyenne d'exploitation de mine est de 13,5 m par an, en cette période. Durant la deuxième période, la vitesse de descente est de 17,8 m par an.''

Durée de vie de la mine : 23 ans

Avant de procéder à l'extraction proprement dite du minerai, il était nécessaire, pour le projet Sicomines, d'estimer la capacité moyenne et nominale de cette extraction. Pour ce faire, un calcul de l'optimisation financière des fosses d'exploitation en mine à ciel ouvert a été effectué. Ce calcul a tenu compte de la récupération minière de 95 % et du taux de dilution minière de 2 %. Il en est résulté les évaluations des ressources minières exploitables à ciel ouvert.

Ce résultat a quelque peu modifié la prévision initiale, qui donnait à Sicomines SA une durée totale de 26 ans et à l'exploitation du gisement minier celle 23 ans.

La mine acquise par Sicomines n'est donc pas éternelle. Elle est appelée certainement à s'épuiser un jour. Les études menées, qui ont conduit à soutenir que la durée de vie de la mine est évaluée à 23 ans, répartissent cette durée comme suit : 3 ans de découverture, 18 ans de stabilité de la production et 2 ans pour l'épuisement.

Sachant que l'installation et la construction des infrastructures de la Sicomines ont pris 3 ans, c'est-à-dire de 2013 à 2016, l'on peut estimer que la mine s'éteindra entre 2035 et 2040 ! Autrement dit, Sicomines SA a une durée totale d'au moins 23 ans pour parvenir à extraire les réserves exploitables à un rythme de production de 27.576 tonnes de minerais par jour.

Développement des mines

L'Etude de faisabilité approuvée par toutes les parties recommande l'exploitation de tous les gisements affectés au Projet par la méthode à ciel ouvert. Les réserves minières du Projet sont estimées à 220 millions de tonnes de minerais à 3,30 % en cuivre et 0,20 % en cobalt. Ce qui donne 7,280 millions de tonnes de cuivre métal contenu et 450 mille tonnes de cobalt métal contenu. Le tonnage total annuel des minerais à extraire est estimé à 8,250 millions de tonnes avec les mêmes teneurs.

En se basant sur la morphologie de son gisement, le projet Sicomines a opté pour la méthode conventionnelle d'*exploitation minière à ciel ouvert par fosses emboîtées.* Appelée aussi *méthode d'exploitation en cratère*, elle comprend les opérations successives suivantes :

- la fragmentation (forages et minages),
- l'excavation,
- le chargement et le transport des minerais et stériles, ainsi que
- la constitution des remblais de minerais et la mise en terrils.

Développement des unités de traitement des minerais

L'Etude de faisabilité recommande de traiter les minerais extraits dans un concentrateur d'une capacité de 25 mille tonnes par jour. Après concassage, le minerai passe par un broyage semi-autogène (SAG-Mill), puis par un broyage à boulets avant une flottation des sulfures suivie d'une flottation des oxydes.

Les concentrés sulfurés oxydés ainsi obtenus sont respectivement alimentés dans les circuits d'extraction pyrométallurgique et hydrométallurgique. Selon le projet Sicomines, la capacité de production annuelle des usines pyrométallurgiques est de 78.000 tonnes de cuivre blister et de 13.000 tonnes d'alliage cupro-cobaltifère à 75 % en cuivre et de 9,4 % en cobalt. Tandis que celle des usines hydrométallurgiques est de 130.000 tonnes de cuivre cathodique et de 17.000 tonnes de carbonate de cobalt ($CoCO_3$) à 40 % en cobalt.

C'est après l'approbation de l'Etude de faisabilité qu'a débuté le développement des unités de traitement des minerais.

Construction des usines

Les minerais extraits du sol ou du sous-sol doivent être traités industriellement. D'où la nécessité d'un *développement des unités de traitement de ces minerais.*

Le projet Sicomines procéda à l'installation des unités ci-après :

- une unité de concassage de minerai ;
- une usine de concentration ;
- une usine hydrométallurgique ;

- une usine de production d'acide ;
- une unité de traitement d'eau pour la consommation ;
- trois unités de traitement de grès pour les matériaux de construction utilisés sur le site.

1°. ***L'usine de concentration*** (***concentrateur***) ou *usine minéralurgique*

C'est la première de toutes les usines. Son rôle étant de produire des concentrés sulfures ou oxydes contenant le métal (le cuivre ou le cobalt), elle est ainsi et le plus souvent appelée « *usine de concentration* » ou « ***concentrateur*** » (ou parfois *laverie*, lavoir dans le cas des charbons). C'est une installation mécanique qui reçoit des minerais, au préalable concassés, contenant des métaux afin de les y extraire. L'Etude de faisabilité faite pour la Sicomines recommande de traiter les minerais dans un concentrateur d'une capacité de 25.000 tonnes par jour, lequel reçoit les minerais qui sont d'abord concassés à une granulométrie de –300 mm au concasseur rotatif de type 54-75, avant d'être envoyés au concentrateur à l'aide d'un convoyeur à courroie.

La Sicomines a prévu que les traitements des métaux recherchés, ici le cuivre et le cobalt, se déroule en deux étapes ou périodes : la première concerne le traitement annuel de 4.550.000 tonnes de minerais, et la deuxième, celui de 9.100.000 tonnes de minerais par an.

Après cette opération, les minerais se transforment en *concentrés métalliques* : concentrés sulfurés contenant le cuivre et concentrés oxydés contenant le cobalt. L'Etude de faisabilité prévoit que la Sicomines puisse produire par an 274.000 tonnes de concentrés sulfurés et 182.000 tonnes de concentrés cobaltiques.

Le traitement des concentrés se fait par les méthodes mécaniques successives suivantes : le *tamisage*, le *concassage*, le *broyage* et le *triage* des minéraux. Les concentrés sulfurés, traités en premier lieu, serviront pour la vente, tandis que les concentrés oxydés, traités après, seront envoyés à l'usine métallurgique.

Le *concentrateur,* ou *l'usine minéralurgique,* pour la production des concentrés, est conçu de manière à satisfaire les besoins de production et de minimiser les coûts de l'investissement et d'exploitation. C'est pourquoi certaines de ses unités sont placées en altitude en vue d'utiliser l'énergie de la pesanteur pour la circulation de la matière. Ces unités comprennent :

- le *stockage des minerais* et des rejets de broyage, dont le site est situé en amont par rapport aux autres entités du concentrateur ;
- le *broyage des minerais*, dont l'atelier est couvert ;
- les *cellules de flottation* (avec la cellule de préparation des réactifs d'ajout), qui sont alignées ;
- Un *pont roulant* de 100 t, installé dans le hall de broyage et flottation pour faciliter la maintenance et le levage ;
- la *cellule de préparation des réactifs de flottation* qui, placée entre celle de broyage et celle de flottation, est équipée d'un ventilateur pour faciliter la circulation de l'air ;
- le *stockage des concentrés* ;
- le *broyeur SAB*, dont la zone est située juste sous la rampe d'alimentation du site de stockage des minerais ;
- la *filtration des concentrés* ;
- le *stockage des intrants* (boulets, réactifs, ...) près des postes de broyage et flottation ;
- le *laboratoire* de suivi et contrôle de la qualité, ouvert tout au long du processus et du fonctionnement normal du concentrateur et au niveau duquel se déroulent plusieurs activités (identification, concassage, broyage et tamisage des minerais ; préparation des échantillons ; analyse des matériaux bruts, des produits, de l'eau et des réactifs ; pesage, analyse et fusion des échantillons) ;
- la *cellule de dispatch* ;
- la *salle des machines* qui, placée sous le concentrateur, comprend 4 compresseurs dont un en réserve et des réservoirs d'air, pour un débit de 41,7 m^3/min.

2°. ***L'usine hydrométallurgique*** du projet

Elle comprend les sections suivantes pour son fonctionnement :

- la lixiviation,
- la décantation/lavage,
- la neutralisation,
- la préparation de floculant,
- la filtration,
- l'électroextraction,
- le déferrage,
- la précipitation de cobalt,

- la préparation de carbonate de sodium,
- l'extraction par solvant et
- un laboratoire central.

3°. ***L'usine de production d'acide sulfurique***

Prévue dans un seul bâtiment, elle comprend :

- la section de fusion du soufre,
- la section de purification,
- la section d'absorption à sec,
- la section de transformation,
- la salle de ventilateur du SO_2,
- la salle du stockage de l'acide et
- la salle du système de l'eau de retour.

4°. ***L'usine pyrométallurgique***

Le projet Sicomines avait prévu d'installer une unité pyrométallurgique pour le grillage des concentrés sulfures ainsi qu'une section de lixiviation en tas de minerai pauvre. Cette usine comprend :

- le site de dépôt des concentrés sulfures,
- le site de préparation de la charge à enfourner,
- la courroie d'alimentation de la charge au four,
- la section des fours, le système de récupération de chaleur par chaudière,
- le système de récupération des poussières et des gaz au niveau des fours,
- la station d'oxygène,
- le dépôt des bombonnes d'oxygène,
- la station de traitement chimique d'eau,
- le système de pompage d'eau (pour refroidissement des fours, traitement d'eau, …),
- le système de ventilation (aération) avec le dispacth,
- la salle des compresseurs.

Produits marchands visés par le projet Sicomines : concentrés de cuivre, cathodes de cuivre et carbonate de cobalt

Pour savoir de quels produits miniers intéressants allait viser le projet Sicomines, celui-ci a considéré la nature chimique et géologique du gisement de sa concession d'une part et des conditions des marchés d'autre part, les minerais étant des oxydes en majorité, des sulfures et des mixtes. C'est ainsi qu'au départ la Sicomines s'est résolue à produire le « blister » ou *cuivre noir*, le *cuivre cathodique*, l'*alliage cuivre-cobalt* et le *carbonate de cobalt*. Cependant, dans la pratique, le projet a opté pour l'élaboration de seulement trois de ces cinq types de produits, à savoir le *concentré de cuivre* (sous forme de sulfure et d'oxyde), le cuivre sous forme de *cathode* et le *concentré de cobal*t sous forme de carbonate de cobalt.

Après l'extraction minière, Sicomines SA retient qu'elle traitera le minerai pour l'élaboration, actuellement, de trois types de produits : le *concentré de cuivre*, la *cathode de cuivre* et le *carbonate de cobalt.*

1°. ***Le concentré de cuivre***

Il s'obtient en débarrassant le minerai extrait de quelques-uns de ses éléments pour ne garder que la partie contenant le cuivre métal d'une teneur de l'ordre de 25 à 40 % ; la Sicomines le vend sous forme de sulfure ou d'oxyde, pour qu'il aille se faire raffiner ailleurs.

Dans la mine DIMA, l'on trouve les quelques minerais sulfures et oxydes suivants :

- sulfures de cuivre : *chalcocite* Cu_2S, covelline CuS, *chrysocolle*, la *bornite* Cu_5FeS_4, *cuprite*, *carrolite*, *chalcopyrite* $CuFeS_2$…

- oxydes de cuivre : *malachite* $Cu_2CO_3(OH)_2$, *cuprite* Cu_2O, ténorite CuO, *carrolite* $CuS.Co_2S_3$, *chrysocolle* $(Cu,Al)_2H_2(Si_2O_5)(OH)_4*n(H_2O)$…

2°. ***Le carbonate de cobalt (II)***

Carbonate cobalteux, de formule $CoCO_3$, il contient au moins 40 % de cobalt ; il se présente sous la forme d'une poudre cristallisée rougeâtre paramagnétique, insoluble dans l'eau mais rapidement attaqué par les acides minéraux. La forme disponible commercialement est un carbonate de cobalt (II) basique violet pâle de formule $CoCO_3(Co(OH)_x(H_2O)_y$.

Le carbonate de cobalt (II) a de nombreuses applications. Notamment, c'est :

- un intermédiaire dans la purification hydrométallurgique du cobalt à partir de ses minerais ;
- un pigment inorganique ;
- un précurseur de catalyseurs, en particulier un précurseur de l'octacarbonyle de dicobalt $Co_2(CO)_8$;
- un catalyseur utilisé en synthèse organique et en chimie des composés organométalliques ;
- un complément alimentaire, dans la mesure où le cobalt est un oligo-élément ;
- un produit employé pour réaliser des glaçures sur céramiques, notamment dans le cas de la faïence de Delft.

3°. ***La cathode de cuivre (ou cuivre cathodique)***

C'est une barre, ou plaque, ou encore feuille de cuivre (une feuille fait 2 mètres de long, 80 cm de large et 600 kg) ou du cuivre métal de pureté 99,9 % obtenu par électrolyse du concentré de cuivre.

Les usages du cuivre à ce niveau sont nombreux. Certains de ces usages sont bien connus du grand public, mais pas tous ; de fait, le cuivre, par ses propriétés, est bien plus présent qu'on ne le pense dans la vie de tous les jours. Par exemple :

- L'excellente capacité du cuivre à conduire l'électricité en fait un choix logique pour tout ce qui est filage et câblage électriques. C'est d'ailleurs l'usage principal du cuivre. Plus de 50 % de la consommation mondiale de cuivre y est consacrée et cette proportion tend à augmenter.

- Le cuivre a une grande résistance à la corrosion. C'est d'ailleurs pourquoi son utilisation par les architectes est de plus en plus systématique. On l'utilise pour les toitures, les statues et tout ce qui est à la merci des intempéries. Contrairement au fer et à l'acier, le cuivre ne rouille pas. Lorsqu'il est exposé aux intempéries, le cuivre s'oxyde et forme ainsi une mince couche le protégeant et lui permettant de rester intact pendant des centaines d'années. De plus, le cuivre peut être recyclé plusieurs fois sans perdre ses propriétés.

- Le cuivre est un antibactérien très efficace. On le retrouve ainsi dans plusieurs endroits publics tels que les hôpitaux, les transports en commun et bien d'autres endroits où les bactéries sont omniprésentes.

De manière générale, *l'élaboration industrielle* de ces produits marchands suit un chemin assez long. Dès le départ, il faut savoir que les gisements de matières premières minérales contiennent rarement un seul minéral. Du fait de la combinaison de plusieurs facteurs (géologie, géochimie, climat), chaque gisement est formé d'un ensemble plus ou moins complexe de minéraux. Cet assemblage de plusieurs minéraux, qui se retrouvent dans un minerai, se compose le plus souvent de la (ou des) substance(s) utile(s), d'une gangue stérile et parfois de substances nuisibles (par exemple, du phosphore dans du fer ; de l'arsenic ou du bismuth dans de l'étain). Ces minéraux ne sont cependant pas tous valorisables ; c'est pourquoi il est nécessaire de les séparer. Aussi convient-il, avant toute commercialisation, de ne conserver que la partie intéressante, et donc de procéder à l'élimination d'au moins une partie de la gangue et, si possible, de certaines substances nuisibles.

Donc, en ce qui concerne la Sicomines qui recherche le cuivre, celui-ci à l'état brut n'existe pratiquement plus sur la surface de la Terre. Il est contenu dans les minerais, dans lesques il se trouve généralement dans une quantité infime. Pour être vendu, il doit avoir une teneur élevée, intéressante pour l'acheteur. Pour ce faire, après l'extraction de minerais faiblement chargés en cuivre, le rôle d'une entreprise minière, ici la Sicomines, est de chercher à créer un métal à très forte concentration. Elle y arrive en effectuant sur les minerais un traitement spécifique appelé production des concentrés, des produits où la teneur en cuivre est très intéressante.

En général, trois types d'opérations métallurgiques permettent le traitement du minerai : la *minéralurgie*, l'*hydrométallurgie* et la *pyrométallurgie*. Au départ, la Sicomines a procédé par la minéralurgie et l'hydrométallurgie, mais après, elle a envisagé aussi de recourir à la pyrométallurgie.

Pour obtenir l'un de ses produits au programme, à savoir les *concentrés des minerais* à la fois oxydes et sulfures, le projet Sicomines procède à une réduction dimensionnelle de ces minerais par concassage et broyage suivis d'une flottation. Il y a élimination d'une grande partie des autres minerais présents pour ne conserver que le cuivre, lequel a une teneur en ce métal de l'ordre de 25 à 40 % dans le concentré. Pour parvenir à la production des concentrés, le minerai doit être enrichi. Cet enrichissement exige une réduction dimensionnelle pour la libération des particules minéralisées, suivie d'une flottation des minerais sulfurés en priorité. Cette opération se fait dans l'*usine minéralurgique*. Cette concentration se réalise par la *minéralurgie*. Cette production des concentrés est la première étape du processus industriel de valorisation du cuivre.

Après l'étape de la minéralurgie, le concentré obtenu par minéralurgie, qui est une sorte de *matte*, fait souvent l'objet d'un conditionnement final : séchage (voire calcination), bouletage, mélange, etc. Après, il sera envoyé vers la métallurgie, en *hydrométallurgie* d'abord, pour le projet Sicomines, pour subir d'autres transformations afin de parvenir à un cuivre beaucoup plus concentré. C'est par la production d'un calciné lors d'un grillage sulfatant au moyen d'un four que l'on parvient à l'extraction du cuivre présent dans le concentré sulfure. Cette opération se réalise dans l'*usine pyrométallurgique*.

Les fumées qui en résultent sont captées, dépoussiérées puis expédiées à l'*usine acide* pour la fabrication d'acide sulfurique H_2SO_4 et du dioxyde de soufre SO_2, deux produits utiles dans le processus hydrométallurgique. Ce processus s'applique sur les concentrés oxydes et s'appliquera sur le calciné. Ces deux produits (concentré oxyde et calciné) subissent une lixiviation à l'acide sulfurique pour la mise en solution du cuivre et du cobalt. Après la purification de la solution, cette dernière est envoyée à l'électrolyse pour la production des ***cathodes***, après une extraction par solvant organique. La solution enrichie en cobalt subit après purification une précipitation au carbonate de sodium pour la production du *carbonate de cobalt*.

La production par Sicomines de la cathode de cuivre, un évènement, fêté par le gouvernement !

La Sicomines, qui, sous les yeux de deux minitres, Louise Munga du Portefeuille et Martin Kabwelulu des Mines, procéda, le 6 juin 2015 à Kolwezi, à la mise en production de l'étape 1 de son projet minier, obtint sa première ***cathode de cuivre*** en octobre 2015.

Ce fut un grand évènement. Il fut fêté avec faste le 6 novembre 2015 à Kolwezi, sous le nom « Célébration de mise en production de la Phase I du Projet minier Sicomines » projété à l'écran. Des personnalités plus ou moins prestigieuses y prirent part, parmi lesquelles les ministres du Portefeuille et des Mines, le Vice-gouverneur de l'Exim Bank, organe, avec Bank of China, de financement du projet, le Secrétaire Exécutif du BCPSC, l'Administrateur-Délégué-Général de la Gécamines, le Directeur Général de la Sicomines et son adjoint...

Dans son discours de circonstance, Moïse Ekanga a exprimé son sentiment de satisfaction et sa gratitude à l'endroit du Président de la République, initiateur du Projet de Coopération sino-congolaise :

''Tout ce que nous savons est que les gens viennent seulement exploiter nos ressources naturelles en laissant des trous par-ci par-là, et même une pauvreté indescriptible au sein de la population. Mais, jamais on n'a construit le pays. Aujourd'hui, grâce à la détermination du Chef de l'Etat Joseph Kabila et à la coopération sino-congolaise, nous avons un modèle de partenariat public-privé qui porte des fruits''.

Cette collaboration entre l'Etat congolais et les privés chinois contribue, nota le patron du BCPSC, au développement socio-économique de la RDC, laquelle bénéficie de l'expertise technique et managériale des sociétés chinoises. La Sicomines, qui dispose d'un effectif de 3000 employés dont 75 % des Congolais, assure le transfert des connaissances et des technologies, et facilite l'intégration aussi bien sociale que culturelle.

Le Directeur Général a.i. de la Gécamines, Jacques Kamenga, est allé dans le même sens, soulignant que l'économie congolaise gagnera assurément avec le projet Sicomines :

''Ce projet a un impact économique très important pour le pays en termes de création des emplois et de revenues possibles. La Gécamines trouvera son compte dans les dividendes.''

De leur côté, les actionnaires de la Sicomines se sont réjoui du succès récolté par le volet minier du Projet de Coopération. Zhang Zongyan, président de CREC, la société chinoise spécialisée dans la construction, a soutenu que le projet minier Sicomines a abouti avec bonheur grâce à l'appui sans failles des autorités congolaises et de l'ambassade de Chine au Congo. C'est par un travail acharné que ce projet a pu anticiper sa mise en production de la phase I, après deux ans et demi de construction minière intensive.

Cette phase I, qui s'est accomplie en octobre 2015, vise une production annuelle de 125.000 tonnes de cuivre. Dans sa phase II, cette production devra doubler : 250.000 tonnes de cuivre, mais 600.000 tonnes d'hydroxyde de cobalt. Dans ce cas, la Sicomines devra devenir le premier producteur africain du cuivre et du cobalt, et l'un de 10 premiers producteurs du monde de ces métaux.

Mais pour arriver à cette performance attendue par tous, la mise en marche d'une importante source d'énergie électrique sera nécessaire.

LES BESOINS EN ENERGIE DE LA SICOMINES : LE BARRAGE DE BUSANGA ET LA JV SICOHYDRO

Les besoins en énergie de la Sicomines

La mise en œuvre du projet Sicomines nécessite une consommation assez considérable d'énergie et le fonctionnement de la technologie utilisée ou à utiliser dépend principalement de la fiabilité de l'alimentation en énergie électrique.

L'Etude de faisabilité présentée par ENFI avait soulevé cette *problématique d'alimentation en énergie électrique*. Elle avait déterminé que 25 mégawatts étaient nécessaires pendant la période d'infrastructure (découverture, exhaure et infrastructure) et que 100 mégawatts suffisaient pendant la 1ère période des travaux (exploitation, exhaure, criblage, hydrométallurgie et production d'acide sulfurique), afin de produire 4.550.000 tonnes de minerais par an

Pour les travaux de dénoyage des mines et de construction des usines, Sicomines Sarl avait besoin de 40 MW que la SNEL s'était engagée à lui fournir. Cependant, les besoins énergétiques totaux de ce Projet étaient estimés à 170 MW ; comme l'offre de la SNEL était insuffisante pour satisfaire ces besoins, l'option avait été levée de construire un nouveau barrage hydroélectrique d'une capacité estimée à 240 mégawatts (MW) pendant la 2ème période des travaux (exploitation, exhaure, criblage, métallurgie, pyrométallurgie et production d'acide sulfurique), afin de produire 9.100.000 tonnes de minerais par an.

En résumé, les besoins globaux en énergie du projet Sicomines ont été estimés, dès le départ, de la manière suivante :

*25 mégawatts pendant la période d'infrastructure (découverture, exhaure et infrastructure) ;

*100 mégawatts pendant la 1ère période des travaux (exploitation, exhaure, criblage, hydrométallurgie et production d'acide sulfurique), afin de produire 4.550.000 tonnes de minerais par an ;

*240 mégawatts pendant la 2ème période des travaux (exploitation, exhaure, criblage, métallurgie, pyrométallurgie et production d'acide sulfurique), afin de produire 9.100.000 tonnes de minerais par an.

Ce champ de conception d'utilisation de l'énergie électrique est en fait plus vaste. Il couvre l'alimentation et la distribution de l'énergie électrique, les lignes de force (d'alimentation ou de transport d'énergie électrique), le contrôle, l'éclairage, les paratonnerres, la mise à la terre, la sécurité d'électricité de tous les sites, …

Volonté de rompre la dépendance du courant zambien

Quoique riche en ressources hydroélectriques, la RDC ne produit pas depuis toujours et actuellement encore assez d'énergie électrique, utile pour alimenter ses usines. La plupart de ses centrales hydroélectriques ont connu ou connaissent de graves avaries qui ne permettent plus le fonctionnement complet notamment des projets miniers, à l'instar de celui de Sicomines.

Le patronat congolais a souvent, ou toujours, déploré ce déficit chronique d'énergie au Katanga qui entrave l'essor du secteur minier, à l'origine de la forte croissance économique qu'a connue le pays de 2012 à 2016 (plus de 7 % par an en moyenne). Dans un communiqué publié début juin 2016, la Chambre des mines congolaises se réjouit de l'annonce récente d'un projet de développement de l'énergie solaire en Zambie devant apporter 100 mégawatts supplémentaires à la région. Elle demeure cependant ''extrêmement préoccupée'' par la desserte en électricité en RDC et regrette que la SNEL, compagnie publique congolaise, ‘‘n’ait pas été en mesure de lancer des projets similaires au Katanga’’[1].

En effet, actuellement, à l’instar de nombreuses autres entreprises minières, la Sicomines, qui est assise sur des réserves évaluées à 10 millions de tonnes en cuivre, utilise l’essentiel de ses besoins en courant électrique venu principalement de la Zambie, la Société nationale d’électricité (SNEL) étant incapable de lui fournir la quantité voulue de l’énergie nécessaire. Pour ne pas toujours compter sur le bon vouloir zambien, la Sicomines, comme les autres entreprises minières de la région, est contrainte d’acheter des générateurs diesel qui augmentent les coûts de production à hauteur de 1000 dollars la tonne, selon la Chambre des mines à la Fédération des Entreprises du Congo.

En important du courant électrique pour ses entreprises minières, la RDC, le plus grand producteur africain du cuivre, perd environ 50.000 tonnes par an de sa production en raison de l’alimentation électrique inadéquate.

Le gouvernement congolais avait décidé depuis quelque temps de rompre une dépendance étrangère en cette matière. C’est pourquoi ses experts ont pensé à construire une centrale hydroélectrique locale. Celle-ci devrait être jetée sur la rivière Lualaba, nom donné au cours supérieur du fleuve Congo.

C’est pour disposer d’une alimentation électrique susceptible de garantir sa bonne rentabilité, que Sicomines s’est résolue ainsi, en partenariat avec la SNEL, de construire la centrale hydroélectrique envisagée.

Il avait été décidé que cette centrale hydroélectrique sera située à 80 km de la concession et aura une capacité installée de conception de 4 x 60 MW, soit 240 MW. Le site de Busanga fut choisi et le projet fut dénommé « Projet Busanga ».

Située dans le sud-est du pays, à 65 kilomètres de la ville de Kolwezi, Busanga est une localité de la province minière du Lualaba. Une rivière, dont la province tire son appellation, , coule le long de Busanga. C’est sur cette rivière Lualaba, qui n’est rien d’autre que le

---

[1] « RDC : contrat chinois pour la construction d’un barrage de 240 MW », *AFP*, 06 juin 2016.

nom donné au cours supérieur du fleuve Congo, que sera donc jetée la fameuse centrale hydroélectrique de Busanga.

La centrale de Busanga, une longue histoire

L'idée de construire une centrale hydroélectrique sur le Lualaba afin d'alimenter les usines minières n'était pas nouvelle. Elle date de l'époque coloniale. Dès 1947, l'Union Minière du Haut-Katanga (UMHK), créée le 28 octobre 1906, qui deviendra le 2 janvier 1967 la Générale des carrières et des mines (Gécamines), découvre deux sites, Nzilo et Nseke, qui, localisés à l'entrée des gorges du fleuve Lualaba, se prêtent particulièrement bien à l'établissement de centrales hydroélectriques : la vallée y est très encaissée, la chute d'eau étant de 445 mètres entre Nzilo et un troisième site, du nom de Busanga, situé à la fin des rapides. L'UMHK commence d'abord à aménager le site de Nzilo I, puis celui de Nseke. Y sont successivement érigés le barrage Nzilo I en 1952 et le barrage Le Marinel (futur barrage Nseke) en 1956.

L'idée de construire une troisième centrale hydroélectrique, qui serait située à Busanga, en aval de deux autres centrales existantes – Nzilo I et Le Marinel – sur le Lualaba, émerge dans les années 1960. Elle est émise à cette époque, comme pour les deux premières centrales, par l'UMHK, l'actuelle Gécamines, propriétaire de la concession dans laquelle se trouve le site de Busanga. L'UMHK confie alors au bureau d'études belge Traction-Electricité (Tractebel) le soin de mener les études nécessaires pour *le projet hydroélectrique envisagé. Les études détaillées étant approuvées,* les travaux préliminaires sont même entrepris dès la fin de la décennie 1960. L'ensemble des travaux de construction, dont la fin est prévue en 1973, n'aboutissent pas ; ils sont arrêtés suite aux décisions de nationalisation – « zaïrianisation » – des entreprises étrangères prises par le gouvernement.

L'on en reste là, jusqu'à ce que l'idée refasse surface au début du XXIème siècle. La Gécamines cède alors sa concession de Busanga à l'entreprise MagEnergy, filiale du consortium MagIndustries et un opérateur éprouvé du secteur de l'électricité.

En 2006, MagEnergy obtient un protocole d'accord pour développer le site de Busanga. L'entreprise produit alors des études de faisabilité pour la construction d'une centrale hydroélectrique et s'apprête à construire celle-ci avec le concours des créanciers qu'elle avait déjà mobilisés.

Mais quand la RDC signe la Convention de collaboration avec les entreprises chinoises le 22 avril 2008, elle veut naturellement confier à l'une d'elles la construction projetée de la centrale hydroélectrique. C'est ainsi que le 12 mars 2010, les deux parties, congolaise et chinoise, signent un Protocole d'accord en vue de la construction de la Centrale hydroélectrique de Busanga.

S'ensuit évidemment une protestation en règle de MagEnergy, qui se déclare toujours prête à s'embarquer dans l'aventure qui consiste à fournir à la Sicomines une source d'énergie venue de Busanga. Des négociations vont s'engager entre la partie congolaise et MagEnergy, des négociations très serrées menées sous la supervision du Bureau de Coordination et de Suivi du Programme Sino-Congolais (BCPSC). Moïse Ekanga, Secrétaire exécutif de cette entreprise étatique chargée du partenariat entre la RDC et les entreprises chinoises qui y travaillent, va déployer toutes ses forces pour parvenir à obtenir de MagEnergy de céder sa concession de Busanga, à Sinohydro, l'entreprise chinoise retenue pour construire la centrale hydroélectrique envisagée. Il y arrive en 2016, soit après un peu plus de six ans de conciliabule, quand les deux parties parviennent à une entente, selon laquelle MagEnergy cède ses droits, y compris ses études de faisabilité de la centrale hydroélectrique de Busanga, au groupement d'entreprises chinoises pour la construction de ladite centrale, moyennant naturellement des dommages et intérêts.

Il faut avouer qu'il n'était point facile de pousser MagEnergy de renoncer à son projet. Les Congolais savent que cette firme est la seule qui ait mené avec succès une réhabilitation d'une turbine du barrage Inga 2 avec la G23, à un coût faible comparé à ce qui, semble-t-il, se fait actuellement avec d'autres groupes en réhabilitation. D'ailleurs, jusqu'à ce jour, la SNEL, selon certains, serait encore en train de se battre avec d'autres partenaires, sans parvenir à remettre un nouveau groupe sur le réseau.

C'est pourquoi, après avoir convaincu MagEnergy à céder ses études de faisabilité aux Congolais et Chinois engagés dans le partenariat « gagnant-gagnant », Moïse Ekanga, la cheville ouvrière du programme présidentiel des « Cinq chantiers », ne cache pas d'exprimer sa satisfaction[1] : ''Nous avons récupéré ce projet de MagEnergy pour le confier au groupement d'entreprises chinoises en vue d'accélérer le développement de la centrale hydroélectrique de Busanga d'une capacité de 240 mégawatts. Les négociations ont certes duré, mais aujourd'hui l'on peut affirmer que le processus a abouti.''

Georges Kyriakos, vice-président de MagEnergy, a fini par ne pas regretter d'avoir abandonné le projet Busanga au profit de l'entente sino-congolaise. ''Ce geste, dit-il, est une manière de soutenir les efforts du gouvernement congolais''.

Après l'aboutissement des négociations avec MagEnergy, l'Etat congolais peut passer à l'étape suivante. L'étape suivante consiste à engager le partenaire chinois dans le financement du projet. Il s'agit de remettre les études de faisabilité de MagEnergy à la Sicomines SA, afin qu'elle en fasse usage pour la construction de la centrale hydroélectrique de Busanga. Sicomines présente lesdites études à l'appréciation d'une Commission interministérielle. Les experts de celle-ci élaborent, le 11 juillet 2015, un rapport portant sur l'Approbation des études de faisabilité technique, économico-financière et d'impacts socio-environnementaux du Projet hydraulique Busanga présentées par la Sicomines.

Les études de faisabilité approuvées, la Sicomines peut commencer à envisager la construction d'un barrage qui produira une énergie nécessaire au fonctionnement de ses usines. Moïse Ekanga, du BCPSC, indique que l'électricité que la Centrale hydroélectrique de Busanga produira sera destinée en priorité à la co-entreprise sino-congolaise ; il précise que, sur les 240 MW attendus, 170 MW seront en effet utilisés par Sicomines, et le résidu (les 70 MW restants) servira en partie à alimenter d'autres sociétés minières et une autre partie sera allouée au réseau de la province minière du Lualaba, dont ceux de son chef-lieu, la ville de Kolwezi, un réseau actuellement géré par la SNEL.

Tout cela deviendra réalité dans les cinq prochaines années, c'est-à-dire au mieux en 2020, informe le responsable du Programme sino-

[1] CK, « MagEnergy facilite la production de 240 MW au Katanga », *Le Potentiel*, Kinshasa, 13 juin 2016.

congolais, délai au bout duquel le barrage de Busanga devra être réalisé.

Le « Projet Busanga » : SICOHYDRO, pour gérer l'alimentation en énergie électrique de la SICOMINES

Pour exploiter, c'est-à-dire construire et gérer la centrale hydroélectrique de Busanga, Congolais et Chinois ont pensé qu'il était nécessaire de créer une nouvelle société autre que la Sicomines. A cet effet, les autorités congolaises signent, le lundi 6 juin 2016 à Kinshasa, un accord confiant à un consortium chinois la construction d'une centrale hydroélectrique de 240 MW, destinée à combler une partie du déficit énergétique freinant la production minière en RDC.

Moïse Ekanga, du BCPSC, précise que, sur les 240 MW que produira la Centrale, 170 MW seront utilisés par la Sicomines afin de fonctionner à pleine capacité, et les 70 MW restants serviront à alimenter d'autres sociétés minières et des ménages de la province minière du Lualaba, dont ceux de son chef-lieu, la ville de Kolwezi.

Ainsi, pendant les travaux de la construction de la centrale Busanga, la Sicomines ne pourra pas être alimentée en priorité par la SNEL. Dans une première phase, elle ne pourra que l'importer. C'est le Secrétaire Exécutif du BCPSC qui l'a déclaré : ''Sicomines ne fonctionnera pas à pleine capacité jusqu'à ce que la centrale de Busanga soit prête ; elle aura un accès prioritaire à Busanga mais pas au réseau tout entier''.

Le 4 juillet 2016, un « Accord de Joint-Venture de Busanga », relatif à la construction et l'exploitation d'une centrale hydroélectrique, est ainsi signé entre la RDC et les investisseurs chinois de China Railway Resources Group Co. Ltd (CRR) et de Power China Resources Lmited (PCR), désignés par le Groupement d'entreprises chinoises.

En vertu de cet accord, il est créé une société commune du Projet hydroélectrique Busanga, qui prend le nom de la « ***Sino-Congolaise Hydroélectrique*** », SICOHYDRO SA en sigle, ayant pour ''mission de développer, de construire, d'exploiter la Centrale hydroélectrique de Busanga, de transporter, de distribuer et d'assurer la commercialisation de l'énergie électrique y produite en vue d'alimenter principalement le Projet Minier de Sicomines SA''.

SICOHYDRO, la société d'exploitation de la centrale de Busanga, sera ainsi une joint-venture entre les partenaires Sicomines (China Railway Group Ltd et Sinohydro Corp.) et l'Etat congolais. Les actionnaires de Sicohydro SA sont donc :

- La Sicomines, joint-venture entre le Groupe Gécamines (32 %) et le consortium d'entreprises chinoises (68 %), dont l'actionnariat change légèrement de temps à autres mais qui est dominé par la Sinohydro et le China Railway Group ;
- Le Groupe Gécamines ;
- La SNEL (4 %) ;
- Congo Management SA (COMAN).

Selon la SNEL, le capital social de Sicohydro s'élève à 20 millions USD. Le Secrétaire exécutif du BCPSC a confié que les partenaires chinois fourniront la moitié (50 %) du financement, tandis que le reste proviendra du budget de l'État relatif au développement des infrastructures obtenu de l'accord d'exploitation minière entre la Chine et la RDC pour le développement des infrastructures ; ce financement sera remboursé par SICOHYDRO, une fois que la centrale de Busanga sera opérationnelle. L'Etat congolais est représenté par la Gécamines et la Société Nationale d'Electricité (SNEL), tandis qu'un privé congolais, COMAN, entre également dans le capital.

Selon Moïse Ekanga, de longues discussions avaient eu lieu sur les sources du financement, dont la partie chinoise aurait souhaité qu'une partie provienne des prêts pour les infrastructures de Sicomines, ainsi que sur la répartition du capital entre les divers actionnaires. L'issue de ces discussions n'était pas connue à l'époque.

Après la création de la société Sicohydro, *la cession de la concession Busanga.* A cet effet, le mardi 23 août 2016, le gouvernement, à travers le ministère de l'Energie et des Ressources hydrauliques, signe, à Kinshasa, avec Sicohydro, un contrat de concession pour la construction de la centrale hydroélectrique de Busanga. C'est le nouveau concessionnaire, Sicohydro, qui a indemnisé MagEnergy, l'ancien propriétaire du site.

Le coût du financement de ce barrage d'une capacité installée de 240 MW s'élève à 660 millions USD, dont 610 millions sont destinés à la construction de la centrale et 50 autres au transport de l'énergie.

Le ministre de l'Energie et des Ressources hydrauliques, Jeannot Matadi Nenga Gamanda, et le directeur général de la société Sicohydro, He Ying Qiang, ont apposé leurs signatures au bas du contrat. La cérémonie a eu lieu en présence de la vice-ministre à l'Energie, Maguy Rwakabuba.

Ledit contrat fixe les principes généraux et détermine les rapports entre l'Etat congolais, autorité concédante, et la société Sicohydro, en matière d'exercice des compétences, de construction et d'exploitation d'infrastructures nécessaires, en vue de garantir l'alimentation en énergie électrique au projet minier de Sicomines.

Il était prévu que les travaux de construction prennent 3 à 4 ans ; ils doivent donc théoriquement se terminer en cette année 2020. Sa mise en production permettra de répondre aux besoins non seulement du projet mais aussi des communautés locales.

En effet, à l'achèvement des travaux de construction, la centrale devra être reliée au réseau hydroélectrique sud de la RDC. A partir de ce réseau partent les lignes de force double circuit de 220 kV qui alimentent présentement le projet, au niveau de la sous-station de pivot SCK220kV.

Implantée à 20 km de la concession Sicomines, la sous-station SCK220kV est le centre du réseau électrique de Kolwezi. A part les centrales de cette région, elle est liée à la centrale Inga, laquelle, issue du Kongo Central via deux lignes de force DC de 500 kV, est longue de 1.700 km environ. La capacité réelle de ces deux lignes de force DC est de 100 MW. L'achèvement des travaux de réhabilitation de la centrale Inga (8 x 178 MW et 3.500 MW) peut fournir au projet une alimentation électrique suffisante.

La capacité productive d'une centrale hydroélectrique varie en fonction des saisons. Pendant la saison sèche, elle accuse un déficit pour satisfaire la charge électrique du projet. La compensation proviendra alors du réseau électrique national.

L'investissement sur les sources d'électricité du projet comprend celui sur les équipements d'alimentation en énergie électrique primaire et secondaire de deux intervalles de sortie des lignes 220 kV de la sous-station SCK 220 kV.

Les besoins et exigences sur les sources d'électricité du projet se présentent de la manière suivante :

- tension : 220 kV ;
- fréquence : 50 Hz ± 0,2 Hz ;
- capacité : 240 MW (circuit unique) ;
- nombre de circuits : circuit double.

De la sous-station SCK 220 kV à Kolwezi à la sous-station réductrice principale 220/35/10 kV du site de concentration de la concession, les lignes de force de 220 kV présentent une longueur d'environ 20 km. En tenant compte des charges énergétiques impératives dans les activités préliminaires telles que le drainage et la construction, le projet va conduire les sources d'électricité provisoires par le raccordement T de la sous-station R.O.120 kV à celle KADI 120 kV et d'installer la sous-station provisoire 120 / 35 / 10 kV dans la concession. La longueur de lignes sera de 3 km.

En vue de garantir la fiabilité de l'alimentation électrique des charges importantes particulièrement, il est installé deux groupes électrogènes au gazole de 1.000 kW chacun.

RESUME DU PROJET BUSANGA[1]

PERIODES	ACTIONS
1970	Premières études de faisabilités sur le site par Tractebel
2006	Signature d'une entente (la «Convention») entre MagEnergy Inc et le ministère de l'Énergie pour développer le site comme producteur indépendant d'électricité (PIE) en RDC.
25/03/ 2011	Le compte rendu du conseil des ministres renseigne « la mise à disposition par la RDC du site de Busanga pour la production de 240 MW d'électricité au Katanga afin de répondre aux besoins de productivité de quelques-uns de nos partenaires chinois dans cette province ».
Août 2012	Le compte rendu précité parle du versement de 328 millions USD qui représentent la participation de la partie congolaise, soit 50 %, disponibilisés pour financer le développement du projet de la centrale hydroélectrique de Busanga.
Mai 2013	L'Etude d'Impact Environnemental de la Sicomines indique que « Pour les besoins en électricité, le projet étudie les capacités et les conditions d'exploitation du barrage hydroélectrique de Busanga pour une alimentation stable et permanente en énergie électrique. La puissance d'installation de la Centrale est de 240 MW et fera partie des réseaux électriques de la RDC. »
Juin 2016	MagEnergyinc cède la concession Busanga à Sicohydro. Sinohydro et China Railway comptent financer la centrale hydroélectrique d'une valeur de 660 millions de dollars.
4 juillet 2016	Signature d'un accord de JV Busanga entre la RDC et les investisseurs chinois.
5 juillet 2016	Création d'une JV, société anonyme de droit congolais (avec un conseil d'administration) appelée « Sicohydro ».
23 août 2016	Signature du contrat de concession entre le ministère de l'Energie et des Ressources hydrauliques et la Sicohydro pour la construction de la centrale hydroélectrique de Busanga sur la rivière Lualaba.

[1] Tableau établi par la synergie AFREWATCH – IBGDH – OAERSE, *Pas au courant, pas de courant. Analyse critique de la gouvernance du projet hydroélectrique de Busanga*, Lubumbashi, Septembre 2018, p. 16, *https://resourcematters.org/wp-content/uploads/2018/09/BUSANGA-SICOHYDRO-Rapport-de%CC%81tude-092018.pdf*

8

L'exécution du « Projet d'Infrastructures »

REALISATION DES INFRASTRUCTURES AVANT LA MISE EN ŒUVRE DU PROJET MINIER

Nous savons, par la Convention de Collaboration du 22 avril 2008, que les Chinois devaient s'atteler à construire les infrastructures en RDC après qu'ils aient au préalable mis en route le « Projet Mines ». Or, ils n'avaient pas attendu l'aboutissement difficile de cet important « Projet Mines » pour commencer à exécuter le « Projet Infrastructures ».

C'est ainsi que, avant même que ne soit signée, le 22 avril 2008, la Convention de Collaboration, la Chine manifeste son intention de s'investir pleinement dans la construction ou la modernisation des infrastructures en RDC. C'est ce qu'assure son ministre des Affaires étrangères, Yang Jiechi, à son arrivée à Kinshasa dès le mardi 8 janvier 2008. Le chef de la diplomatie chinoise ne vient pas les mains vides dans la capitale congolaise : il annonce que son pays prête à la RDC 34 millions de dollars. Cet argent est la somme de deux prêts publics, un « prêt sans intérêt » de 3,75 millions USD et un « prêt préférentiel » d'un montant de 30,62 millions USD.

Le mardi 29 janvier suivant, c'est autour de la banque chinoise Exim Bank d'accorder à la RDC un « prêt préférentiel » de 35 millions USD, destiné à moderniser l'outil de travail de l'Office congolais des Postes et Télécommunications (OCPT).

Ce qui conduit Pierre Lumbi, ministre des Infrastructures, Travaux Publics et Reconstruction (ITPR), à affirmer que ces prêts chinois marquent ''le début effectif du partenariat'' signé en septembre 2007 entre la RDC et la Chine : ''Aujourd'hui commence la reconstruction de notre pays avec le concours de la Chine. Nous avons confiance en ce pays parce que son modèle de coopération est porteur de prospérité, de confiance et d'expertise. Nous pensons qu'avec ce partenariat, nous respecterons le principe « gagnant-gagnant »''.

L'ambassadeur de Chine en RDC, Wu Zexian, emboîte le pas au ministre, en déclarant à la presse : ''Vous pouvez faire confiance à la Chine qui est déterminée à mener à bien cette coopération''. Avant de souligner que son pays était ''pleinement conscient'' de l'importance du lancement rapide de cette coopération, ''parce que non seulement la RDC en a besoin, mais aussi parce qu'elle est profitable à la Chine''.

C'est le mercredi 9 avril 2008 qu'est donné le *coup d'envoi des grands travaux financés par la Chine*. Ce jour-là, en effet, le ministre des ITPR, Pierre Lumbi, lance officiellement la première phase de ces travaux en annonçant le début de la construction d'une autoroute entre Lubumbashi et Kasumbalesa, villes distantes de 100 km, dans la province minière du Katanga. Cette première phase des grands travaux, auxquels la Chine devrait largement contribuer, aux côtés de tous les grands bailleurs du pays, devrait aller jusqu'à fin 2008.

Par ailleurs, le ministre indique que *12.000 tonnes de matériels destinés aux travaux allaient quitter la Chine* le 20 avril pour arriver fin mai en RDC. Le premier lot de ces engins et matériels pour les cinq chantiers arriveront de Chine au port de Matadi le mercredi 4 juin 2008, tandis que le deuxième lot suivra au même endroit le samedi 21 juin. Il est composé de plus ou moins 2000 tonnes des matériels comprenant des véhicules bennes, des pelles chargeuses, des bulldozers, des concasseuses, des pièces de rechange et autres biens.

Avec l'arrivée de ces matériels et engins de génie civil venus de Chine, la RDC venait d'entrer dans la phase de la mise en œuvre des cinq chantiers de la République.

Puis tout va aller vite. Le samedi 28 juin, trois contrats sur des infrastructures sont signés entre le gouvernement congolais et le regroupement des entreprises chinoises. Selon le ministre des ITPR, ces contrats portent essentiellement sur la construction d'un hôpital moderne et la réfection de la route Kintambo-pompage – Lutendele à Kinshasa, ainsi que le bitumage de la route Lubumbahi-Kasenga, au Katanga. La cérémonie a eu lieu au Salon Congo du Grand Hôtel Kinshasa. La partie chinoise était représentée par l'ambassadeur chinois en RDC. Selon le ministre congolais des ITPR, Pierre Lumbi, la construction de l'hôpital devra durer moins de 2 ans : ''Le président de la République, à travers les 5 chantiers, vient d'offrir à la ville de Kinshasa, un hôpital moderne qui sera probablement l'hôpital le plus moderne d'Afrique centrale, avec une capacité de 2.000 consultations par jour. C'est un hôpital qui va se réaliser dans un délai assez court, puisque ce sera sur 18 à 20 mois. Donc, avant même 2 ans, nous aurons un grand hôpital dans la ville de Kinshasa.'' (Radio Okapi).

Le BCPSC, via Moïse Ekanga, s'est réjoui, non sans raison, de cette « compréhension » des Chinois, qui se mettent à l'ouvrage des Infrastructures avant même que ne soit implantée la structure – le Projet Sicomines – devant procéder au remboursement des prêts consentis.

DIFFICULTES RENCONTREES ET RECOMMANDATIONS

Dès le début de l'année 2009, c'est-à-dire quelque temps après le début des chantiers, le BCPSC constate quelques écuels plus ou moins amers qui ont gené ou freiné et qui pourraient continuer à gener et à freiner le bon déroulement des travaux. Ces soucis sont notés sur les plans *technique*, *administratif* et *financier*. Des souhaits ont été émis ou des recommandations faites pour améliorer les conditions du déroulement des travaux de construction ou de modernisation des infrastructures de base :

1. *Surfacturation des travaux*. Les prix unitaires pour les projets, sous détail des prix, sont exorbitants et pour les projets à venir, ils doivent être déterminés de commun accord.

2. *Lenteur du rythme de travail*. Il faudrait intensifier le rythme des travaux. L'ACGT est conviée à tout mettre en œuvre pour terminer l'essentiel de certains travaux, notamment ceux prévus pour les festivités du Cinquantenaire pour tous les projets. En outre, elle devrait couvrir et évaluer les coûts des travaux supplémentaires sur l'avenue du Tourisme et la route Lutendele.

3. *Lenteur dans le processus d'expropriation et par conséquent lenteur dans le rythme des travaux* qui en dépend (p. ex., la construction d'un nouvel hôpital central à Kinshasa n'a pu finalement démarrer que le 30 mars 2009 après six mois de retard pour libérer le terrain). Aussi ce processus doit-il être accéléré. A cet effet, l'ACGT est appelée à fournir dans les meilleurs délais les dossiers et

déterminer avec les autres intervenants le chronogramme des expropriations.

4. *Suspension, justifiée ou non, expliquée ou non, des travaux.* Tout faire pour ne pas interrompre les travaux sans motif valable.

5. *Non-exécution du contrat.* Les parties, notamment l'ACGT ou l'entrepreneur, sont tenues à respecter le timing mentionné dans le contrat.

6. *Non-respect de l'aspect environnemental et/ou social pendant l'exécution des travaux.* Les études d'impact environnemental et social ainsi que des travaux y relatifs ne sont pas réalisés pour tous les projets. Il faudrait naturellement exiger ces études pour tous les travaux.

7. *Finalisation lente, imparfaite ou inexistante des études d'exécution.* En général, les projets d'études ne sont jamais disponibles avant l'exécution des travaux. Le vœu ardent est de rendre disponible ces projets d'études avant la signature des contrats de travaux pour les projets à venir et finaliser les projets d'études avant l'exécution des travaux. En outre, il faudrait veiller à la bonne exécution du standard contractuel de la structure de chaussées.

8. *Lenteur du processus financier* suivant la Convention de Collaboration. Les entrepreneurs chinois n'opèrent pas les décaissements conformément à la convention de prêt. Ils sont invités à remplir cette obligation.

9. *Non-conformation de la partie chinoise à la législation en matière des exonérations.* La partie chinoise est invitée à se conformer à la législation congolaise en matière des exonérations.

10. *Non-coordination ou coordination inefficace par l'ACGT avec l'administration fiscale des activités liées aux exonérations.* Les activités liées aux exonérations ne sont pas coordonnées avec l'administration fiscale conformément à la Convention de collaboration et au programme des travaux retenus. L'ACGT est priée de veiller à la coordination recherchée.

11. Les Chinois sont conviés à *renégocier* avec leurs partenaires congolais *la prise en charge du budget d'achat des véhicules* pour les projets d'infrastructures en général, en particulier pour le projet Beni-

Niania dans le projet et non dans les sommes à valoir. Le BCPSC se chargera chaque fois de faciliter la tâche aux Chinois, par exemple pour satisfaire leurs besoin en carburant, en organisant une ou des réunions de concertation avec les fournisseurs agréés de produits pétroliers.

12. *Non-amélioration du ratio par rapport aux réalisations.* A cet effet, le BCPSC et l'ACGT doivent prendre contact avec le Ministère du Travail pour l'approbation des ratios adoptés dans le Programme Sino-Congolais.

13. *Application insuffisante ou inexistante de la sous-traitance* comme prévu dans la Convention de Collaboration. Les besoins et les mécanismes de sous-traitance avec les partenaires chinois ne sont pas définis clairement et les sous-traitants ne sont jamais répertoriés. L'on devrait définir les besoins et les mécanismes de sous-traitance avec les Chinois dans le meilleur délai et répertorier les sous-traitants.

14. *Non-engagement des entreprises et de la main d'œuvre congolaises.* En conformité avec la Convention, l'on devrait privilégier les entreprises congolaises et encourager le recrutement des cadres et des travailleurs congolais.

15. *Non-application des dispositions contractuelles concernant le programme de formation pour les travailleurs congolais.* Conformément aux dispositions contractuelles, le programme de formation pour les travailleurs congolais n'a pas été exécuté. Pas de recyclage périodique des travailleurs congolais. Il serait nécessaire de mettre en place un programme de formation avec les universités, les écoles techniques, les centres de formation et les structures pérennes.

16. *Non-application des dispositions contractuelles concernant l'érection de centres de formation.* Les deux centres de formation (Lubumbashi et Kinshasa) prévus dans la Convention de Collaboration n'ont pas été mis en place effectivement.

17. *Pas de recyclage périodique des travailleurs congolais.* Il va de soi que l'on devrait organiser régulièrement cettte opération.

18. *Non-amélioration des conditions de travail.* Les conditions salariales et générales des travailleurs congolais ne sont pas satisfaisantes. Les travailleurs congolais, via leurs représentants, devraient être encadrés par ACGT, laquelle devrait encourager l'amélioration de leurs conditions salariales et générales.

Outre les plans technique, administratif et technique, le *plan des intervenants* a également été pris en compte dans l'évaluation du Programme sino-congolais opérée sous l'égide du BCPSC en 2009. Sur ce point, les quelques recommandations suivantes ont été retenues :

1. *Mise en place tardive ou imparfaite de la Maîtrise d'œuvre ou d'une Mission de Contrôle.* Il est, par conséquent, demandé de pallier cette carence, donc de mettre en place très rapidement et efficacement la Maîtrise d'œuvre et d'accélérer le processus de recrutement des missions de contrôle.

2. Conflits entre entrepreneurs et l'ACGT ou entre eux et les salariés. Les parties sont priées de s'entendre pour la bonne marche des travaux d'infrastructures.

3. Assurer, par l'ACGT, le fonctionnement harmonieux et efficace de tous les organes de gestion des projets (Maîtrise d'ouvrage, Maîtrise d'ouvrage déléguée, Maîtrise d'œuvre, Mission de contrôle).

4. Faire respecter, par les entreprises chinoises, les textes régissant le marché.

Pendant les années qui ont suivi 2009, le BCPSC s'était attelé à aider à la palliation de ces inconvénients, et en 2018, l'on peut dire qu'il y était arrivé non sans quelque peine et au finish avec quelque satisfaction.

DECAISSEMENTS ET EXECUTION DES TRAVAUX

La première année d'existence de la Convention de collaboration a consisté à identifier les difficultés entravant ou pouvant entraver sa saine application. Au cours de la deuxième année, il était nécessaire de constater l'état d'avancement des travaux d'infrastructures déjà commencés.

L'annexe C de la Convention de Collaboration répertorie les projets d'infrastructures suivants : Routes, voiries, bâtiments, chemin de fer, énergie et aéroports et ports. Le coût global de ces projets d'infrastructures de base s'élève à 3 milliards USD. Le plan de décaissement de cette somme prévoit :

- La 1ère phase de *750 millions USD en 2009* ;
- La 2ème phase de 1 milliard USD en 2010 ;
- La 3ème phase de 750 millions en 2011 ;
- La 4ème phase de 500 millions en 2012.

En 2009, le financement est donc de 750 millions USD, somme répartie en deux tranches de la manière suivante :

- une 1ère tranche de 350 millions USD ;
- une 2ème tranche de 400 millions.

En mars 2010, la 2ème phase n'était pas toujours décaissée ; seule la 1ère phase, commencée en 2009, avait toujours cours.

Plusieurs projets commencés en 2009 dans le cadre du Programme Sino-Congolais se sont poursuivis en 2010 dans leur exécution. Peu ont été terminés, mais beaucoup attendaient encore d'être finalisés.

1. Projets de la 1ère tranche de la 1ère Phase de Financement (350 millions USD)

Le financement de la 1ère tranche (350 millions USD sur les 750 millions prévus pour la 1ère phase de financement) concernait cinq projets qui, tous, étaient lancés depuis l'année 2009, à savoir :

(1). Modernisation de l'Avenue Tourisme à Kinshasa (7,25 km), entrepreneur CREC, coût 24.4 millions USD ;

(2). Modernisation de la route Lutendele à Kinshasa (4,5 km), entrepreneur CREC, coût 21 millions USD ;

(3). Modernisation de l'Hôpital du Cinquantenaire (450 km) à Kinshasa (coût : 99.87 millions USD) ;

(4). Bitumage de la RN4 Beni – Niania (60 km), Sinohydro, 57 millions USD ;

(5). Terrassement et Bitumage de la RN5 Lubumbashi – Kasomeno (137 km), CREC, 138 millions USD.

En résumé, les 350 millions ont été destinés à trois types d'infrastructures :

1°/ Routes : RN4 Beni-Niania et RN5 Lubumbashi-Kasomeno ;
2°/ Voiries : Avenue Tourisme et Route Lutendele, à Kinshasa ;
3°/ Bâtiments : Hôpital du Cinquantenaire, à Kinshasa.

Certains projets étaient terminés, pas d'autres. De façon générale, pour des raisons diverses, ils vont prendre plus de temps pour leur exécution, s'écartant ainsi de la durée prévue. Le BCPSC et l'ACGT ne ménageront aucun effort pour que ce temps soit le plus court possible.

2. Projets de la 2ème tranche de la 1ère Phase de Financement (400 millions USD)

Les deux parties congolaise et chinoise ont convenu que cette 2ème tranche de la 1ère phase devrait concerner les projets suivants : Voiries, routes, centres de santé (hôpitaux de référence). A l'annexe C de la Convention de Collaboration, se sont ajoutés d'autres projets, dont les travaux étaient lancés dès 2009.

La voirie

A ce jour, quelques projets ont été réalisés, principalement à Kinshasa, mais aussi ailleurs, notamment :

- *Modernisation de la route Lutendele* (2x1 voies), d'une longueur de 3,27 km et d'un coût évalué à 19.933.655 USD. Sur cette voie, il y a un pont de 57 m de portée à 3.900.000 USD.

- *Modernisation de l'avenue du Tourisme* (2x1 voies), d'une longueur de 6,80 km, financée à hauteur de 29.776.839 USD.

- *Modernisation du Boulevard du 30 juin, lot 1* (2ème phase) (2x4 voies). Cette route est longue de 5,30 km et le coût de ses travaux est évalué à 24.118.560 USD. C'est sans doute, dans le secteur de la voirie, la réalisation la plus spectaculaire.

- *Modernisation du Boulevard du 30 Juin lot 2* (2x3 voies), y compris la construction du Pont Basoko (ou Pont Dag Hammarskjöld). Longueur : 2,50 km. Coût : 19.341.204 USD.

- *Modernisation des Boulevards Triomphal* en 2x4 voies de 2,165 km et *Sendwe* en 2x3 voies de 1,500 km. Longueur totale : 2,75 km. Le coût des travaux est évalué à 36.245.150 USD.

- *Modernisation du Boulevard Lumumba lots 2 et 3* (2x4 voies). Cette route est longue de 14,3 km et a coûté 148.881.990 USD, dont 27.504.694 USD sont consacrés aux ouvrages d'art.

- *Modernisation de la Boucle de la Gare Centrale*, d'une longueur de 0,600 km et d'un montant de 1.932.876 USD.

Les routes

Dans ce secteur, des projets ont été réalisés dans quelques provinces, dont principalement dans les provinces de l'est du pays.

*Au Nord-Kivu :

- *Bitumage de la RN4 Beni-Niania*, tronçon Beni-Luna long de 60 km et la traversée de Beni, pour 57.768.564 USD ;

- *Construction et bitumage de la RN2* : modernisation de la traversée de Butembo (15 km : (2x2) sur 8 km et (2x1 voies) sur 7 km) ; réhabilitation et bitumage du tronçon Bukavu-Kamanyola-Uvira, lot 1 (55,50 km), pour 33.342.701 USD.

*A l'ex-Katanga :

- *Terrassement et bitumage de la RN5 Lubumbashi-Kasameno* (2x1 voies), avec construction de 11 ponts, d'une longueur de 137 km et d'un coût des travaux évalué à 138.027.936 USD.

*Au Kongo Central (ex-Bas-Congo) :

- *Réhabilitation des ouvrages sur la RN1 : Kinshasa-Matadi lot 1*, pont Mpozo-Nduizi (longueur 40 km et coût 27.545.683 USD) ;

- *Construction du pont Mpozo* (d'une capacité de 120 tonnes, à 21 000 000 USD).

*Au Sud-Kivu :

- *Construction et modernisation de la RN5* : tronçon Bukavu-Nyangezi-Kamanyola-Uvira lot 1 Bukavu (1x3 voies sur 5 km et 2x1 voies sur 50,5 km), pour un montant de 79.763.742 USD.

Les bâtiments

Dans le secteur de bâtiments, il y a, à Kinshasa :

- *Construction et modernisation de l'Hôpital du Cinquantenaire*, dont le coût des travaux et équipements est estimé à 99.873.758 USD ;

bâti sur une superficie de 40.000 m^2, d'une capacité de 450 lits, c'est sans aucun doute la réalisation la plus spectaculaire ;

- *Construction et aménagement de l'Esplanade du Palais du Peuple*, qui consistent en un bétonnage et un pavage de 24.300 m^2 ainsi que d'un aménagement du jardin, d'une construction et d'un montage de la tribune provisoire de près de 2.000 places et de 2 fontaines, pour un coût total des travaux évalué à 24.455.299 USD ;

- *Réhabilitation de quelques Instituts supérieurs*, dont l'ISTA et l'IBTP.

REALISATIONS DU PROGRAMME SINO-CONGOLAIS, PROJETS PILOTES PAR L'ACGT, DE 2008 A 2018

Fiches établies par l'Agence congolaise des grands travaux (ACGT),
réactualisées et présentées à notre manière.

Aujourd'hui, les réalisations du Programme sino-congolais (PSC) de reconstruction sont nombreuses et plus ou moins assez visibles. Les projets réalisés dans le cadre de ce programme concernent essentiellement la ville de Kinshasa et les (anciennes) provinces du Bas-Congo, du Katanga, ainsi que dans les provinces du Nord-Kivu et du Sud-Kivu. Ils sont focalisés dans les secteurs de routes, de voiries et de bâtiments.

De 2008 à 2018, l'ACGT, dans le cadre du PSC, a piloté la mise en œuvre de **62 projets d'infrastructures** pour un montant total de 2 365 306 419,94 USD. Cela donne :

1551 km de routes bitumées ;
936 km de route en terre ;
136 km de voirie asphaltée ;
2 316,46 km de routes au total ;
50 Ponts et dalots ;
4 stades de football (à Bukavu, Bunia, Goma et Kalemie) ;
7 Passerelles (à Kinshasa) ;
1 **Usine de captage d'eau**
1 Hôpital de 450 lits (Hôpital du Cinquantenaire à Kinshasa) ;
1 Usine de production des préfabriqués (à Kisangani) ;
2,3 milliards USD, montant total de projets pilotés.

Bornons-nous à ne citer que quelques-unes de ces infrastructures réalisées, au 22 avril 2018, c'est-à-dire, pratiquement, à la dixième année de la Convention de Collaboration. Nous les mentionnons sous forme des fiches, des fiches élaborées par l'ACGT et présentes à notre façon. Il s'agit des infrastructures concernant :

A. Les voiries,
B. Les routes,
C. Les bâtiments,
D. Les stades,
E. Les usines.

A. *LES VOIRIES*

Modernisation et Construction Boucle de la Place du 30 Juin

1. Localisation **:** Kinshasa

2. Contexte socio-économique

Ce tronçon permet une liaison directe entre le Boulevard du 30 Juin, l'avenue des Poids Lourds et l'avenue du Drapeau (ex-Flambeau). Son aménagement procède d'une suite logique de la modernisation du Boulevard du 30 Juin.

3. Objectifs

* Réduire le coût d'exploitation des véhicules et le temps de parcours et établir des conditions décentes d'accès et de désenclavement ;

* Contribuer au développement des aspects touristiques de la ville de Kinshasa.

4. Travaux à réaliser

* Modernisation et élargissement de la chaussée à 2x2 voies (0,600 km) ;

* Construction des ouvrages d'assainissement (buses) ;

* Travaux de trottoirs de 2 x 1,50 m ;

* Éclairage public ;

* Signalisation horizontale et verticale.

5. Dates importantes du projet

* Signature du contrat : 22 décembre 2010

* Démarrage des travaux : 27 décembre 2010

* Fin des travaux : Mars 2011.

6. *Durée du projet* **:** 3 mois

7. *Coût du projet* **:** 1.932.876,00 USD

8. *Financement* **:** Programme Sino-Congolais

9. *Entreprise* **:** CREC 7

10. *Mission de contrôle* **:** ACGT

11. *Situation du projet :*

Tous les travaux sont terminés.

Modernisation du Boulevard du 30 Juin à Kinshasa, Lot 1 : Gare Centrale - Socimat

1. *Localisation* **:** Kinshasa.

2. *Contexte socio-économique*

Le Boulevard du 30 juin est une artère principale reliant la Gare Centrale et Kintambo Magasin. La forte densité du trafic de la route occasionnait d'importants et incessants embouteillages et la voie était totalement délabrée. Le projet s'inscrivait donc dans le cadre du désengorgement de l'artère.

3. *Objectifs*

* Améliorer les conditions de trafic (fluidité, sécurité, confort) sur le boulevard du 30 juin, entre Gare centrale et rond-point Socimat ;

* Réduire le coût d'exploitation des véhicules et le temps de parcours ;

* Désengorger les avenues Commerce, Justice et Lukusa ;

* Contribuer au développement des aspects touristiques de la ville.

4. *Travaux réalisés*

* Elargissement de la chaussée à 2x4 voies sur 5,32 km ;

* Pavage des trottoirs de 2 x 1,50 m ;

* Construction des ouvrages d'assainissement (caniveaux), pose des dalles et des ouvrages d'art (buses) ;

* Éclairage public ;

* Signalisation routière horizontale, verticale et lumineuse ;

* Construction et modernisation de la boucle de la gare (0,600 km, 2 x 2 voies).

5. Dates importantes du projet

* Signature du contrat : 20 janvier 2009
* Démarrage des travaux : 01 janvier 2010
* Fin prévisionnelle des travaux : Septembre 2011.

6. Durée du projet **:** 18 mois

7. Coût du projet

* Programme Relais RDC : 25 841 000,00 USD
* Sino-Congolais (Route) : 24 118 559,82 USD
* Sino-Congolais (Boucle de la gare) : 1 932 876,00 USD

8. Financement **:** Programme Sino-Congolais

9. Entreprise :

* CREC RDC / CREC 7 (1er contrat expiré en fin déc. 2009),
* CREC RDC / COVEC (nouveau contrat).

10. Mission de contrôle **:** ACGT

11. Situation du projet

* Réception provisoire des travaux : 29 juillet 2014.
* Réception définitive : 29 juillet 2014.
* Ouvrages d'art : En 2018, l'entreprise a procédé, avec son sous-traitant UPC, à l'installation d'un système hybride (SNEL et photovoltaïque) pour la signalisation lumineuse du Boulevard 30 juin.

Modernisation du Boulevard du 30 Juin à Kinshasa Lot 2 : Socimat - Kintambo Magasin

1. Localisation **:** Kinshasa

2. Contexte socio-économique

Etant le prolongement du boulevard du 30 Juin élargi à 2x4 voies, l'avenue Colonel Mondjiba constituait un goulot d'étranglement occasionnant des embouteillages permanents dans la circulation sur l'axe Kintambo Magasin – Gare Centrale.

3. Objectifs

* Améliorer les conditions de trafic (fluidité, sécurité, confort) sur le boulevard du 30 juin, entre le rond-point Socimat et Kintambo Magasin ;

* Réduire le coût d'exploitation des véhicules et le temps de parcours ;

* Contribuer au développement des aspects touristiques de la ville de Kinshasa.

4. Travaux prévus

* Longueur : 2,5 km

* Elargissement de la chaussée à 2x3 voies et construction des trottoirs ;

* Construction des ouvrages d'assainissement (caniveaux) couverts avec des buses ;

* Construction d'un pont mitoyen (Dag Hammarskjöld) de 40 mètres de portée et 56 tonnes à 3 travées avec poutres préfabriquées en béton précontraint ;

* Éclairage public ;

* Signalisation routière.

5. Dates importantes du projet

* Signature de contrat : 9 décembre 2009

* Démarrage des travaux : 8 février 2011

* Fin prévisionnelle des travaux : 30 octobre 2011.

6. Durée du projet **:** 18 mois

7. Coût du projet : 19 341 204,19 USD

8. Financement : Programme Sino-Congolais

9. Entreprise **:** CREC RDC / CREC 8

10. Mission de contrôle **:** Gauff Ingenieure

11. Situation du projet

* Réception provisoire : 25 janvier 2013 ;

* Réception définitive : 25 juillet 2014.

Les travaux restants sont :

* Signalisation automatique sur le Rond-Point Kintambo sur financement du Gouvernement (études en cours par la DEM/ACGT)

* Construction de l'amorce et aménagement du triangle de Kintambo (Financement Gouvernement).

Construction et modernisation des Boulevards Sendwe et Triomphal

1. Localisation : Kinshasa

2. Contexte socio-économique

Le Boulevard Sendwe constituait un goulot d'étranglement permanent dans la circulation. Sa chaussée était en état de délabrement, intensifiant ainsi les embouteillages sur cette artère.

3. Objectifs

* Améliorer les conditions de trafic (fluidité, sécurité et confort) sur les deux axes (Sendwe et Triomphal) en les reliant à trois autres artères modernisées qui sont Lumumba, Huileries et Libération ;
* Réduire le coût d'exploitation des véhicules et le temps de parcours ;
* Contribuer au développement des aspects touristiques.

4. Travaux prévus

* Elargissement du boulevard Sendwe à 2x3 voies d'une longueur de 1,500 km et du boulevard Triomphal à 2x4 voies d'une longueur de 2,165 km ;
* Pavage des trottoirs ;
* Construction des ouvrages d'assainissement (caniveaux) et des ouvrages d'art (dalot, buses) ;
* Éclairage public ;
* Signalisation routière.

5. Dates importantes du projet

* Signature du contrat : 09 décembre 2009
* Démarrage des travaux : 24 décembre 2009
* Fin prévisionnelle des travaux : Septembre 2011

6. Durée du projet **:** 15 mois.

7. Coût du projet **:** 29.234.927,99 USD

8. Financement **:** Programme Sino-Congolais

9. Partenariat de mise en œuvre

*Maître d'ouvrage : RDC/Min ITPR ;
*Maître d'ouvrage délégué : ACGT ;
*Maître d'œuvre : Office des Voiries et Drainages (OVD) ;
*Entreprise : CREC 8.

*Mission de contrôle : BIC/TCE

11. Situation du projet

Travaux achevés et définitivement réceptionnés le 13 avril 2013.

Renforcement des boulevards Sendwe et Triomphal

1. Localisation : Kinshasa

3. Travaux prévus

* Renforcement des chaussées des boulevards Triomphal et Sendwe ainsi que réalisation du marquage au sol ;

* Curage et réparation des caniveaux et du canal Cabu ;

* Réhabilitation de la tribune de l'Esplanade et ses ouvrages connexes ;

* Asphaltage de la déviation (avenue Radio) et construction des ouvrages connexes ;

* Rafraîchissement des murs de clôture des édifices publics le long du boulevard Triomphal et du Commissariat général de la Police Nationale Congolaise (PNC).

4. Dates importantes du projet

* Signature du contrat : Juillet 2017

* Démarrage des travaux : 07 avril 2017.

5. Coût du projet **:** 5 000 000 USD

6. Financement **:** Programme Sino-Congolais

7. Entreprise : CREC 7.

8. Situation du projet

* Projet achevé ;

* Réception provisoire : 26 janvier 2018.

Modernisation du Boulevard Lumumba Lot 2 (6,30 km) et Lot 3 (6,85 km)

1. Localisation : Kinshasa.

2. Contexte socio-économique :

Le Boulevard Lumumba est une artère principale qui relie l'aéroport de Ndjili avec le Centre-ville en même temps qu'il dessert le district de la Tshangu, une zone à forte concentration de population. Route nationale RN1, elle permet aussi la sortie vers les provinces du Bandundu et les deux Kasaï. Ainsi, elle se présente comme voie d'accès vers les principaux centres d'approvisionnement de Kinshasa. Sa dimension et son état ne permettaient pas un trafic aisé.

3. Objectifs :

* Améliorer les conditions de trafic (fluidité, sécurité et confort) entre l'Aéroport International de Ndjili et le Centre-ville de Kinshasa ainsi qu'entre les communes du district de la Tshangu et les autres communes ;

* Réduire le coût d'exploitation des véhicules et le temps de parcours ;

* Contribuer au développement des aspects touristiques de la ville de Kinshasa.

4. Travaux prévus :

* Elargissement de la chaussée à 2x4 voies d'une longueur de 13,310 km et d'une largeur totale de 28,60 m (8 voies de 3,50 m chacune et un séparateur de 0,60 m) ;

* Construction des trottoirs ;

* Construction de 3 ponts :

- Pont Matete : en béton armé précontraint ;

- Pont Ndjili : de 80 mètres de portée en béton précontraint (construit en 10 mois depuis le 6 novembre 2012 par CREC 7. L'objectif est de donner à cet axe routier la même configuration de 2 x 4 voies au niveau de cette rivière afin de prévenir le goulot d'étranglement dans le trafic. D'une largeur de 19,05 mètres (y inclus le trottoir de 3,30 m et la bordure de 0,50 m), ce pont repose sur 24 poutres espacées de 2,40 m et 12 pieux de 28,60 m de profondeur) ;

- Pont Tsuenge : en béton armé de 13 mètres de portée ;

* Construction des dalots et buses ;

* Construction des ouvrages d'assainissement (caniveaux) ;

* Installation de l'éclairage public et de la signalisation routière.

5. Dates importantes du projet

*Date de signature du contrat : 27 mai 2011

*Date de démarrage des travaux : 06 juillet 2011

*Date de fin prévisionnelle des travaux : 06 décembre 2013.

6. Durée du projet : 30 mois.

7. Coût du projet :

125 469 762,45 USD (Lot 2 : 72 773 187,06 USD, et lot 3 : 52 696 575,39 USD).

Phase 1 (du 17 mai 2011 au 30 septembre 2012) : 40.443.906,42 USD (lot 2) et 33.317.169,59 USD (lot 3).

Phase 2 (de janvier 2013 à fin des travaux) : 45.990.039,19 USD (lot 2) et 40.391.611,83 USD (lot 3).

8. Financement : Exim Bank.

9. Partenariat de mise en œuvre

*Maître d'ouvrage : RDC/Min ITPR ;
*Maître d'ouvrage délégué : ACGT ;
*Maître d'œuvre : Office des Voiries et Drainages (OVD) ;
*Entreprises : CREC 8 (Lot 2), CREC 7 (Lot 3).

10. Mission de contrôle : EGIS International et ACGT

11. Situation du projet

* Réception provisoire des travaux : 01 décembre 2015 (lot 2 uniquement).

La modernisation des boulevards de Kinshasa (30 Juin, Lumumba, Triomphal et Sendwe)

En concluant un accord de coopération avec les entreprises chinoises, l'un des premiers soucis du chef de l'Etat était qu'elles contribuent à faire de la capitale congolaise une des plus belles villes du pays et d'Afrique, en procédant à la modernisation de ses voies de circulation et à la construction de certaines de ses infrastructures.

Les boulevards étaient retenus comme objet de transformation. Les objectifs étaient nombreux :

- Améliorer les conditions de trafic (fluidité, sécurité, confort) ;
- Réduire le coût d'exploitation des véhicules et le temps de parcours ;
- Désengorger les avenues connexes parallèles ;
- Contribuer au développement des aspects touristiques de la ville.

Le premier et le plus célèbre d'entre les boulevards, celui du 30 Juin, qui s'étend de la Gare centrale (« Place du 30 Juin ») dans la commune de la Gombe au rond-point « Kitambo Magasins », fut la première « cible » de l'autorité.

Le 20 janvier 2009, le ministère des ITPR, au nom du Gouvernement de la République, signa un contrat pour le « Renouvellement du Boulevard du 30 juin (7,80 km) » avec les entreprises CREC 7 puis avec COVEC.

Ce projet vient en complément des projets actuellement financés par la Banque Mondiale, l'Union Européenne, la Coopération Technique Belge et le Fond Koweitien dans la cadre de réhabilitation des voiries de Kinshasa.

Le coût du projet provenait du Programme Relais RDC (25.841.000 USD) et du Programme sino-congolais (24.118.560 USD).

Les travaux, qui devaient durer dix-huit mois, furent lancés le même jour de la signature du contrat par le chef de l'Etat, mais durent commencer le 9 décembre suivant. Ils consistaient :

- à l'élargissement de la chaussée à 2x4 voies sur une longueur de 5,32 km ;
- au pavage des trottoirs de 2 x 1,50 m ;
- à la construction des ouvrages d'assainissement (caniveaux) et des ouvrages d'art (buses) ;
- à la construction de deux ponts (rond-point Socimat, rivière Basoko) ;
- à l'éclairage public et aménagement des espaces publics ;
- à la signalisation verticale et horizontale ;
- au reboisement.

C'est en septembre 2011 que les travaux furent terminés et que le Boulevard du 30 Juin (de la Gare centrale au rond-point Socimat) devint ce que certains appelèrent les « Champs-Elysées » de Kinshasa.

Les deuxièmes plus grandes artères de Kinshasa à être modernisées furent les boulevards Triomphal et Sendwe, longs respectivement de 2,165 km et de 1,500 km. Les travaux devaient consister en l'élargissement du boulevard Sendwe à 2x3 voies et du boulevard Triomphal à 2x4 voies, au pavage des trottoirs, en la construction des ouvrages d'assainissement (caniveaux) et des ouvrages d'art (dalot, buses), en l'éclairage public et en la signalisation routière. Le contrat avec l'entreprise CREC 8 fut signé le 9 décembre 2009, et les travaux démarrèrent le 24 décembre suivant. Ils devaient durer 15 mois, et donc se terminer en septembre 2011. Financés par le programme sino-congolais, ils avaient coûté pas moins de 36 millions USD.

La troisième plus grande voie, la plus longue d'entre toutes (14,3 km), à réhabiliter fut le Boulevard Lumumba. Financés par le gouvernement congolais, les travaux, d'un coût global de 148.881.990 USD, furent lancés fin juillet 2009 par le chef de l'Etat ; ils étaient confiés à la Compagnie nationale chinoise des travaux, ponts et chaussées (CNCTPC). Comme les Boulevards du 30 Juin et Triomphal, Lumumba comprend 2x4 voies de circulation. …

Construction et aménagement de l'esplanade du Palais du Peuple

1. Localisation **:** Province de Kinshasa

2. Contexte socio-économique :

Le projet s'inscrit dans le cadre de l'aménagement et de la modernisation des espaces publics à Kinshasa. Situé en face du Palais du peuple, le site Esplanade est l'espace public dédié aux cérémonies publiques et devait être modernisé en vue de la commémoration du 50ème anniversaire de l'indépendance de la RDC le 30 juin 2010.

3. Objectifs

* Moderniser, embellir l'Esplanade et en faire un site touristique ;

* Doter la ville de Kinshasa d'une place capable de recevoir certaines cérémonies (défilé, meeting, etc.) et autres évènements ;

* Création d'un espace de repos, de rencontres, d'échanges entre populations et de contemplation de la vie.

4. Travaux mis en œuvre :

* Agrandissement, bétonnage et pavage de 24 300 m² ;
* Construction et montage d'une tribune de 1940 places ;
* Construction de 2 fontaines et aménagement du jardin ;
* Eclairage public et équipements divers ;
* Raccordements en eau et en électricité.

5. Dates importantes du projet

* Date de signature de contrat : 05 décembre 2009.
* Date de démarrage des travaux : 06 décembre 2009.
* Date de fin prévisionnelle des travaux : Juin 2010.

6. Coût du projet **:** 19 655 299,14 USD.

7. Financement **:** Programme Sino-Congolais.

8. Entreprise **:** Synohydro 2.

9. Situation du projet

* Réception provisoire le 09 août 2011.

* Réception définitive le 25 août 2011, après la levée des réserves.

Réhabilitation et modernisation de l'Avenue Tourisme

1. Localisation **:** Province de Kinshasa

2. Contexte socio-économique:

Les quartiers Mimoza et Pompage étaient coupés des populations environnantes. Les habitants n'avaient pas un accès facile ni au centre commercial le plus proche, Kintambo Magasin ni au reste de la ville.

3. Objectifs

* Construire le périphérique pour relier Kintambo Magasin, UPN, Kimwenza-Gare, Aéroport de Ndjili ;

* Désenclaver la zone d'exploitation de cette avenue ;

* Assurer la continuité du trafic sur l'avenue en partant de l'avenue Nzolana pour déboucher sur l'avenue Mondjiba et atteindre le centre-ville et ainsi désengorger les avenues L.D. Kabila et Nguma ;

* Réduire le coût d'exploitation des véhicules et le temps de parcours ;

* Contribuer au développement du tourisme de Kinshasa.

4. Travaux prévus

* Longueur : 7,25 km ;

* Stabilisation de 2 km de talus ;

* Construction de la chaussée à 2x1 voies avec couche de roulement en béton bitumineux ;

* Construction des trottoirs ;

* Construction des ouvrages d'assainissement (caniveaux) et des ouvrages d'art (ponts, dalots et buses) ;

* Pose de conduites d'adduction d'eau ;

* Éclairage public ;

* Signalisation horizontale et verticale.

5. Dates importantes du projet

* Signature de contrat : 28 juin 2008

* Démarrage des travaux : 10 juin 2009

* Fin des travaux : 15 août 2011

6. Durée du projet : 18 mois

7. Coût du projet **:** 24.400.000 USD

8. Entreprise **:** CREC 8

9. Mission de contrôle **:** AEC

10. Situation du projet

* Les travaux achevés ;
* La réception provisoire intervenue le 30 août 2011 ;
* Réception définitive le 26 février 2013.

Réhabilitation et modernisation de la Route Lutendele (4,5 km)

1. Localisation : Province de Kinshasa

2. Contexte socio-économique :

La population riveraine aux environs de cette avenue était enclavée et coupée du reste des localités rurales environnantes, sans accès direct même au centre commercial le plus proche, Kintambo Magasin, ni au reste de la ville de Kinshasa.

3. Objectifs

* Désenclaver la zone d'exploitation de l'avenue Lutendele ;
* Relier les quartiers de Mbudi, Mazal et Lutendele à Pompage et au centre commercial de Kintambo Magazin ;
* Assurer la continuité du trafic sur Lutendele en partant de l'avenue Nzolana pour déboucher sur l'avenue Modjiba et atteindre le centre-ville et, ainsi, désengorger les avenues L.D. Kabila et Nguma ;
* Réduire le coût d'exploitation des véhicules et le temps de parcours ;
* Contribuer au développement des aspects touristiques de la ville de Kinshasa et améliorer le confort et la sécurité des riverains.

4. Travaux prévus

* Construction de la chaussée à 2x1 voies et des trottoirs ;
* Construction des ouvrages d'assainissement (caniveaux) et des ouvrages d'art (dalots et buses) ;
* Construction du pont de 58 m de portée sur la rivière Binza ;
* Éclairage public ;
* Signalisation routière.

5. Dates importantes du projet

* Signature de contrat : 28 juin 2008.
* Démarrage des travaux : 10 juin 2009.
* Fin prévisionnelle des travaux : 15 août 2011.

6. Coût du projet **:** 21.010.000 USD

7. Financement **:** Programme sino-congolais (Exim Bank).

8. Partenariat de mise en œuvre

*Maître d'ouvrage : RDC/Min ITPR ;
*Maître d'ouvrage délégué : ACGT ;
*Maître d'œuvre : Office des Voiries et Drainages (OVD) ;
*Entreprise : CREC RDC / CREC 8.
*Mission de contrôle : Africa Engineering Consulting (AEC).

9. Situation du projet

*Première phase des travaux sur 2,800 km achevée ;
*Réception provisoire du tronçon intervenue le 30 août 2011 ;
*Réception définitive du tronçon le 26 février 2013 ;
*Exécution de la 2ème phase était conditionnée par la mise en œuvre des expropriations ; opération réalisée et l'ouvrage est fini.

Modernisation de l'avenue Nzolana

1. Localisation **:** Province de Kinshasa

2. Contexte socio-économique:

Ce projet s'inscrit dans le cadre d'un vaste programme de construction d'une route périphérique qui formera une boucle tout autour de la ville de Kinshasa, en reliant Kintambo Magasin, Pompage, UPN, Kimwenza Gare, l'Aéroport de Ndjili, pour boucler sur Kintambo Magasin. Il consiste à moderniser l'avenue qui relie les 2 grands carrefours de la Commune de Ngaliema, à savoir : Pompage et UPN.

3. Travaux mis en œuvre

* Construction d'une route longue de 10,976 km et largeur de 10 mètres ;

* Travaux de lutte antiérosive, dont la construction d'un collecteur de 1,8 km ;

* Construction du pont sur la rivière Mayi ya Mbinza d'une longueur totale de 28 m, superstructure en poutres T préfabriquées en béton précontraint de 20 m de portée.

4. Coût du projet **:**

Coût total des travaux : 38 986 953,49 USD.
Phase I : 15 000 000 USD

Phase II : 26 871 393, 78 USD.

5. *Financement* **:** Programme sino-congolais.

6. *Entreprise :* SISC / CREC 8.

7. *Dates importantes du projet*

* Signature de contrat : Juillet 2016.
* Démarrage des travaux : 19 septembre 2016.

8. *Situation du projet*

* Construction des ouvrages d'art, en deux phases :

Phase I (15 millions) : Travaux achevés et réceptionnés provisoirement le 23 et 24 décembre 2017 : La réception a porté sur les travaux de chaussée revêtue en BB (1,4 km) du PK 7+100 au PK8+520, la construction du pont Moleka (Mayi ya Mbinza) de 20 mètres de portée en béton précontraint, la signalisation horizontale et la sauvegarde du site érosif sur l'avenue Nzolana (Travaux de lutte antiérosive, dont la construction du collecteur de descente d'eau jusqu'à l'exutoire, sur un linéaire de 1.500 m).

* Réception provisoire des travaux : 23 et 24 décembre 2017.
* Réception définitive : 24 décembre 2018.

Phase II (23 986 953,49 USD) : à inscrire au budget 2018 du Programme sino-congolais (PSC).

Modernisation de la voirie de Lubumbashi

1. *Localisation* **:** Province du Haut Katanga.

2. *Contexte socio-économique:*

Ce projet s'inscrit dans le cadre de la modernisation des grandes artères de la ville de Lubumbashi. Il a pour but de moderniser progressivement la voirie de la ville de Lubumbashi pour faire face à la démographie croissante et l'expansion de la ville tout en assurant le confort et la sécurité des usagers de la route.

3. *Objectifs*

* Assurer la continuité du trafic et améliorer les conditions de trafic ;

* Réduire le coût d'exploitation des véhicules et leurs temps de parcours.

4. *Financement* **:** CREC 7.

5. *Entreprise :* CREC 7.

6. *Travaux mis en œuvre*

N°	Projets	Montant contrat (USD)	Km	Etat d'avancement
1	Avenue Sombe-Sombe et Mukoswa-Kanaga (Pose de béton bitumineux)	1 125 343,85	1,92	Travaux achevés
2	Avenue Sumaili (Pose de béton bitumineux)	643 203,89	0,654	Travaux achevés
3	Avenue Christophe (Pose de béton bitumineux)	890 890,41	1,036	Travaux achevés
4	Avenue Kasimba (Pose de béton bitumineux)	952 082,16	1,22	Travaux achevés
5	Avenue Mwenda (Pose de béton bitumineux)	163 734,21	0,288	Travaux achevés
6	Avenue Sandoa (Pose de béton bitumineux)	402 905,92	0,338	Travaux achevés
7	Avenue Mweka (Travaux de réhabilitation)	196 358,04	0,3	Travaux achevés
8	Avenue André Lumbu (Travaux de réhabilitation)	1 551 099,60	1,5	Travaux achevés
9	Avenue Comas Shungu (Travaux de réhabilitation)	494 934,42	0,51	Travaux achevés
10	Avenue Ilunga (Travaux de réhabilitation)	689 231,26	0,603	Travaux achevés
11	Avenue In Mazazi (Travaux de réhabilitation)	374 823,25	0,272	Travaux achevés
12	Avenue Kalulaku (Travaux de réhabilitation)	92 352,60	0,156	Travaux achevés
13	Avenue Luly Mwamba (Travaux de réhabilitation)	108 616,96	0,181	Travaux achevés
14	Avenue Mutshebele (Travaux de réhabilitation)	425 382,26	0,44	Travaux achevés

Modernisation de la voirie de Kisangani

1. Localisation **:** Province de la Tshopo.

2. Contexte socio-économique:

Ce projet est réalisé dans le cadre de la modernisation progressivement de la voirie de la ville de Kisangani héritée de la colonisation pour faire face à la démographie croissante ainsi qu'à l'expansion des villes tout en assurant le confort et la sécurité des usagers de la route.

3. Objectifs

* Assurer la continuité du trafic et améliorer les conditions de trafic ;

* Réduire le coût d'exploitation des véhicules et leurs temps de parcours.

4. Travaux mis en œuvre

* Construction des routes (longueur totale : 10,914 km, largeur : 10 mètres) :

Route 1 (avenue Colonel Tshatshi) : 2 km ;
Route 2 (avenue Simi-simi) : 6,015 km ;
Route 3 (boulevard Mobutu 1) : 0,300 km ;
Route 4 (boulevard Mobutu 2) : 1,260 km ;
Route 5 (avenue Kokolo) : 0,750 km ;
Route 6 (avenue Maman Yemo) : 0,600 km.

5. Coût du projet **:** 15 000 000 USD.

6. Financement **:** Programme sino-congolais.

7. Entreprise : SISC / CREC 7.

8. Dates importantes du projet

* Signature de contrat : 17 aout 2015.
* Démarrage des travaux : 03 novembre 2016.
* Fin prévisionnelle des travaux : Octobre 2018.

9. Situation du projet

* Construction des ouvrages d'art, travaux terminés ;
* Taux d'exécution financière : 94 %.
* Réception provisoire : 19 décembre 2018.

Construction de la voirie de Kalemie

1. Localisation : Province du Tanganyika

2. Contexte socio-économique :

Ce projet s'inscrit dans le cadre de modernisation des grandes artères des provinces de la RDC.

3. Travaux prévus

* Modernisation du boulevard Lumumba : chaussée 2 x 2 voies, équipée de trottoirs et éclairée des lampadaires photovoltaïques ;

* Assainissement ;

* Construction des ouvrages d'art.

3. Coût du projet **:**

Phase I : 15 000 000 USD
Phase II : 26 871 393, 78 USD.

3. Financement **:** Programme sino-congolais.

4. Entreprise

SISC et sous-traitants
CREC 9 : du PK 0 au PK 4+600 ;
CREC 7 : du PK 4+600 au PK8+500 ;
CREC 8 : du PK 8+500 au PK12+167.

5. Dates importantes du projet

* Démarrage des travaux : 11 mars 2017.

* Fin prévisionnelle des travaux : Octobre 2018 (Partie chaussée, sans ponts).

6. Situation du projet

* Construction des ouvrages d'art, en deux phases :

Phase I (du PK0 au PK4+600) : travaux achevés (couche de roulement en BB posée) ;

Phase II (du PK4+600 au PK12+167) : travaux en cours, ayant démarré en mai 2018.

Modernisation de la voirie d'Uvira / Phase 1

1. Localisation : Province du Sud-Kivu

2. Contexte socio-économique :

Ce projet s'inscrit dans le cadre de modernisation des grandes artères des provinces de la RDC.

3. Travaux prévus

* Travaux sur l'avenue Congo (ligne A) (1,873 km) et sur l'avenue Cathédrale (ligne C) (363 m).

4. Coût du projet **:** 10 000 000 USD

5. Financement **:** Programme sino-congolais.

6. Entreprise : Sinohydro 14.

7. Dates importantes du projet

* Signature du contrat : 17 Août 2015
* Démarrage des travaux : 01 décembre 2016.

8. Situation du projet

* Réception provisoire : 14 avril 2018.

B. LES ROUTES

Modernisation des Routes RN1 et RN39 : Lubumbashi-Likasi-Kolwezi

1. Localisation : Province du Haut Katanga

2. Contexte socio-économique :

Ce projet s'inscrit dans le cadre de la modernisation et de la connexion des grandes villes des différentes provinces. Il permet de relier par voie directe les provinces du Haut Katanga et du Lualaba.

3. Objectifs

* Assurer la continuité du trafic et améliorer les conditions de trafic entre Lubumbashi, Likasiet Kolwezi ;

* Réduire le coût d'exploitation des véhicules et le temps de parcours.

4. Travaux mis en œuvre

* Construction de la chaussée à 2x1 voies et construction des trottoirs ;

* Construction des ouvrages d'assainissement ;

* Construction des ouvrages d'art, dalots, buses ;

* Signalisation routière.

5. Dates importantes du projet

* Date de signature de contrat : 28 juin 2008.

* Date de démarrage des travaux : 28 février 2009.

6. Coût du projet **:** 163 707 138,04 USD.

7. Financement **:** Programme sino-congolais.

8. Entreprise : CREC 7.

11. Situation du projet

*Réception provisoire des travaux : 29 décembre 2012 (réception partielle) et 09 mai 2016 (réception travaux restants).

*Réception définitive : 17 décembre 2016.

Réhabilitation Route Beni-Niania – Kisangani (RN4), bitumage Tronçon Beni-Niania

1. Localisation **:** Province de Nord-Kivu et Province Orientale.

2. Contexte socio-économique :

Ce projet permet la liaison rapide et facile sur la route de l'Ituri, laquelle relie la RDC à l'Ouganda. Elle est caractérisée par un important trafic des produits manufacturés et vivriers dans les deux sens. L'approvisionnement et l'évacuation des produits de l'Est de la RDC vers Kinshasa ne s'effectuant que par la voie aérienne, cette route facilite l'évacuation des produits agricoles, en passant par Luna, Kisangani, Banalia, Buta, Bondo et Bafwasende.

3. Objectifs

* Contribuer au développement socio-économique de la région ;

* Améliorer le confort et la sécurité des usagers de la route ;

* Réduire le coût d'exploitation des véhicules et leur temps de parcours.

4. Travaux mis en œuvre

* Bitumage de 60 km de route 2x1 voies de circulation ;

* Assainissement (800 ml de caniveaux et curage des fossés) ;

* Ouvrages d'art (fourniture et pose des 3 buses et de 13 dalots) ;

* Travaux de chaussée : couches de fondation, de base et de roulement (en béton bitumineux) ;

* Construction des ponts, des trottoirs et signalisation routière.

5. Dates importantes du projet

* Signature de contrat : 29 juin 2008

* Démarrage des travaux : 01 juin 2009.

6. Durée du projet **:** 24 mois

7. Coût du projet (terrassement) **:** 57 078 939 USD

8. Financement **:** Programme Sino-Congolais

9. Entreprise **:** Sinohydro 14

10. Mission de contrôle **:** Huatong Beijing

11. Situation du projet :

* Réception provisoire intervenue le 31 août 2010 ;

* Réception définitive intervenue le 11 novembre 2011.

Terrassement et bitumage de la RN5 : Lubumbashi-Kasomeno (137 km)

1. Localisation **:** Province du Katanga.

2. Contexte socio-économique

Lubumbashi, deuxième ville de la RDC, est un grand centre de consommation des produits agricoles. Elle est reliée par la RN5 à Pweto et Kasenga, grands centres de production (Kasenga qui est une ville frontalière et de production située à 208 km de Lubumbashi). Cette route en terre, qui connaissait un trafic intense, ne peut en aucun cas être coupée sous peine d'engendrer d'incalculables déconvenues sociales. Son bitumage est un atout pour améliorer le trafic et accroître l'approvisionnement en denrées alimentaires de Lubumbashi. Ce projet constitue la phase I de la réhabilitation de cet axe routier important.

3. Objectifs

* Assurer la continuité et améliorer les conditions de trafic entre Lubumbashi et Pweto – Kasenga ;

* Réduire le coût d'exploitation des véhicules et leurs temps de parcours.

4. Travaux prévus

* Terrassement
* Construction de la chaussée à 2x1 voies d'une longueur de 137 km avec trottoirs ;
* Construction des ouvrages d'assainissement (caniveaux) et des 11 ponts isostatiques (de linéaire total de 390 m) en béton armé chacune de 4 travées de 13 m et de largeur 9 m, dont :
  4 Ponts de longueur 62 m,
  2 Ponts de longueur 49 m,
  5 Ponts delongueur 23 m ;
* Construction de 13 dalots et 253 buses ;
* Signalisation horizontale et verticale.

5. Dates importantes du projet

* Signature du contrat : 28 juin 2008
* Démarrage des travaux : 28 février 2009
* Fin prévisionnelle des travaux : 28 février 2011.

6. Durée du projet **:** 24 mois

7. Coût du projet **:** 138 027 936,03 USD

*Terrassement : 50.501.657,52 USD
*Bitumage : 87.526.278,51 USD.

8. Financement **:** Programme Sino-Congolais

9. Entreprise **:** CREC RDC / CREC 7

10. Mission de contrôle **:** Huatong.

11. Situation du projet

* Avenant n°1 signé ;
* Réception provisoire partielle effectuée le 29 décembre 2012 (réception partielle) et le 09 mai 2016 (réception des travaux restants).
* Réception définitive intervenue le 17 décembre 2016.

Construction de la route revêtue RN2 : traversée ville de Butembo (15 km)

1. Localisation **:** Province de Nord-Kivu.

2. Contexte socio-économique

Cette route permet la liaison rapide et directe entre les villes de Butembo, qui est un grand centre commercial, et de Beni, qui est aussi un grand centre de relai vers la cité de Kasindi à la frontière avec l'Ouganda. Assurer sa construction permet aussi d'accroître les échanges économiques entre l'Est de la RDC et les pays de l'Afrique de l'Est (Corridor nord-est).

3. Objectifs

* Améliorer les conditions de trafic entre les localités de Butembo, Beni et Kasindi ;

* Accroître le trafic et assurer leur continuité avec l'Ouganda ;

* Réduire le coût d'exploitation des véhicules et leurs temps de parcours.

4. Travaux prévus

* Terrassements : préparation de la plateforme ;

* Assainissement et Ouvrages d'art (construction de fossés, de buses et dalots et de ponts en béton armé) ;

* Construction de la chaussée à 2x2 voies sur 8 km et 2x1 voies sur 7 km ;

* Construction des caniveaux sur 8 km avec trottoirs de 1,5 m de chaque côté de la chaussée ;

* Construction d'un pont sur la rivière Kimemi de 17 m de long ;

* Aménagement de 2 ronds-points ;

* Signalisation verticale et horizontale.

5. Dates importantes du projet

* Signature du contrat : 08 mai 2010

* Ouvrages d'art :

Phase 1 (7,5 km), contrat signé le 08 mai 2010

Phase 2 (7,5 km), contrat signé le 17 août 2015

* Démarrage des travaux : 02 février 2011

* Fin prévisionnelle des travaux : 02 mars 2012.

6. Durée du projet **:** 15 mois

7. Coût du projet **:** 33.342.701,41 USD

8. Financement **:** Programme Sino-Congolais

9. Entreprise **:**

Phase 1 : Sinohydro Corporation / Sinohydro 14
Phase 2 : SISC / Sinohydro 14

10. Mission de contrôle **:** FYJL

11. Situation du projet

* Réception provisoire des travaux : 28 mai 2016.
* Réception définitive : 06 juin 2017.

Construction et modernisation de la RN5 : Bukavu - Nyangezi - Kamanyola – Uvira / Lot 1 : Bukavu PK0-PK5

1. Localisation : Province du Sud-Kivu

2. Contexte socio-économique

Les villes de Bukavu et d'Uvira connaissent des échanges commerciaux très importants. Elles sont frontalières et grandes productrices agricoles ; cependant, le trajet Bukavu-Uvira ou l'inverse, s'effectue en passant par le Rwanda. Son bitumage devrait mettre fin à la dépendance tenue depuis des décennies sur le tronçon correspondant, en terre rwandaise. Le projet Bukavu-Nyangezi-Kamanyola est donc un « projet de souveraineté », devant s'inscrire dans le cadre de la connexion des grandes villes des provinces de la RDC.

3. Objectifs

* Améliorer les conditions du trafic (fluidité, sécurité et confort) entre les deux villes du Sud-Kivu ;
* Améliorer le flux des échanges commerciaux ;
* Réduire le coût d'exploitation des véhicules et le temps de parcours.

4. Travaux prévus

* Construction de la chaussée à 2x2 voies sur 8 km et 2x1 voies sur 47,5 km ;
* Construction des trottoirs ;

* Construction des ouvrages d'assainissement (caniveaux) et de 5 ponts ;

* Signalisation routière

5. Dates importantes du projet

* Signature du contrat : 22 décembre 2010
* Démarrage des travaux : 05 novembre 2011
* Fin prévisionnelle des travaux : juillet 2012

6. Durée du projet : 20 mois

7. Coût du projet : 13.000.000 USD

8. Financement : Programme Sino-Congolais

9. Entreprise : Sinohydro 14

10. Mission de contrôle : CIMA

11. Situation du projet :

*Phase I (du PK 0 au PK 5 ; les travaux sont achevés) :
Réception provisoire des travaux : 14 mars 2017.
Réception définitive : 15 avril 2018.

Construction et modernisation de la RN5 : Bukavu - Nyangezi - Kamanyola – Uvira / Lot 2 : PK5-PK55

1. Localisation : Province du Sud-Kivu

2. Contexte socio-économique

Les villes de Bukavu et d'Uvira connaissent des échanges commerciaux très importants. Elles sont frontalières et grandes productrices agricoles ; cependant, le trajet Bukavu-Uvira ou l'inverse, s'effectue en passant par le Rwanda. Son bitumage devrait mettre fin à la dépendance tenue depuis des décennies sur le tronçon correspondant, en terre rwandaise. Le projet Bukavu-Nyangezi-Kamanyola est donc un « projet de souveraineté », devant s'inscrire dans le cadre de la connexion des grandes villes des provinces de la RDC.

3. Objectifs

* Améliorer les conditions du trafic (fluidité, sécurité et confort) entre les deux villes du Sud-Kivu ;

* Améliorer le flux des échanges commerciaux ;
* Réduire le coût d'exploitation des véhicules et le temps de parcours.

4. Travaux prévus

* Construction de la chaussée à 2x2 voies sur 8 km et 2x1 voies sur 47,5 km ;
* Construction des trottoirs ;
* Construction des ouvrages d'assainissement (caniveaux) et de 5 ponts ;
* Signalisation routière

5. Dates importantes du projet

* Signature du contrat : 13 février 2018.
* Démarrage des travaux : Mai 2018.

6. Coût du projet : 56 602 312,69 USD

7. Financement : Programme Sino-Congolais

8. Entreprise : Sinohydro 14

9. Situation du projet :

*Les travaux sont en cours d'exécution :

- Construction du dalot au PK 6+066 : terminée.
- Talutage ;
- Préparation de la plateforme ;
- Remblai de la plate-forme :
- Scarification

Traversée de Butembo

1. Localisation : Province du Nord-Kivu

2. Contexte socio-économique

Le projet s'inscrit dans le cadre de la modernisation des grandes artères dans les différentes provinces de la RDC. Cette route permet la liaison rapide et directe entre la ville de Butembo, qui est un grand centre commercial, et la ville de Beni. Cette dernière ville est aussi un grand centre de relai vers la cité de Kasindi à la frontière avec l'Ouganda. Assurer sa construction permet aussi d'accroître les échanges économiques entre l'Est de la RDC et les pays de l'Afrique de l'Est (Corridor nord-est).

3. Objectifs

* Améliorer les conditions de trafic entre les localités de Butembo, Beni et Kasindi ;

* Accroître le trafic et assurer leur continuité avec l'Ouganda ;

* Réduire le coût d'exploitation des véhicules et leurs temps de parcours.

4. Travaux prévus

* Construction de la chaussée à 2x1 voies et construction des trottoirs : longueur totale 15 km et largeur 10 m ;

* Construction des ouvrages d'assainissement (caniveaux) et des ouvrages d'art (pont, dalots, buses) ;

* Signalisation routière.

5. Dates importantes du projet

* Signature du contrat : 08 mai 2010

* Démarrage des travaux : 02 février 2011

6. Coût du projet

* Phase 1 : 22 859 673,85 USD

* Phase 2 : 11 000 000 USD.

7. Financement : Programme Sino-Congolais

8. Entreprises

* Phase 1 : Sinohydro Corporation / Sinohydro 14

* Phase 2 : SISC / Sinohydro 14

9. Mission de contrôle : CIMA

10. Situation du projet :

* En ce qui concerne les ouvrages d'art construits, le projet a été exécuté en deux phases :

Phase 1 (7,5 km), contrat signé le 08 mai 2010

Phase 2 (7,5 km), contrat signé le 17 août 2015.

* Réception provisoire des travaux : 28 mai 2016

* Réception définitive : 06 juin 2017.

Réhabilitation de la route Bunagana-Rutshuru-Goma

1. Localisation : Province du Nord-Kivu

2. Contexte socio-économique

Ce tronçon de la RN2 est réalisé dans le cadre des projets de développement des zones post-conflit de l'Est de la RDC. En effet, son état de délabrement favorisait des attaques des groupes armés sur des convois des opérateurs économiques de la région. Pour des raisons sécuritaires, il fut jadis déconseillé de l'emprunter. Sa réhabilitation permettra le rétablissement du pouvoir de l'Etat dans la zone.

3. Objectifs

* Améliorer les conditions de trafic entre les localités de Butembo, Beni et Kasindi ;

* Accroître le trafic et assurer leur continuité avec l'Ouganda ;

* Réduire le coût d'exploitation des véhicules et leurs temps de parcours.

4. Travaux mis en œuvre

* Construction de la route :

Longueur : 100 km ;
Largeur : 7,0 m ;
Accotement: 2x1, 5 m ;
Structure chaussée : CF/GNL ou volcanique ou assise existante ; CB/ matériaux GNT 0/31,5 ; revêtement : enduit bicouche.

5. Dates importantes du projet

* Signature du contrat : 17 août 2015

* Démarrage des travaux : 05 novembre 2016.

*6. Coût du projet :*10 000 000 USD.

7. Financement : Programme Sino-Congolais

8. Entreprises

SISC / Sinohydro 13.

10. Situation du projet :

* En ce qui concerne les ouvrages d'art construits :

Chaussée avec bicouche achevée sur 12 km ;
- Construction de 9 dalots ;

- Traitement des points chauds sur le tronçon en terre de l'itinéraire (88 km) ;

- Contrainte : problème sécuritaire ;

* Réception provisoire des travaux : Avril 2018.

Réhabilitation de la route Lwambo-Mitwaba-Manono-Kalemie

1. Localisation **:** Provinces du Haut-Katanga, du Haut-Lomami et de Tanganyika.

2. Contexte socio-économique

Ce projet est réalisé dans le cadre du développement de la partie Sud-Est de la RDC. Il permettre de relier les parties Sud et Nord de l'ex-Province du Katanga en vue de favoriser la circulation des biens et personnes.

3. Objectifs

* Assurer la continuité du trafic ;

* Améliorer les conditions de trafic ;

* Réduire le coût d'exploitation des véhicules et leur temps de parcours.

4. Travaux mis en œuvre

* Phase 1 : 171,6 km de route en terre ;

* Phase 2 : 294,52 km de couche de roulement en BB : mobilisation du financement en cours ; dans l'entretemps, l'entreprise procède aux travaux d'entretien de la route en terre.

5. Dates importantes du projet

* Signature de contrat : novembre 2014.

* Démarrage des travaux : 06 octobre 2015.

* Fin prévisionnelle des travaux : Novembre 2018.

6. Coût du projet :

* Phase 1 : 30.000.000 USD

* Phase 2 : 284 681 120,91 USD.

7. Financement **:** Programme Sino-Congolais

8. Entreprises :

* Phase 1 : SISC / CREC 7 et CREC 9.

* Phase 2 : CREC 7 / SOPECO.

9. *Mission de contrôle* : ACGT

10. *Situation du projet* : Ouvrages d'arts construits

* Route en terre achevée sur 171,6 km ;
* Aménagement de la voirie de Bunkeya ;
* Construction de 7 ponts, dont les 3 ponts ci-après réceptionnés le 26 novembre 2017 ;
* Construction de 10 dalots.
* Réception provisoire des travaux : Janvier 2018.

Réhabilitation de la route revêtue Mbuji-Mayi – Mwene-Ditu (135 km)

1. *Localisation* : Provinces du Kasaï oriental et de la Lomami.

2. *Contexte socio-économique*

Le projet s'inscrit dans le cadre du désenclavement des grandes villes dans les provinces de la RDC. Ce tronçon, long de 135 km, se trouve dans un état de praticabilité très relative. Ce tronçon constitue l'un des maillons faibles de la RN1 et met en mal la continuité de cette dernière.

3. *Objectifs*

* Assurer la continuité du trafic ;
* Améliorer les conditions de trafic ;
* Réduire le coût d'exploitation des véhicules et leur temps de parcours.

4. *Travaux mis en œuvre*

* Phase 1 (25 km) :
  - Elargissement de la chaussée existante ;
  - Construction de la route : 10 m de largeur
  - Structure : renforcement chaussée existante ;
  - Revêtement : BB 5 cm ;
  - Assainissements.
* Réhabilitation et modernisation de 16,62 km :
  - Construction des caniveaux ;
  - Exécution de la couche de fondation en terre graveleuse ;

- Exécution de la couche de base en gravier granulométriques;

- Réalisation de la couche d'imprégnation et de scellement ;

- Pose de la couche de roulement en enduit superficiel bicouche.

* Phase 2 : ...

5. Dates importantes du projet

* Signature de contrat : 17 août 2015.

* Démarrage des travaux : 18 octobre 2016.

* Fin prévisionnelle des travaux : Octobre 2018.

6. Coût du projet :

* Terrassement : 15 000 000 USD.

7. Financement **:** Programme Sino-Congolais

8. Entreprise : CSISC / CREC 8.

9. Mission de contrôle **:** ACGT

10. Situation du projet : Ouvrages d'arts construits

* Travaux achevés (Octobre 2018).

* L'entreprise procède aux travaux fortement endommagés de point à temps des sections au-delà des 25 km.

* Réception provisoire : 27 novembre 2018.

Réhabilitation de la route en terre Kabondo-Dianda-Mukwende

1. Localisation **:** Province du Haut-Lomami.

2. Contexte socio-économique

Ce projet s'inscrit dans le cadre de la réhabilitation et modernisation des routes provinciales, en vue de rétablir la connexion entre les chefs-lieux des provinces et les territoires.

3. Objectif

* Assurer la continuité du trafic et améliorer les conditions de trafic avec Lubumbashi.

4. Travaux mis en œuvre

* Dégagement et élargissement de l'emprise de la route : 9 mètres de largeur ;

* Rechargement du corps de chaussée ;

* Travaux d'assainissements (caniveaux en V) aux traversées des villages.

5. Coût du projet :

* 6 000 000 USD.

6. Financement **:** Programme Sino-Congolais

7. Entreprise :

CSISC / CREC 7.

8. Mission de contrôle **:** ACGT.

Réhabilitation de la route en terre Kamina-Kabongo

1. Localisation **:** Province du Haut-Lomami.

2. Contexte socio-économique

Ce projet s'inscrit dans le cadre de la réhabilitation et modernisation des routes provinciales, en vue de rétablir la connexion entre les chefs-lieux des provinces et les territoires.

3. Objectifs

* Assurer la continuité du trafic ;

* Améliorer les conditions de trafic ;

* Réduire le coût d'exploitation des véhicules et leur temps de parcours.

4. Travaux mis en œuvre

* Dégagement et élargissement de l'emprise de la route : 9 mètres de largeur ;

* Rechargement du corps de chaussée ;

* Travaux d'assainissements (caniveaux en V) aux traversées des villages.

5. Dates importantes du projet

* Signature de contrat : -

* Démarrage des travaux : 03 septembre 2018.

* Fin prévisionnelle des travaux : 03 septembre 2019.

6. Coût du projet :

* 6 000 000 USD.

7. Financement **:** Programme Sino-Congolais

8. Entreprise :

CSISC / CREC 7.

9. Mission de contrôle **:** ACGT.

Réhabilitation de la route Kikwit-Idiofa

1. Localisation **:** Province du Kwilu.

2. Contexte socio-économique

Le projet s'inscrit donc dans le cadre du désengorgement des grandes villes dans les provinces de la RDC.

3. Objectifs

* Assurer la continuité du trafic ;

* Améliorer les conditions de trafic ;

* Réduire le coût d'exploitation des véhicules et leur temps de parcours.

4. Travaux réalisés

* Phase 1 : Traversée de la cité d'Idiofa, sur un itinraire de 7 km allant de l'entrée de l'Institut Supérieur Pédagogique (ISP) à la localité (PK600) ;

* Elargissement de l'emprise ;

* Pavage des trottoirs de 2 x 1,50 m ;

* Construction d'une route en revêtement d'enduit bicouche ;

Assainissements.

5. Dates importantes du projet

* Lancement des travaux : 27 juin 2016.

* Démarrage des travaux : Mars 2017.

* Fin prévisionnelle des travaux : Novembre 2018.

6. Coût du projet : 10.000.000 USD

7. Financement **:** Programme Sino-Congolais

8. Entreprise :

* SISC / SINOHYDRO 1.

9. Mission de contrôle **:** ACGT

10. Situation du projet : Ouvrages d'arts construits

*Travaux en cours :

*Construction des caniveaux

*Préparation de la plate-forme de la chaussée ;

*Pose de la couche de roulement en bicouche ;

*Taux d'exécution financière : 83, 89 %.

Acquisition de 5.000 poteaux solaires

1. Localisation : Province du Tanganyka

2. Objet du projet :

* Assurer la continuité du trafic et améliorer les conditions de trafic entre Lubumbashi et le Tanganyka.

* Réduire le coût d'exploitation des véhicules et leur temps de parcours.

3. Contexte socio-économique :

Ce projet s'inscrit dans le cadre de l'éclairage des grandes artères dans les différentes provinces. Il porte sur la fourniture et l'installation des poteaux d'éclairage public solaire.

4. Coût du projet : 10.000.000 USD

5. Financement **:** Programme Sino-Congolais

6. Dates importantes du projet

* Approbation du dossier : 07 novembre 2017

* Démarrage des travaux de génie civil : 25 novembre 2017

* Arrivée des équipements sur le site : 27 février 2018

* Fin prévisionnelle des travaux : Novembre 2018.

7. Entreprise : SISC / Energy plus.

C. LES BATIMENTS

Implantation d'une usine de production des préfabriqués à Kisangani (360 maisons préfabriquées)

1. Localisation **:** Province de la Tshopo.

2. Généralités

Ce projet est le premier d'une suite de 4 projets d'installation des unités de production des panneaux préfabriqués en RDC. L'objectif est de combler, à terme, par la construction rapide des maisons en panneaux préfabriqués, le déficit de 3 millions des logements constaté en RDC.

Il a également comme but de favoriser le développement des projets de construction, à coût réduit, des bâtiments qui pourront servir de logements, écoles, bureaux ou hôpitaux.

Ce projet consiste à installer dans la Province Orientale, à Kisangani, une unité industrielle complète de production des préfabriqués à partir de sel de polystyrène d'acier galvanisé en rouleaux.

Ce volet du projet a pour objectif de permettre la construction de 360 maisons économiques à Kisangani au terme de l'installation de l'usine, notamment en utilisant les panneaux préfabriqués en sel de polystyrène et d'acier galvanisé.

Ce projet prévoit également la construction, à Kinshasa, de dix (10) maisons témoins de type San Marino (modèle de villa italienne).

3. Objectif

* Doter la Province de la Tshopo d'usine de fabrication des préfabriqués pour la construction des logements adaptés

* Réduire le coût et le délai de construction des logements

* Améliorer les conditions de vie des populations.

4. Contexte socio-économique

Le projet s'inscrit dans le cadre de la construction des logements adaptés en vue de réduire le déficit de logement en RDC, estimé à 3 millions de logements, et de favoriser le développement des projets de construction, à coût réduit, des bâtiments qui pourront servir de logements, écoles, bureaux ou hôpitaux.

5. Les caractéristiques principales de ce projet se présentent sous 3 volets :

* L'achat et le transport de l'usine de production des préfabriqués jusqu'au site d'implantation et la fourniture d'un hangar de 2800 m^2 à Kisangani ;

* La construction du gros-œuvre de dix (10) maisons témoins à Kinshasa ;

* La fourniture de la matière première pour la fabrication des panneaux destinés à la construction de 360 maisons.

Travaux mis en œuvre

* Implantation et équipement, à Kisangani, de l'usine de production des préfabriqués de 14.400 m², dont 2.800 m² bâtis du hangar de l'unité de production et 11.600 m² de l'aire de stockage des panneaux préfabriqués Concrewall qui seront produits.

* Construction du gros-œuvre de dix (10) maisons témoins à Kinshasa sur le site Camp Français, en face de l'aéroport international de N'djili) et remises officiellement à l'armée congolaise (FARDC) par l'ACGT le 07 mars 2015.

* Fourniture de la matière première pour la fabrication des panneaux destinés à la construction de 360 maisons.

4. Intervenants :

- Maitre d'ouvrage : MITP
- Maitre d'ouvrage Délégué : ACGT
- Entreprise : CREC RDC / Schnell SPA
- Fournisseur : Schnell SPA
- Mission de contrôle : ACGT.

5. Dates importantes :

- Signature contrat : 14 juillet 2011
- Démarrage des travaux : octobre 2013
- Durée des travaux : 12 mois.
- Fin prévisionnelle des travaux : octobre 2014.

6. Coût du projet : 7 492 260,00 USD (terrassement).

Construction de l'Hopital du Cinquantenaire

1. Localisation : Province de Kinshasa

2. Contexte socio-économique

Suite à la faillite des établissements publics, le système de santé de la RDC est de plus en plus dominé par des formations privées souvent onéreux et ne répondant pas toujours aux normes sanitaires. La construction d'un hôpital moderne permettra de mettre à la disposition des populations de Kinshasa en particulier et de la RDC en général, un établissement public de santé répondant aux exigences de soins de bonne qualité.

3. Objectifs

* Doter la RDC d'un hôpital du niveau tertiaire ;
* Intégrer les services de santé spécialisés modernes ;
* Améliorer la qualité des soins de santé publique ;
* Restructurer la gestion hospitalière.
* Intégrer les services de santé spécialisés modernes.

4. Travaux prévus

Les travaux prévus sont multiples, notamment :

* Réhabilitation et réaménagement du bâtiment principal existant (23 880 m²) pour une capacité d'accueil de 450 lits ;

* Construction de trois nouveaux bâtiments : Administratif (2 916 m²), Centre d'Énergie (4 380 m²), Centre de Rééducation (3 312 m²) sur une surface de 40.000 m² ;

* Construction de trois extensions au bâtiment existant (Bloc opératoire, Imagerie, Hall d'entrée malades) ;

* Travaux d'assainissement : construction de 2 collecteurs souterrains ;

* Fourniture des équipements techniques et médicaux ;
* Construction d'une fosse septique ;
* Construction d'une fosse de traitement des déchets ;
* Installation de l'électricité forte et faible ;
* Alimentation et évacuation des eaux ;
* Alimentation et évacuation d'air ;
* Ascenseur ;
* Travaux d'aménagement extérieur ;
* Construction de la clôture.

5. Dates importantes du projet

* Signature de contrat : 28 juin 2008
* Démarrage des travaux : 02 mai 2009
* Fin prévisionnelle des travaux : Septembre 2011

6. Durée du projet (contrat) **:** 20 mois

7. Coût du projet **:** 99.873.757,77 USD

8. Financement **:** Programme Sino-Congolais

9. Entreprise **:** Sinohydro 2

10. Mission de contrôle **:** Huatong

11. Situation du projet

* Tous les travaux sont terminés.
* Réception provisoire effectuée le 5 décembre 2012.

L'Hôpital du Cinquantenaire, un ouvrage de grande envergure

Tout commence le samedi 28 juin 2008. Ce jour-là, est signé le contrat de la construction, à Kinshasa, d'un hôpital ultramoderne (qui sera appelé « Hôpital du Cinquantenaire »), entre la RDC (représentée par Pierre Lumbi, ministre des Infrastructures, Travaux publics et Reconstruction) et l'entreprise chinoise Sinohydro II (en présence de l'ambassadeur de la Chine en RDC).

La construction d'un tel ouvrage part du constat de la faillite des établissements publics, qui a fait que le système de santé de la RDC se soit de plus en plus dominé par des formations privées souvent onéreuses et ne répondant pas toujours aux normes sanitaires. Ce projet permettra de mettre à la disposition des populations de Kinshasa en particulier et de la RDC en général, un établissement public de santé répondant aux exigences de soins de bonne qualité.

L'objectif poursuivi est donc d'améliorer les indicateurs de santé publique, de restructurer la gestion hospitalière, et d'intégrer les services de santé spécialisés modernes.

Les travaux, dont l'exécution est confiée à l'entreprise Sinohydro II, démarrent le 2 mai 2009, le jour même de leur lancement par le Président de la République ; ils devraient durer au moins 20 mois (jusqu'en septembre 2011).

Il faut noter que, déjà, à l'époque coloniale, les débuts des travaux de construction de cet hôpital étaient amorcés. Malheureusement, ils furent interrompus par les événements sanglants qui ont marqué l'accession du pays à l'indépendance. D'où sa dénomination « Hôpital du Cinquantenaire », en souvenir du 50ème anniversaire de l'accession de la RDC à l'indépendance le 30 juin 1960.

Le coût des travaux est estimé à 99,873 millions de dollars américains (y compris l'achat des équipements), environ donc 100 Millions USD, et sont financés conjointement par le gouvernement congolais et la banque chinoise Exim Bank.

« L'Hôpital du Cinquantenaire » comprendra 450 lits, des services de chirurgie, des maladies infectieuses, la pédiatrie, la gynécologie obstétrique, l'ORL, la néphrologie, l'urologie, la cardiologie, la pneumologie et autres services sanitaires.

Pour une durée de 20 mois, les travaux consisteront à la transformation, l'achèvement et la modernisation des bâtiments déjà existant et ce, sur une superficie de 40 000 m². Il s'agira aussi de la construction de deux nouveaux bâtiments qui abriteront l'administration, le centre d'énergie, les dépendances ainsi que la morgue.

Les travaux prévoient aussi des aménagements extérieurs dont les accès, les parkings, les voies de circulation et les espaces verts. Pour les cas d'urgence un héliport sera aménagé.

A la fin des travaux, l'Hôpital du Cinquantenaire pourra accueillir 2000 à 3000 consultations ambulatoires par jour et 3000 interventions chirurgicales par an.

Pour Pierre Lumbi, ministre des Infrastructures, ''au terme de ce programme environ 10.000 lits et des milliers d'équipements médicaux de pointes seront disponibles et non seulement pour cet hôpital moderne, mais aussi pour l'ensemble du territoire national.''

La construction de cet ouvrage, qui sera le plus grand d'Afrique centrale, entre dans le cadre du Programme sino-congolais.

C'est un ouvrage de grande envergure, réalisé minitieusement par l'ACGT, qui en fait le commentaire suivant :

''La date du 22 mars 2014 restera à jamais gravée dans les annales de l'*Agence Congolaise des Grands (ACGT)*. C'est en fait en ce jour mémorable que le président Joseph Kabila est venu porter sur les fonts baptismaux l'*hôpital du Cinquantenaire*, cet ouvrage que les experts de cette entreprise publique ont minutieusement réalisé.

Etalé sur une superficie de 40.000 m², l'hôpital du Cinquantenaire a une capacité de plus de 500 lits. Administré sous un partenariat public-privé, il a été confié au groupe indien Padiyath Health Care qui en assure la gestion quotidienne. Entièrement informatisée, cette formation médicale comprend plusieurs services, fait remarquer Dr Hazeeb Rhaman, son gestionnaire.

Considéré comme l'un des 22 centres d'excellence où l'on retrouve différentes spécialités, l'hôpital du Cinquantenaire offre au public plusieurs services, en l'occurrence la chirurgie intestinale, la chirurgie du cerveau, la chirurgie pédiatrique... bénéficiant toutes de la technologie la plus récente. On y trouve cinq salles d'opération simultanées avec possibilité de chirurgie cardiaque. De même qu'une imagerie par résonnance magnétique, un scanner de 64 barrettes et un caisson d'oxygène hyperbate de 12 places.

Il est d'ailleurs prévu, dans un futur proche, la construction d'un centre de *transplantation d'organes*, fait savoir le gestionnaire de l'hôpital du Cinquantenaire. Prévu également la création d'un grand centre de cancérologie, d'un centre cardiovasculaire, d'un centre de télémédecine, et la construction d'un quartier pour le personnel soignant.

Un hôpital de référence régionale. Dotée d'une technologie de pointe, cette institution médicale est si bien équipée qu'elle est classée au rang d'hôpitaux de niveau tertiaire, de référence régionale. L'hôpital du Cinquantenaire comprend, en fait, plusieurs appareils d'endoscopie pour réaliser des explorations internes. Il dispose, en plus, d'une dialyse ainsi que de plusieurs services spécialisés.

On y retrouve, par ailleurs, un système de télésurveillance, un système anti-incendie, un réservoir de stockage d'eau de 400 m^3 et une unité de production d'eau chaude avec un raccordement de 6.945,41 m de conduite d'eau chaude et froide. L'hôpital du Cinquantenaire est aussi doté d'une unité de production de gaz médicaux, d'une station de traitement des eaux usées d'une capacité de 18 m^3 par jour et d'une climatisation centrale regorgeant 636 splits.

L'alimentation électrique est assurée via un poste de sectionnement moyenne tension au départ de deux lignes de 20 KVA vers une cabine contenant cinq transformateurs. Le centre énergétique comprend, pour sa part, deux groupes électrogènes de secours d'une capacité de 810 KVA chacun.

« Les soins que les Congolais cherchent en Inde sont aujourd'hui disponibles en RDC ». Avec l'ouverture de l'hôpital du Cinquantenaire, le gestionnaire indien s'attend à assurer des soins de qualité à la population à un coût abordable. A titre illustratif, le montant arrêté pour la consultation auprès d'un médecin généraliste est fixé à 20.000 FC (environ 22 dollars US), tandis que les frais de consultation auprès d'un spécialiste sont maintenus à 25.000 FC (environ 27 dollars US).

Avec une telle politique, l'hôpital du Cinquantenaire se veut accessible à toutes les catégories sociales. Bien qu'il soit de niveau tertiaire, exigeant au malade de suivre les niveaux de référence reconnus dans le système de santé congolais, cet hôpital aura à organiser un service de médecine communautaire pour les patients qui le choisiront comme première instance de consultation, a promis le ministre de la Santé, Dr Félix Kabange Numbi.

''Avec les différents services additionnels fournis, on sera en mesure de maîtriser le flux de nombreux malades qui quittent le pays pour se faire soigner à l'extérieur, parce que notre objectif est que, dans les mois qui suivent l'inauguration de cet hôpital, l'expatriation des malades soit plutôt une exception et non la règle, comme c'est le cas actuellement'', a affirmé le ministre congolais de la Santé. ''Les soins de santé que les Congolais vont chercher en Inde sont aujourd'hui disponibles en RDC'', a, pour sa part, renchéri Dr Hazeeb Rhaman.

Une fierté pour Joseph Kabila, son initiateur. Lancés par le président Joseph Kabila le 2 mai 2009 pour une durée d'environ trois ans, les travaux de construction de l'hôpital du Cinquantenaire ont été confiés à l'entreprise Sinohydro, sous la supervision de l'Agence Congolaise des Grands Travaux. Ils ont permis l'achèvement et la modernisation des bâtiments existants.''

Aménagement extérieur

Entréée principale de l'Hôpital

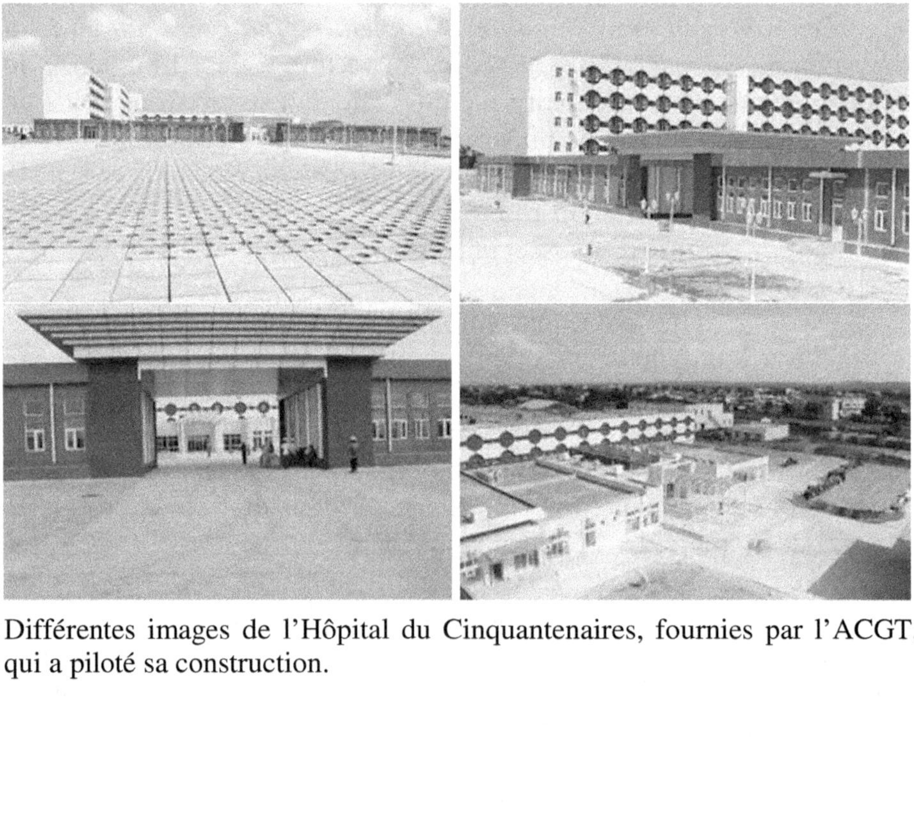

Différentes images de l'Hôpital du Cinquantenaires, fournies par l'ACGT, qui a piloté sa construction.

D. LES STADES

Construction du stade de Kalemie

1. Localisation **:** Province du Tanganyika.

2. Contexte socio-économique

Le projet s'inscrit dans le cadre des actions du Gouvernement destinées à remédier au déficit de la RDC en infrastructures sportives.

Comptant seulement 4 stades homologués par la FIFA ou CAF (stade des Martyrs, stade Tata Raphaël, stade de Mazembe et stade Kibasa Maliba), l'Etat congolais a entamé non seulement la modernisation des infrastructures sportives mais également la construction de nouvelles infrastructures. Cela surtout dans l'optique de l'organisation envisagée des grandes compétitions continentales à l'instar de la Coupe d'Afrique des Nations.

3. Objectifs

* Doter la ville de Kalemie d'un stade moderne répondant aux standards ;

* Réduire le déficit d'infrastructures sportives en RDC.

4. Travaux prévus

* Stade avec tribunes (gradins) sur les côtés latéraux sur une superficie totale de 14 633,44 m² ;

* Dimensions terrain de jeux conformes aux normes de la FIFA.

5. Dates importantes du projet

* Lancement officiel des travaux : 24 juin 2016.

* Démarrage des travaux : 10 août 2016.

* Fin prévisionnelle des travaux : Novembre 2018.

7. Coût du projet **:**

16.128.606,22 USD.

8. Financement **:** Programme Sino-Congolais (Budget 2015)

9. Entreprise **:** SISC / CREC 9.

10. Etat d'avancement au mois de novembre 2018

* Les travaux des gros œuvres achevés ;

* Les travaux de finition en cours d'achèvement ;

* Travaux restants à réaliser : pose de la pelouse synthétique et des sièges.

Construction du stade de Bunia

1. Localisation **:** Province de l'Ituri.

2. Contexte socio-économique

Le projet s'inscrit dans le cadre des actions du Gouvernement destinées à remédier au déficit de la RDC en infrastructures sportives. Comptant seulement 4 stades homologués par la FIFA ou CAF (stade des Martyrs, stade Tata Raphaël, stade de Mazembe et stade Kibasa Maliba), l'Etat congolais a entamé non seulement la modernisation des infrastructures sportives mais également la construction de nouvelles infrastructures. Cela surtout dans l'optique de l'organisation envisagée des grandes compétitions continentales à l'instar de la Coupe d'Afrique des Nations. Quatre provinces avaient été retenues dans le cadre du budget 2015 du programme sino congolais : Nord-Kivu, Sud-Kivu, Tanganyika et Ituri.

3. Objectifs

* Doter la ville de Bunia d'un stade moderne répondant aux standards ;
* Réduire le déficit d'infrastructures sportives en RDC.

4. Travaux prévus

* Stade avec tribunes (gradins) sur les côtés latéraux sur une superficie totale de 14 633,44 m² ;
* Dimensions terrain de jeux conformes aux normes de la FIFA.

5. Dates importantes du projet

* Démarrage des travaux : 17 mai 2017.
* Fin prévisionnelle des travaux : Mai 2019.

7. Coût du projet **:**

10 000 0000 USD.

8. Financement **:** Programme Sino-Congolais

9. Entreprise **:** SISC / Sinohydro 2.

10. *Ouvrages d'art construits*

* Taux d'exécution physique : 46,99 % ;
* Taux d'exécution financière : 67,9 %.

Construction du stade de Goma

1. Localisation **:** Province du Nord-Kivu.

2. Contexte socio-économique

Le projet s'inscrit dans le cadre des actions du Gouvernement destinées à remédier au déficit de la RDC en infrastructures sportives. Comptant seulement 4 stades homologués par la FIFA ou CAF (Stades des Martyrs, Tata Raphaël, Mazembe et Kibasa Maliba), l'Etat congolais a entamé non seulement la modernisation des infrastructures sportives mais également la construction de nouvelles infrastructures. Cela surtout dans l'optique de l'organisation envisagée des grandes compétitions continentales à l'instar de la Coupe d'Afrique des Nations. Quatre provinces avaient été retenues dans le cadre du budget 2015 du programme sino-congolais : Nord-Kivu, Sud-Kivu, Tanganyika et Ituri.

3. Objectifs

* Doter la ville de Goma d'un stade moderne répondant aux standards ;

* Réduire le déficit d'infrastructures sportives en RDC.

4. Travaux prévus

* Stade avec tribunes (gradins) sur les côtés latéraux sur une superficie totale de 14 633,44 m² ;

* Dimensions terrain de jeux conformes aux normes de la FIFA.

5. Dates importantes du projet

* Démarrage des travaux : 25 mai 2017.

* Fin prévisionnelle des travaux : Mars 2019.

7. Coût du projet **:**

10 000 0000 USD. Un budget additionnel de 1.500.000 USD est sollicité pour le traitement de fissures constatées sur le site, conformément aux recommandations de l'Observatoire Volcanologique de Goma, et pour la prise en charge des expropriations envisagées en vue de l'extension du stade.

8. Financement **:** Programme Sino-Congolais

9. Entreprise **:** SISC / Sinohydro 2.

10. Ouvrages d'art construits

* Travaux de gros œuvre en cours ;

* Taux d'exécution financière : 59,5 %.

Construction du stade de Bukavu

1. Localisation **:** Province du Sud-Kivu.

2. Contexte socio-économique

Le projet s'inscrit dans le cadre des actions du Gouvernement destinées à remédier au déficit de la RDC en infrastructures sportives. Comptant seulement 4 stades homologués par la FIFA ou CAF (stade des Martyrs, stade Tata Raphaël, stade de Mazembe et stade Kibasa Maliba), l'Etat congolais a entamé non seulement la modernisation des infrastructures sportives mais également la construction de nouvelles infrastructures. Cela surtout dans l'optique de l'organisation envisagée des grandes compétitions continentales à l'instar de la Coupe d'Afrique des Nations. Quatre provinces avaient été retenues dans le cadre du budget 2015 du programme sino-congolais : Nord-Kivu, Sud-Kivu, Tanganyika et Ituri.

3. Objectifs

* Doter la ville de Bukavu d'un stade moderne répondant aux standards ;

* Réduire le déficit d'infrastructures sportives en RDC.

4. Travaux prévus

* Stade avec tribunes (gradins) sur les côtés latéraux sur une superficie totale de 14 633,44 m² ;

* Dimensions terrain de jeux conformes aux normes de la FIFA.

5. Dates importantes du projet

* Démarrage des travaux : 27 novembre 2017.

* Fin prévisionnelle des travaux : Novembre 2019.

6. Coût du projet **:**

10 000 0000 USD

Un budget additionnel de 4 154 086,98 usd est sollicité en vue de prendre en charge les travaux de terrassements, dus au terrain du stade, ainsi que les expropriations.

7. Financement **:** Programme Sino-Congolais

8. Entreprise **:** SISC / Sinohydro 14.

E. LES USINES

Implantation d'une usine de production des préfabriqués à Kisangani (360 maisons préfabriquées)

1. Localisation : Province de la Tshopo.

2. Généralités

Ce projet est le premier d'une suite de 4 projets d'installation des unités de production des panneaux préfabriqués en RDC. L'objectif est de combler, à terme, par la construction rapide des maisons en panneaux préfabriqués, le déficit de 3 millions des logements constaté en RDC.

Il a également comme but de favoriser le développement des projets de construction, à coût réduit, des bâtiments qui pourront servir de logements, écoles, bureaux ou hôpitaux.

Ce projet consiste à installer dans la Province Orientale, à Kisangani, une unité industrielle complète de production des préfabriqués à partir de sel de polystyrène d'acier galvanisé en rouleaux.

Ce volet du projet a pour objectif de permettre la construction de 360 maisons économiques à Kisangani au terme de l'installation de l'usine, notamment en utilisant les panneaux préfabriqués en sel de polystyrène et d'acier galvanisé.

Ce projet prévoit également la construction, à Kinshasa, de dix (10) maisons témoins de type San Marino (modèle de villa italienne).

3. Objectif

* Doter la Province de la Tshopo d'usine de fabrication des préfabriqués pour la construction des logements adaptés

* Réduire le coût et le délai de construction des logements

* Améliorer les conditions de vie des populations.

4. Contexte socio-économique

Le projet s'inscrit dans le cadre de la construction des logements adaptés en vue de réduire le déficit de logement en RDC, estimé à 3 millions de logements, et de favoriser le développement des projets de construction, à coût réduit, des bâtiments qui pourront servir de logements, écoles, bureaux ou hôpitaux.

5. Les caractéristiques principales de ce projet se présentent sous 3 volets :

* L'achat et le transport de l'usine de production des préfabriqués jusqu'au site d'implantation et la fourniture d'un hangar de 2800 m2à Kisangani ;

* La construction du gros-œuvre de dix (10) maisons témoins à Kinshasa ;

* La fourniture de la matière première pour la fabrication des panneaux destinés à la construction de 360 maisons.

Travaux mis en œuvre

* Implantation et équipement, à Kisangani, de l'usine de production des préfabriqués de 14.400 m², dont 2.800 m² bâtis du hangar de l'unité de production et 11.600 m² de l'aire de stockage des panneaux préfabriqués Concrewall qui seront produits.

* Construction du gros-œuvre de dix (10) maisons témoins à Kinshasa sur le site Camp Français, en face de l'aéroport international de N'djili) et remises officiellement à l'armée congolaise (FARDC) par l'ACGT le 07 mars 2015.

* Fourniture de la matière première pour la fabrication des panneaux destinés à la construction de 360 maisons.

4. Intervenants :

- Maitre d'ouvrage : MITP
- Maitre d'ouvrage Délégué : ACGT
- Entreprise : CREC RDC / Schnell SPA
- Fournisseur : Schnell SPA
- Mission de contrôle : ACGT.

5. Dates importantes :

- Signature contrat : 14 juillet 2011
- Démarrage des travaux : octobre 2013
- Durée des travaux : 12 mois.
- Fin prévisionnelle des travaux : octobre 2014.

6. Coût du projet : 7 492 260,00 USD (terrassement).

7. Financement : Programme Sino-congolais.

Tableau 1 : Avantages et désavantages d'un panneau préfabriqué concrewall

Avantages	Inconvénients
Eco-durabilité avec les détails ci-après	Modification exigeante et trop coûteuse après construction
Très grande isolation des ondes (acoustiques, radio, etc.) suivant la fonction du bâtiment construit ;	Très grande isolation des ondes (acoustiques, radio, etc.) suivant la fonction du bâtiment construit
Isolation thermique : pas de pont thermique	
Isolation au feu : pas de propagation au contact, la diffusion s'arrête quand la cause cesse	
Etanchéité élevée et absorption d'eau très pauvre	
Faible consommation d'énergie à la construction	
Bio-compatible, complètement inerte : pas de substance toxique ou nocive	
Construction hyper-rapide à faible coût	

Equipements de l'usine

L'unité de production qui a une capacité de 2.000 panneaux concrewall par jour, est dotée de :

* 2 générateurs de 630 KVA chacun installés dans le hangar pour pallier la carence d'électricité.

* Une chaine de machines de fabrication des panneaux concrewall dont 4 redresseuses et coupeuses de fil, 1 soudeuse des treillis automatiques, 1 plieuse des treillis, 1 soudeuse de tête, 1 coupeuse des blocs de polystyrènes et 2 machines d'assemblage des panneaux.

Tableau 2 : Equipements de l'usine

	Types de machines installées	Quantité (unité)
1	Machine d'assemblage des panneaux	2
2	Machine à couper les blocs de polystyrène	1
3	Redresseuse et coupeuse des fils	4
4	Soudeuse automaique des treillis	1
5	Plieuse des grillages et des treillis	1

En plus de ces machines, l'usine comprend également toutes les installations électriques et de raccordement en eau potable.

Situation du projet

Conformément aux clauses du contrat, l'achat et le transport, jusqu'à Kisangani, des équipements destinés au montage de l'usine, a eu lieu depuis octobre 2013. Au total, 36 containers sur les 36 prévus y ont été acheminés.

Après le démarrage effectif des travaux de construction de l'usine en mars 2014, par l'entreprise Bego Congo, une locale congolaise, sous-traitante du fournisseur Schnell SPA, les travaux se sont poursuivis en 2015.

La superficie du site de l'usine de préfabriqués est de 14.400 m² dont 2.800 m² bâtis du hangar de l'unité de production et 11.600 m² de l'aire de stockage des panneaux préfabriqués Concrewall qui seront produits.

* Fin des travaux : Octobre 2014.
* Réception définitive : Avril 2018.

Les travaux de construction de l'usine sont achevés et l'usine est déjà en exploitation.

Construction de 10 maisons-témoins à Kinshasa

L'objectif de construction est de vulgariser la technologie concrewall qui permet de construire les maisons écologiques à faible coût et accessibles à toutes les couches de la population. Initialement prévu pour être construites sur 2 sites à Kinshasa, les maisons prototypes ont été implantées sur un seul site du Camp Français, en face de l'aéroport international de N'djili.

En 2015, il n'a été exécuté que les travaux d'aménagement extérieur, plus précisément l'engazonnement autour des maisons, étant donné que la construction des maisons était totalement achevée en 2014.

Ainsi, la remise officielle des clés à l'armée congolaise (FARDC) par l'ACGT est intervenue le 07 mars 2015.

Les caratctéristiques de chacune de ces 10 maisons sont les suivantes :

Tableau 3 : Caractéristiques d'une maison

	Données caractéristiques	
1	Matériau	Panneaux préfabriqués ondulés en sel de polystyrène habillés sur les deux facettes des treillis galvanisés reliés par des connecteurs.
2	Surface bâtie	100 m^2
3	Mûrs extérieurs et de cloisonnement	51 panneaux préfabriqués en sel de polystyrène de 80 mm d'épaisseur et 1,20 m de largeur avec les différentes longueurs (4,09m, 3,45m, 3,20m et 2,70m) sur +190m^2
4	Couverture de la maison	28 panneaux préfabriqués en sel de polystyrène de 160 mm d'épaisseur et 1,20 m de largeur avec les différentes longueurs (4,09m, 4,72m, 4,19m et 2,11m) sur +125m^2
5	Coût moyen d'une maison	40.880 USD avec raccordement en eau et en électricité

Construction de l'unité de captage et de traitement d'eau à Kamina

1. Localisation **:** Province du Haut-Lomami.

2. Contexte socio-économique

Le projet s'inscrit dans le cadre des actions du Gouvernement de la République de mettre fin à pénurie d'eau potable dans les grandes villes des provinces. La ville de Kamina, Chef-lieu de la Province du Haut Lomami, souffre d'un déficit d'approvisionnement en eau potable. La production actuelle de la Regideso est de 450 m^3 d'eau par jour. Le projet de construction de l'unité de captage et de traitement d'eau à Kamina permettra d'atteindre une production de 7.000 à 10.000 m^3 d'eau par jour. Cette capacité équivaut à 20 fois plus de ce que la Regideso produisait jusqu'alors (soit 480 mètres cubes avec une usine construite depuis 1952).

3. Objectifs

* Augmenter la capacité de la Regideso de production d'eau potable à Kamina ;

* Réduire le taux des maladies dues à l'usage d'eau non potable à Kamina ;

* Améliorer les conditions de vie de la population de Kamina.

4. Travaux mis en œuvre. Construction de :

* Un ouvrage de prise d'eau à la rivière Lovoi ;

* Deux châteaux d'eau, dont le château d'eau existant à réhabiliter et un nouveau à construire ;

* Des bassins d'aération, de décantation à réaction et filtration ;

* Une salle de dosage et de désinfestation, d'un cabinet de transformation et de distribution.

5. Dates importantes du projet

* Démarrage des travaux : 26 juillet 2017.

* Fin prévisionnelle des travaux : 2 décembre 2018.

7. Coût du projet **:**

10.000.000 USD.

8. Financement **:** Programme Sino-Congolais.

9. Entreprise **:** SISC / CREC 8.

10. Etat d'avancement au mois de novembre 2018

* Fin des travaux : novembre 2019.

11. Note

* Les eaux tirées de la rivière Lovoie passent par un bassin d'arriération, avant une décantation en trois étapes, à savoir : *la filtration, le traitement avant l'envoi au consommateur et le traitement chimique.*

* A l'échelle nationale, cette usine de traitement d'eau est certainement une première, par sa technologie et la qualité des équipements modernes.

9

La Convention de Collaboration, dix ans après

Signé le 17 septembre 2007 sous la forme d'un « Protocole d'accord RDC-Chine » et formalisé le 22 avril 2008 par la « Convention de Collaboration » entre l'Etat congolais et un groupement d'entreprises chinoises, le Projet de coopération sino-congolais totalise en 2017-2018 dix ans de son existence.

Aucun bilan officiel n'a été produit à cette occasion. Mais, à la base de quelques données que nous avons pu rassembler, des données fournies par le BCPSC et l'ACGT, nous essayons de dresser un tableau qui puisse prétendre donner la récapitulation de tout ce qui a été réalisé pendant les dix ans du Projet de développement sino-congolais.

Du Projet minier, il s'agit d'établir un récapitulatif des sommes reçues d'Exim Bank et utilisées pour l'exécution des travaux par les entreprises chinoises. Pour le Projet des Infrastructures, nous dresserons un taleau d'ouvrages qui ont été effectivement réalisés.

ENCAISSEMENTS ET DECAISSEMENTS DES FONDS

Dix ans après, seulement 2 milliards 600 millions USD ont été décaissés sur les 6 milliards prévus

Au cours du « Colloque International sur les Enjeux de la Coopération Sino-Africaine en RDC » organisé du 5 au 6 octobre 2017 au Congo Fleuve Hôtel à Kinshasa, Moïse Ekanga, Secrétaire exécutif du Bureau de Coordination et de Suivi du Programme sino-congolais, a révélé que sur les 6 milliards de dollars américains prévus, seulement 2 milliards 600 millions ont été décaissés, soit 43 % de l'ensemble.

Le Projet Minier a été le plus nanti : plus de deux tiers (exactement 69,23 %) de la somme décaissée, soit près de 1 milliard 800 millions USD, ont été consacrés aux mines. Par contre, le Projet d'Infrastructures, lui, n'a reçu qu'un peu moins du tiers (30,76 %) de cette somme, soit près de 800 millions USD.

Si l'on considère que 3 milliards USD étaient initialement affectés à chacun de deux projets, l'on note que le Projet Minier a utilisé 60 % de ce qui lui était destiné, tandis que le Projet d'Infrastructures n'a bénéficié que de seulement près de 27 %, soit 800 millions USD, de l'ensemble qui lui était alloué.

Les deux tableaux suivants résument la situation que le Secrétaire exécutif vient d'évoquer ; il s'agit du tableau détaillant les *encaissements annuels en faveur du Projet Minier* et celui explicitant les *décaissements annuels en faveur du Projet d'Infrastructures.*

Tabeau 1 : Encaissements annuels en faveur du Projet Minier

Les encaissements ont été réalisés à partir de l'année 2009. Ils n'ont pas eu lieu en 2008, en 2011, en 2016 et en 2017. Jusqu'en avril 2018, date à laquelle la Convention de Collaboration totalise exactement dix ans, la situation se présente comme suit :

Année	Fonds reçus d'Exim Bank
2008	
2009	175 000 000 USD
2010	128 751 900 USD
2011	
2012	220 000 000 USD
2013	979 437 179 USD
2014	177 000 000 USD
2015	117 240 000 USD
2016	
2017	
TOTAL	**1 797 429 079 USD**

Ainsi, en dix ans, le Programme sino-congolais a obtenu de la chinoise Exim Bank une somme de 1 milliard 797 millions 429 mille 79 dollars américains, soit environ 1 milliard 800 millions USD. Tout de même une belle somme, qui dépasse légèrement les deux tiers de la somme initialement retenue pour le Projet minier (3 milliards).

L'on peut noter que l'institution financière chinoise a été plus généreuse en 2013, au cinquième anniversaire de la Convention de Collaboration, avec un prêt-record de près de 1 milliard USD (exactement 979 437 179 USD). Pourtant, c'est en cette année-là que la presse tant nationale qu'internationale avait prétendu que ''l'Exim Bank, c'en était fini avec le Programme sino-congolais''. Une accusation vigoureusement démentie, et avec raison, par Moïse Ekanga, responsable de ce programme de développement. Après 2013, la pourvoyeuse des fonds chinoise a encore manifesté, par deux fois, en éà14 et en 2015, sa volonté de continuer à financer le Projet de coopération, avec des prêts, il est vrai, relativement moindres.

L'investissement minier a consisté notamment à la construction d'une mine, à l'achat de l'équipement et à l'installation des usines.

Tableau 2 : Décaissements annuels en faveur du Projet d'Infrastructures

De 2008 à 2017, les décaissements ont été régulièrement effectués, d'année en année. Jusqu'en avril 2018, soit dix après la signature de la Convention de Collaboration, la situation se présente comme suit :

Année	Fonds décaissés par Sicomines
2008	31 531 713 USD
2009	194 746 538 USD
2010	127 635 037 USD
2011	50 032 991 USD
2012	31 695 310 USD
2013	1 500 000 USD
2014	41 161 834 USD
2015	71 011 141 USD
2016	66 272 246 USD
2017	70 143 413 USD
TOTAL	**685 730 223 USD**

Ainsi, dix ans après la signature de la Convention de Collaboration, la joint-venture Sicomines n'a déboursé que 685 millions 730 mille 223 dollars américains, soit approximativement 800 millions USD, ce qui n'atteint même pas le tiers de la somme allouée. Une somme infirme, qui n'atteint même pas le tiers de la somme initialement allouée aux infrastructures (3 milliards USD).

Encaissements annuels en faveur du Projet d'Infrastructures

De 2008 à 2017, les encaissements n'ont été effectués qu'en 2011, 2013 et 2014. Jusqu'en avril 2018, date à laquelle la Convention de Collaboration totalise exactement dix ans, la situation se présente comme suit :

Année	Fonds reçus d'Exim Bank
2008	
2009	
2010	
2011	8 987 919 USD
2012	
2013	563 062 821 USD
2014	123 000 000 USD
2015	
2016	
2017	
TOTAL	**695 050 740 USD**

COÛTS DES INFRASTRUCTURES REALISEES

800 millions USD des projets d'infrastructures réalisés sur 1,053 milliard USD de financement chinois disponibilisé depuis 2008

Lors d'une conférence de presse tenue le mardi 5 novembre 2019 à Kinshasa avec les professionnels des médias membres du Réseau des journalistes économiques et financiers (REJEF)[1], le DG de l'ACGT, Charles-Médard Ilunga Mwamba a commencé par donner une petite leçon du partenariat sino-congolais conclu le 22 avril 2008. Au début, le partenariat sino-congolais, sur le volet infrastructures, devrait porter sur 3 milliards USD. Mais finalement, il a été réduit à 1,053 milliard USD à la suite de la pression exercée par les institutions de Bretton Woods (Banque mondiale et FMI), qui

[1] *Deskeco*, 06 novembre 2019.

redoutaient un endettement de la RDC qui, classé « Pays Pauvre très endetté » (PPTE), était déjà en ce moment-là dans le processus de réduction de sa dette extérieure estimée à environ 14 milliards USD.

Le DG a révélé que sur le 1,053 milliard USD disponibilisé par la Convention de Collaboration amendée, quelque 800 millions USD ont déjà été consommés, d'août 2008 à octobre 2018, par la réalisation de « plusieurs projets visibles » tant à Kinshasa que dans les provinces.

Le patron de l'ACGT a expliqué que ''La priorité a été d'offrir à Kinshasa une voirie structurante. Du constat qui avait été fait en 2007 est qu'il n'y avait pas de routes capables d'absorber la fluidité du parc automobile de la capitale... Nous avons reconstruit le boulevard du 30 juin en lui donnant plus de capacité. De même, nous avons reconstruit le boulevard Lumumba, le boulevard Triomphal, l'avenue de la Radio, l'avenue du Tourisme, Lutendele, etc. Nous avons construit des nouveaux ponts à Kinshasa qui durent plus de 100 ans. Sur le boulevard Lumumba, nous avons construit plus de 6 ponts…''

En province, Charles-Médard Ilunga a noté qu'il existe aussi plusieurs projets déjà réalisés avec le financement chinois pendant que d'autres sont en cours de concrétisation. ''Nous avons plusieurs projets à l'intérieur du pays. Nous avons des projets de 4 stades, d'une usine des préfabriqués. Nous avons assuré la connexion de plusieurs centres de production et de ville de consommation. Pour aller de Lwambo à Manono dans le Katanga, les gens pouvaient faire plus d'un mois. Aujourd'hui, on peut faire ce trajet le même jour. Il y a autant des routes comme ça. Nous avons fait la traversée d'Idiofa. Aujourd'hui, nous sommes en train de faire des études pour moderniser le tracé Ilebo-Idiofa-Kiwit. Nous avons fait des études pour aller de Kasomeno à Kasenga, les travaux sont déjà en cours.''

Dans l'ensemble, en dix ans, l'ACGT a piloté 62 projets d'infrastructures d'une valeur totale de 2,365 milliards USD (exactement 2.365.306.419,94 USD) depuis sa création en 2008. Ces projets et ce montant se répartissent comme suit :

Programme sino-congolais : 1 304 005 854,64 USD
Contrats de concession : 870 244 176,97 USD
Trésor public : 191 056 388,33 USD.

Le budget alloué au Programme sino-congolais, le plus important de tous les contrats, intègre les coûts des travaux de la 2ème phase des routes Lwambo-Mitwaba-Manono (284.681.120,91 USD) et Bukavu-Kamanyola (56.602.312,69 USD) ; étant donné qu'il s'agit des prêts accordés au programme sino-congolais, l'ACGT est intervenue dans les secteurs des routes, des voiries, des bâtiments et dans la construction d'infrastructures spéciales. Au total :

*2 343,86 km de routes, dont 1 578,86 km de routes bitumées et 936,60 km de route en terre ;

*108,95 kilomètres de voirie asphaltée ;

*8 projets de bâtiments dont :

*1 unité de production des panneaux préfabriqués pour la construction de 360 maisons à Kisangani ;

*1 usine de captage d'eau à Kamina ;

*4 stades, dont un de 15.000 places à Kalemie et trois de 10.000 places à Goma, Bukavu et Bunia ;

*1 Hôpital de 450 lits à Kinshasa ;

*Des stations de péage et de pesage ;

*2 projets d'aménagement urbains ;

*Des Ponts, dalots et passerelles.

Seules les infrastructures exécutées par le Programme sino-congolais et pilotées par l'ACGT nous intéressent ici. Nous les avons déjà décrites au chapitre précédent. Ici, donnons, avec l'ACGT, un tableau récapitulatif de quelques-unes de ces infrastructures.

TABLEAUX RECAPITULATIFS DES INFRASTRUCTURES REALISEES DE 2008 A 2018

Dix après la signature de la Convention de Collaboration entre le Gouvernement congolais et un groupe d'entreprises chinoises, plusieurs infrastructures prévues ont été construites, mais pas toutes. Certaines, qui n'étaient pas envisagées sur la liste de l'annexe C, se sont ajoutées.

Maitre d'ouvrage délégué du gouvernement avec pour mission « la conception et le management des projets d'infrastructures structurantes dans les secteurs de Routes, Voiries, Ports, Aéroports, Chemins de fer, Architecture, Énergies, Infrastructures passives de télécommunication et Environnement », l'ACGT dresse un tableau récapitulatif de l'ensemble des travaux d'infrastructures, que nous déployons en plusieurs petits tableau comme suit :

Les voiries

KINSHASA. Il s'agit essentiellement de la modernisation des voies :

Projet	***Voies***	***km***	***Coût (USD)***	Début travaux	Récept. travaux
Route de Lutendele	2x1	4,5	19.933.656	10/01/2009	
Avenue du Tourisme	2x1	6,80	29.776.839	10/01/2009	26/02/ 2013
Bvd du 30 Juin, lot 1	2x4	5,32	24.118.560	01/01/2010	29/07/ 2014
Bvd du 30 Juin lot 2	2x3	2,50	19.341.204	08/02/2011	23/07/ 2014
Boulevards Triomphal et Sendwe	2x4 2x3	2,165 1,500	36.245.150	24/12/2009	13/04/ 2013
Renforcement des Blds Triomphal et Sendwe	2x4 2x3	2,165 1,500	5 000 000	Juillet 2017	26/01/ 2018
Boulevard Lumumba lots 2 et 3	2x4	14,3	148.881.990 125.469.762	06/07/ 2011	06/12/ 2013
Boucle Gare Centrale		0,600	1.932.876		
Modernisation de l'av. Nzolana Phase 1	2x1	1,4	15.000.000	19/09/2016	24/12/ 2018
Modernisation de l'av. Nzolana Phase 2	2x1	9,576	26 871 394		

Notes

- *Modernisation de la route Lutendele*. Sur cette voie, il y a un pont de 57 m de portée à 3.900.000 USD.

- *Modernisation du Boulevard du 30 Juin lot 2*. Sur cette voie a été construit le Pont Basoko (ou Pont Dag Hammarskjöld).

- *Modernisation des Boulevards Triomphal* et *Sendwe*. Longueur totale : 2,75 km.

- *Modernisation du Boulevard Lumumba lots 2 et 3*. Sur le montant 148.881.990 USD, 27.504.694 USD ont été consacrés aux ouvrages d'art.

- *Modernisation de l'avenue Nzolana*. Phase I (15 millions) : travaux de chaussée revêtue en BB (1,4 km), construction du pont Mayi ya

Mbinza de 20 m de portée en béton précontraint, signalisation horizontale et sauvegarde du site érosif sur l'avenue Nzolana ;

Phase II (23 986 953,49 USD) : à inscrire au budget 2018 du Programme sino-congolais (PSC).

PROVINCES. Il s'agit essentiellement de la modernisation des voies :

Projet	***Voies***	***km***	***Coût (USD)***	Début travaux	Fin travaux
Lubumbashi (14 avenues)		7,50	3.748.246		
Kisangani (6 routes)	2x1	10,914	15.000.000	3 nov. 2016	Octobre 2018
Kalemie (Bld Lumumba)	2x2	5,30	15.000.000	11 mars 2017	Octobre 2018
Uvira / Phase 1	2x3	2,236	10.000.000	01 déc. 2016	14 avril 2018
Réhabilitation/Moderni-sation à Manono	2x1	3,84	5.000.000	8 nov. 2018	7 nov. 2019
Acquisition/installation de 1382 poteaux solaires à Kalemie			36.245.150	27/11/2017	Avril 2019
Bitumage de 14 km route Kanina-Musonoi-Kapata à Kolwezi	2x1	3,334	9.500.000	Mai 2018	Mai 2019

Les routes

Il s'agit de la construction, de la modernisation ou de la réhabilitation des voies (voies 2x1) :

	Projet	*km*	*Coût (USD)*	*Début travaux*	*Récept. travaux*
1	Bitumage Route Bukavu-Kamanyola PK0-PK5 Phase 1	5	13.000.000	Oct. 2014	15 avril 2018
2	*Idem.* Phase 2 : du PK5 au PK55	50	56 602 313	14 mai 2018	
3	Terrassement et bitumage RN5 Lubumbashi-Kasomeno	137	162.283.871	28 févri. 2009	17 déc. 2016
4	Bitumage RN4 Beni-Niania (Luna)	60	57 768 564	1er juin 2009	11 nov. 2011
5	Traversée de Butembo	15	33 342 701	02/02/2011	5 juin 2017

6	Réhabilit. Route Lwambo-Mitwaba-Manono-Kalemie	466	30 000 000	6 oct. 2015	15 janvier 2018
7	Réhabilit. Route Bunagana-Rutshuru-Goma	100	10 000 000	05 nov. 2016	18 avril 2018
8	Réhabilit. Route revêtue Mbuji Mayi-Mwene Ditu	135	15.000.000	18 oct. 2016	27 nov. 2018
9	Réhabilitat. Route Kikwit-Idiofa	70	10.000.000	23 mars 2017	Juin 2019
10	Ouverture Route Kamina-Kabongo	230	6.000.000	18 sept. 2018	octobre 2019
11	Ouverture Route Kabondo Dianda-Mukwende	350	6.000.000	08 nov. 2018	Prévision 7 nov. 2019
12	Réhabilit. Route Kitanda-Ankoro	70	5.000.000	1er trimest. 2019	-
13	Construction d'un pont à Lomela		5.000.000	Déc. 2018	Prévision Déc. 2019

Les bâtiments

	Projet	*Surface (m^2)*	*Coût (USD)*	*Début travaux*	*Récept. travaux*
1	*Hôpital du Cinquanteaire*	40.000	114.879.516	2 mai 2009	27/08/2014
2	*Stade Kalemie*	14 633,44	16.128.606	10 août 2016	Nov. 2018
3	*Stade de Bunia*	14 633,44	10.000.000	17 mai 2017	Mai 2019
5	*Stade de Bukavu*	14 633,44	10.000.000	27 nov. 2017	Nov. 2019
6	*Stade de Goma*	14 633,44	10.000.000	25 mai 2017	Mars 2019
7	*Implantation usine préfabriqués*	14.400	7 492 260	Octobre 2013	07 avril 2018
	Construction 10 maisons Kinshasa	100	40.880 par maison	Octobre 2013	07 avril 2018
	Construction unité captage/traitement d'eau à Kamina		10.000.000	20 avril 2017	Juillet 2019

Les réalisations du Programme sino-congolais ont changé la physionomie de nos villes

L'on peut se demander ce qu'a fait la Chine en RDC depuis que ses entreprises y travaillent ? La réponse peut être donnée par n'importe quel Congolais, comme par exemple par Frédéric Kabasele[1] :

[1] F. Kabasele, « Les contrats sino-congolais du 17 septembre 2007, contrats léonins ou contrat du siècle », *DIA/MMC*, Kinshasa, 22/09/2011.

''Depuis l'inauguration de premiers chantiers réalisés par les Chinois, l'image de nos villes change presque chaque jour. A Kinshasa la fluidité du trafic s'améliore partout où les nouvelles routes deviennent opérationnelles. Les communes de Ndjili, Matete, Lemba, Yolo, Ngiri-Ngiri,... autrefois isolées et difficilement accessibles sont aujourd'hui désenclavées.

Il ne faut certes pas attribuer la totalité de ces réalisations à la coopération sino-congolaise, mais il faut garder à l'esprit que pour l'ensemble des travaux d'infrastructures routières en cours, 65 % sont réalisés par les Chinois. [...].

La rivière Mpozo dans le Bas-Congo s'est vu enjambée par un pont dont la construction par les Chinois a bénéficié de la technologie de pointe. [...]''

Lors d'un « Colloque international sur les enjeux de la coopération Sino-Africaine » organisé dans l'auditorium du Kempiski Hôtel Fleuve Congo à Kinshasa, du jeudi 5 au vendredi 6 octobre 2017, à l'initiative des enseignants de l'Institut National des Arts (INA), les différents orateurs ont souligné les bienfaits du « Partenariat stratégique gagnant-gagnant entre la Chine et la RDC », lequel renforçait « la mise en œuvre d'un agenda 2030 pour le développement durable en RDC. » A cette occasion, l'ancien ministre des Affaires étrangères et coopération internationale, Raymond Tshibanda, dans son mot d'ouverture, a déclaré qu'à ce jour, le partenariat entre la RDC est la Chine ''se caractérise par des réalisations concrètes qui laissent une marque indélébile dans la vie de nos communauté''. Au nombre de ces réalisations, énumérées, figurent des bourses d'études accordées aux jeunes Congolais, l'aide financière à la RDC sans conditionnalités, le développement des infrastructures socioéconomiques de base. Sont allés dans le même sens les autres conférenciers : l'ambassadeur chinois en RDC, Wang Tongqing, l ministre de Affaires étrangères en fonction en ce moment, Léonard She Okitundu, l'ancien ministre du budget, Daniel Mukoko Samba, le professeur André Yoka, le père Léon de Saint Moulin, Moïse Ekanga, le représentant de l'UNESCO en RDC, Abdourahamane Dialo. Tous ont ''*la façon dont la Chine accompagne la République démocratique du Congo*'' *et* ''*la manière dont la RDC travaille avec la Chine*'', selon les mots de Tshibanda.

10

La Convention de Collaboration : Documents officiels et autres textes

A. TEXTES OFFICIELS

PROTOCOLE D'ACCORD RDC-CHINE DU 17 SEPTEMBRE 2007

PROTOCOLE D'ACCORD

Entre

La République Démocratique du Congo représentée par Monsieur Pierre LUMBI OKONGO, Ministre d'Etat en charge des Infrastructures, Travaux Publics et Reconstruction d'une part :

Et

Le groupement des Entreprises Chinoises composé de l'Export-Import Bank of China (EXIM BANK of CHINA), la China Railway Engineering Corporation (CREC), Société SA, et la société SINOHYDRO Corporation, représentée par Monsieur LI CHANGJIN, Président Directeur Général de la CREC ; d'autre part ;

Ci-après désignés « les Parties »

I. PREAMBULE

Considérant les accords de coopération signés le 3 avril et le 07 décembre 2001 entre la République Démocratique du Congo et la République Populaire de Chine ;

Considérant les memoranda d'entente commune et accords sur le financement du développement des infrastructures de la République Démocratique du Congo par l'exploitation de ses ressources minières que le Gouvernement signé respectivement Le 9 août 2007 avec la SINOHYDRO, le 16 août 2007 avec l'EXIM BANK et le 17 août 2007 avec la CREC ainsi que les accords conclus par elles sur la reconstruction de la RDC.

Tous ces memoranda et accords sont appelés ci-après l'Accord Précédent ;

Vu les consultations des par1ies et suivant le mémorandum on understanding of ressources finance for infrastructures development ;

IL A ETE CONVENU ET ARRETE CE QUI SUIT :

II. DE L'OBJET

Article 1

Le présent protocole porte sur la fixation des modalités de coopération de financement pour le déve1oppement des infrastructures de la première tranche, en cor1trepartie, de l'exploitation des ressources naturelles de la République Démocratique du Congo.

III. DES MODALITES

Article 2

Les parties conviennent de constituer dans le cadre de l'exploitation minière une société de joint-venture (SJV) sous forme de société mixte de droit congolais regroupant d'une part les entreprises chinoises du groupement et d'autre part, d'entreprises congolaises désignées par le Gouvernement.

Le financement du développement des travaux d'infrastructure dans le cadre de cet accord sera garanti par 1es concessions minutes mises à la disposition de la SJV par le RDC.

Article 3

En vue d'assurer le suivi et l'évaluation, le Gouvernement mettra en place un Comité compétent multisectoriel devant servir de guichet unique pour toutes les questions et formalités relatives à l'exécution de tâche définie dans le présent Protocole.

Article 4

La participation du Gouvernement ou ses mandataires au capital social de 1a Société de Joint-Venture dont question fi à l'article deux, procède du principe « gagnant - gagnant » et la Société de Joint Venture s'établira comme suit :

. Partie Congolaise : 32 % ;

. Partie Chinoise : 68 %.

Article 5

Sur le principe essentiel du financement du développement d'infrastructure par la réalisation du dividende de la part d'Etat RDC résultant de l'exploitation de la Société de Joint -Venture la répartition du résultat d'exploitation se fera en trois (3) états :

- La première étape dite étape d'amortissement d'investissement minier. Durant cette étape la 1otatité du résultat d'exploitation servira au remboursement et à l'amortissement de l'investissement minier extractif et industriel el ce compris les intérêts.

- La seconde étape est une étape de remboursement ou de paiement des travaux d'infrastructure. Durant cette étape, soixante-six pour cent (66 %) du bénéfice net du résultat d'exploitation de la Société de Joint-Venture sera utilisé pour le paiement et le remboursement des travaux d'infrastructure réalisés prévus dans la première tranche des projets dans la liste annexée tandis que le reste, soit trente-quatre pourcent (34 %) sera distribué proportionnellement entre parties.

Pendant cette étape, le montant total du paiement des projets des travaux infrastructure sera prévu de trois (3) milliards USD.

- La troisième étape sera une étape d'exploitations commerciales soit le remboursement et l'amortissement de la totalité des investissements à l'exploitation minière et au développement d'infrastructure, de la première tranche, la répartition du dividende résultant de se l'exploitation de la société de Joint-Venture.

Pendant cette étape, la Société de Joint-Venture se soumettra à la législation congolaise en vigueur en matière fiscale et douanière ; en l'occurrence le Code des Investissements et le code de Minier.

IV. DES CONDITIONS PARTICULIERES

Article 6

Le Gouvernement accorde à la Partie Chinoise, le bénéfice de tous les avantages douaniers et fiscaux prévus par le Code des investissements et le Code minier de la République Démocratique du Congo ainsi que les dispositions particulières applicables aux marchés publics à financement extérieur ;

Afin que le cumul du dividende de la part de l'Etat résultant de l'exploitation minière de la Joint-Venture atteigne le plus tôt possible un niveau capable de payer ou de rembourser, la construction des travaux d'infrastructure, le Gouvernement, va consentir à la Partie Chinoise des dispositions particulières applicables aux marchés publics.

Toutefois pendant la période du remboursement, le Gouvernement se réserve le droit d'accorder d'autres avantages fiscaux et douaniers plus larges à la Joint-Venture pour la réalisation des projets.

Ces conditions particulières comprennent l'exemption des frais et paiement relatifs à la demande, â l'octroi, au transfert et à la cession des droits et titres miniers, des permis de prospection et d'exploitation ; l'exemption des frais d'entrée à la porte minière et de prélèvement préalable sur la valeur estimative du gisement, etc.

Elles comprennent aussi l'exonération totale de tous les impôts, droits, taxes, douanes, redevances, directs ou indirects, à l'intérieur ou à l'import et l'export, payables en République Démocratique du Congo et ceux liés aux activités minières et au développement d'infrastructures de la Société de Joint-Venture.

Aux fins d'assurer la réussite de son exploitation minière et des travaux d'infrastructure, la Société de Joint-Venture aura loisir de choisir librement le fournisseur du matériel et équipement, de technologie et de service, d'embaucher, à l'intérieur comme à l'extérieur pays, le personnel qualifié conformément à la législation congolaise en la matière.

Le Gouvernement garantit à la Société de Joint-Venture la sécurité de son investissement minier et le paiement des travaux d'infrastructure qu'elle réalisera.

Compte tenu de l'importance du volume et du coût des projets d'Infrastructures avec leur caractère de travaux publics de longue périodicité d'amortissement minier et du fait de la lenteur du cumul du dividende de la pan de l'Etat et, en particulier afin d'accélérer développement d'infrastructures et de la reconstruction nationale pour servir le plus tôt possible le progrès socioéconomique, les parties reconnaissent.

Que le financement du développement d'infrastructures par les dividendes de la part de l'Etat résultant de l'exploitation minière de la Société de Joint-Venture ne sera pas le choix unique dans le cadre de la collaboration entre le Gouvernement et la Société de Joint-Venture.

A cet effet et en cas de besoin, le Gouvernement proposera à la Société de Joint-Venture d'accepter d'autres modalités du paiement d'une partie des projets des grands travaux d'infrastructures de volume et coût plus important. Ladite modalité pourra être paiement par le Maître de l'Ouvrage moyennant le crédit acheteur.

Dans ce cas, le Groupement pourra mener toutes les démarches nécessaires à l'assistance du Maître de l'ouvrage ou du Gouvernement pour la réalisation du financement auprès de l'institution bancaire en Chine avec des conditions acceptables et le Gouvernement s'engage de faire en temps corporation économique, à l'accord de prêt et à la matière, etc.

Les conditions particulières du présent article auront une validité de trente (30) ans à partir de la date de prise d'effet du présent protocole d'accords. Elle peut être protocole pour une période égale à la demande de l'une des parties au moins six mois avant l'exploitation du terme de 30 ans.

V. DES DROITS ET OBLIGATIONS DES PARTIES

Article 7

A dater de la prise d'effet du présent protocole, les parties s'engagent à mettre rapidement en place, conformément à la législation congolaise, une Joint-Venture minière dans les 30 jours suivant la signature.

L'apport au capital social de chaque actionnaire sera appelé proportionnellement. Après la signature du présent protocole, les projets 'ainsi annexé au présent Protocole, seront soumis à l'appréciation et l'accord écrit d'EXIM Bank.

Le Groupement Chinois s'engage à soumettre progressivement au comité sus évoqué le rapport de préfaisabilité du projet minier et la demande d'octroi des titres miniers. Le gouvernement en achèvera le traitement et le transfert du titre minier dans un délai de 15 jours à dater du dépôt.

Les droits et titres miniers octroyés à la Société de Joint-Venture seront propriétés de cette dernière pour toute la durée de la Joint-Venture.

Le Groupement Chinois s'engage à soumettre progressivement audit comité, le cahier des charges techniques proposé et l'offre financière des projets des travaux d'infrastructures. Le Gouvernement devra en achever le dépouillement et accorder son approbation dans un délai d'un mois à dater du dépôt.

Dans le cas où des travaux d'infrastructures seraient payés par le Gouvernement au moyen d'autres financements, celui-ci devra démarrer la procédure du montage financier dès la conclusion des contrats des travaux. Le Gouvernement s'engage à conclure avec la joint-venture, le marché concessionnel global des travaux d'infrastructures prévus à annexe 2.

Le gouvernement garantira au groupement ou àla Société de Joint-Venture le libre transfert du fonds, la libre ouverture des comptes bancaires en devise et en monnaie locale à, l'intérieur comme à l'extérieur du pays et la sécurité des opérations intéressés et exemption des droits, impôts et frais bancaires lies à l'impossibilité administrative.

Le Groupement Chinois, en déployant ses avantage professionnel, techniques et gestionnaires, s'engage à tout mettre en œuvre pour réduire le coût de revient, économiser les ressources financières des constructions, assurer la moderne conception, la qualité, le haut rendement, la fiabilité et la durabilité des travaux d'infrastructures et de service à travers sa participation à la reconstruction nationale.

Sur demande du Gouvernement ou du Maître de l'ouvrage, la Société de Joint-Venture pourra assurer les travaux de proposition relative à la normalisation et régularisation des études, du gémie civil, de l'équipement et du fonctionnement des travaux d'infrastructure, de formation des ressources humaines concernés et de proposition concernant la planification et systématisation du développement national d'infrastructures et de construction.

VI. DE LA LEGISLATION ULTERIEURE

Article 8

Sans préjudice des avantages acquis dans le cadre du présent protocole d'accord, la société de Joint-Venture bénéficiera des avantages résultant de toutes les nouvelles dispositions légales et réglementaires qui seraient ultérieurement prises par le Gouvernement ou des conventions que celui-ci viendrai à conclure avec d'autres investisseurs.

VII. DE LA LISTE DES PROJETS

Article 9

La liste des projets des ressources minérales et des travaux d'infrastructure convenues dans : le cadre de la présente collaboration est prise aux annexes 1 et 2 du présent Protocole d'Accord.

VIII. DE L'EXCLUSIVITE

Article 10

Le Gouvernement s'engage à ne pas conclu le avec les tiers une convention portant sur des projets faisant objet du présent Protocole.

IX. DE L'ENTREE EN VIGUEUR

Article 11

Le présent Protocole ainsi que l'accord précédent sont considérés comme principe et base de chaque contrat ou marché sépare en la matière et entrera en vigueur à la date de sa signature par les parties et après approbation des projets d'exploitation minière et du développement des infrastructures par l'autorité compétente Chinoise.

Article 12

Le présent Protocole est rédigé en 8 exemplaires originaux, chaque partie en gardant deux.

En cas de divergence entre le présent protocole et l'accord précédent, le protocole prévaudra. Toutefois, en cas de force majeur, les parties procèderont par négociations amiables pour adapter le présent Protocole aux nouvelles conditions.

Fait à Kinshasa, le 17 septembre 2007.

Pour la République Démocratique du Congo,

Pierre LUMBI OKONGO,
Ministre en charge des Infrastructures, Travaux Publics et Reconstruction.

Pour le Groupement des Entreprises Chinoises,

LI CHANGJIN.

CONVENTION DE COLLABORATION DU 22 AVRIL 2008

CONVENTION DE COLLABORATION ENTRE LA REPUBLIQUE DEMOCRATIQUE DU CONGO ET LE GROUPEMENT D'ENTREPRISES CHINOISES : CHINA RAILWAY GROUP LTD SINOHYDRO CORPORATION RELATIVE AU DEVELOPPEMENT D'UN PROJET MINIER ET D'UN PROJET D'INFRASTRUCTURES EN REPUBLIQUE DEMOCRATIQUE DU CONGO

Entre

La République Démocratique du Congo, représentée aux fins des présentes par Monsieur Pierre LUMBI OKONGO, Ministre en charge des Infrastructures, Travaux Publics et Reconstruction, d'une part, ci-après dénommée « RDC ».

et

CHINA RAILWAY GROUP LIMITED, ayant son siège social à n° 1, XingHuo Road, Fengtai District, Beijing, China, représentée aux fins des présentes par son Président du Conseil d'Administration, Monsieur SHI DaHua, son représentant légal;

SINOHYDRO CORPORATION, ayant son siège social à n° 1, Ertiao, Baiguang Road, Xuanwu District, Beijing, China, 100761, représentée aux fins des présentes par Monsieur FAN JiXiang, son représentant légal ;

ci-après dénommées « le Groupement d'Entreprises Chinoises », d'autre part.

Ci-après désignés, individuellement, « Partie » et collectivement, « Parties ».

IL EST CONVENU ET ARRÊTE CE QUI SUIT :

1. OBJET

Article 1 : Objectifs des Parties.

1.1. Les Parties reconnaissent et déclarent qu'en signant la présente Convention de Collaboration, elles poursuivent la réalisation des objectifs suivants :

1.1.1. Pour la RDC : trouver les ressources financières nécessaires à la réalisation des projets d'infrastructures nationales estimées importantes et urgentes.

1.1.2. Pour le Groupement d'Entreprises Chinoises : investir dans le domaine des métaux non-ferreux dans les territoires de la RDC.

1.2. Les deux Parties conviennent de coopérer comme suit pour réaliser, à la satisfaction de chacune d'elles, les objectifs sus mentionnés :

1.2.1. Le Groupement d'Entreprises Chinoises s'engage à mobiliser et mettre en place le financement pour la construction des infrastructures en RDC (le « Projet d'Infrastructures »). Le financement sera remboursé par les revenus de l'exploitation minière de tels gisements cupro-cobaltifères situés dans la région de Kolwezi, actuellement inexploités, dont l'Entreprise publique La Générale des Carrières et des Mines, en abrégé « GECAMINES » est titulaire des Droits et Titres miniers qui s'y rapportent. Les modalités concrètes du remboursement de ce financement sont définies dans le Titre IV de la présente Convention de Collaboration.

1.2.2. Le Groupement d'Entreprises Chinoises s'engage à mobiliser et mettre en place le financement nécessaire pour le développement des gisements listés en Annexe A (« le Projet Minier »). Les modalités du remboursement de cet investissement sont définies dans le Titre IV de la présente Convention de Collaboration.

1.3. Le Projet Minier et le Projet d'Infrastructures sont appelés collectivement le Projet de Coopération.

1.4. Pour la constitution d'une « Joint Venture Minière » et la réalisation du Projet Minier, la RDC désigne son entreprise publique bien identifiée au 1.2.1 ci-dessus laquelle sera autorisée à désigner une autre personne physique de son choix qui sera ultérieurement remplacée par l'une des sociétés affiliées de GECAMINES pour constituer le GROUPE GECAMINES.

1.5. Pour la constitution d'une JV Minière et la réalisation du Projet Minier, le Groupement d'Entreprises Chinoises désigne cinq (5) sociétés, à savoir China Railway Group (Hong Kong) Limited, China Railway SinoCongo Mining Limited, China Railway Resources Development Limited, Sinohydro Corporation Limited et Sinohydro Harbour Co. Ltd., ces cinq (5) sociétés formant le CONSORTIUM.

Article 2 : Objet de la Convention de Collaboration

La présente Convention de Collaboration a pour objet de définir et de préciser le Projet de Coopération que les Parties se proposent de réaliser, les modalités générales et particulières de leur réalisation ainsi que les droits et obligations des Parties relativement à ce Projet de Coopération.

II. PROJET MINIER

Article 3 : Modalités de Coopération. Constitution de la Joint Venture minière

3.1. Les Parties réaliseront leur coopération par la constitution d'une JV Minière à laquelle la RDC fera céder, par l'entremise de son entreprise publique GECAMINES et avec la participation de cette dernière, les droits et titres sur les gisements faisant l'objet de la présente Convention de Collaboration au Projet Minier.

3.2. La JV Minière sera ainsi constituée conformément aux règles et usages courants de constitution des sociétés commerciales en République Démocratique du Congo.

3.3. Elle sera gérée par le droit des sociétés commerciales et devra générer des profits dont une partie servira au remboursement aussi bien des investissements miniers que des investissements des Travaux d'Infrastructures.

3.4. Pour garantir au Groupement d'Entreprises Chinoises les moyens de recouvrer, leurs investissements dans le Projet Minier et dans le Projet d'Infrastructures, les Parties fixent la répartition du capital social de la JV Minière comme suit : 68 % pour le Groupement d'Entreprises Chinoises et 32 % pour le Groupe GECAMINES.

Article 4 : Cession des Droits et Titres Miniers des gisements

La RDC s'engage à ce que son entreprise publique GECAMINES cède à la JV Minière, les Droits et Titres miniers couvrant les gisements naturels cupro-cobaltifères suivants : Dikuluwe, Mashamba Ouest, Jonction D, Cuvette Dima, Cuvette Mashamba et Synclinal Dikuluwe Colline D contenant des réserves minières estimées à environ 10.616.070 tonnes de cuivre dont environ 6.813.070 tonnes de cuivres en ressources certaines, environ 626.619 tonnes de cobalt et, en tonnage restant à déterminer, toutes autres substances minérales valorisables. Ces gisements, dont GECAMINES détient les Droits et

Titres miniers sous la numérotation PE 9681 et 9682 tels que inscrits dans les registres ad hoc tenus par le Cadastre Minier (« CAMI »), sont situés dans la région de Kolwezi, Province du Katanga, République Démocratique du Congo, conformément au plan en Annexe B de la présente Convention de Collaboration.

Article 5 : Pas-de-porte et Assistance financière à la Rénovation Technique de Gécamines

5.1. Dans le cadre du Projet de Coopération, la Partie chinoise s'engage à verser un pas de porte de trois cent-cinquante millions de dollars américains (350.000.000 USD) à la Partie congolaise, à condition que : l'Etude de Préfaisabilité ait été approuvée par le Gouvernement Chinois, lors de l'approbation de la Convention de JV qui sera conclue entre le GROUPE GECAMINES et le CONSORTIUM ; l'audit effectué par le CONSORTIUM sur la régularité et la validité des Droits et Titres miniers ne révèle aucun vice caché et/ou apparent, la cession des Droits et Titres miniers par GECAMINES à la JV Minière couvrant les gisements naturels cupro-cobaltifères et autres substances minérales valorisables prévus à l'article 4 de la présente Convention de Collaboration ait eu lieu.

5.2. Le Groupement d'Entreprises Chinoises promet, par ailleurs, de chercher et mettre en place une assistance financière à hauteur de 50 millions de dollars américains (50.000.000 USD), sous la forme d'un prêt à GECAMINES, pour la réhabilitation de ses Ateliers de l'Ouest (AO), du Centre (ACP) et de Lubumbashi (LC).

Les achats d'équipements seront effectués en priorité auprès des entreprises chinoises. Les travaux de réhabilitations seront effectués par des sous-traitants congolais. En cas de recours à des sous-traitants non congolais, la priorité est donnée aux entreprises chinoises.

Cette assistance financière ne produira pas l'obligation des Parties vis-à-vis de la cession des Droits et Titres miniers et de leur jouissance en faveur de la Partie chinoise.

Elle sera mise en place suivant l'approbation du Projet de Coopération par le Gouvernement chinois. A la demande écrite de GECAMINES, ledit financement sera payé en liquide et/ou en équipement.

Article 6 : Etudes de Préfaisabilité et de Faisabilité

6.1. Le Groupement d'Entreprises Chinoises effectuera une Etude de Préfaisabilité sur le Projet Minier pour le compte et à charge de la

JV Minière. L'Etude de Préfaisabilité devra être soumise à l'approbation des organes autorisés de GECAMINES et des sociétés du Groupement d'Entreprises Chinoises.

6.2. La JV Minière effectuera ensuite une Etude de Faisabilité dont les conclusions devront être soumises au Conseil d'Administration et à l'Assemblée générale de la JV Minière. L'Etude de Faisabilité ainsi approuvée devra ensuite être avalisée par les Gouvernements chinois et la RDC.

6.3. Les Parties conviennent que les Etudes de Préfaisabilité et Faisabilité devront démontrer que le Projet Minier permettra de dégager un taux interne de rentabilité au profit du Groupement d'Entreprises Chinoises, c'est-à-dire un IRR, d'au moins 19 %.

Article 7 : Réalisation du Projet Minier.

7.1. En vue de permettre à la JV Minière de débuter rapidement le remboursement des investissements dont elle bénéficiera et ceux à faire dans le Projet d'Infrastructures, les Parties conviennent que la RDC et le Groupement d'Entreprises Chinoises devront aider la JV Minière à commencer la production commerciale dans le délai fixé par l'Etude de Faisabilité réalisée par la JV Minière. L'objectif de la première année de production commerciale est fixé à 200.000 tCu. Ce niveau sera porté à 400.000 tCu à partir de la troisième année de production commerciale.

7.2. Le montant total des investissements miniers ainsi que le délai pour la mise en place de ce financement seront déterminés par l'Etude de Faisabilité.

III. PROJET D'INFRASTRUCTURES.

Article 8 : Travaux d'infrastructures.

La liste des travaux d'infrastructures à financer par le Groupement d'Entreprises Chinoises proposée par la Partie congolaise est jointe en Annexe C de la présente Convention de Collaboration. Le choix et la réalisation effectifs des travaux d'infrastructures listés en Annexe C seront déterminés par la consultation mutuelle des deux Parties.

Article 9 : Réalisation du Projet d'infrastructures.

Le Groupement d'Entreprises Chinoises mobilisera et mettra en place le financement du Projet d'Infrastructures, au travers de la JV Minière. Le montant total de celui-ci sera déterminé en fonction du résultat d'exploitation minière. Le Projet d'Infrastructures sera effectué en deux tranches.

9.1. *Les travaux d'infrastructures de la première tranche.*

La liste de la première tranche des travaux d'infrastructures à réaliser, classés dans leur ordre de priorité, sera proposée et soumise par la Partie congolaise au Groupement d'Entreprises Chinoises immédiatement après la signature de la présente Convention de manière à permettre aux équipes techniques de ce dernier de réaliser et de présenter à la Partie congolaise les propositions financières et techniques de ces travaux et de planifier leur exécution. Les travaux d'infrastructures seront démarrés immédiatement après l'approbation de l'Etude de Faisabilité par les Gouvernements congolais et chinois.

9.2. *Les travaux d'infrastructures de la deuxième tranche.*

Le démarrage ainsi que le volume des travaux d'infrastructures de la deuxième tranche seront déterminés par consultation mutuelle des deux parties en fonction de la rentabilité du Projet minier. Les travaux d'infrastructures de la deuxième tranche seront remboursés par les contributions fiscales et douanières dues à l'Etat par la JV Minière au cours de la troisième période d'exploitation (voir l'article 12), qui suit la fin de la période de remboursement de la première tranche des travaux d'infrastructures.

9.3. Nonobstant la disposition de l'article 9.1 et après que les Droits et Titres miniers prévus par l'article 4 de la présente Convention de Collaboration auraient été cédés à la JV Minière et à condition que la JV Minière constitue une hypothèque sur les Droits et Titres miniers, le Groupement d'Entreprises Chinoises mobilisera et mettra en place le financement pour réaliser des travaux d'infrastructures les plus urgents et dont les conditions de réalisation sont remplies. Ledit financement sera compté dans le financement pour la première tranche de travaux d'infrastructures et sera remboursé par la IV Minière selon les dispositions du Chapitre IV de la présente Convention de Collaboration.

Article 10 : Contrat de Travaux d'infrastructures.

Chaque projet des travaux d'infrastructures fera l'objet d'un contrat spécifique entre le Maître d'ouvrage, la JV Minière, l'une ou l'autre des sociétés du Groupement d'Entreprises Chinoises et/ou ses sociétés affiliées qui seront autorisées et appelées à les réaliser. Cc contrat spécifiera les clauses suivantes :

10.1. L'emprunteur des fonds pour les travaux d'infrastructures sera la JV Minière et/ou l'entreprise chinoise. La JV Minière sera constituée pour réaliser le Projet Minier et prendre en charge le remboursement des investissements miniers et d'infrastructures.

10.2. Le remboursement du financement des travaux d'infrastructures sera effectué par la JV Minière suivant les dispositions du Titre IV de la présente Convention de Collaboration.

10.3. La garantie du remboursement est assurée par la RDC qui s'engage, dans le cadre de la présente Convention de Collaboration, à octroyer au Groupement d'Entreprises Chinoises d'autres concessions minières ou d'autres ressources et moyens satisfaisants au cas où les revenus attendus de la JV Minière s'avéreraient insuffisants pour réaliser le remboursement de ses investissements dans le Projet Minier et dans le Projet d'Infrastructures.

10.4. Le Maître d'Ouvrage du Projet d'Infrastructures dans le cadre de la présente Convention de Collaboration sera le Ministère en charge des Infrastructures, Travaux Publics et Reconstruction (ITPR) de la RDC.

10.5. Le Maître d'œuvre (architecte) des travaux d'infrastructures dans le cadre de la présente Convention de Collaboration sera tout organisme désigné par le Maître d'Ouvrage.

10.6. L'Entrepreneur sera le Groupement d'Entreprises Chinoises et/ou ses sociétés affiliées dûment désignées.

10.7. La JV Minière n'interviendra pas dans la conduite ou dans la supervision des travaux d'infrastructures. Elle est cependant autorisée à effectuer les opérations et procédures financières et comptables, les transferts, la mise à disposition des fonds destinés à la construction des infrastructures. La JV Minière effectuera le paiement des travaux sur instruction du Maître d'ouvrage, sur la base des factures décomptes présentées par les entreprises prestataires (entrepreneurs) et après qu'elle aura vérifié la conformité en terme de prix.

Article 11 : Dispositions particulières concernant le Projet d'infrastructures.

11.1. Compte tenu de l'importance du volume et du coût des projets d'infrastructures avec leur caractère de travaux publics, des longues périodicités d'amortissement minier et du fait de la lenteur du cumul du dividende de la part de l'Etat et, en particulier afin d'accélérer le développement d'infrastructures et la reconstruction nationale pour servir le plus tôt possible le progrès socioéconomique, les Parties reconnaissent que le financement du développement d'infrastructures par le dividende de la part de l'Etat résultant de l'exploitation minière de la JV Minière ne sera pas le choix unique dans le cadre de la présente collaboration entre la RDC et la JV Minière.

A cet effet et en cas de besoin, la RDC proposera à la JV Minière d'accepter d'autres modalités du paiement d'une partie des projets des grands travaux d'infrastructures de volume et confit plus importants. Ladite modalité pourra être un paiement par le Maître d'Ouvrage moyennant le crédit acheteur. Dans ce cas, le Groupement d'Entreprises Chinoises pourra mener toutes les démarches nécessaires à l'assistance du Maître d'Ouvrage ou de la RDC pour la réalisation du financement auprès de l'institution bancaire en Chine avec des conditions acceptables et, la RDC s'engage à faire en temps voulu les formalités et procédures nécessaires à la coopération économique, à l'accord de prêt et à la garantie en la matière, etc.

11.2. Les Parties conviennent que pour la réalisation des investissements qu'ils feront pour les Projets Minier et d'Infrastructures, le Groupement d'Entreprises Chinoises recoure au maximum aux entreprises congolaises pour toutes les fournitures et les prestations qu'elles seront capables de satisfaire.

Elles conviennent néanmoins que, tant pour leurs approvisionnements à l'étranger que pour les prestations que les entreprises congolaises ne pourront pas satisfaire, le Groupement d'Entreprises Chinoises donne priorité au marché chinois à condition que les prix offerts par ce dernier soient compétitifs.

IV. REMBOURSEMENT DES INVESTISSEMENTS

Article 12 : Remboursement des Investissements du Groupement d'entreprises chinoises.

Initialement, il est prévu trois périodes pour le remboursement des investissements du Projet de Coopération :

*Première période, dite période de remboursement minier (première Etape),

*Deuxième période, dite période de remboursement de la première tranche des infrastructures (Deuxième Etape),

*Troisième période, dite période commerciale (Troisième Etape).

La JV Minière remboursera comme suit les investissements du Groupement d'Entreprises Chinoises dans le Projet Minier et dans le Projet d'Infrastructures :

Au cours de la Première Période : elle affectera la totalité de ses bénéfices au remboursement complet des investissements miniers, y compris au paiement de leurs intérêts, du Groupement d'Entreprises Chinoises dans le développement du Projet Minier. Le financement du Projet Minier sera fait à 30 % sous forme de prêt d'Actionnaire, remboursé sans l'application d'intérêts. Les 70 % restants seront remboursés avec un taux d'intérêts annuel de 6.1 %.

Au cours de la Deuxième Période, la JV Minière affectera 66% de son bénéfice au remboursement des investissements de la première tranche des infrastructures et au paiement de leurs intérêts annuels de Libor (six mois) + 100 BP, et elle répartira les 34 % restant à la rétribution de ses actionnaires, proportionnellement à leurs parts dans le capital social. Le montant total du remboursement durant cette période ne saurait dépasser 3 milliards de dollars américains en principal.

Au cours de la Troisième Période, elle distribuera la totalité de ses bénéfices à ses Actionnaires, au prorata de leurs parts dans le capital social.

La deuxième tranche des travaux d'infrastructures ainsi que le paiement de leurs intérêts annuels de Libor (six mois) + 100 BP seront financés par toutes les contributions fiscales et douanières auxquelles la RDC aura droit dans la Troisième Période dite période commerciale. L'écart éventuel entre le taux réel bancaire et le taux appliqué à la JV Minière sera à la charge du Groupement d'Entreprises Chinoises.

Neuf avant plus tard, en juillet 2017, les parties congolaise et chinoise modifieront cet article 12 de la Convention de Collaboration, en supprimant la « troisième période », pour ne retenir que les deux premières. La ***première et la deuxième périodes*** *(ou* ***étapes****) seront dites successivement* ***« période de remboursement »*** *(40 % pour les investissements miniers et 60 % pour ceux d'infrastructures) et* ***« période commerciale »*** *(pendant laquelle les Actionnaires se partageront la totalité des bénéfices nets distribuables au prorata de leurs parts dans le capital social de la JV Minière).*

V. ENGAGEMENTS ET GARANTIES DE LA RDC

Les engagements pris par la RDC à l'égard du Groupement d'Entreprises Chinoises sont les suivants :

Article 13 : Garanties relatives aux gisements et Droits et Titres Miniers.

13.1. La RDC garantit, pendant toute la période du Projet de Coopération, que les Droits et Titres miniers qui feront l'objet de la cession à la IV Minière ne sont entachés d'aucun vice caché et/ou apparent pouvant compromettre la jouissance paisible desdits droits et titres. Le Groupement d'Entreprises Chinoises veillera à ce que le CONSORTIUM effectue un audit sur la régularité et la validité desdits Droits et Titres miniers. La cession ne pourra avoir lieu qu'à la condition que l'audit cité ci-dessus aura démontré que les Droits et Titres miniers ne sont entachés d'aucun vice caché et/ou apparent. Dans le cas contraire, si l'existence d'un ou plusieurs vice(s) caché(s) et/ou apparentes) est démontrée, GECAMINES s'engage à y remédier dans les délais les plus brefs. Au cas où le ou les vice(s) caché(s) et/ou apparentes) sont irrémédiables, la présente Convention de Collaboration sera résiliée.

13.2. La RDC garantit que les gisements, dont les Droits et Titres miniers seront cédés à la JV Minière, contiennent les réserves minières évoquées à l'Article 4 de la présente Convention de Collaboration. Au cas où la vérification lors de l'Etude de Faisabilité démontre que la réserve est inférieure à la réserve indiquée à l'Article 4 de la présente Convention de Collaboration, la RDC s'engage à accorder de nouvelles concessions à la JV minière. L'investissement d'infrastructures sera suspendu jusqu'à ce que le niveau de réserve soit atteint.

13.3. Engagement relatif à la faisabilité et la rentabilité du Projet Minier.

13.3.1. Si l'Etude de Préfaisabilité sur le Projet Minier n'est pas acceptée par le Groupement d'Entreprises Chinoises et/ou GECAMINES, le Groupement d'Entreprises Chinoises mettra fin à l'investissement d'infrastructures. Les Parties se concerteront pour trouver une solution.

13.3.2. Si l'Etude de Faisabilité n'est pas validée par les Gouvernements chinois et la RDC, les Parties se concerteront pour chercher des mesures à prendre soit pour accorder de nouvelles concessions minières à la JV Minière, soit pour ajuster le montant des investissements d'infrastructures. Au cas où la RDC apporterait d'autres Droits et Titres miniers, la JV Minière effectuera un audit sur la régularité et la validité desdits droits et titres. La JV Minière effectuera une Etude de Faisabilité sur ces nouvelles concessions minières.

L'investissement d'infrastructures sera suspendu tant que la ou les nouvelle(s) Etude(s) de Faisabilité n'aura (ont) pas été approuvée(s) par le Gouvernement chinois et la RDC. Si, malgré deux fois d'apports de nouvelles concessions minières, la ou les Etude(s) de Faisabilité n'est (sont) pas approuvée(s) par le Gouvernement chinois et la RDC, la présente Convention de Collaboration sera résiliée. La JV Minière sera dissoute et liquidée.

13.3.3. Si l'Etude de Faisabilité démontre que l'IRR (Internal Rate of Return) du Groupement d'Entreprises Chinoises est inférieur à 19 %, la RDC s'engage à prendre toutes les mesures susceptibles d'améliorer les conditions de coopération afin d'atteindre le seuil de 19% au profit du Groupement d'Entreprises Chinoises.

13.3.4. Si la JV Minière n'a pas remboursé les investissements et les intérêts des Projets Minier et d'Infrastructures dans les 25 ans qui suivent sa création, la RDC s'engage à rembourser le solde restant à payer par toutes autres voies.

Article 14 : Avantages commerciaux et fiscaux et d'autres Avantages accordés par la RDC.

14.1. Dispositions générales.

14.1.1. La RDC accorde, dans le cadre de ce Projet de Coopération, à la JV Minière, le bénéfice de tous les avantages douaniers, fiscaux et de change prévus par les lois et les règlements en vigueur en RDC ainsi que les dispositions particulières applicables aux marchés publics à financement extérieur.

14.1.2. Afin que le cumul des dividendes de la part de la RDC résultant de l'exploitation minière de la JV Minière atteigne le plus tôt possible un niveau permettant de payer ou de rembourser la construction des travaux d'infrastructures, la RDC va consentir au Groupement d'Entreprises Chinoises les dispositions particulières applicables aux marchés publics.

14.1.3. La RDC garantira au Groupement d'Entreprises Chinoises et/ou à la JV Minière le libre transfert de fonds, la libre ouverture de comptes bancaires en devises et en monnaie locale à l'intérieur comme à l'extérieur du pays et la sécurité des opérations intéressées ainsi que l'exemption des droits, impôts et frais bancaires liés à l'imposition administrative.

14.1.4. Aux fins d'assurer la réussite de son exploitation minière et des travaux d'infrastructures, la JV Minière aura le loisir de choisir librement, sans préjudice des dispositions de l'article 11.2. de la présente Convention de Collaboration, le fournisseur dumatérie1 et d'équipements, de technologie et de service, d'embaucher, à l'intérieur comme à l'extérieur du pays, le personnel qualifié conformément à la législation congolaise en la matière.

14.2. Avantages particuliers pendant les deux premières périodes.

La RDC concède, pendant les périodes de remboursement de l'investissement minier et de l'investissement de la première tranche d'infrastructures, les avantages particuliers suivants :

14.2.1. L'exonération totale de tous les impôts, droits, taxes, douanes, redevances, directs ou indirects, à l'intérieur ou à l'import et l'export, payables en RDC et ceux liés aux activités minières et au développement d'infrastructures.

14.2.2. L'exemption des frais et paiements relatifs à la demande, à l'octroi, au transfert et à la cession des Droits et Titres miniers, des permis de prospection et d'exploitation ;

14.2.3. L'exemption des frais des royalties liées à l'exploitation minière.

14.2.4. Durant les deux premières périodes, tous paiements éventuels d'impôts, droits, taxes douanières, redevances, qui auraient été payés par la JV Minière ou par les entreprises chinoises chargées des travaux d'infrastructures, dans le cadre de la présente Convention de Collaboration, seront considérés et comptabilisés comme dépenses des travaux d'infrastructures.

14.3. Autres avantages offerts par la RDC.

14.3.1. Dans le cadre de ce Projet de Coopération, la RDC s'engage à faciliter l'octroi des visas et permis de travail aux employés expatriés, en République Démocratique du Congo, de l'entrepreneur d'infrastructure et de la JV Minière.

14.3.2 La RDC s'engage à maintenir la sécurité sur les sites des Projets Minier et d'Infrastructures. Elle s'engage également à régler, en temps voulu, tous les problèmes relatifs aux ou provoqués par les émeutes, les actes de violence publique, les grèves, etc. afin que les Projets Minier et d'Infrastructures puissent être réalisés dans les meilleures conditions.

14.4. De la législation ultérieure.

Sans préjudice des avantages acquis dans le cadre de la présente Convention de Collaboration, la JV Minière et l'entrepreneur chargé des travaux d'infrastructures bénéficieront des avantages résultant de toutes les nouvelles dispositions légales et réglementaires qui seraient ultérieurement prises par la RDC ou des conventions que celle-ci viendrait à conclure avec d'autres investisseurs. Néanmoins, toutes nouvelles dispositions légales et réglementaires apportant des désavantages à leur égard ne leur seront pas appliquées.

Article 15 : Garanties de la RDC contre les Risques politiques.

15.1. Dans les 12 mois qui suivent l'approbation du Projet de Coopération par le Gouvernement chinois, la RDC s'engage à obtenir de son Parlement l'adoption d'une loi devant sécuriser le régime fiscal, douanier et de change applicable au Projet de Coopération en raison de sa spécificité. Si le Parlement National de la RDC n'adopte pas ladite loi dans le délai, le Groupement d'Entreprises Chinoises aura le droit de décider de réaliser ou résilier la présente Convention.

15.2. La RDC s'engage à ne jamais, en aucun cas, s'approprier, nationaliser, ni exproprier, directement ou indirectement, la JV minière ainsi que son patrimoine.

15.3. La RDC s'engage à respecter le Traité relatif à l'encouragement et à la protection mutuelle des investissements signé entre les Gouvernements congolais et chinois à la date du 18 décembre 1997.

15.4. Au cas où le Groupement d'Entreprises Chinoises et ses sociétés affiliées décident de s'assurer, à leurs frais, du Projet Minier, des investissements des travaux d'infrastructures ou d'autres projets de coopération éventuels ultérieurement convenus, par le biais d'organismes spécialisés tels que la MIGA (Multilateral Investment Guarantee Agency), contre les risques politiques en particulier, et si la souscription de ces assurances nécessite la reconnaissance du pays d'accueil, la RDC s'engage à la donner à temps.

15.5. Si le Groupement d'Entreprises Chinoises et ses sociétés affiliées, suite à la souscription d'assurance, reçoivent un paiement en réparation, la RDC devra non seulement reconnaître la validité de ce paiement mais également accepter la subrogation de l'assureur pour le remboursement. Le droit de subrogation de l'assureur ne dépassera pas le droit de remboursement appartenant au Groupement d'Entreprises Chinoises et/ou à ses sociétés affiliées.

15.6. La RDC garantit à la JV Minière la sécurité de son investissement minier et le remboursement des travaux d'infrastructures qui seront réalisés dans le cadre de la présente Convention de Collaboration notamment conformément aux articles 12 et 13 de la présente Convention de Collaboration.

Article 16 : Autres Engagements et Garanties.

La RDC s'engage à instituer, dès la signature de la présente Convention de Collaboration, un comité multisectoriel (« Comité de Pilotage et de Coordination ») chargé 1) du suivi de la présente Convention de Collaboration et des accords dans le cadre de la présente Convention de Collaboration, 2) de la facilitation de la réalisation du Projet de Coopération, notamment les questions liées au transport, à l'accès à l'eau et à l'électricité, etc. 3) d'assurer le suivi des Travaux d'Infrastructures Gouvernementales, 4) de l'interface entre le Gouvernement chinois, la RDC et la JV Minière. Ce Comité servira de guichet unique qui pourra représenter la RDC. De plus, le Comité se chargera de toutes les questions et formalités relatives aux travaux d'infrastructures.

Le Comité se charge également des relations et des formalités entre le JV Minière et les autorités gouvernementales. La RDC et le Groupement d'Entreprises Chinoises pourront convenir par la suite de lui attribuer d'autres responsabilités. Un règlement d'ordre intérieur devra être élaboré le plus rapidement possible par le Comité afin d'assurer le bon fonctionnement du Projet de Coopération.

VI. GARANTIES DU GROUPEMENT D'ENTREPRISES CHINOISES

Article 17 : Engagements et Garanties du Groupement d'Entreprises Chinoises.

17.1. Le Groupement d'Entreprises Chinoises garantit, stipule et déclare qu'il a la ferme volonté de s'engager, en partenariat avec la RDC ou l'entreprise publique GECAMINES, dans la réalisation du Projet Minier et du Projet d'Infrastructures décrits dans la présente Convention de Collaboration.

17.2. Le Groupement d'Entreprises Chinoises s'engage à mobiliser les financements nécessaires pour la réalisation des Projets sus évoqués conformément aux conditions décrites dans la présente Convention de Collaboration. Il s'engage, à ce propos, à octroyer à la JV Minière, sur prêt d'Actionnaire, à rembourser sans intérêt, 30 % des investissements estimés nécessaires pour son développement par l'Etude de Faisabilité qui sera effectuée préalablement et pour la mise en œuvre du Projet Minier.

17.3. Le Groupement d'Entreprises Chinoises s'engage à prêter à GECAMINES les fonds nécessaires pour sa participation au capital social de la JV Minière et aux augmentations éventuelles de celui-ci.

17.4. Le Groupement d'Entreprises Chinoises veillera notamment à ce que la JV Minière soit capable de faire face à un remboursement rapide des investissements miniers et des Travaux d'Infrastructures Gouvernementales.

Il veillera, entre autres objectifs, à ce que la JV Minière opte pour une technologie performante, capable de réduire les coûts d'exploitation qui devront être avantageusement comparables à ceux des sociétés opérant dans le même secteur.

17.5. Le Groupement d'Entreprises Chinoises, fort de ses avantages professionnels, techniques et gestionnaires, s'engage à tout mettre en œuvre pour réduire le coût de revient, économiser les ressources financières des constructions, assurer la moderne conception, la qualité, le haut rendement, la fiabilité et la durabilité des travaux d'infrastructures et de service à travers sa participation à la reconstruction nationale en cours en RDC.

17.6. Le Groupement d'Entreprises Chinoises veillera à ce que le Projet de Coopération soit approuvé par l'autorité compétente chinoise dans les 120 jours qui suivent la signature de la présente Convention de Collaboration.

VII. CONSULTATION PERIODIQUE DES PARTIES

Article 18 : Périodicité des Consultations.

Afin de garantir la bonne exécution du Projet de Coopération, les représentants du Groupement d'Entreprises Chinoises et ceux de la RDC se rencontreront chaque année, au cours du premier semestre à l'initiative de la Partie la plus diligente. La rencontre peut avoir lieu à Beijing ou à Kinshasa. Au cours de cette rencontre, les discussions porteront sur les sujets suivants :

- La vérification de l'exécution de la présente Convention de Collaboration,
- La consultation amiable afin de résoudre les éventuelles divergences nées pendant l'exécution du Projet de Coopération,
- La formulation des propositions afin d'améliorer l'exécution du Projet de Coopération,
- Les sujets divers relatifs à l'exécution du Projet de Coopération.

VIII. FORCE MAJEURE ET REGLEMENT DES DIFFERENDS

Article 19 : Force Majeure.

19.1. Tous les cas de force majeure seront appréciés conformément au droit commun. Constitue un cas de force majeure tout acte, situation de droit ou de fait, phénomène ou circonstance à caractère extérieur, imprévisible et irrésistible échappant au contrôle raisonnable de la Partie qui l'invoque.

19.2. Dans l'hypothèse de la survenance d'un cas de force majeure, la Partie affectée notifiera immédiatement et par écrit la situation auprès de l'autre Partie. Au cas où le cas de force majeure dure plus de 60 jours dès la notification, les Parties se concertent pour trouver une solution.

19.3. L'exécution des obligations des Parties est suspendue aussi longtemps que dure la force majeure.

19.4. Les Parties à la présente Convention de Collaboration se sont mises d'accord sur le fait que compte tenu de la nature de cette collaboration, l'expropriation, la nationalisation, la promulgation d'une nouvelle loi ou la modification de législation en RDC ne peut, en aucun cas, constituer un cas de force majeure.

Article 20 : Règlement des différends et Arbitrage.

20.1. Tout différend relatif à l'interprétation et à l'exécution de la présente Convention de Collaboration doit être réglé en priorité par des discussions amiables entre les Parties.

20.2. Tout différend n'ayant pas été réglé dans les six mois qui suivent ces discussions amiables sera, à la demande de l'une des Parties, soumis à l'arbitrage de CIRDI (Centre international pour le règlement des différends relatif aux investissements) selon ses règles. La langue de l'arbitrage sera la langue française et la langue chinoise. En cas de conflit entre les deux langues, la langue française prévaudra.

Article 21 : Droit applicable.

La loi applicable est la loi du lieu de l'acte. Au cas où la loi applicable ne peut être déterminée selon le critère précédent, et afin de la déterminer, les parties se réfèreront aux critères usuellement utilisés dans le commerce international pour régler les différends de même nature.

IX. DISPOSITIONS FINALES

Article 22 : Domiciliations et Notifications.

Tous avis, directives, demandes ou autres communications, exigés ou envisagés en vertu d'une clause de la présente Convention de Collaboration doivent être faits par écrit et envoyés aux adresses suivantes :

POUR LA REPUBLIQUE DEMOCRATIQUE DU CONGO
A l'attention de M. le Ministre des Infrastructures, Bâtiment Ex-CNS
Avenue Haute Tension, à Kinshasa Ngaliema
BP :
Tél :
Fax :

POUR LE GROUPEMEMENT D'ENTREPRISES CHINOISES
A l'attention du Président du Conseil d'administration de la CHINA RAILWAY GROUP Ltd n° 26
LianHuaChiNanLi, Fengtai District, Beijing, Chine
BP : 100055
Tél : 00861051843417,
Fax : 00861051841757

Tous avis, directives, demandes ou autres communications seront réputés avoir été donnés ou soumis le jour de livraison ou, dans le cas d'une télécopie, le prochain jour ouvrable après réception du rapport de transmission.

Tout changement d'adresse sera signalé à l'autre Partie par écrit et au moins 30 (Trente) jours après son effectivité.

Article 23 : Contradictions.

Au cas où les dispositions de la Convention de JV Minière et les Statuts de la JV Minière entrent en conflit avec les dispositions de la présente Convention de Collaboration, les dispositions de la Convention de Collaboration prévaudront.

Article 24 : Amendement.

Tout amendement à la présente Convention de Collaboration ne pourra intervenir qu'après et par la voie d'un avenant dûment signé par les Parties.

Article 25 : Langues.

Cette Convention de Collaboration est rédigée en français et en chinois. Les deux versions font foi. En cas de divergence dans l'interprétation des deux versions, l'interprétation de la version française prévaudra.

Articles 26 : Annexes.

Les documents cités ci-dessous constituent les annexes à la présente convention de collaboration et en font parties intégrante. Il s'agit de :

ANNEXE A : Liste des gisements cédés à la JV Minière.

ANNEXE B : Description géologique et coordonnées des gisements.

ANNEXE C : Liste des projets d'infrastructures.

Article 27 : Entrée en vigueur.

La présente Convention de Collaboration entrera en vigueur à la date de sa signature.

EN FOI DE QUOI les Parties ont signé, en six (6) exemplaires, la présente Convention de Collaboration à Beijing, le 22/04/2008, et chacune des deux Parties détenant deux exemplaires originaux.

POUR LA REPUBLIQUE DEMOCRATIQUE DU CONGO,

Monsieur Pierre Lumbi Okongo.

POUR CHINA RAILWAY GROUP LIMITED,

Monsieur LI ChangJin

POUR SINOHYDRO CORPORATION.

Monsieur FAN JiXiang.

CREATION DE LA SICOMINES

Ordonnance n° 08/046 du 14 juillet 2008 autorisant la création d'une société par actions à responsabilités limitées dénommée la « Sino-Congolaise des Mines », en sigle « SICOMINES »

Le Président de la République,

Vu la Constitution, spécialement en son article 79 alinéa 3ème ;

Vu, Tel que modifié et complété à ce jour, le Décret du 27 février 1887 relatif aux Sociétés Commerciales, spécialement en son article 6 ;

Vu, tel que modifié et complété à ce jour, l'Arrêté Royal du 22 juin 1926 relatif aux Sociétés par Actions à Responsabilité Limitée, spécialement en son article 1er ;

Vu, telle que modifiée et complétée à ce jour, l'Ordonnance n° 07/017 du 03 mai 2007 portant organisation et fonctionnement du Gouvernement, modalités pratiques de collaboration entre le Président de la République et le Gouvernement ainsi qu'entre les membres du Gouvernement, spécialement en son article 58 ;

Vu, telle que modifiée et complétée à ce jour, l'Ordonnance n° 07/018 du 16 mai 2008 fixant les attributions des Ministères ;

Vu le procès-verbal de l'Assemblée Général constitutive de la Société par Actions à Responsabilité Limitée dénommée la « SINO-CONGOLAISE DES MINES », en sigle « SICOMINES » Sarl, tenue le 28 juin 2008 ;

Sur proposition du Ministre de l'Economie Nationale et Commerce;

Le Conseil des Ministres entendu ;

O R D O N N E :

Article 1er :

Est autorisée, la création de la Société par Action à Responsabilité Limitée dénommée la SINO-CONGOLAISE DES MINES, en sigle «SICOMINES» Sarl.

Article 2 :

Le Ministre de l'Economie Nationale et Commerce est chargé de l'exécution de la présente Ordonnance qui entre en vigueur à la date de sa signature.

Fait à Kinshasa, le 14 juillet 2008.

Joseph KABILA KABANGE, Antoine GIZENGA, Premier Ministre.

CREATION DE L'« AGENCE CONGOLAISE DES GRANDS TRAVAUX » (A.C.G.T.)

Première partie
49ème année n°17

JOURNAL OFFICIEL
de la République Démocratique du Congo
Cabinet du Président de la République
Kinshasa - 1er septembre 2008

GOUVERNEMENT
Cabinet du Premier Ministre

Décret n° 08/017 du 26 août 2008 portant création, organisation et fonctionnement de l'Agence Congolaise des Grands Travaux

Le Premier Ministre,

Vu la Constitution, spécialement en ses articles 90, 92 et 93 ;

Vu la Loi n° 08/009 du 07 juillet 2008 portant dispositions générales applicables aux établissements publics, spécialement en ses articles 2,4 et 5 ;

Vu l'Ordonnance n° 06/001 du 30 décembre 2006 portant nomination d'un Premier Ministre ;

Vu l'Ordonnance n° 07/017 du 25 novembre 2007 portant nomination des Ministres d'Etat, Ministres et Vice-Ministres ;

Vu telle que modifiée et complétée à ce jour, l'Ordonnance n° 07/017 du 03 mai 2007 portant organisation et fonctionnement du Gouvernement, modalités pratiques de collaboration entre le Président de la République et le Gouvernement ainsi qu'entre les membres du Gouvernement, spécialement en ses articles 2,9 et 44 ;

Vu telle que modifiée et complétée à ce jour l'Ordonnance no 07/018 du 16 mai 2007 fixant les attributions des Ministères ;

Vu le Programme National de Reconstruction, matérialisant les cinq chantiers du Gouvernement, spécialement en matière d'infrastructures de base ;

Vu les Accords et les Conventions conclus par le Gouvernement de la République avec les partenaires chinois ;

Sur proposition du Ministre des infrastructures, travaux publics et reconstruction ;

Le Conseil des Ministres entendu,

D E C R E T E

TITRE 1ER : DES DISPOSITIONS GENERALES

Article 1er :

Il est créé, sous la dénomination de l'« Agence Congolaise des Grands Travaux » en sigle « A.C.G.T. » un service public à caractère technique, jouissant d'une autonomie administrative et financière, et placé sous l'autorité du Ministre ayant les Infrastructures, Travaux Publics et Reconstruction dans ses attributions. L'A.C.G.T. agit à la demande et sur instruction du Ministre ayant la Reconstruction dans ses attributions.

Article 2 :

Le siège de l'A.C.G.T. est établi à Kinshasa. Pour les besoins de son fonctionnement, l'A.C.G.T. peut ouvrir des agences ou succursales en tous autres lieux du territoire national, sur décision de la Direction générale.

Article 3 :

L'A.C.G.T. a pour objet la coordination, la supervision et le contrôle de l'exécution des Projets d'infrastructures spécifiés dans les Conventions et Accords de Collaboration signés entre la République Démocratique du Congo et les partenaires chinois. Elle joue le rôle de Maître d'ouvrage délégué et celui de guichet unique dans la mise en œuvre des projets. A cet effet, elle est chargée des tâches spécifiques suivantes :

- la constitution d'un fonds documentaire technique sur l'ensemble des projets ;
- la définition et la planification du programme d'infrastructures ;
- l'approbation des études de faisabilité (budgets, options techniques, études d'impacts environnementaux et sociaux, ...) après validation par les structures pérennes du Gouvernement ;
- la désignation de la structure pérenne concernée en l'occurrence l'Office des Voiries et Drainage et l'Office des Routes en qualité de maître d'ouvrage pour chaque projet, sauf là où l'expertise n'est pas avérée ;
- la préparation des contrats des travaux à soumettre à la signature du Ministre des Infrastructures, Travaux Publics et Reconstruction ;
- la supervision et la coordination de l'exécution des travaux ;
- le suivi des facturations et des paiements des travaux en collaboration avec la Sicomines ou tous autres partenaires chinois ;
- l'interface des Projets avec les Ministères sectoriels et autres structures publiques ;
- la représentation du Maître d'ouvrage et la coordination sectorielle des projets relevant du Ministère des Infrastructures, Travaux Publics et Reconstruction ;
- la facilitation pour toutes les questions en rapport avec les projets.

L'A.C.G.T. peut déléguer l'exécution de certaines des tâches énoncées ci-dessus à d'autres structures ou institutions techniques publiques en République Démocratique du Congo.

TITRE II : DU PATRIMOINE ET DES RESSOURCES

Article 4 :

Le patrimoine de l'A.C.G.T. est constitué :

1° des biens meubles et immeubles mis à sa disposition par l'Etat congolais dans le cadre de ses activités ;

2° des équipements matériels et biens divers acquis sur fonds propres notamment dans le cadre de la Convention de collaboration entre la République Démocratique du Congo et le Groupement d'Entreprises chinoises représenté par Crec ;

3° de tous les autres biens provenant de différents partenaires chinois aux accords signés avec la République Démocratique du Congo;

4° de dons et legs.

Article 5 :

L'A.C.G.T. assure son fonctionnement grâce aux ressources suivantes :

- les fonds mis à sa disposition par la Sicomines ou tout autre partenaire chinois selon des mécanismes à définir entre l'Agence et ces derniers dans le cadre des Conventions ou Accords de collaboration ;
- les dotations budgétaires ;
- la mise à disposition d'experts par les partenaires et organismes internationaux et nationaux.

TITRE III : DES STRUCTURES, DE L'ORGANISATION ET DU FONCTIONNEMENT

Article 6 :

Les structures de l'A.C.G.T. sont :

- Le Comité de Direction
- La Direction Générale

Section 1: Du Comité de Direction

Article 7 :

Le Comité de Direction est l'organe de conception et de suivi, chargé de définir les orientations générales du Projet. A ce titre, il exerce notamment les attributions suivantes :

- Superviser l'exécution des engagements des parties aux Conventions et Accords de collaboration signés par la République Démocratique du Congo en rapport avec les projets d'impact tels que repris dans les Conventions et Accords de collaboration signés entre la République Démocratique du Congo et les partenaires chinois ;

- approuver le règlement général des Projets ;

- approuver le cadre organique de l'A.C.G.T. ;

- approuver le recrutement du personnel aux postes de commandement;

- valider le plan d'action et le budget annuel de l'A.C.G.T. ;

- approuver les rapports d'activités périodiques, les états financiers, le tableau de formation des résultats et le bilan de l'A.C.G.T. ;

- promouvoir des rapports harmonieux entre parties dans la réalisation des projets d'infrastructures ;

- assurer l'interface des projets avec le Gouvernement.

Article 8 :

Le Comité de Direction est composé des membres ci-après :

- deux représentants du cabinet du Ministre des infrastructures, travaux publics et reconstruction ;

- un Représentant du Secrétariat Général aux Infrastructures et Travaux Publics ;

- un Représentant de l'Office des Routes ;

- un Représentant de l'Office des Voiries et Drainage ;

- un Représentant du Bureau d'Etudes, d'Aménagement et d'Urbanisme ;

- un Représentant du Bureau Technique de Contrôle ;

- un Représentant de la Cellule « Infrastructures » et ;

- le Directeur Général de l'A.C.G.T.

Le Directeur Général de l'A.C.G.T. participe aux réunions du Comité de direction avec voix délibérative.

Article 9 :

Les membres du Comité de Direction sont proposés par leurs services respectifs et nommés par Ordonnance du Président de la République.

Article 10 :

Le Comité de Direction est présidé par un des délégués du Ministre des Infrastructures, Travaux Publics et Reconstruction, le délégué du Secrétaire Général aux Infrastructures et Travaux Publics en est le Vice-Président. Le Secrétariat du Comité de Direction est assuré par le Directeur Général de l'A.C.G.T. ou son délégué.

Article 11 :

Le Comité de Direction se réunit sur convocation de son Président une fois par mois et chaque fois que l'intérêt des Projets l'exige ou lorsque la demande a été faite par écrit, soit par la moitié de ses membres, soit par l'autorité de tutelle. Les convocations sont adressées à chaque membre, sauf cas d'urgence, huit jours francs au moins avant la date de la tenue de la réunion.

Le Comité de Direction ne peut siéger valablement que si le quorum des 2/3 de ses membres est atteint.

Les décisions se prennent à la majorité simple des membres présents. En cas d'égalité des voix, celle du Président est prépondérante.

Article 12 :

Les membres du Comité de Direction ont droit à un jeton de présence dont le montant est fixé par le Ministre des Infrastructures, Travaux Publics et Reconstruction. Ce jeton est pris en charge dans le cadre du budget de fonctionnement de l'A.C.G.T.

Article 13 :

Un Règlement Intérieur, approuvé par le Ministre des infrastructures, travaux publics et reconstruction, détermine les autres modalités d'organisation et de fonctionnement du Comité de direction.

Section 2 : De la Direction générale

Article 14 :

La Direction Générale de l'A.C.G.T. est chargée de coordonner l'ensemble des activités du Projet et assure la gestion courante de l'Agence. A cet effet, elle assure notamment les tâches spécifiques suivantes :

- l'élaboration des règles de procédures de gestion et d'organisation des activités des Projets ;

- la préparation du règlement général des Projets (manuel des procédures, attributions et fonctionnement des services) ;

- la définition du cadre organique du personnel ;

- la liaison entre les entreprises et la Joint-venture Minière pour toutes les questions liées au financement des projets d'infrastructures ;

- l'organisation des activités de contrôle et de réception des travaux

- la préparation des plans d'action annuels ;

- la préparation des rapports périodiques des Projets, et des états financiers de l'Agence ;

- la gestion des fonds mis à la disposition de l'AC.G.T.

Article 15 :

La Direction Générale de l'A.C.G. T. est assurée par un Directeur Général et un Directeur Général adjoint nommés et, le cas échéant, relevés de leurs fonctions par le Président de la République, sur proposition du Ministre des Infrastructures, Travaux Publics et Reconstruction. Elle comprend en son sein 11 sections :

1. Section Routes
2. Section Voiries
3. Section Bâtiments
4. Section Chemins de fer
5. Section Aéroports et Ports
6. Section Ressources humaines et formation
7. Section Administration et Finances
8. Section Environnement
9. S. Logistique, Sécurité, Relations publiques et Communication
10. Section Juridique
11. Section Energie.

Article 16 :

Le personnel de l'A.C.G.T. est régi par un statut fixé par le Ministre des Infrastructures, Travaux Publics et Reconstruction sur proposition du Directeur Général. Le statut du personnel fixe notamment le barème des traitements, les indemnités et autres avantages accessoires, ainsi que le régime disciplinaire.

Article 17 :

Le Directeur Général engage l'Agence dans les limites de la délégation qu'il reçoit du Comité de Pilotage.

Il ne contracte aucune obligation personnelle relativement aux engagements de l'Agence.

Article 18 :

La Direction Générale se réunit autant de fois que les circonstances l'exigent, mais au moins une fois par semaine sur convocation et sous la présidence du Directeur Général.

Elle délibère sur toutes les Questions intéressant aussi bien l'ensemble des activités des projets que la gestion courante de l'Agence. Il en est dressé un procès-verbal lequel est communiqué au Comité de Direction et au Ministre de Tutelle pour approbation.

La non-objection de la tutelle dans le délai de huit jours vaut acceptation des décisions prises par la Direction Générale. La présence des 2/3 des membres est requise pour la validité des délibérations.

Les décisions sont prises à la majorité simple des membres présents. En cas d'égalité des voix, celle du Directeur Général est prépondérante et départage.

Article 19 :

Un Règlement Intérieur, approuvé par le Ministre des infrastructures, travaux publics et reconstruction détermine les modalités de convocation ainsi que les autres règles de fonctionnement de la Direction générale.

Section 3 : Du contrôle des auditeurs externes

Article 20 :

Le contrôle des opérations financières et comptables de l'A.C.G.T. est exercé par des auditeurs externes nommés par le Ministre des Infrastructures, Travaux Publics et Reconstruction. Ils sont pris en charge par le budget de fonctionnement de l'Agence.

Section 4 : Du Régime douanier, fiscal et parafiscal

Article 21 :

L'A.C.G.T est exonérée de tous impôts, droits, taxes et redevances pour toutes les opérations liées à son objet.

TITRE IV : DES DISPOSITIONS FINALES

Article 22 :

L'Agence Congolaise des Grands Travaux pourra être supprimée par Décret du Premier Ministre. Dans ce cas, l'actif et le passif, ainsi que ses droits et obligations seront repris par l'Etat.

Article 22 :

Le Ministre des infrastructures, travaux publics et reconstruction est chargé de l'exécution du présent décret qui entre en vigueur à la date de sa signature.

Fait à Kinshasa, le 26 août 2008.

Le Premier Ministre, Antoine GIZENGA

Le Ministre des Infrastructures, Travaux Publics et Reconstruction
Pierre LUMBI OKONGO.

CREATION DU « BUREAU DE COORDINATION ET DE SUIVI DU PROGRAMME SINO-CONGOLAIS » (B.C.P.S.C.)

Première partie
49ème année n°17

JOURNAL OFFICIEL
de la République Démocratique du Congo
Cabinet du Président de la République
Kinshasa - 1er septembre 2008

GOUVERNEMENT
Cabinet du Premier Ministre

Décret n° 08/ 018 du 26 août 2008 portant création, organisation et fonctionnement du « Bureau de Coordination et de Suivi du Programme Sino-Congolais » en sigle « B.C.P.S.C. »

Le Premier Ministre,

Vu la Constitution, spécialement en ses articles 90, 92 et 93;

Vu la Loi n° 08 / 009 du 07 juillet 2008 portant dispositions générales applicables aux établissements publics, spécialement en ses articles 2,4 et 5 ;

Vu l'Ordonnance n° 06/001 du 30 décembre 2006 portant nomination d'un Premier Ministre ;

Vu l'Ordonnance n° 007/071 du 25 novembre 2007 portant nomination des Ministres d'Etat, Ministres et Vice-Ministres ;

Vu telle que modifiée et complétée à ce jour, l'Ordonnance n° 07/017 du 03 mai 2007 portant organisation et fonctionnement du Gouvernement, modalités pratiques de collaboration entre le Président de la République et le Gouvernement ainsi qu'entre les membres du Gouvernement, spécialement en ses articles 2, 9 et 44 ;

Vu l'Ordonnance n° 07/018 du 16 mai 2007 fixant les attributions des Ministères telle que complétée par l'Ordonnance n° 08/007 du 25 janvier 2008 ;

Vu le Programme National de Reconstruction matérialisé par les cinq chantiers du Gouvernement, spécialement en matière d'infrastructures de base ;

Vu les accords et conventions conclus à cet effet par le Gouvernement de la République Démocratique du Congo avec les partenaires chinois ;

Sur proposition du Ministère des Infrastructures, Travaux Publics et Reconstruction.

Le Conseil des Ministres entendu ;

D E C R E T E

TITRE 1ER : DES DISPOSITIONS GENERALES

CHAPITRE 1 : NATURE JURIDIQUE ET SIEGE

Article 1er :

Il est créé, sous la dénomination de Bureau de Coordination et de Suivi du Programme Sino-Congolais, en sigle « B.C.P.S.C. », un service public à caractère administratif et financier, jouissant d'une autonomie administrative et financière et placé sous la tutelle du Premier Ministre.

Article 2 :

Le siège de B.C.P.S.C. est établi à Kinshasa. Pour les besoins de son fonctionnement, le B.C.P.S.C. peut ouvrir des bureaux en tous autres lieux du territoire national ainsi que dans les ambassades de la République Démocratique du Congo à l'étranger, sur décision du comité de coordination Interministériel.

CHAPITRE 2 : OBJET

Article 3 :

Le B.C.P.S.C. a pour objet la gestion et le suivi de la mise en œuvre des accords de coopération signés entre le Gouvernement de la République Démocratique du Congo et les partenaires privés chinois dans les domaines minier et des infrastructures de base.

A cet effet, il a pour mission de :

- jouer le rôle d'interface entre les différentes parties et entités intéressées par les projets issus des accords de coopération en matière d'infrastructures, notamment le Gouvernement de la République Démocratique du Congo, les Groupements d'Entreprises Chinoises, la Sicomines ou toute autre joint-venture d'exploitation des ressources naturelles, l'Agence Congolaise des Grands Travaux ainsi que les structures des partenaires chinois chargées du suivi de ces projets ;

- assurer le suivi de la mise en œuvre des Conventions et des accords avec les partenaires chinois ;

- préparer les différentes rencontres, réunions et /ou négociations entre les parties ;

- assurer les négociations avec les banques ou institutions financières pour obtenir tout appui supplémentaire en vue de mener à bien la mise en œuvre desdits projets.

TITRE II : DE LA STRUCTURE, DE L'ORGANISATION ET DU FONCTIONNEMENT

CHAPITRE 3 : STRUCTURE DU B.C.P.S.C.

Article 4 :

La structure du B.C.P.S.C. est composée :

- du Comité Interministériel de Coordination ;
- du Secrétariat Exécutif

CHAPITRE 4 : ORGANISATION ET FONCTIONNEMENT

Section 1 : Du Comité interministériel de Coordination

Article 5 :

Le Comité Interministériel de Coordination est l'organe de conception et de suivi, chargé de définir les orientations générales sur la supervision des projets issus des accords de coopération avec les groupements d'entreprises chinoises.

A ce titre, il exerce notamment les attributions suivantes :

- superviser l'exécution des engagements des parties aux conventions et accords de collaboration signés par la République Démocratique du Congo et les partenaires chinois ;
- approuver le cadre organique du B.C.P.S.C. et ses Modifications;
- approuver le recrutement du personnel aux postes de Commandement ;
- valider le plan d'action et le budget annuel du B.C.P.S.C. ;
- approuver les rapports d'activités périodiques, les états financiers du B.C.P.S.C. ;
- examiner les rapports d'audits du B.C.P.S.C. ;
- promouvoir les rapports harmonieux entre parties ;
- assurer l'interface du B.C.P.S.C. vis-à-vis du Gouvernement.

Article 6 :

Le Comité de Coordination est constitué par les Ministres directement impliqués dans les projets issus des accords avec les partenaires chinois. Sont d'office membres du Comité Interministériel de Coordination :

- le Ministre d'Etat près le Président de la République ;
- le Ministre près le Premier Ministre ;
- le Ministre des Infrastructures, Travaux Publics et Reconstruction;
- le Ministre des Affaires Etrangères et de la Coopération Internationale ;
- le Ministre des Finances ;
- le Ministre du Budget ;
- le Ministre des Mines ;
- le Ministre des Transports et Voies de Communication ;
- le Ministre de l'Energie ;
- le Ministre de l'Urbanisme et Habitat ;
- le Ministre des Relations avec le Parlement ;
- le Directeur Général de l'A.C.G.T. ;
- le Vice-Président de la joint-venture d'exploitation des ressources naturelles ;
- le Secrétaire Exécutif du B.C.P.S.C.

Les Ministres et autres dirigeants des entités concernées par l'une ou l'autre phase de la mise en œuvre des projets d'infrastructures seront invités aux réunions du Comité de Coordination chaque fois qu'il s'agira de leurs secteurs ou entités et auront voix délibérative.

Article 7 :

La Présidence du Comité de Coordination est assurée par le Ministre ayant les infrastructures, Travaux Publics et Reconstruction dans ses attributions. Le Secrétariat du Comité de Coordination est assuré par le Secrétaire exécutif du B.C.P.S.C.

Article 8 :

Le Comité Interministériel de Coordination se réunit en plénière sur convocation de son Président une fois par trimestre pour lever les options sur les questions proposées par le Secrétariat Exécutif Permanent. Il peut se réunir en session extraordinaire chaque fois que de besoin ou sur instruction de la tutelle.

Les convocations sont adressées par écrit à chaque membre, sauf cas d'urgence, dix jours francs au moins avant la date de la tenue de la réunion.

Le Comité Interministériel de Coordination ne peut siéger valablement que si le quorum des 2/3 de ses membres est atteint.

En cas d'égalité des voix lors d'un vote, celle du Président est prépondérante.

A l'issue des travaux, un rapport est rédigé par le Secrétaire Exécutif et transmis au Premier Ministre.

Article 9 :

Les membres du Comité Interministériel de Coordination ont droit à un jeton de présence dont le montant est fixé par le Premier Ministre sur proposition du Ministre des Infrastructures, Travaux Publics et Reconstruction.

Ce jeton est pris en charge dans le cadre du budget de fonctionnement du B.C.P.S.C.

Sur proposition du Comité Interministériel de Coordination un règlement intérieur, approuvé par le Premier Ministre, détermine les autres avantages, modalités et règles de fonctionnement du Comité Interministériel de Coordination.

Section 2 : Du Secrétariat Exécutif Permanent

Article 10 :

Le Secrétariat Exécutif Permanent est chargé de coordonner l'ensemble des activités liées à l'encadrement pour leur bonne fin des projets issus des accords et conventions signés par la République Démocratique du Congo avec les partenaires chinois en matière d'infrastructures de base. Il assure la gestion courante du B.C.P.S.C., conformément aux directives du Ministre des Infrastructures, Travaux Publics et Reconstruction appuyées par les recommandations du Comité Interministériel de Coordination.

A cet effet, il assure notamment les tâches spécifiques suivantes :

- la préparation et la planification des négociations, des accords et conventions et de toutes les activités d'encadrement des projets ;
- la définition du cadre organique du personnel ;
- la réalisation des toutes les facilitations administratives, fiscales et parafiscales liées aux projets et en faveur du personnel, national et étranger, utilisé dans ces projets ;
- la gestion des bases des données relatives aux accords, aux projets, aux ressources naturelles de la République Démocratique du Congo, aux infrastructures et aux potentialités économiques et commerciales, aux études d'impacts environnementaux d'infrastructures de base, aux études économiques en relation directe avec les accords avec les partenaires chinois ;
- la rédaction du rapport des travaux du Comité Interministériel de coordination.

Article 11 :

Le Secrétariat Exécutif est dirigé par un Secrétaire Exécutif assisté d'un Secrétaire Exécutif Adjoint tous nommés et, le cas échéant, relevés de leurs fonctions par le Président de la République, sur proposition du Ministre des Infrastructures, Travaux Publics et Reconstruction.

Le Secrétaire Exécutif Adjoint remplace le Secrétaire Exécutif en cas d'absence ou d'empêchement.

Il comprend en outre, des services et un personnel nécessaire à l'accomplissement de la mission du Comité Interministériel de Coordination.

Article 12 :

Le Secrétariat Exécutif comprend les structures suivantes :

- Le Comité d'experts
- La Mission Economique près l'Ambassade de la RDC en Chine
- Le Service d'Appoint.

Article 13 :

Le Comité d'experts est multidisciplinaire. Il est composé des experts nommés par le Premier Ministre sur proposition du Comité Interministériel de Coordination.

Article 14 :

La Mission Economique près l'Ambassade de la République Démocratique du Congo en Chine est chargée de collecter les informations sur les projets et de maintenir le contact avec les partenaires du pays hôte.

Article 15 :

Le Service d'Appoint comprend l'Administration et Finances, le Secrétariat, les Relations publiques et protocole ainsi que la logistique.

Article 16 :

Le personnel du Secrétariat Exécutif Permanent est régi par un statut fixé par le Ministre des Infrastructures, Travaux Publics et Reconstruction sur proposition du Secrétaire Exécutif, sans préjudice des prescrits du Code du travail.

Article 17 :

Le statut du personnel fixe notamment les conditions de recrutement, le barème des traitements, les indemnités et autres avantages, ainsi que le régime disciplinaire.

Article 18 :

Le Secrétariat Exécutif se réunit autant de fois que les circonstances l'exigent, mais au moins une fois par semaine, sur convocation et sous la présidence du Secrétaire Exécutif. Il délibère sur toutes les questions liées à la gestion courante du Bureau. Il en est dressé un procès-verbal, lequel est transmis au Comité interministériel de Coordination et au Premier Ministre. La non objection du Comité Interministériel de Coordination dans le délai de huit jours vaut acceptation des décisions prises par le Secrétariat exécutif.

TITRE III : PATRIMOINE, RESSOURCES ET CONTROLE

CHAPITRE 5 : DU PATRIMOINE

Article 19 :

Le patrimoine du B.C.P .S.C. est composé :

- des biens meubles et immeubles mis à sa disposition par l'Etat congolais dans le cadre de ses activités ;

- des équipements matériels et biens divers acquis dans le cadre de la Convention de collaboration entre la République Démocratique du Congo et le Groupement des Entreprises Chinoises représenté par le CREC ;

- de tous les autres biens provenant de différents partenaires aux accords signés avec la République Démocratique du Congo ;

- de dons et legs.

CHAPITRE 6 : DES RESSOURCES

Article 20 :

Le B.C.P.S.C. assure son fonctionnement grâce aux dotations budgétaires et aux subventions diverses.

CHAPITRE 7 : DU CONTROLE

Article 21 :

Le contrôle des opérations financières et comptables du B.C.P.S.C. est exercé par des auditeurs internes.

Le Président du Comité Interministériel de Coordination peut commettre les auditeurs externes. Ils sont pris en charge par le Budget de fonctionnement du B.C.P.S.C.

TITRE IV : DES DISPOSITIONS FINALES

Article 22 :

Le B.C.P.S.C. pourra être supprimé par Décret du Premier Ministre délibéré en Conseil des Ministres. En cas de dissolution l'actif et le passif ainsi que ses droits et obligations restent la propriété de l'Etat.

Article 23 :

Le Ministre des Infrastructures, Travaux Publics et Reconstruction est chargé de l'exécution du présent Décret qui entre en vigueur à la date de sa signature.

Fait à Kinshasa, le 26 août 2008.

Le Premier Ministre, Antoine GIZENGA.

Ministre des Infrastructures, Travaux Publics et Reconstruction,
Pierre LUMBI OKONGO.

LE BCPSC POUR LE SUIVI DE TOUTES LES CONVENTIONS DE COLLABORATION SIGNEES ENTRE LA RD-CONGO ET LES PARTENAIRES PRIVES

Loi n° 13/005 du 11 février 2014 portant régime fiscal, douanier, parafiscal des recettes non fiscales et de change applicables aux conventions de collaboration et aux projets de coopération, « Loi sur le PPP ».

L'Assemblée nationale et le Sénat ont examiné ;

L'Assemblée nationale a adopté ;

Le Président de la République promulgue la Loi dont la teneur suit:

TITRE 1ER : DES DISPOSITIONS GENERALES

Chapitre 1 : De l'objet, des définitions et du champ d'application

Section 1ère : De l'objet

Article 1

La présente loi fixe les dispositions particulières et le régime fiscal, douanier, parafiscal, de recettes non fiscales et de change applicables aux conventions de collaboration et aux projets de coopération dans le cadre du partenariat public-privé.

Section 2 : Des définitions

Article 2

Aux termes de la présente loi, on entend par :

1. Activités étrangères : toute activité qui ne rentre ni dans l''objet ni dans les objectifs de la Convention de collaboration et de ses conventions connexes ;

2. Convention de collaboration : convention conclue entre l'Etat et un groupement d'entreprise, une entreprise ou d'autres institutions portant sur un projet de coopération susceptible de contribuer de façon substantielle au développement économique et/ou social du pays ;

3. Convention connexe : toute convention conclue dans les mêmes conditions qu'une convention de collaboration et visant à atteindre la réalisation d'un ou plusieurs objectifs, d'une ou plusieurs composantes du projet de coopération qui fait l'objet d'un contrat de collaboration ;

4. Groupement : deux ou plusieurs entreprises, sociétés et/ou établissements qui concourent au financement et à la réalisation de grands travaux ;

5. Partenariat public-privé : un mode de financement par lequel la puissance publique fait appel à des prestataires privés, dans le cadre d'une convention de collaboration pour financer et gérer des projets publics d''infrastructures, de construction d'ouvrages, d'équipement ou tout autre investissement nécessaire au service public sur une longue durée ;

6. Projet connexe : tout projet mis en place dans les mêmes conditions qu'un projet de coopération et visant à atteindre un ou plusieurs objectifs d'un projet de coopération notamment les projets de
construction de centrale hydroélectrique, de réseau d'électricité, de routes, de chemins de fer ;

7. Projet de coopération : projet permettant de mobiliser des ressources financières nécessaires afin de réaliser le développement économique et social du pays de façon substantielle. Le projet de coopération porte sur les infrastructures de base et les ressources naturelles notamment les mines, les hydrocarbures, les forêts et les eaux;

8. Projet d''infrastructures : projet portant sur les travaux d'aménagement intérieur, les travaux de génie civil et les travaux publics réalisés par les entreprises, groupement d'entreprises, sociétés ou établissements dans le cadre de la convention de collaboration ;

9. Projet minier : tout projet visant l''exploitation d'un gisement minier mis sur pied par les parties à la convention de collaboration. Le projet minier comprend également tous les projets qui contribueront à la réalisation du projet de coopération tels que les projets de construction de centrale hydroélectrique, de réseau d'électricité, de routes, de chemins de fer ;

10. Société commune : société créée entre, d'une part, l'Etat et/ou une entreprise de l''Etat désignée par ce dernier et, d'autre part, l''entreprise ou le groupement d'entreprises ayant conclu une convention de collaboration ou encore une autre société commune ;

11. Titre d'exploitation : titre permettant à la société commune d'exploiter l'activité pour laquelle elle a été constituée. Il s'agit soit des titres miniers, soit des titres des hydrocarbures, soit des titres forestiers,

selon le cas ou de tous autres titres permettant l'exercice d'une activité économique ;

12. Travaux d'aménagement Intérieur : Travaux de génie civil et travaux publics.

Section 3 : Du champ d'application

Article 3

La présente loi s'applique aux entreprises, groupements d'entreprises, sociétés et/ou établissements ayant conclu des conventions de collaboration avec le Gouvernement ainsi qu'aux entreprises créées en vertu des conventions de collaboration ou sociétés communes, aux sous-traitants liés par un contrat de sous-traitance et utilement communiqué aux administrations fiscales, douanière, de recettes non fiscales ainsi qu'aux autres services intervenants et aux administrations fiscales provinciales.

Article 4

Toute nouvelle législation de droit commun comportant des dispositions fiscales, douanières, parafiscales, non fiscales et de change plus favorables que celles contenues dans la présente loi, sont immédiatement applicables de plein droit, aux entreprises, groupement d'entreprises, sociétés ou établissements signataires d'une convention de collaboration et d'une convention connexe.

Article 5

Sans préjudice des dispositions du Titre III de la présente loi, les lois régissant les secteurs des mines, des hydrocarbures, de la forêt, de l'agriculture, de l'eau et de l'électricité s'appliquent aux conventions de collaboration et projets de coopération.

TITRE II : DES DISPOSITIONS SPECIFIQUES APPLICABLES AU PARTENARIAT PUBLIC-PRIVE

Chapitre 1er : Des modalités de conclusion des conventions de collaboration

Section 1ère : De la conclusion des conventions de collaboration et prise d'effet

Article 6

Sont éligibles à conclure une convention de collaboration, les entreprises, groupement d'entreprises, sociétés et/ou établissements ayant une personnalité morale, de droit privé ou de droit public, de droit congolais ou de droit étranger et pouvant justifier de moyens techniques et financiers suffisants pour mener à bien un projet de coopération ou pouvant mobiliser lesdits moyens auprès des bailleurs des fonds.

Article 7

Un décret du Premier ministre délibéré en Conseil des ministres détermine les conditions d'éligibilité et le contenu des conventions de collaboration. Toutefois, les conditions suivantes sont requises :

1. la valeur des investissements ne doit pas être inférieure à l'équivalent en francs congolais d'un milliard de dollars américains ;
2. la prise en charge des clauses sociales et environnementales ;;
3. la présentation d'une offre sous forme d'un montage financier sur le projet ;
4. l'engagement d''assurer le transfert de la technologie ;
5. l'engagement de ne recourir à la main-d'œuvre étrangère que lorsque les qualifications et compétences ne sont pas disponibles localement.

Article 8

Délibérée en Conseil des ministres, la convention de collaboration est signée pour la partie République Démocratique du Congo par le Ministre du Gouvernement central sectoriel et les Ministres du Gouvernement central ayant respectivement les finances et le budget dans leurs attributions. Au cas où la convention prévoit la participation directe de l'Etat ou d'une entreprise de droit public, dans la société commune, le Ministre du Gouvernement central ayant le Portefeuille dans ses attributions est également signataire.

La convention de collaboration visée à l'alinéa 1err du présent article est sanctionnée par décret du Premier ministre.

Section 2 : Des modalités de réalisation des projets de coopération

Article 9

Pour réaliser le projet de coopération, l'Etat ou l'entreprise de l'Etat désignée par lui et l'entreprise, le groupement d''entreprise, la société et/ou l''établissement ayant conclu une convention de collaboration créent une ou plusieurs sociétés communes en vue de la réalisation des objectifs de la convention de collaboration.

Sans préjudice des dispositions légales en vigueur, les modalités de réalisation des projets de coopération sont définies dans la convention de collaboration.

Chapitre II : Des modalités de financement et de remboursement des financements des projets de coopération

Section 1ère : Du financement des projets de coopération

Article 10

Les entreprises, le groupement d''entreprises, sociétés ou établissements qui ont conclu des conventions de collaboration avec l'Etat mobilisent des financements nécessaires, conformément aux études de faisabilité, pour réaliser les projets de coopération et les projets connexes dans les domaines faisant l'objet de leurs conventions respectives et portant notamment sur les infrastructures de base ainsi que sur les ressources naturelles.

Si la convention de collaboration porte sur l'exploitation des ressources naturelles notamment les substances minérales, la forêt, les hydrocarbures, les eaux, celles-ci doivent au préalable faire l'objet d''une certification par des cabinets spécialisés.

Article 11

Le coût du projet, objet de la convention de collaboration, équivaut au coût total, tous droits et taxes compris, de toute opération de création ou d'extension d'activités, notamment l'acquisition des terrains, matériels, matériaux de construction, outillage et le besoin en fonds de roulement.

Section 2 : Du remboursement des financements des projets de coopération

Article 12

Le remboursement des financements des projets de coopération se fait sur les revenus de la société commune.

Chapitre III : Du pilotage, de la coordination et du suivi des conventions de collaboration

Article 13

Le pilotage, la coordination et le suivi des conventions de collaboration sont assurés par un établissement public.

Un décret du Premier ministre délibéré en Conseil des ministres en fixe l'organisation et le fonctionnement.

TITRE III : DU REGIME FISCAL, DOUANIER, PARAFISCAL, DE RECETTES NON FISCALES, ET DE CHANGE APPLICABLE AUX CONVENTIONS DE COLLABORATION ET AUX PROJETS DE COOPERATION

Chapitre 1 : Du régime fiscal, douanier et de recettes non fiscales

Section 1ère : Du régime fiscal, douanier et de recettes non fiscales

Article 14

Sans préjudice des avantages fiscaux, douaniers, non fiscaux accordés conformément aux lois et édits en vigueur ou en vertu de ceux-ci et hormis les impôts, droits, redevances et taxes visés à l'article 15 de la présente loi, les entreprises, groupements d'entreprises, sociétés, établissements ou entreprises créées en vertu des conventions de collaboration, qui exécutent la convention de collaboration et les conventions connexes, sont exonérés des impôts,, droits, taxes, droits de douanes,, redevances au niveau national, provincial et municipal, directs ou indirects, à l'intérieur, à l'import ou à l'export, payables en République Démocratique du Congo, pour autant qu'ils soient strictement liés à la convention de collaboration et aux projets de coopération.

Les dispositions de l'alinéa précédent s'appliquent aux sous-traitants dans les limites des prestations ou activités liées exclusivement à la convention de collaboration et aux projets de coopération pendant la durée du projet.

Sans préjudice des dispositions des alinéas 1 et 2 ci-dessus, les procédures fiscales et douanières ainsi que celles relatives aux recettes non fiscales applicables sont celles du droit commun.

Article 15

Les exonérations visées à l'article 14 de la présente loi ne s'appliquent pas aux impôts, droits, redevances et taxes ci-après :

1. Redevances pour les services rendus ;

2. Redevance informatique ;

3. Taxe de circulation routière ;

4. Impôt sur le véhicule à l'exception des véhicules utilisés à l'exécution des travaux relatifs à la convention de collaboration et aux projets de coopération ;

5. Impôt sur les bénéfices et profits à la fin du remboursement des financements ;

6. Impôt exceptionnel sur les rémunérations du personnel expatrié;

7. Impôt sur les revenus locatifs ;

8. Impôt sur les revenus mobiliers à l''exception de celui frappant les intérêts des capitaux empruntés à des fins professionnels en faveur des tiers prêteurs ;

9. Taxe sur la valeur ajoutée ;

10. Impôt professionnel sur les rémunérations ;

11. Droits superficiaires ;

12. Redevance minière ;

13. Frais et paiements relatifs à la demande, à l''octroi, au transfert et à la cession des droits et titres miniers ;

14. Royalties ;

15. Droits d'accises ;

16. Marge distribuable ;

17. Droit de participation de l'Etat ;

18. Bonus prévus dans les secteurs des hydrocarbures et des mines;

19. Profit oil ;

20. Pas-de-porte ;

21. Redevances routières ;

22. Droits, redevances et taxes des secteurs forestier, de l'eau et de l'électricité ;

23. Droits, redevances et taxes du secteur de la télécommunication;

24. Droits, redevances et taxes relatifs à la protection de l'environnement ;

25. Taxe pour l'obtention de la carte de travaille pour étranger.

Article 16

Les entreprises, groupements d'entreprises, sociétés, établissements ou entreprises créées en vertu des conventions de collaboration ou entreprises communes bénéficiant de l'exonération prévue à l'article 14 de la présente loi demeurent redevables légaux de tous impôts et taxes pour lesquels ils ne sont que simples collecteurs.

Article 17

Sans préjudice des dispositions des art. 14 et 15 de la présente loi, les entreprises, groupement d'entreprises, sociétés ou établissements évoluant dans le cadre de la convention de collaboration et aux projets de coopération sont assujettis aux taxes dues avec contrepartie..

Article 18

Un arrêté interministériel du Ministre du secteur d'activités concerné et celui ayant les finances dans ses attributions fixe les modalités de l'article 15 de la présente loi.

Section 2 : Des importations des objets de déménagement

Article 19

Les objets de déménagements appartenant au personnel employé par une entreprise, un groupement d'entreprises, une société, un établissement ou des entreprises créées en vertu des conventions de collaboration, qui s'occupe des grands travaux en exécution de la convention de collaboration et de ses conventions connexes sont exonérés des droits et taxes à l'importation conformément au Code des douanes.

Section 3 : De la mise en consommation sur le Territoire national des biens importés

Article 20

Les matériels, les biens et les équipements importés sous le régime douanier privilégié, prévu dans la présente loi, ne peuvent être cédés sur le territoire national sans autorisation de l''administration des douanes.

Les matériels, les biens et les équipements importés dans le cadre de la convention de collaboration et des projets de coopération peuvent être mis en consommation ou cédés sur le territoire national moyennant paiement des droits et taxes à l'importation, au taux en vigueur à la date de mise en consommation.

Article 21

La liste des biens, matériels et équipements importés dans le cadre des conventions et des projets de coopération est approuvée par arrêté interministériel du Ministre du Gouvernement central du secteur et celui ayant les finances dans ses attributions.

Lesdits biens ne doivent pas être obsolètes ni présenter un danger sur les plans environnemental et sanitaire.

Article 22

Les matériels et engins nécessaires à la réalisation des travaux ou ouvrages d'infrastructures et/ou des projets connexes peuvent être importés sur le territoire national sous le régime d'admission temporaire, sur autorisation des services des douanes dans les conditions prévues par le Code des douanes.

Les matériels professionnels et engins nécessaires à la réalisation des travaux ou ouvrages faisant l'objet de la convention de collaboration et importés par les sous- traitants peuvent bénéficier du régime visé à l''alinéa précédent.

Dans ce cas, le coût de location des équipements importés sous le régime d'admission temporaire est incorporé dans le coût total du projet visé à l'article 11 de la présente loi.

Section 4 : Du régime fiscal, douanier et des recettes non fiscales applicable aux activités étrangères

Article 23

Sans préjudice des dispositions des articles 14 et 15 de la présente loi, les bénéficiaires du régime fiscal, douanier, parafiscal, de recettes non fiscales et du régime de change sont soumis dans le cadre de l'exercice des activités étrangères, au droit commun ainsi qu''aux redevances et taxes qui contribuent au fonctionnement des administrations et services publics.

Section 5 : De l'arrêt ou arrivée à terme du projet

Article 24

En cas d'arrêt ou d''arrivée à terme d'un projet de coopération ou d'un projet connexe, les matériels, biens et équipements ayant bénéficié du régime privilégié en matière douanière doivent, soit être réexportés, soit être mis en consommation sur le territoire national après ajustement du régime douanier par le paiement des droits et taxes.

La déclaration de l'arrêt des travaux doit être immédiatement faite aux administrations des douanes et des impôts ainsi qu'aux autres services et Ministères impliqués.

Article 25

Le transfert des biens, matériels et/ou équipements non obsolètes et non dangereux d''un projet à un autre doit faire l'objet d'une autorisation préalable de l'administration des douanes.

Chapitre II : Du régime parafiscal

Article 26

Les modalités d'application du régime parafiscal sont fixées par voie d'arrêté interministériel du Ministre du secteur d''activité concerné et de celui ayant les finances dans ses attributions.

Chapitre III : Du régime de change

Article 27 : L'Etat garantit aux entreprises, groupement d'entreprises, sociétés ou établissements et à leurs actionnaires, le libre transfert de revenus et capitaux conformément à la Règlementation de change en vigueur.

Il garantit, en outre, la libre ouverture des comptes bancaires en devises et en monnaie locale à l'intérieur du pays.

Les conditions d'ouverture des comptes bancaires, les modalités de transfert, la détention, le contrôle sont fixés par les lois en vigueur.

TITRE IV : DES DISPOSITIONS TRANSITOIRES ET FINALES

Article 28

Les garanties et avantages déjà consentis aux entreprises, groupements d'entreprises, sociétés, établissements ou entreprises créées en vertu des conventions de collaboration conclues entre le Gouvernement de la République Démocratique du Congo et le groupement d'entreprises étrangères antérieures à la présente loi, notamment la convention de collaboration du 22 avril 2008, demeurent jusqu'au terme desdits projets.

Article 29

En attendant la création de l'établissement public visé à l'article 13 de la présente loi, le Bureau de coordination et de suivi créé par décret n° 08/018 du 26 août 2008 assure le suivi de la mise en œuvre des conventions de collaboration signées entre la République Démocratique du Congo et les partenaires privés.

Article 30

La présente Loi entre en vigueur à la date de sa promulgation.

Fait à Kinshasa, le 11 février 2014.

Joseph KABILA KABANGE.

AVENANTS

AVENANT N° 1 A LA CONVENTION DE COLLABORATION RELATIVE AU DEVELOPPEMENT D'UN PROJET MINIER ET D'UN PROJET D'INFRASTRUCTURES EN REPUBLIQUE DEMOCRATIQUE DU CONGO DU 22 AVRIL 2008

(produit le 28 juin 2008)

ENTRE LES SOUSSIGNES :

1. LA REPUBLIQUE DEMOCRATIQUE DU CONGO, ci-après dénommée « RDC », représentée aux fins des présentes par Monsieur Pierre Lumbi Okongo, Ministre en charge des Infrastructures, Travaux Publics et Reconstruction,

2. CHINA RAILWAY GROUP LIMITED, société de droit chinois, ayant son siège social au No.1, XingHuo Road, Fengtai District, Beijing, China, représentée aux fins des présentes par son représentant légal, le Président du Conseil d'Administration, Monsieur SHI DaHua ;

3. SINOHYDRO CORPORATION, société de droit chinois, ayant son siège social au No.1, Ertiao, Baiguang Road, Xuanwu District, Beijing, China, 1 00761, représentée aux fins des présentes par Monsieur FAN JiXiang, son représentant légal ;

4. CHINA METALLURGICAL GROUP CORPORATION, société de droit chinois, ayant son siège social au No.11, Gaoliangqiaoxiejie, Haidian District, Beijing, RP.C. (100081), représentée aux fins des présentes par Monsieur Shen HeTing, son représentant légal.

APRES AVOIR PREALABLEMENT EXPOSE QUE :

A. LA RDC ; d'une part, et, d'autre part, CHINA RAILWAY GROUP LIMITED et SINOHYDRO CORPORATION, ci-après dénommées «Groupement d'Entreprises Chinoises», ont signé la CONVENTION DE

COLLABORATION RELATIVE AU DEVELOPPEMENT D'UN PROJET MINIER ET D'UN PROJET D'INFRASTRUCTURES EN REPUBLIQUE DEMOCRATIQUE DU CONGO le 22 AVRIL 2008 dans laquelle les parties se sont fixées pour objectif de réaliser le Projet de Coopération.

B. CHINA METALLURGICAL GROUP CORPORATION est une société minière de droit chinois qui souhaite adhérer au Projet de Coopération afin d'accélérer le développement celui-ci.

C. La RDC et le Groupement d'Entreprises Chinoises ont marqué leur accord pour l'adhésion de CHINA METALLURGICAL GROUP CORPORATION au Projet de Coopération.

EN FOI DE QUOI, Il A ETE CONVENU ET ARRETE CE QUI SUIT :

Article 1 : Objet de l'avenant

1.1. CHINA METALLURGICAL GROUP CORPORATION adhère à la Convention de collaboration du 22 avril 2008 avec CHINA RAILWAY GROUP LIMITED et SINOHYDRO CORPORATION, en tant que «Groupement d'Entreprises Chinoises», afin de réaliser le Projet de Coopération.

1.2. L'article 1.5 de la CONVENTION DE COLLABORATION RELATIVE AU DEVELOPPEMENT D'UN PROJET MINIER ET D'UN PROJET D'INFRASTRUCTURES EN REPUBLIQUE DEMOCRATIQUE DU CONGO du 22 avril 2008 est modifié comme suit :

1.5. Pour la constitution d'une JV Minière et la réalisation du Projet Minier, le Groupement d'Entreprises Chinoises désigne cinq (5) *sociétés,* à *savoir China Railway Group (Hong Kong) Limited, China Railway Resources Development Limited, Sinohydro Corporation Limited, Sinohydro Harbour Co. Ltd. et China Metallurgical Group Corporation, ces cinq* (5) *sociétés formant le CONSORTIUM.*

1.6. CHINA METALLURGICAL GROUP CORPORATION aura le droit de participer, avec CHINA RAILWAY GROUP LIMITED, et SINOHYDRO CORPORATION, en tant que « Groupement d'Entreprises Chinoises », dans le Projet de Coopération, avec tous les droits et les obligations qui y *sont attachés.*

Article 2 : Entrée en vigueur

Le présent avenant entre en vigueur à la date de sa signature.

Ainsi fait à Kinshasa, le 28 juin 2008.

En sept exemplaires originaux, chacune des parties reconnaissant d'avoir reçu le sien, les trois autres étant destinés au service notarial.

1. POUR LA REPUBLIQUE DEMOCRATIQUE DU CONGO
2. POUR CHINA RAILWAY GROUP LIMITED, Monsieur Li ChangJin
3. POUR SINOHYDRO CORPORATION, Monsieur Li YuePing
4. POUR CHINA METALLURGICAL GROUP CORPORATION, Monsieur Wang YongGuang.

AVENANT N° 1 A LA CONVENTION DE JOINT VENTURE DU 22 AVRIL 2008

(produit le 28 juin 2008)

ENTRE LES SOUSSIGNES :

1. LA GENERALE DES CARRIERES ET DES MINES, en abrégé «GECAMINES» et en sigle « GCM », entreprise publique de droit congolais, créée par le décret 049 du 07 novembre 1995, enregistrée au Nouveau Registre de Commerce de Lubumbashi sous le numéro 453 et ayant son siège social sur le Boulevard Kamanyola, n° 419, B. P. 450, Lubumbashi, République Démocratique du Congo, représentée aux fins des présentes par Messieurs ASSUMANI SEKIMONYO et Paul FORTIN, respectivement Président du Conseil d'Administration et Administrateur Délégué Général ; Boulevard Kamanyola, n° 419 à Lubumbashi, B.P.450, République Démocratique du Congo ;

2. Monsieur Gilbert KALAMBA BANIKA, domicilié au n° 419, Boulevard Kamanyola, Building Gécamines, 4ème étage, à Lubumbashi en République Démocratique du Congo ;

3. CHINA RAILWAY GROUP (Hong Kong) Limited, ayant son siège social à Unit 1201-1203 12/ F Apec Plaza, 49 Hal Yuen Rd Kwun Tong Kl, représentée aux fins des présentes par Madame Lü Feng, son Administratrice ; Unit 1201-1203 12/ F Apec Plaza, 49 Hal Yuen Rd Kwun Tong Kl ;

4. CHINA RAILWAY SINO-CONGO MINING LIMITED, ayant son siège social à Unit 1201-03 12/ F Apec Plaza, 49 Hal Yuen Rd Kwun Tong Kl, représentée aux fins des présentes par Madame Lü Feng, son Administratrice ;

5. CHINA RAILWAY RESOURCES DEVELOPMENT LIMITED, ayant son siège social à Unit 1201-1203 12/ F Apec Plaza, 49 Hal

Yuen Rd Kwun Tong Kl, représentée aux fins des présentes par Madame Lü Feng, son Administratrice ;

6. SINOHYDRO CORPORATION LIMITED, ayant son siège social au N°1, Ertiao, Baiguang Road, Xuanwu District, Beijing, P.R. China (100761), représentée aux fins des présentes par Monsieur Huang Bao Dong, son représentant légal ;

7. SINOHYDRO HARBOUR CO. LTD., ayant son siège social au A308, N°1, Tong Da Square, Tianjin Port Free Trade Zone, Tianjin, P.R.China (300461), représentée aux fins des présentes par Monsieur Tong JinSong, son représentant légal.

EN PRESENCE DE

1. La SOCIETE IMMOBILIERE DU CONGO, Société Privée à Responsabilité Limitée de droit congolais, en abrégé, SIMCO SPRL, créée par acte authentique du 15 mai 2008, ayant son siège social sur le Boulevard Kamanyola, n° 419, B. P. 450, Lubumbashi, République Démocratique du Congo, représentée aux fins des présentes par le Président d Conseil de Gérance, Monsieur ZONGWE KILUBA ;

2. CHINA METALLURGICAL GROUP CORPORATION, société de droit chinois, ayant son siège social au No.11, Gaoliangqiaoxiejie, Haidian District, Beijing *R.P.C.* (100081), représentée aux fins des présentes par Monsieur Shen HeTing, son représentant légal.

A. En conséquence des négociations entreprises en 2007 entre la République Démocratique du Congo, « RDC », d'une part, et, d'autre part, CHINA RAILWAY GROUP LIMITED et SINOHYDRO CORPORATION, ci-après dénommées le *Groupement d'Entreprises Chinoises*, la CONVENTION DE COLLABORATION RELATIVE AU DEVELOPPEMENT D'UN PROJET MINIER ET D'UN PROJET D'INFRASTRUCTURESEN REPUBLIQUE DEMOCRATIQUE DU CONGO a été signée entre ces deux parties en date du 22 avril 2008 aux termes de laquelle la RDC désignait GECAMINES pour conclure un accord de Joint-venture en vue de la réalisation du Projet de Coopération et l'autorisait en même temps à choisir une personne physique pour constituer le « GROUPE GECAMINES », ladite personne sera remplacée par sa filiale à créer ;

B. Qu'à ce titre, Monsieur Gilbert Kalamba a été choisi par GECAMINES pour comparaître et signer à ses côtés la Convention de Joint-venture, en date du 22 avril 2008, avec le Consortium d'Entreprises Chinoises désignées par le Groupement d'Entreprises

Chinoises dans la CONVENTION DE COLLABORATION RELATIVE AU DEVELOPPEMENT D'UN PROJET MINIER ET D'UN PROJET D'INFRASTRUCTURES EN REPUBLIQUE DEMOCRATIQUE DU CONGO du 22 avril 2008 citée au litera (A) ci-dessus aux termes de laquelle ces entreprises ont reconnu à GECAMINES le droit de faire remplacer Monsieur Gilbert Kalamba par sa société affiliée ;

C. GECAMINES a constitué SIMCO SPRL au sein de laquelle elle détient 99 % des parts sociales constitutives du capital social. De ce fait, SIMCO SPRL, étant sa filiale, GECAMINES la désigne, en remplacement de Monsieur Gilbert Kalamba, pour participer avec elle dans la création de la JV Minière qui sera dénommée « LA SINO-CONGOLAISE DES MINES SARL », en abrégé « SICOMINES SARL »;

D. Monsieur Gilbert Kalamba marque son accord à ce qu'il soit remplacé dans le Projet de Coopération par SIMCO SPRL, filiale de GECAMINES, en faveur de laquelle il transfèrera sa participation dans le Projet de Coopération tel que prévu dans la Convention de Joint-venture du 22 avril 2008 ;

E. Les parties au présent avenant se sont mises d'accord pour que CHINA METALLURGICAL GROUP CORPORATION remplace CHINA RAILWAY SINO-CONGO MINING LIMITED et devienne actionnaire, titulaire des Actions de la catégorie « B », de SICOMINES SARL.

Article 1 : Objet de l'Avenant

1.1. Les parties au présent avenant prennent acte que Monsieur Gilbert Kalamba transfère et transporte à SIMCO SPRL, qui accepte, son droit de participation dans le Projet de Coopération prévu dans la CONVENTION DE COLLABORATION RELATIVE AU DEVELOPPEMENT D'UN PROJET MINIER ET D'UN PROJET D'INFRASTRUCTURES EN REPUBLIQUE DEMOCRATIQUE DU CONGO du 22 avril 2008 tel que mise en œuvre par la Convention de Joint-venture précitée datant du même jour et partant son remplacement dans ladite convention par SIMCO SPRL.

1.2. Les parties au présent avenant prennent acte que CHINA METALLURGICAL GROUP CORPORATION remplace CHINA RAILWAY SINO-CONGO MINING LIMITED et devient actionnaire de SICOMINES SARL.

1.3. Les articles 6, 7 et 28.1 de la Convention de JV du 22 avril 2008 sont modifiés comme suit :

ARTICLE 6 - LES APPORTS

Les apports des Actionnaires pour la constitution du capital social de SICOMINES SARL se feront en numéraire, à hauteur de :

~ vingt millions de Dollars américains (20.000.000 US$) pour GECAMINES, Actionnaire de la catégorie A ;

~ douze millions de Dollars américains (12.000.000 US$) pour SIMCO SPRL, Actionnaire de la catégorie A ;

~ vingt-deux millions de Dollars américains (22.000.000 US$) pour CHINA RAILWAY GROUP (Hong Kong) LIMITED, Actionnaire de la catégorie B ;

~ six millions de Dollars américains (6.000.000 US$) pour CHINA RAILWAY RESOURCES DEVELOPMENT LIMITED, Actionnaire de la catégorie B ;

~ vingt millions de Dollars américains (20.000.000 US$) pour CHINA METALLURGICAL GROUP CORPORATION, Actionnaire de la catégorie B ;

~ seize millions de Dollars américains (16.000.000 US$) pour SINOHYDRO CORPORATION LIMITED, Actionnaire de la catégorie B ;

~ quatre millions de Dollars américains (4.000.000 US$) pour SINOHYDRO HARBOUR Co. *LTD., Actionnaire de catégorie B.*

ARTICLE 7 - CAPITAL SOCIAL

7.1. Le capital social est fixé à la somme de cinquante milliards de francs congolais (FC. 50.000.000.000), équivalant à cent millions de dollars américains (US$ 100.000.000) à la date des présents Statuts. Il est représenté par cent mille (100.000) Actions d'une valeur nominale de cinq cent mille francs congolais (FC 500.000) chacune, équivalant à mille dollars américains (US$ 1.000).

Toutes les Actions ont été entièrement souscrites comme suit :

i. Actionnaire de catégorie « A » : GECAMINES
Vingt mille (20.000) Actions dites de catégorie A, soit 20 % du capital social, non diluables.

ii. Actionnaire de catégorie « A » : SIMCO SPRL
Douze mille (12.000) Actions dites de catégorie A, soit 12 % du capital social, non diluables.

iii. Actionnaire de catégorie « B » : CHINA RAILWAY GROUP (HONG KONG) LIMITED

Vingt-deux mille (22.000) Actions dites de catégorie B, soit 22 % *du capital social.*

iv. Actionnaire de catégorie « B » : CHINA RAILWAY RESOURCES DEVELOPMENT LIMITED
Six mille (6.000) Actions dites de catégorie B, soit 6 % *du capital social.*

v. Actionnaire de catégorie « B » : CHINA METALLURGICAL GROUP CORPORATION
Vingt mille (20.000) Actions dites de catégorie B, soit 20 % du capital social.

vi. Actionnaire de catégorie « B » : SINOHYDRO CORPORATION LIMITED
Seize mille (16.000) Actions dites de catégorie B, soit 16 % *du capital social.*

vii. Actionnaire de catégorie « B » : *SINOHYDRO HARBOUR CO. LTD.*
Quatre mille (4.000) Actions dites de catégorie B, soit 4 % *du capital social.*

28.1. La Société est administrée par un Conseil d'Administration composé de douze (12) *Administrateurs : Huit* (8) *Administrateurs élus parmi les candidats présentés par les titulaires des Actions de la catégorie « B » et quatre (4) Administrateurs élus parmi les candidats présentés par les titulaires des Actions de la catégorie « A ».*

Article 2 : Effets des remplacements

2.1. Monsieur Gilbert Kalamba et SIMCO SPRL ont marqué leur accord, confirmé et reconnu, en présence de GECAMINES, que SIMCO SPRL aura le droit de participer avec GECAMINES, en tant que «GROUPE GECAMINES», dans la Convention de JV avec tous les droits et les obligations qui y sont attachés.

A cet effet, SIMCO SPRL se subroge dans tous les droits et obligations de Monsieur Gilbert Kalamba résultant de la possession du droit de participation à la Convention de JV.

2.2. CHINA RAILWAY SINO-CONGO MINING LIMITED et CHINA METALLURGICAL GROUP CORPORATION ont marqué leur accord, confirmé et reconnu, en présence des quatre sociétés, à savoir CHINA RAILWAY GROUP (HONG KONG) LIMITED, CHINA RAILWAY RESOURCES DEVELOPMENT LIMITED, SINOHYDRO CORPORATION LIMITED et SINOHYDRO HARBOUR CO. LTD, que CHINA METALLURGICAL GROUP CORPORATION aura le droit de participer avec les quatre sociétés ci-dessus, en tant que «CONSORTIUM», dans la Convention de JV avec tous les droits et les obligations y attachés.

A cet effet, CHINA METALLURGICAL GROUP CORPORATION se subroge dans tous les droits et obligations de CHINA RAILWAY SINO-CONGO MINING LIMITED résultant de la possession du droit de participation dans la Convention de JV.

Le présent avenant entre en vigueur à la date de sa signature.

Ainsi fait à Kinshasa, le 28 juin 2008.

En douze exemplaires originaux, chacune des parties reconnaissant avoir reçu le sien, les trois autres étant destinés au service notarial.

1. Pour La Générale des Carrières et des Mines
Paul FORTIN, Administrateur-Délégué Général
2. Monsieur Assumani Sekimonyo
Président du Conseil d'Administration
3. Pour China Railway Group (Hong Kong) Limited
4. Pour China Railway Sino-Congo Mining Limited
5. Pour China Railway Resources Development Limited
6. Pour Sinohydro Corporation Limited
7. Pour Sinohydro Harbour Co, Ltd
8. Pour Simco Sprl, Par Monsieur Zongwe Kiluba
9. Pour China Metallurgical Group Corporation

AVENANT N° 2 A LA CONVENTION DE JOINT VENTURE DU 22 AVRIL 2008

(produit le 2 décembre 2008)

ENTRE LES SOUSSIGNES :

1. LA GENERALE DES CARRIERES ET DES MINES, en abrégé «GECAMINES» et en sigle « GCM », entreprise publique de droit congolais, créée par le décret 049 du 07 Novembre 1995, enregistrée au Nouveau Registre de Commerce de Lubumbashi sous le numéro 453 et ayant son siège social sur le Boulevard Kamanyola, n° 419, B.P. 450, Lubumbashi, République Démocratique du Congo, représentée aux fins des présentes par Messieurs ASSUMANI SEKIMONYO et Paul FORTIN, respectivement Président du Conseil d'Administration et Administrateur Délégué Général ;

2. LA SOCIETE IMMOBILIERE DU CONGO, Société Privée à Responsabilité Limitée de droit congolais, en abrégé, SIMCO SPRL, ayant son siège social sur le Boulevard Kamanyola, n° 419, B.P. 450, Lubumbashi, République Démocratique du Congo, représentée aux fins des présentes par Monsieur ZONGWE KILUBA, le Président du Conseil de Gérance ;

3. CHINA RAILWAY GROUP (Hong Kong) Limited, ayant son siège social à Unit 1201-1203 12 / F Apec Plaza, 49 Hoi Yuen Rd Kwun Tong Kl, représentée aux fins des présentes par Madame La Feng, son Administratrice ;

4. CHINA RAILWAY RESOURCES DEVELOPMENT LIMITED, ayant son siège social à Unit 1201-1203 12 / F Apec Plaza, 49 Hoi Yuen Rd Kwun Tong Kl, représentée aux fins des présentes par Madame LU Feng, son Administratrice ;

5. SINOHYDRO CORPORATION LIMITED, ayant son siège social au *W1,* Ertiao, Baiguang Road, Xuanwu District, Beijing, P.R. China (100761), représentée aux fins des présentes par Monsieur Huang Bao Dong, son représentant légal ;

6. SINOHYDRO HARBOUR CO. LTD., ayant son siège social au A308, *W1,* Tong Da Square, Tianjin Port Free Trade Zone, Tianjin, P.R.China (300461), représentée aux fins des présentes par Monsieur Tong JinSong, son représentant légal.

7. CHINA METALLURGICAL GROUP CORPORATION, société de droit chinois, ayant son siège social au No.11, Gaoliangqiaoxiejie, Haidian District, Beijing P.R.China. (100081), représentée aux fins des présentes par Monsieur Shen HeTing, son représentant légal.

EN PRESENCE DE

8. ZHEJIANG HUAYOU COBALT CO. LTD, société de droit chinois, ayant son siège social au NO.18 Wuzhen E. Rd. Economic Development Zone of Tongxiang, Zhejiang Prov, P.R.China (314500), représentée aux fins des présentes par Monsieur Chen Xuehua, son représentant légal.

APRES AVOIR PREALABLEMENT EXPOSE QUE :

A. En conséquence des négociations entreprises en 2007 entre la République Démocratique du Congo, « RDC », d'une part, et, d'autre part, CHINA RAILWAY GROUP LIMITED et SINOHYDRO CORPORATION, ci-après dénommées le Groupement d'Entreprises

Chinoises, la Convention de Collaboration relative au développement d'un projet minier et d'un projet d'infrastructures en République Démocratique du Congo a été signée entre ces deux Parties en date du 22 avril 2008, ci-après « Convention de Collaboration » ;

B. La République Démocratique du Congo, CHINA RAILWAY GROUP LIMITED, SINOHYDRO CORPORATION et CHINA METALLURGICAL GROUP CORPORATION ont signé, le 28 juin 2008, l'Avenant n° 1 à la Convention de Collaboration selon lequel CHINA METALLURGICAL GROUP CORPORATION adhérait à la Convention de Collaboration, en tant que membre du « Groupement d'Entreprises chinoises » afin de réaliser le Projet de Coopération.

C. La République Démocratique du Congo, CHINA RAILWAY GROUP LIMITED, SINOHYDRO CORPORATION, CHINA METALLURGICAL GROUP CORPORATION et ZHEJIANG HUAYOU COBALT CO. LTD ont signé l'Avenant n° 2 à la Convention de Collaboration selon lequel l'Avenant n° 1 du 28 juin 2008 à la Convention de Collaboration est résilié et par conséquent CHINA METALLURGICAL GROUP CORPORATION ne fait plus partie du Groupement d'Entreprises Chinoises et ZHEJIANG HUAYOU COBALT CO. LTD adhère à la Convention de Collaboration et, en tant que membre du Groupement d'Entreprises Chinoises, elle participe désormais au Projet de Coopération.

EN FOI DE QUOI, IL A ETE CONVENU ET ARRETE CE QUI SUIT:

Article 1 : Objet de l'avenant

1.1. Les Parties au présent Avenant acceptent que CHINA METALLURGICAL GROUP CORPORATION se retire du Consortium des Entreprises Chinoises, ci-après « Consortium ».

1.2. Les Parties au présent Avenant acceptent que ZHEJIANG HUAYOU COBALT CO. LTD participe au Consortium et deviendra, en conséquence, actionnaire de SICOMINES SARL après la constitution de celle-ci.

1.3. Les articles 6, 7 et 31.1, 31.2 de la Convention de Joint Venture du 22 avril 2008, tels qu'amendés par l'Avenant n° 1 du 28 juin 2008, sont modifiés comme suit :

ARTICLE 6 - *LES APPORTS*

Les apports des Actionnaires pour la constitution du capital social de SICOMINES SARL se feront en numéraire, à hauteur de :

1. vingt millions de Dollars américains (20.000.000 US$) pour GECAMINES, Actionnaire de la catégorie A ;

2. douze millions de Dollars américains (12.000.000 US$) pour SIMCO SPRL, Actionnaire de la catégorie A ; SIMCO SPRL

3. vingt-sept millions de Dollars américains (27.000.000 US$) pour CHINA RAILWAY GROUP (HONG KONG) LIMITED, Actionnaire de la catégorie B ;

4. six millions de Dollars américains (6.000.000 US$) pour CHINA RAILWAY RESOURCES DEVELOPMENT LIMITED, Actionnaire de la catégorie B ;

5. cinq millions de Dollars américains (5.000.000 US$) pour ZHEJIANG HUAYOU COBALT Co. *LTD, Actionnaire de la catégorie B ;*

6. vingt-six millions de Dollars américains (26.000.000 US$) pour SINOHYDRO CORPORATION LIMITED, Actionnaire de la catégorie B ;

7. quatre millions de Dollars américains (4.000.000 US$) pour SINOHYDRO HARBOUR Co. *LTD., Actionnaire de la catégorie B.*

ARTICLE 7 *- CAPITAL SOCIAL*

1. Le capital social est fixe à la somme de cinquante milliards de francs congolais (FC. 50.000.000.000), équivalant à cent millions de dollars américains (US$ 100.000.000) à la date des présents Statuts. II est représenté par cent mille (100.000) Actions d'une valeur nominale de cinq cent mille francs congolais (FC 500.000) chacune, équivalant à mille dollars américains (US$ 1.000).

Toutes les Actions ont été entièrement souscrites comme suit :

i. Actionnaire de catégorie « A » : GECAMINES Vingt mille (20.000) Actions dites de catégorie A, soit 20 % du capital social, non diluables.

ii. Actionnaire de catégorie A: SIMCO SPRL Douze mille (12.000) Actions dites de catégorie A, soit 12 % du capital social, non diluables. SIMCO SPRL,

iii. Actionnaire de catégorie « B » : CHINA RAILWAY GROUP (HONG KONG) LIMITED Vingt-sept mille (27.000) Actions dites de catégorie B, soit 27 % du capital social.

iv. Actionnaire de catégorie « B » : CHINA RAILWAY RESOURCES DEVELOPMENT LIMITED Six mille (6.000) Actions dites de catégorie B, soit 6 *% du capital social.*

v. Actionnaire de catégorie « B » : ZHEJIANG HUAYOU COBALT Co. LTD Vingt mille (5.000) Actions dites de catégorie B, soit 5 *% du capital social.*

vi. Actionnaire de catégorie « B » : SINOHYDRO CORPORATION LIMITED Vingt-six mille (26.000) Actions dites de catégorie B, soit 26% du capital social.

vii. Actionnaire de catégorie « B » : SINOHYDRO HARBOUR Co. *LTD. Quatre mille (4.000) Actions dites de catégorie B, soit* 4 *% du capital social.*

ARTICLE 31 : GESTION JOURNALIERE - COMITE DE DIRECTION

31.1. Le Conseil d'Administration désigne, parmi les Administrateurs de la catégorie « B », un Administrateur-Délégué. L'Administrateur-Délégué sera assisté d'un Administrateur-Délégué Adjoint que le Conseil d'Administration désigne parmi les Administrateurs de la catégorie « A ». Le Conseil d'Administration fixe les émoluments et avantages de l'Administrateur-Délégué et de l'Administrateur Délégué Adjoint.

31.2. L'Administrateur-Délégué et l'Administrateur-Délégué Adjoint pourront être remplacés par décision du Conseil d'Administration, prise aux trois quarts des voix présentes ou représentes.

Article 2 : Entrée en vigueur

Le présent Avenant entre en vigueur à la date de sa signature.

Ainsi fait en onze exemplaires originaux, chacune des Parties reconnaissant avoir reçu
le sien, deux étant destinés au service notarial et un destiné aux archives de la société.

1. POUR LA GENERALE DES CARRIERES ET DES MINES, Paul FORTIN, ADG- PCA, à Kinshasa, le 2 septembre 2008.
2. POU R SIMCO SPRL, A Kinshasa, le 2 septembre 2008.
3. POUR CHINA RAILWAY GROUP (Hong Kong) Limited,
à Beijing, le septembre 2008.
4. POUR CHINA RAILWAY RESOURCES DEVELOPMENT LIMITED,
à Beijing, le septembre 2008.

5. POUR SINOHYDRO CORPORATION LIMITED,

à Beijing, le 10 septembre 2008.

6. POUR SINOHYDRO HARBOUR CO. LTD.,

à Beijing, le \ , septembre 2008.

7. POUR ZHEJIANG HUAYOU COBALT CO., LTD

8. POUR CHINA METALLURGICAL GROUP CORPORATION,

à Beijing, le 2 septembre 2008.

AVENANT N° 3 A LA CONVENTION DE COLLABORATION RELATIVE AU DEVELOPPEMENT D'UN PROJET MINIER ET D'UN PROJET D'INFRASTRUCTURES EN REPUBLIQUE DEMOCRATIQUE DU CONGO DU 22 AVRIL 2008

(produit le 21 octobre 2009)

ENTRE LES SOUSSIGNES :

1. LA REPUBLIQUE DEMOCRATIQUE DU CONGO, ci-après dénommée « RDC », représentée aux fins des présents par Monsieur Pierre Lumbi Okongo, Ministre en charge des Infrastructures, Travaux Publiques et Reconstruction, Monsieur Athanase Matenda, Ministre des Finances, et Monsieur Michel Lokola, Ministre du Budget ;

2. CHINA RAILWAY GROUP LIMITED, société de droit chinois, ayant son siège social au N°1, XingHuo Road, Fengtai District, Beijing, China, représentée aux fins des présents par son représentant légal, le Président du Conseil d'Administration, Monsieur SHI DaHua ;

3. SINOHYDRO CORPORATION, société de droit chinois, ayant son siège social au N°1, Erting, Baiguang Road, Xuanwu District, Beijing, China, 100761, représentée aux fins des présents par Monsieur FAN JiXiang, son représentant légal ;

4. ZHEJIANG HUAYOU COBALT CO. LTD, société de droit chinois, ayant son siège social au N° 18, Wuzhen E. Rd Economic Development Zone of Tongxiang, Zhejiang Prov. P.R.China (314500), représentée aux fins des présents par Monsieur CHEN Xuehua, son représentant légal ;

Ci-après dénommées collectivement « les Parties » et individuellement « une/la Partie ».

APRES AVOIR PREALABLEMENT EXPOSE QUE :

A. Considération que la RDC et le Groupement d'Entreprises chinoises composé de CHINA RAILWAY GROUP LIMITED et SINOHYDRO CORPORATION, ont signé la Convention de Collaboration relative au Développement d'un Projet Minier et d'un Projet d'Infrastructures en République Démocratique du Congo du 22 Avril 2008, ci-après « Convention de Collaboration », dans laquelle les Parties se sont fixées pour objectif de réaliser le Projet de Coopératif.

B. Considération la Convention de Collaboration a fait l'objet de l'Avenant n°2 signé le 11 septembre 2008 entre la RDC et le Groupement d'Entreprises chinoises composé de CHINA RAILWAY GROUP LIMITED, SINOHYDRO CORPORATION et CHINA METALLURGICAL GROUP CORPORATION, en présence de ZHEJIANG HUAYOU COBALT CO. LTD, aux termes duquel les signataires ont convenu et accepté le retrait de CHINA METALLURGICAL GROUP CORPORATION de la Convention et l'adhésion de ZHEJIANG HUAYOU COBALT CO. LTD à la Convention de Collaboration.

C. Considérant qu'à la demande de la RDC, après l'approbation de la dépense préliminaire du Projet Minier par la Commission Nationale du Développement et de la Réforme de la Chine, le Groupement d'Entreprises chinoises a déjà mis en place des fonds nécessaires pour les travaux d'infrastructures les plus urgents et a déjà démarré les travaux d'infrastructures les plus urgents sans que le Projet Minier ne soit approuvé par le Conseil des Affaires de l'Etat de la Chine suite à la l'examen par la Commission Nationale du Développement et de la Réforme de la Chine.

EN FOI DE QUOI, IL EST CONVENU ET ARRETE CE QUI SUIT :

Article 1

Le titre I de l'article 5.1 de la Convention de Collaboration « - l'Etude de Préfaisabilité ait été approuvée par le Gouvernement Chinois, lors de l'approbation de la Convention de JV qui sera conclue entre le GROUPE GECAMINES et le « CONSORTIUM » est modifié comme suit :

- « *La Commission Nationale du Développement et de la Réforme de la Chine approuve le paiement de la dépense préliminaire du Projet Minier ; le Ministère du Commerce de la Chine octroie un Certificat d'Investissement à l'Etranger relatif à la JV Minière* ».

Article 2

Le paragraphe 2 de l'article 5.2 de la Convention de Collaboration est modifié comme suit :

- « *Cette assistance financière ne produira pas l'obligation des Parties vis-à-vis de la cession des Droits et Titres miniers et de leur jouissance en faveur de la Partie chinoise. Elle sera mise en place suivant l'approbation du Projet Minier par le Conseil des Affaires de l'Etat de la Chine suite à l'examen par la Commission Nationale du Développement et de la Réforme de la Chine. A la demande écrite de GECAMINES, ledit financement sera payé en liquide et/ou en équipement.* »

Article 3

L'article 6.2 de la Convention de Collaboration est modifié comme suit :

« *6.2. La JV Minière effectuera ensuite une Etude de Faisabilité qui devra être approuvée par le Conseil d'Administration et l'Assemblée générale de la JV Minière. L'Etude de Faisabilité devra ensuite être déposée par la Partie chinoise à la Commission Nationale du Développement et de la Réforme de la Chine pour l'approbation du Projet Minier par le Conseil des Affaires de l'Etat de la Chine et au Ministère des Mines de la RDC et au Bureau de Coordination et de Suivi du Programme Sino-Congolais.* »

Article 4

L'article 9.3 de la Convention de Collaboration est modifié comme suit :

« *9.3. Nonobstant la disposition de l'article 9.1 et après que les Droits et Titres miniers prévus par l'article 4 de la présente Convention de Collaboration auraient été cédés à la JV Minière et à condition que la JV Minière constitue une hypothèque sur les Droits et Titres miniers, le Groupement d'Entreprises chinoises mobilisera et mettra en place le financement pour réaliser des travaux d'infrastructures les plus urgents et dont les conditions de réalisation sont remplies. Ledit financement sera compté dans le financement pour la première tranche de travaux d'infrastructures et sera remboursé par la JV Minière selon les dispositions du Chapitre IV de la présente Convention de Collaboration.*

Les travaux d'infrastructures les plus urgents susmentionnés signifient tous les travaux d'infrastructures démarrés après l'approbation de la dépense préliminaire du Projet Minier par la Commission Nationale du Développement et de la Réforme de la Chine et avant l'approbation du Projet Minier lui-même par le Conseil des Affaires de l'Etat de la Chine suite à l'examen par la Commission Nationale du Développement et de la Réforme de la Chine. La liste exacte desdits travaux sera confirmée par les Parties. »

Article 5

L'article 10.3 de la Convention de Collaboration est modifié comme suit :

« La garantie de remboursement est assurée par la RDC qui s'engage, dans le cadre de l'article 13.3.4 de la présente Convention de Collaboration, à octroyer au Groupement d'Entreprises chinoises d'autres concessions minières ou d'autres ressources et moyens satisfaisants au cas où les bénéfices générés par la JV Minière s'avéreraient insuffisants pour réaliser le remboursement de ses investissements dans le Projet d'Infrastructures. »

Article 6

L'article 12 de la Convention de Collaboration est modifié comme suit :

« 12.1. Il est prévu deux périodes pour le remboursement des investissements du Projet de Coopération, ainsi qu'une période commerciale.

Première période, dite période de remboursement des investissements des travaux les plus urgents (Première Etape) ;

Deuxième période, dite période de remboursement minier et remboursement de la première tranche des infrastructures, réduction faite des travaux les plus urgents qui auraient été remboursés (Deuxième Etape) ;

Troisième période, dite période commerciale (Troisième Etape).

La JV Minière remboursera comme suit les investissements du Groupement d'Entreprises chinoises dans le Projet Minier et dans le Projet d'Infrastructures.

- Au cours de la Première Période, elle affectera la totalité de ses bénéfices au remboursement complet des investissements des travaux les plus urgents, y compris au paiement de leurs intérêts annuels de LIBOR (six mois) + 100BP (LIBOR du 22 Avril 2008) ;

- Au cours de la Deuxième Période, la JV Minière affectera 85 % de ses bénéfices au remboursement des investissements miniers ainsi que leurs intérêts.

Après le remboursement des investissements miniers ainsi que leurs intérêts, la JV Minière affectera 85 % de ses bénéfices au remboursement de la première tranche des investissements (réduction faite des investissements des travaux les plus urgents et ses intérêts qui auraient été remboursés) ainsi que leurs intérêts.

Les investissements miniers seront faits à 30 % sous forme de prêt d'Actionnaires, remboursés sans l'application d'intérêts. Les 70 % restants seront remboursés avec un taux d'intérêt annuel de 6,1 %.

Les investissements de la première tranche des infrastructures seront remboursés avec un taux d'intérêt annuel de LIBOR (six mois) + 100BP (LIBOR du 22 Avril 2008).

La JV Minière affectera les 15 % des bénéfices à la rétribution de ses actionnaires, proportionnellement à leurs parts dans le capital social.

Les investissements de la première tranche des infrastructures (y compris les travaux les plus urgents) ne sauraient dépasser 3 milliards de dollars américains en principal. Les investissements et le programme de la première tranche des infrastructures seront mis en place après concertation des Parties en fonction de revenus pouvant être dégagés de l'exploitation de la JV Minière tels que présentés par le « Modèle Economique » du Projet de Coopération de l'Etude de Faisabilité approuvée conformément à l'article 6.2 de la présente Convention.

- Au cours de la troisième Période, elle distribuera la totalité de ses bénéfices nets à ses Actionnaires, au prorata de leurs parts dans le capital social.

L'écart éventuel entre le taux réel bancaire et le taux appliqué à la JV Minière sera à la charge du Groupement d'Entreprises chinoises.

12.2. Nonobstant la disposition de l'article 12.1, la JV Minière devra respecter toutes les stipulations relatives aux remboursements des prêts dans les contrats des prêts conclus avec les institutions financières. »

Article 7

L'article 13.3.2 de la Convention de Collaboration est modifié comme suit :

« 13.3.2. Si le Projet Minier n'est pas approuvé par le Conseil des Affaires de l'Etat de la Chine suite à l'examen par la Commission Nationale du Développement et de la Réforme de la Chine, les Parties se concerteront pour chercher des mesures à prendre, soit la RDC accordera de nouveaux droits et titres miniers à la JV Minière, soit les Parties ajusteront le montant des investissements d'infrastructures.

Au cas où la RDC apporterait d'autres droits et titres miniers, la JV Minière effectuera un audit sur la régularité et la validité desdits droits et titres. La JV Minière effectuera également une Etude de Faisabilité sur ces nouveaux droits et titres miniers. La nouvelle Etude de Faisabilité devra être déposée auprès de la Commission Nationale du Développement et de la Réforme de la Chine pour l'approbation du Projet Minier par le Conseil des Affaires de l'Etat de la Chine.

L'investissement d'infrastructures sera suspendu tant que la nouvelle approbation du Projet Minier n'aura pas été accordée par le Conseil des Affaires de l'Etat de la Chine.

Si, malgré deux fois d'apports de nouveaux droits et titres miniers, le Projet Minier n'est toujours pas approuvé par le Conseil des Affaires de l'Etat de la Chine, la présente Convention sera résiliée. La JV Minière sera dissoute et liquidée après l'application des dispositions suivantes :

Les investissements (y compris leurs intérêts) versés au Projet de Coopération par le Groupement d'Entreprises chinoises, et/ou via la JV Minière, et les investissements (y compris leurs intérêts) versés au Projet de Coopération directement par la JV Minière avec son propre financement seront remboursés par la RDC à la JV Minière dans un délai de soixante (60) jours suivant la réalisation de l'hypothèse prévue par le paragraphe précédent. Ces investissements seront ensuite remboursés par la JV Minière au Groupement d'Entreprises chinoises et aux fournisseurs des financements.

Les Droits et Titres miniers seront rétrocédés gratuitement à GECAMINES par la JV Minière après la satisfaction complète des conditions suivantes :

- la JV Minière aura remboursé tous les investissements (y compris leurs intérêts) versés au Projet de Coopération par le Groupement d'Entreprises chinoises, et/ou vi la JV Minière, et les investissements (y compris leurs intérêts) versés au Projet de Coopération directement par la JV Minière avec son propre financement ;

- la Partie congolaise accepte que la JV Minière puisse disposer de tous ses biens y compris les Droits et Titres Miniers pour rembourser les prêts qu'elle aura conclus y compris les intérêts.

Article 8

L'article 13.3.4 de la Convention de Collaboration est modifié comme suit :

« 13.3.4. Si la JV Minière n'a pas remboursé les investissements et les intérêts des Projets d'infrastructures dans 25 ans qui suit sa création, la RDC s'engage à rembourser le solde restant à payer par toutes autres voies. »

Article 9

Le premier paragraphe de l'article 14.2 de la Convention de Collaboration est modifié comme suit :

« 14.2. Avantages particuliers pendant les deux premières périodes

La RDC concède à la JV Minière, pendant les deux premières périodes de remboursement de l'investissement, soit les périodes pour rembourser les investissements des travaux les plus urgents, l'investissement minier et la première tranche d'infrastructures, les avantages particuliers suivants :

Article 10

L'article 15.1 de la Convention de Collaboration est modifié comme suit :

« Dans les 12 mois qui suivent l'approbation du Projet Minier par le Conseil des Affaires de l'Etat de la Chine suite à l'examen par la Commission Nationale du Développement et de la Réforme de la Chine, la RDC s'engage à obtenir de son Parlement l'adoption d'une loi devant sécuriser le régime fiscal, douanier et de change applicable au Projet de Coopération en raison de sa spécificité. Si le Parlement National de la RDC n'adopte pas ladite loi dans le délai, le

Groupement d'Entreprises Chinoises aura le droit de décider de réaliser ou résilier la présente Convention.''

Article 11

L'article 17.6 de la Convention de Collaboration est supprimé.

Article 12

Les Parties conviennent que la deuxième tranche des travaux d'infrastructures prévus par l'article 9.2 de la Convention de Collaboration est annulée.

Article 13

Les Parties conviennent que les investissements versés par le Groupement d'Entreprises Chinoises au Projet de Coopération seront mis en place de la manière suivante :

1. Le Groupement d'Entreprises Chinoises investit directement ;
2. Le Groupement d'Entreprises Chinoises investit via la JV Minière ;
3. La JV Minière investit avec les financements qu'elle aura obtenus auprès des Banques chinoises.

Article 14

Le présent Avenant entre en vigueur à la date de sa signature.

Ainsi fait en huit exemplaires originaux, chacune des parties reconnaissant d'avoir reçu le sien, trois étant destinés au service notarial et un destiné aux archives de la SICOMINES.

1. POUR LA REPUBLIQUE DEMOCRATIQUE DU CONGO

Monsieur Pierre LUMBI OKONGO
Monsieur Athanase MATENDA
Monsieur Michel LOKOLA
A Kinshasa, le 21 octobre 2009

2. POUR CHINA RAILWAY GROUP LIMITED

A Beijing, le 21 octobre 2009

3. POUR SINOHYDRO CORPORATION

A Beijing, le 21 octobre 2009

4. POUR ZHEJIANG HUAYOU COBALT CO. LTD

A Beijing, le 21 octobre 2009

AVENANT N° 4 A LA CONVENTION DE COLLABORATION RELATIVE AU DEVELOPPEMENT D'UN PROJET MINIER ET D'UN PROJET D'INFRASTRUCTURES EN REPUBLIQUE DEMOCRATIQUE DU CONGO DU 22 AVRIL 2008

(produit le 7 août 2017)

LA REPUBLIQUE DEMOCRATIQUE DU CONGO, représentée par Monsieur Pierre Kangudia Mbayi, Ministre d'Etat en charge du Budget, Monsieur Henri Yav Mulang, Ministre des Finances, Monsieur Thomas Luhaka Losenjola, Ministre des Infrastructures, Travaux Publiques et Reconstruction et Monsieur Martin Kabwelulu Labilo, Ministre des Mines ;

Ci-après dénommée « **RDC** » ou « **Partie congolaise** » ;

CHINA RAILWAY GROUP LIMITED (« CREC »), société de droit chinois, ayant son siège social au n° 918, Building n° 1, Yard n° 128, South 4th Ring West Road, Fengtai District, Beijing, China, représentée aux fins des présents par Monsieur LI Changjin, son représentant légal et Président du Conseil d'Administration ;

POWER CONSTRUCTION CORPORATION OF CHINA (« POWERCHINA »), la dénomination actuelle de SINOHYDRO CORPORATION, société de droit chinois, ayant son siège social au N°1, Sanlihe Road, Haidian District, Beijing, China, représentée aux fins des présents par Monsieur YAN Zhiyong, son représentant légal ;

ZHEJIANG HUAYOU COBALT CO. LTD., société de droit chinois, ayant son siège social au N° 18, Wuzhen E. Rd. Economic Development Zone of Tongxiang, Zhejiang Prov. P.R. China (314500), représentée aux fins des présents par Monsieur ZHAO Zhanhu, dûment mandaté ;

Ci-après dénommées collectivement « *Groupement d'Entreprises Chinoises* » ou « *Partie Chinoise* ».

Ci-après dénommées collectivement « Parties ».

APRES AVOIR PREALABLEMENT EXPOSE QUE :

1. La RDC et le Groupement d'Entreprises Chinoises ont signé la *Convention de Collaboration relative au Développement d'un Projet Minier et d'un Projet d'Infrastructures en République Démocratique du Congo* du 22 avril 2008 et ses avenants (ci-après dénommés collectivement « *Convention de Collaboration* »), en vue de réaliser le Projet de Coopération dans le cadre de la Convention de

Collaboration, y compris le Projet Minier et le Projet d'Infrastructures. Le gouvernement chinois a approuvé le Projet de Coopération.

2. Pour la mise en exécution de l'article 16 de la Convention de Collaboration, il est créé par la RDC en publiant le décret y relatif, un Bureau de Coordination et de Suivi du Programme Sino-Congolais (ci-après dénommé « Bureau de Coordination ») qui sert de guichet unique pour se charger de l'administration et du suivi de l'exécution du Projet de Coopération.

Dans le cadre de la Convention de Collaboration, en vue de régler les nouvelles situations lors de son exécution, à l'issue des négociations amiables, les Parties ont conclu cet Avenant (ci-après le « présent Avenant »).

Article 1.

Les dispositions suivantes de l'article 1.5 de la Convention de Collaboration, tel que modifié par l'avenant n°2, « Pour la constitution d'une JV Minière et la réalisation du Projet Minier, le Groupement d'Entreprises Chinoises désigne cinq (5) sociétés, à savoir China Railway Group (Hong Kong) Limited, China Railway SinoCongo Mining Limited, China Railway Resources Development Limited, Sinohydro Corporation Limited et Zhejiang Huayou Cobalt Co. Ltd., ces cinq (5) sociétés formant le CONSORTIUM », sont modifiées comme suit :

« *Pour la réalisation du Projet Minier, le Groupement d'Entreprises Chinoises désigne trois (3) sociétés, à savoir China Railway (Hong Kong) Engineering Limited, PowerChina Resources Limited (dénomination actuelle de Sinohydro Resources Limited) et Zhejiang Huayou Cobalt Co. Ltd., ces trois (3) sociétés formant le CONSORTIUM.* »

Article 2.

Les dispositions suivantes de l'article 12.1 de la Convention de Collaboration modifié par son Avenant n°3 :

« 12.1. Il est prévu deux périodes pour le remboursement des investissements du Projet de Coopération, ainsi qu'une période commerciale.

Première période, dite période de remboursement des investissements des travaux les plus urgents (Première Etape) ;

Deuxième période, dite période de remboursement minier et remboursement de la première tranche des infrastructures, réduction faite des travaux les plus urgents qui auraient été remboursés (Deuxième Etape) ;

Troisième période, dite période commerciale (Troisième Etape).

La JV Minière remboursera comme suit les investissements du Groupement d'Entreprises chinoises dans le Projet Minier et dans le Projet d'Infrastructures.

- Au cours de la Première Période, elle affectera la totalité de ses bénéfices au remboursement complet des investissements des travaux les plus urgents, y compris au paiement de leurs intérêts annuels de LIBOR (six mois) + 100BP (LIBOR du 22 avril 2008) ;

- Au cours de la Deuxième Période, la JV Minière affectera 85 % de ses bénéfices au remboursement des investissements miniers ainsi que leurs intérêts.

Après le remboursement des investissements miniers ainsi que leurs intérêts, la JV Minière affectera 85 % de ses bénéfices au remboursement de la première tranche des investissements (réduction faite des investissements des travaux les plus urgents et ses intérêts qui auraient été remboursés) ainsi que leurs intérêts.

Les investissements miniers seront faits à 30 % sous forme de prêt d'Actionnaires, remboursés sans l'application d'intérêts. Les 70 % restants seront remboursés avec un taux d'intérêt annuel de 6,1 %.

Les investissements de la première tranche des infrastructures seront remboursés avec un taux d'intérêt annuel de LIBOR (six mois) + 100BP (LIBOR du 22 Avril 2008).

La JV Minière affectera les 15 % des bénéfices à la rétribution de ses actionnaires, proportionnellement à leurs parts dans le capital social.

Les investissements de la première tranche des infrastructures (y compris les travaux les plus urgents) ne sauraient dépasser 3 milliards de dollars américains en principal. Les investissements et le programme de la première tranche des infrastructures seront mis en place après concertation des Parties en fonction de revenus pouvant être dégagés de l'exploitation de la JV Minière tels que présentés par le « Modèle Economique » du Projet de Coopération de l'Etude de Faisabilité approuvée conformément à l'article 6.2 de la présente Convention.

- Au cours de la troisième Période, elle distribuera la totalité de ses bénéfices nets à ses Actionnaires, au prorata de leurs parts dans le capital social.

L'écart éventuel entre le taux réel bancaire et le taux appliqué à la JV Minière sera à la charge du Groupement d'Entreprises Chinoises. »

sont modifiées comme suit :

« 12.1. Il est prévu deux périodes pour le remboursement des investissements du Projet de Coopération, ainsi qu'une période commerciale.

Première période, dite période de remboursement concomitant du principal des prêts des investissements miniers et ceux d'infrastructures, dans les proportions respectives de 40 % et 60 % de l'enveloppe globale destinée aux remboursements, ainsi que les paiements de leurs intérêts (Première Etape) ;

Deuxième période, dite période commerciale (Deuxième Etape).

- Au cours de la Première Période, la JV Minière affectera annuellement 35 % de ses bénéfices nets à la rétribution de ses actionnaires, proportionnellement à leurs parts dans le capital social ; la JV Minière remboursera les principaux et leurs intérêts des prêts des investissements miniers et ceux des investissements des infrastructures, ainsi que les paiements de leurs intérêts respectifs, conformément aux contrats des prêts signés avec les actionnaires ou/et les institutions financières selon les modalités ci-dessous :

Au cours de la Première Période, la JV Minière affectera son flux de trésorerie, entre autres, au remboursement du principal des prêts des investissements miniers et ceux des investissements des infrastructures, ainsi que les paiements de leurs intérêts respectifs, conformément aux stipulations des contrats des prêts mentionnés ci-dessus. Les investissements miniers seront financés à 30 % par des prêts octroyés par les Actionnaires, remboursables sans l'application d'intérêts. Les 70 % restants, en tant que prêts des institutions financières, seront remboursés avec un taux d'intérêt annuel de 6,1%.

Les prêts destinés aux investissements d'infrastructures seront remboursés avec un taux d'intérêt annuel de LIBOR (six mois) + 100BP (LIBOR publié deux jours ouvrables avant la date de valeur). Le taux d'intérêt qui est flottant sera déterminé tous les six mois. Les intérêts composés seront calculés par trimestre et sur la base du montant total des investissements des infrastructures effectivement mis en place ainsi que des intérêts dus accumulés à la fin de chaque trimestre. Les intérêts ainsi calculés seront comptés dans le montant total des investissements de la première tranche des infrastructures qui ne dépassera pas 3 milliards de dollars américains.

L'écart éventuel entre le taux réel bancaire et le taux appliqué à la JV Minière sera à la charge du Groupement d'Entreprises Chinoises.

- Au cours de la Deuxième Période, les Actionnaires se partageront la totalité des bénéfices nets distribuables au prorata de leurs parts dans le capital social de la JV Minière.

Article 3.

Les dispositions suivantes de l'article 16 de la Convention de Collaboration :

« La RDC s'engage à instituer, dès la signature de la présente Convention de Collaboration, un comité multisectoriel (« Comité de Pilotage et de Coordination ») chargé 1) du suivi de la présente Convention de Collaboration et des accords dans le cadre de la présente Convention de Collaboration, 2) de la facilitation de la réalisation du Projet de Coopération, notamment les questions liées au transport, à l'accès à l'eau et à l'électricité, etc. 3) d'assurer le suivi des Travaux d'Infrastructures Gouvernementales, 4) de l'interface entre le Gouvernement chinois, la RDC et la JV Minière. Ce Comité servira de guichet unique qui pourra représenter la RDC. De plus, le Comité se chargera de toutes les questions et formalités relatives aux travaux d'infrastructures.

Le Comité se charge également des relations et des formalités entre le JV Minière et les autorités gouvernementales. La RDC et le Groupement d'Entreprises Chinoises pourront convenir par la suite de lui attribuer d'autres responsabilités. Un règlement d'ordre intérieur devra être élaboré le plus rapidement possible par le Comité afin d'assurer le bon fonctionnement du Projet de Coopération. »

sont modifiées comme suit :

« La RDC s'engage à instituer, dès la signature de la présente Convention de Collaboration, un Bureau de Coordination et de Suivi du Programme Sino-Congolais, BCPSC en sigle (dénommé « Bureau de Coordination »), chargé 1) du suivi de la présente Convention de Collaboration et des accords dans le cadre de la présente Convention de Collaboration, 2) de la facilitation de la réalisation du Projet de

Coopération, notamment les questions liées au transport, à l'accès à l'eau et à l'électricité, etc. 3) d'assurer le suivi des Travaux d'Infrastructures Gouvernementales, 4) de l'interface entre le Gouvernement chinois, la RDC et la JV Minière. Ce Bureau de Coordination servira de guichet unique qui pourra représenter la RDC. De plus, le Bureau de Coordination se chargera de toutes les questions et formalités relatives aux travaux d'infrastructures.

Le Bureau de Coordination se charge également des relations et des formalités entre le JV Minière et les autorités gouvernementales. La RDC et le Groupement d'Entreprises Chinoises pourront convenir par la suite de lui attribuer d'autres responsabilités. Un règlement d'ordre intérieur devra être élaboré le plus rapidement possible par le Bureau de Coordination afin d'assurer le bon fonctionnement du Projet de Coopération. »

Article 4.

La domiciliation pour le Groupement d'Entreprises Chinoises prévue dans l'article 22 de la Convention de Collaboration est modifiée comme suit :

POUR LE GROUPEMENT D'ENTREPRISES CHINOISES

A l'intention du Président du Conseil d'Administration de CHINA RAILWAY GROUP Ltd

Tower A Zhongguozhongtie Plaza, 69 Fuxing Road, Haidian District, Beijing, China

BP : 100039

Tél : 0086-10-51845225

Fax : 0086-10-51841757 ».

Article 5. Dispositions Finales

5.1. Le présent Avenant entre en vigueur à la date de sa signature. Les dispositions de la Convention de Collaboration et ses autres avenants s'appliqueront en cas de lacune dans le Présent Avenant.

5.2. En cas de conflit entre les dispositions du Présent Avenant et celles des actes antérieures, les dispositions du Présent Avenant prévaudront.

5.3. Ainsi fait en dix (10) exemplaires originaux, soumis à l'Office notarial à Kinshasa par la JV Minière en vue de l'authentification, la Partie Congolaise en détient quatre (4), trois (3) étant destinés à la Partie Chinoise, deux (2) au service notarial et un (1) destiné aux archives de la JV Minière.

LA REPUBLIQUE DEMOCRATIQUE DU CONGO

Monsieur Pierre Kangudia Mbayi, Ministre d'Etat en charge du Budget

A Kinshasa, le 26 juillet 2017.

Monsieur Henri Yav Mulang, Ministre des Finances

A Kinshasa, le 26 juillet 2017.

Monsieur Thomas Luhaka Losenjola, Ministre des Infrastructures, Travaux Publiques et Reconstruction

A Kinshasa, le 26 juillet 2017.

Monsieur Martin Kabwelulu Labilo, Ministre des Mines.

CHINA RAILWAY GROUP LIMITED

Représenté par Monsieur LI Changjin

A Pékin, le 7 août 2017.

POWER CONSTRUCTION CORPORATION OF CHINA

Représenté par Monsieur YAN Zhiyong

A Pékin, le 7 août 2017.

ZHEJIANG HUAYOU COBALT CO. LTD.

Représenté par Monsieur ZHAO Zhanhu

A Pékin, le 7 août 2017.

B. POUR OU CONTRE LA CONVENTION DE COLLABORATION

Présentation officielle à l'Assemblée Nationale de la « Convention de Collaboration »

Par le Ministre des Infrastructures, Travaux Publics et Reconstruction,

Palais du Peuple, mai 2008.

Honorable président de l'Assemblée Nationale,
Honorables membres du Bureau de l'Assemblée Nationale,
Honorables Députés,

1. C'est pour moi un honneur et une grande joie de prendre encore une fois la parole, au nom du Gouvernement de la République, devant cette Auguste Assemblée, pour me soumettre encore une fois, à ce devoir citoyen de toujours rendre compte au Peuple.

2. Aujourd'hui, Honorables Représentants du Peuple, je viens vous informer officiellement et solennellement, que les négociations qui ont commencé au mois d'août 2007 entre le Gouvernement congolais et le Groupement des Entreprises Chinoises (China Railways Group Limited et Sinohydro) avec financement d'EXIM BANK ont débouché à la signature d'une Convention de Collaboration en date du 22 avril 2008 à Beijing.

3. L'histoire retiendra que cette Convention procède de la vision d'un homme, le Président de la République Joseph Kabila Kabange, ainsi qu'il l'a exprimé dans son discours du 6 décembre 2007 devant les deux Chambres réunies en Congrès. Il disait alors : « *Les cinq chantiers* pour changer le Congo, ce n'est ni un slogan, ni une utopie. C'est un projet. Mieux, c'est un contrat passé avec le peuple. Nous avons donc une obligation de résultat, et il nous faut trouver des ressources financières pour matérialiser ces chantiers sur le terrain.

En échange de concessions minières, exploitées en partenariat avec des entreprises publiques congolaises, donnant de l'emploi aux congolais et produisant de la valeur ajoutée localement, les banques chinoises acceptent de contribuer au financement de nos cinq chantiers.

Pour la première fois dans notre histoire, poursuit encore le Chef de l'Etat, le peuple congolais pourra enfin voir à quoi aura servi son cobalt, son nickel, ou son cuivre ! »

L'actuelle Convention est donc la concrétisation de cette volonté inébranlable de passer du discours d'intention aux actes.

Honorable Président de l'Assemblée Nationale,

4. L'objet de cette Convention porte sur le financement des travaux d'infrastructures de base à réaliser par le Groupement des Entreprises Chinoises dont question, et lequel financement sera supporté par les revenus générés par l'exploitation des concessions minières en partenariat avec la GECAMINES.

5. En ce qui concerne le volet minier de cette Convention, il s'est concrétisé par la création d'une joint-venture minière entre la GECAMINES et les entreprises chinoises pour l'exploitation des gisements sélectionnés dormants et dont les titres et droits miniers sont cédés par la Gécamines en vue de garantir le remboursement du financement requis.

6. Les données techniques de base de la joint-venture sont donc les suivantes :

- Forme juridique : Société par Action à Responsabilité Limitées
- Structure du capital : 68 % Groupement Chinois, 32 % Gécamines ;
- Capital social : 100 millions USD ;
- Raison sociale : Société Sino-Congolaise des Mines (Sicomines) ;
- Potentiel des gisements : 10,62 millions de tonnes de cuivre et 620 mille tonnes de cobalt ;
- Valeur de l'investissement : 3,25 milliards USD (à confirmer par l'étude de faisabilité) ;
- Objectifs de production : 400.000 tonnes de cuivre grade A/an et 19.000 tonnes de cobalt/an ;
- Coût de production : 2.100 USD/tonne de cuivre et 7.000 USD/tonne de cobalt ;
- Cours moyen des métaux : 5.000 USD/tonne de cuivre et 26.500 USD/tonne de cobalt ;
- Début de production : 4 ans après le lancement du projet.

7. Ce sont ces données qui ont permis à nos experts miniers et financiers de faire des simulations attestant que la joint-venture ainsi créée sera à mesure de soutenir la dette et de payer conséquemment les dividendes dus aux actionnaires.

8. Pour ce qui est du volet infrastructures, il porte sur le financement de :

- 3.215 km de chemins de fer reliant la Province du Katanga à la Province du Bas-Congo en passant par les Provinces du Kasaï-Oriental, Kasaï-Occidental, Bandundu et Kinshasa (réhabilitation, modernisation et construction) ;
- 3.400 km de routes bitumées reliant la Province du Katanga à la Province orientale (Kisangani) en passant par le Sud-Kivu et le Nord-Kivu.
- Il convient également de citer les 135 km de routes qui seront réhabilités entre Matadi et Boma et les 135 autres km entre Mbuji-Mayi et Mwene-Ditu.
- 2.738 km de routes en terre battue reliant les entités suivantes :
    * Kananga-Mbuji-Mayi-Kabinda-Kasongo-Kindu ;
    * Kolwezi-Kasaji-Dilolo ;
    * Dilolo-Sandoa-Kapanga-Kananga ;

* Kasaji-Sandoa ;
* Boma-Moanda-Yema ;
* Niania-Isiro.

- 550 km de voiries urbaines dont 250 km à Kinshasa et 300 km dans les Chefs-lieux des provinces en raison de 30 km par Chef-lieu (Mbandaka, Bandundu, Kisangani, Kananga, Mbuji-Mayi, Lubumbashi, Matadi, Goma, Bukavu et Kindu) ;
- 1 hôpital moderne de 450 lits à Kinshasa ;
- 31 hôpitaux de 150 lits, répartis sur les 26 futures Provinces ;
- 145 centres de santé de 50 lits, soit 1 centre de santé par Territoire ;
- 2 barrages hydroélectriques (le barrage de Katende au Kasaï-occidental et de Kakobola dans le Bandundu) ;
- 2.000 logements à Kinshasa et 3.000 autres en Provinces ;
- 2 grandes universités modernes dont la localisation est encore à déterminer par le Gouvernement ;
- 2 réseaux de distribution électrique de Kinshasa et de Lubumbashi (réhabilitation) ;
- 2 centres de formation aux métiers de Bâtiments et Travaux Publics à Kinshasa et à Lubumbashi ;
- 2 aéroports de Goma et de Bukavu (réhabilitation) ;

Honorable Président de l'Assemblée Nationale,
Honorables membres du Bureau de l'Assemblée Nationale,
Honorables Députés,

9. Permettez-moi d'indiquer à l'Auguste Assemblée les principes de base qui sous-tendent notre collaboration. Il s'agit des principes suivants:

- Gagnant-Gagnant ;
- Sous-traitance des travaux en faveur des entreprises publiques et privées locales ;
- Prise en compte des aspects de protection de l'environnement ;
- Création des emplois ;
- Transfert de technologie et formation intensive ;
- Actions sociales dans les zones des projets miniers.

Outres ces principes, je me fais le devoir de vous donner l'économie des engagements pris de parts et d'autres :

- L'engagement de la Gécamines à céder à la Sicomines ses droits et titres miniers pour garantir le remboursement du financement et du développement des infrastructures. Les gisements sélectionnés sont d'un potentiel de l'ordre de 10,62 millions de tonnes de cuivre et 620 mille tonnes de cobalt ;

- L'engagement de la RDC à faire bénéficier aux projets, pendant la période de remboursement des investissements miniers et de la première tranche de financement des infrastructures, des avantages prévus par le Code minier pour les investissements miniers, des exonérations prévues par le Code des investissements, pour les infrastructures ;

- L'engagement de la partie chinoise porte sur les points ci-après :

* Mobiliser et mettre en place le financement nécessaire au développement minier et au financement des infrastructures. La valeur de ces investissements, en attendant la confirmation des études de faisabilité est de l'ordre de 3,25 milliards USD pour les investissements miniers et 6 milliards pour le développement des infrastructures en deux tranches de 3 milliards chacune ;

* Assurer la formation, le transfert des technologies, le renforcement des capacités, le contrôle de l'ouvrage à réaliser, le volet social et le respect des normes environnementales ;

* Financer la Gécamines sans intérêts, à concurrence de 30 % du capital, dans le cadre du développement minier au titre d'apports d'associés, à valoir sur les dividendes de celle-ci ;

* Verser, après approbation de l'étude de préfaisabilité sur les investissements miniers, un pas-de-porte de 350 millions USD, dont 250 millions au titre d'appui budgétaire pour l'Verser, après approbation de l'étude de préfaisabilité sur les investissements miniers, un pas-de-porte de 350 millions USD, dont 250 millions au titre d'appui budgétaire pour l'exercice 2008 et de solde en faveur de la Gécamines ;

* Prêter à la Gécamines sans intérêts 50 millions de dollars américains en équipements remboursables sur les dividendes de celle-ci.

10. Le remboursement des prêts consentis à Sicomines (investissements miniers : 3,2 milliards USD et développement des infrastructures : 6 milliards USD) est prévu suivant les séquences ci-après :

- Première phase : l'affectation de la totalité de bénéfice de la Sicomines Sarl au remboursement des investissements miniers ;

- Deuxième phase : affection de 66 % de bénéfices de la Sicomines Sarl au remboursement de la première tranche des infrastructures : le solde, soit 34 %, étant distribué au titre de dividendes entre les actionnaires au prorata de leurs mises ;

- Troisième phase : le bénéfice net est distribué entre les actionnaires tandis que les impôts et taxes prélevés sur l'activité minière sont affectés au remboursement de la deuxième tranche des infrastructures.

Le passage d'une phase à l'autre ne peut se réaliser qu'après le remboursement total (principal + intérêts) du prêt y relatif. Le taux d'intérêt est de 6,1 % pour le remboursement des investissements miniers et de Libor+1 pour les infrastructures, une partie de ce dernier taux sera à charge des entrepreneurs chinois suivant chaque projet.

11. Je ne voudrais pas fermer ce chapitre sans porter à votre connaissance que la Convention signée avec le Groupement des Entreprises chinoises n'est qu'un volet d'un vaste programme de reconstruction et de réhabilitation des infrastructures de notre pays. Ce vaste programme inclut plusieurs autres projets financés soit surs fonds propres, par la Banque Mondiale, l'Union Européenne, la Banque Africaine de Développement, la Grande Bretagne et l'Inde. C'est ici aussi, l'occasion de rassurer solennellement nos partenaires traditionnels que le Congo ne tourne jamais le dos à ses amis. L'option levée par le Gouvernement de diversifier sa coopération ne remet pas en cause ses engagements vis-à-vis de ceux-ci.

Nous sommes conscients que l'assistance qu'ils accordent à notre pays à un moment si difficile est importante, irremplaçable et déterminante. Ils ont donc droit à la reconnaissance du Peuple Congolais.

La nouvelle option de coopération diversifiée ouvre des nouvelles perspectives de développement par l'apport des ressources additionnelles et de nouvelles méthodes de travail profitables pour tous.

C'est pourquoi, je salue particulièrement la décision du Gouvernement britannique de nous accompagner dans la réalisation de ce programme en s'impliquant dans le volet environnement.

12. Ainsi donc, grâce aux efforts du Gouvernement et de ces différents bailleurs, les projets de routes suivants sont en cours d'exécution ou vont être lancés dans les prochains jours et prochains mos ;

- N'sele-Lufimi (avec l'appui de la BAD) ;
- Lufimi-Kwango (avec l'appui de l'Union Européenne) ;
- Kwango-Kenge (avec l'appui de la BAD) ;
- Kisangani-Banalia-Buta-Bunduki-Bumba et Bulia-Bondo dans les provinces Orientale et Equateur ;
- Bukavu-Kavumu (sur cofinancement des Gouvernements congolais et chinois) ;
- Construction de l'autoroute Lubumbashi-Kasumbalesa (en BOT avec l'entreprise COVEC et dont les travaux sont déjà lancés) ;
- Réouverture de la route Akula-Gemena-Mbari et Boyabo-Zongo dans la province de l'Equateur ;
- Réouverture de la route Lisala-Bumba dans la province de l'Equateur ;
- Réouverture de la route Mongata-Bandundu-Nioki-Bikoro dans les Provinces de l'Equateur et de Bandundu ;
- Réouverture de la route Kananga-Benadibele-Lodja-Lomela-Ikela ;
- Réhabilitation de la route Niania-Isiro.

Nous signalons que le bitumage de la route Mongala-Inongo-Mbandaka-Bikoro et celui de la route Kisangani-Bumba-Lisala-Gemena-Zongo seront financés dans le cadre du programme complémentaire en cours de conclusion avec la Chinese Development Bank (CDB). De même, les axes des chemins de fer Kamina-Kabalo-Kalemie et Kabalo-Kongolo-Kibombo-Kindu sont pris en charge dans le cadre de ce même programme.

13. Ensuite, en plus de ces projets que je viens d'énumérer, le Gouvernement de la République va mettre à la disposition de l'Office des Routes du matériel neuf pour 18 brigades dont 11 vont être opérationnels dans 3 mois.

14. A ces projets il faut ajouter les travaux de construction d'un aéroport moderne à Kinshasa ainsi que ceux d'une autoroute reliant l'aéroport de Ndjili au centre Ville qui vont être lancés à la fin du mois d'août 2008 sur financement de la Chinese Development Bank (CDB).

15. Et pour terminer, je vous annonce Honorables Députés, que le déploiement des ressources humaines du Groupement des Entreprises Chinoises CREC et SINOHYDRO a déjà commencé.

En effet, environ 150 ingénieurs et experts chinois sont déjà dans nos murs et à pied d'œuvre pour réaliser, en collaboration avec leurs collègues congolais, les études nécessaires et préparer l'installation des chantiers de la première phase de notre programme.

16. J'annonce également l'arrivée imminente, au port de Matadi, d'un premier lot de 12.000 tonnes du matériel et d'équipements nécessaires pour la réalisation de ces grands chantiers.

Honorable Président de l'Assemblée Nationale,
Honorables membres du bureau,
Honorable députés,

17. Le modèle technico-économique qui constitue le soubassement du projet de coopération entre les entreprises congolaises et chinoises peut être schématisé comme suit :

- Le financement des infrastructures et de développement minier dont le remboursement est garanti par l'exploitation de gisements miniers ;
- La constitution d'une JV Minière entre les parties, celle-ci ayant pour rôle :
  * d'exploiter des gisements miniers ;
  * de constituer une partie de la garantie au financement chinois ;
  * d'être co-emprunteur avec les entreprises chinoises ;
  * de veiller au remboursement de différents prêts grâce aux bénéfices dégagés par ces activités.
- Les garanties sont constituées par la Sicomines Sarl (par le dépôt de ses droits et titres miniers à la banque) et les entreprises chinoises ;
- Le régime d'amodiation a été abandonné au profit de celui de cessions de gisements, la Gécamines n'étant pas éligible dans la procédure d'octroi de crédits d'exim Bank ;
- La réalisation des revenus à tirer de l'exploitation minière prend en compte le rendement des minerais, le coût opératoire, le cours du cuivre ainsi que celui du cobalt sur le marché international. Ces revenus serviront à rembourser les prêts et à payer les intérêts, à rémunérer les actionnaires et à assurer un minimum de revenus au Trésor Public en termes d'impôts et taxes après la période de remboursement ;
- Une condition suspensive est retenue dans ce modèle, c'est celle selon laquelle le TRI (Taux de Rentabilité Interne) des Entreprises Chinoises ne peut être inférieur à 19 % (condition d'approbation du projet par le Gouvernement Chinois).

18. S'agissant des termes définitifs du contrat chinois, dans les secteurs clés des mines et des infrastructures, le Gouvernement visera à refléter son objectif d'accélération de la croissance en vue de réduire effectivement la pauvreté.

19. Le groupement des entreprises chinoises ne bénéficie pas des exonérations fiscales au-delà de celles prévues par la législation en vigueur :

- Allègrement fiscaux et douaniers prévus par le code minier pour les investissements miniers ;
- Exonérations fiscales et douanières prévues par le code des investissements pour les infrastructures.

20. Le gouvernement de la RDC s'inscrit en effet dans une optique gagnant-gagnant en attirant les investisseurs étrangers dans les secteurs de ressources naturelles et des infrastructures tout en maintenant une collaboration étroite avec les institutions financières internationales en vue d'atteindre le point d'achèvement dans un meilleur délai.

21. Les conditions de prêts entre les entreprises congolaises et chinoises dans les secteurs aussi rentables que les mines et les infrastructures ne sont pas concessionnelles. Toutefois, avec un taux de rentabilité interne estimé à un moins 19 %, ces projets offrent les meilleurs conditions de soutenabilité de la dette de la Sicomines envers Exim Bank. Et l'Etat congolais n'a donc aucune raison d'être emprunteur. Il se limite à accorder les allégements fiscaux, douaniers et les exonérations fiscales et douanières prévus par la législation en la matière.

22. Bien plus, ce montage permet de faciliter la stratégie pour la relance de la croissance et la réduction de la pauvreté, car mobilisant des ressources financières conséquentes pour les secteurs porteurs de croissance.

23. Le Gouvernement est conscient que ce contrat, comme toute œuvre humaine n'est certainement pas parfait. Raison pour laquelle il a été prévu, dans la Convention, des évaluations annuelles afin de pouvoir corriger certaines imperfections. Il convient aussi de signaler que certains autres paramètres vont pouvoir être définis et précisés après l'étude de faisabilité.

Néanmoins, votre Gouvernement est convaincu que :

- Ce contrat est sans doute le meilleur que le pays ait jamais signé avec les investisseurs étrangers ;

- Il constitue réellement et objectivement le point de départ d'un vaste plan Marshal pour la reconstruction des infrastructures de base de notre pays ;

- Il est le socle sur lequel va se bâtir la croissance rapide de notre économie pour le moyen et court terme ;

- Il va générer des dizaines des milliers d'emplois directement ou indirectement avec en première phase, environ 10.000 emplois directs ;

- Il va à coup sûr relancer la production agricole, minière et industrielle de notre pays ;

- Il va améliorer le pouvoir d'achat des populations par la réduction des coûts de transaction entre les zones de production et les zones de consommation ;

- Il va surtout consacrer et consolider la réunification politique, économique et culturelle de notre pays ;

24. Enfin, Honorable Président de l'Assemblée Nationale, Honorables membres du bureau, Honorables Députés, ce programme va mettre fin au cycle du désespoir, de lamentations et du deuil permanent que porte le peuple congolais depuis plusieurs décennies.

Il va redonner l'espoir et l'énergie positive nécessaire pour reconstruire ce pays. C'est pourquoi du Haut de cette Tribune, et au nom du Gouvernement, je lance un vibrant appel aux Dignes Représentants du Peuple que Vous êtes, de transcender nos clivages politiques et idéologiques pour privilégier l'essentiel qu'est la reconstruction de notre pays, et qu'ensemble nous puissions accompagner et protéger ce Programme.

Je vous remercie.

Contre la Convention : ‘‘Le contrat chinois ou histoire d’un chef d’œuvre d’un contrat léonin’’

par le député Delly Sessanga Hipungu Dja Kaseng,
Kinshasa, 10 mai 2008.

Honorable Président,
Excellences Messieurs les Ministres,

Je voudrais commencer mon propos par une remarque. Tous les autres contrats signés avant cette convention n'ont pas -été transmis. C'est notamment le cas de celui du 19/06/2007 ou des engagements pris avec le groupe Forest.

« Je pense qu'il serait infiniment souhaitable, pour plus de clarté et de transparence, que le gouvernement les transmette à la représentation nationale. Ils donneront une vision exhaustive de la question.

Mon propos va porter sur la question de l'équité du montage juridique de ce contrat.

Pour le gouvernement, ce contrat est «win win » ou « gagnant-gagnant ». Il clame urbi et orbi, à tue tête, à qui veut l'entendre, avoir trouvé, dans cette sorte d'ingénierie financière du troc moderne, la clé au financement du programme des infrastructures. Mais pour que ce contrat soit *gagnant-gagnant*, il ne suffit pas de le proclamer, comme un rêve éveillé. Encore faut-il que les deux parties retirent un avantage réciproque par des prestations équivalentes. Sinon, il y a tromperie sur le prix. Pourtant, il ne faut pas être juriste d'affaires pour voir que cet ensemble contractuel chinois est un chef d'œuvre en matière de contrat léonin.

Voilà un contrat, où il pèse sur la partie congolaise toutes les obligations. Elles sont clairement martelées, verrouillées par des garanties inédites de l'Etat congolais. Même le Roi Léopold II n'avait pas concédé autant dans la mise en valeur du bassin conventionnel du Congo, à l'époque de l'Etat indépendant du Congo. Les entreprises chinoises, quant à elles, n'ont pour d'obligation en tant que telle. Elles s'engagent dans une série des promesses, elles se portent fort de. Mais plus vous lirez le contrat, plus ces promesses se diluent dans une suite infinie des conditions potestatives, que seule le plus souvent la partie chinoise maîtrise et peut unilatéralement évoquer pour ligoter la République.

Ce contrat consacre, dès à présent, le pillage de nos ressources ; à moyen terme, menace l'équilibre de nos finances publiques et; à long terme, condamne les générations futures à une pauvreté plus sévère. De façon générale, ce contrat met en péril les intérêts nationaux. Ceux qui ont lu l'histoire savent que c'est par ces types de contrats que certains pays ont perdu leur liberté, enchaînés dans un cycle de la dette, provoqué par des financements vautours, pour finir comme des protectorats des pays étrangers. Prenons garde, de ne pas laisser glisser le Congo sur la pente dangereuse de devenir un protectorat.

I. L'absence d'équivalence des prestations entre la partie congolaise et la partie chinoise

A. La dilution de la responsabilité par la cascade de structures écrans

L'objet de ce contrat est financier (1.1.1.1). Il consiste pour la RDC à trouver les ressources financières nécessaires à la réalisation des projets d'infrastructures nationales importantes et urgentes. Le Ministère des TPI, qui a signé seul pour la partie congolaise, n'y apparaît que comme maître d'ouvrage (10.4). Concernant un engagement financier de la République, ce sont les Ministres des Finances et celui du Budget qui auraient dû signer. Et s'il était question de prendre en compte les ministres des infrastructures et celui des mines, il aurait fallu alors qu'ils cosignent tous les 4, chacun pour ce qui le concerne.

Cette pratique usuelle n'est pas une fantaisie, mais un gage de transparence et de bonne gouvernance parce qu'elle sauvegarde la responsabilité individuelle de chaque membre du Gouvernement dans une démocratie. Elle les rend comptable de leurs actes.

Ce n'est pas qu'une question de pratique, c'est aussi une question de droit. En effet, l'Ordonnance du 16.05.2007 sur l'organisation et le fonctionnement du gouvernement n'en dispose pas autrement.

« Le Ministre des Finances mobilise les ressources internes et les ressources externes et assure leur gestion. Quant à celui du budget il donne un avis préalable sur les opérations d'emprunts à l'extérieur des entreprises publiques émargeant au budget de l'Etat». (art. 1.10)

Son visa préalable est nécessaire à tout projet de décision, de convention, d'acte d'administration ou toute opération financière susceptible d'avoir un incident sur les recettes ou les dépenses publiques. L'Ordonnance précitée précise qu'il a le droit de participer aux actions de mobilisation des ressources internes et externes.

Pourquoi l'Ordonnance n'a pas été respectée ?

En supposant que le Ministre des TPI ait été négocié avec le mandat du Gouvernement, donc délibéré en Conseil des ministres, pour le compte de l'ensemble; pourquoi devrait-il signer là où la signature de la Gécamines aurait suffit, vis-à-vis des cocontractants chinois ici, qui ne sont que des entreprises ?

Car, du côté chinois, le Groupement des Entreprises chinoises : China Railway Group Ltd et Sinohydro Corporation, s'engagent en réalité comme une tête de pont pour un syndicat de 5 entreprises chinoises qui forme le Consortium (l'art. 1.5). Elles ne négocient pas pour le compte du gouvernement chinois qui est externe à la présente convention. Tout en signant, le Groupement des Entreprises chinoises ne fait que se porter fort de convaincre et d'amener le Gouvernement chinois ainsi que la mobilisation des financements. La parie chinoise qui signe agit comme un commissionnaire, interface avec les intérêts financiers et industriels chinois. Elle fera le travail de notre ministre des finances en ce qui concerne la mobilisation des ressources financières en Chine.

Sur les deux volets du contrat : Joint-Venture minière et projet infrastructures, le GEC cumule plusieurs fonctions en situation de conflit d'intérêt, tenaillant la République d'une main de fer pour l'exécution des engagements.

Le gouvernement nous expliquera cela. Mais fallait il qu'au surplus, en violation de la loi sur les entreprises publiques, le gouvernement avec les chinois autorisent la Gécamines à désigner une personne physique de son choix pour la représenter et qui sera plus tard remplacée par une filiale de la Gécamines afin de constituer le Groupe Gécamines (1.4).

Qu'est ce qui peut justifier cet agencement de ce contrat cadre en contrat de Commissionnaire, aussi bien dans la partie chinoise que dans la partie congolaise. Les informations qui circulent, révèlent d'ailleurs que cette personne physique a été désignée et elle serait porteuse d'une participation dans la Joint venture pour 12 %. Le gouvernement peut il nous éclairer sur ce choix illégal, je le rappelle.

B. La démultiplication des conditions potestatives en faveur de la partie chinoise

Les marges du Congo sont infimes. C'est un euphémisme; elles sont inexistantes dans ce contrat.

Certes, le Groupement d'Entreprises chinoises s'engage à mobiliser et mettre en place le financement pour le développement des gisements miniers, dans le cadre de la JVM, et pour la construction des infrastructures.

Mais, le GEC jouit de trop des droits unilatéraux. Il décide du rythme et du volume des travaux d'infrastructures en fonction des résultats d'exploitation de la JVM (Art. 9) ; et pourtant c'est elle qui gère et contrôle la JVM.

Il choisit, en tant qu'associé majoritaire, la technologie, le matériel et embauche le personnel, sans une obligation quelconque du choix, parce que la Chine a le monopole. Ces choix détermineront la rentabilité de la JVM. Mais si cette rentabilité est mauvaise, la RDC doit la garantir; la Chine ne prend aucun risque financier sur ses propres choix industriels.

Il suspend l'exécution du programme des infrastructures lorsque l'étude de préfaisabilité n'est pas acceptée par la Gécamines ou lui-même. Mais c'est elle qui fait ces études à charge de la JVM. Il choisit les fournisseurs chinois et paie les factures des travaux des infrastructures, parce que majoritaire dans la joint venture. Lorsqu'il prête 50 millions USD à la Gécamines, sans garde fou; il choisit souverainement le mode de paiement de ce prêt, soit en espèce soit en nature équipements, en imposant son prix. Les affaires sont bonnes.

Monsieur le Président,

Après avoir jugé à deux reprises que les concessions que la République doit lui donner sont insuffisantes pour compenser les travaux d'infrastructure, voilà nos partenaires en droit de résilier le contrat, mais la République paiera les prestations intermédiaires. Le Groupement des entreprises chinoises a besoin d'une loi pour sécuriser son régime conventionnel dans le bassin du Congo, mais il apprécie seul oui ou non si l'absence d'une loi pour sécuriser régime fiscal spécifique conduit à la résiliation du contrat.

Enfin, Monsieur le Président, les chinois peuvent accélérer les travaux et mettre les moyens à la disposition du Gouvernement avant que la JVM ne devienne rentable. Mais pour ce faire, il faut hypothéquer à leur profit les titres miniers mis dans la Joint-Venture. Qui est ce partenaire, copropriétaire de ces titres par la JVM, mais qui demande une couverture à 2000 % dans chaque opération. C'est du gagnant-gagnant chinois.

C. La renonciation du gouvernement aux droits constitutionnellement garantis

Cette convention transige sur les principes de la Constitution. Je suis un libéral réformateur et radical. Je suis contre les atteintes à la propriété. Comment l'Etat s'engage à ne jamais, nationaliser, ni exproprier alors que ce droit est reconnu sous réserve du respect de la loi par l'article 34 al. 3 de la Constitution?

Je comprends que le Gouvernement s'engage à garantir la sécurité des entreprises chinoises contre les émeutes politiques. Je ne m'explique pas cela lorsqu'il s'agit de lutter contre les grèves. La grève est un droit reconnu et garanti (art. 39). Comment le gouvernement entend garantir un partenaire contre l'exercice d'une liberté publique, sans violer la Constitution ?

Le gouvernement s'est engagé à respecter les libertés publiques. Il serait mal venu que par ce contrat, nous importions dans notre pays le capitalisme de l'apocalypse. Dans une interview à la Libre Belgique, le Gouverneur du Katanga, a décrit comment les entreprises chinoises se comportent au Katanga avec les droits des travailleurs. C'est pathétique que le gouvernement donne l'impression de consacrer cela dans une convention.

L'autre droit régalien sur lequel le Gouvernement a cédé c'est celui du choix des priorités et de la localisation des infrastructures.

Cela se traduit par les déséquilibres dans la répartition des projets sur l'étendue de la République.

Le gouvernement avait promis, par le Premier ministre, qu'une loi viendrait ici au Parlement pour assurer la répartition des investissements en infrastructures. Cette idée du Premier ministre est une excellente chose pour cimenter l'unité nationale. Pendant que la représentation nationale attendait le projet de loi. Et beaucoup des députés ici avaient quelques idées intéressantes là-dessus, c'est après tout, nous, qui représentons le peuple. Au lieu de suivre la voie de sagesse du Premier ministre, le Ministre des TP, au nom du Gouvernement probablement, esquive les représentants du Peuple et va décider cela avec les chinois. C'est avec eux que le Gouvernement va décider des priorités des infrastructures. Il faut convaincre le GEC avant d'envisager une infrastructure. Je comprends alors comment a été décidée une orientation aussi inégalitaire et désarticulée des investissements pour l'espace territorial national. Ce sont les priorités chinoises au Congo et non les priorités congolaises avec les fonds chinois. Au moment où l'on parle de l'alignement de l'aide sur les choix nationaux c'est affligeant.

II. Le surengagement de l'Etat par des garanties excessives dans un financement vautour

A. Le déséquilibre du pacte d'actionnaire dans la joint venture minière

La Gécamines fait apport de ses titres pour des gisements connus et certains pour partie. Le GEC fait un prêt de 3 milliards de $, remboursable sans intérêt pour 30 % du principal et à 6,1 % d'intérêt pour les 70 % restants. Mais dans le capital la JVM, GEC contrôle 68 % des parts et 32 % par la Gécamines.

Quelle est la cause qui justifie cette répartition du capital ? Sur ce point ce contrat, a au moins l'avantage d'innover en matière du droit des affaires. Désormais à côtés des apports Connus : en numéraire, en nature et en industrie, il faut compter avec, l'actionnaire sans apport.

En droit des affaires, les avances en compte courant d'associés doivent être incorporés dans le capital et cesser de produire les intérêts pour donner droit à des participations. L'apport en compte courant est adossé sur un apport préalable et ne peut être rémunéré doublement comme apport et comme participation. Cet agencement du contrat est l'exemple type de la clause léonine que l'on apprend en droit des sociétés aux étudiants.

Par quelle magie, la JVM rembourse le prêt en compte courant d'actionnaire et gratifie l'actionnaire chinois de 68 % de la société ?

Ce pacte est profondément léonin, sans fondement d'autant plus que la garantie de l'Etat joue au cas où le projet ne serait pas rentable. En droit des sociétés, lorsque le risque pèse sur un actionnaire sans compensation; une telle clause est considérée comme léonine.

Tout au plus, l'apport de la partie chinoise pourrait se limiter. aux intérêts générés par 30 % du prêt pour lesquels, la JVM n'est pas tenue au remboursement. Encore que cela suppose qu'ils aient libéré au minimum leur souscription au capital.

B. La violation du code minier : source des dépenses fiscales indues

La convention accorde une exonération totale de tous les impôts, droits, taxes douanes, redevances directs et indirects, à l'intérieur ou à l'import et à l'export, payables en RDC et ceux liés aux activités minières et au développement d'infrastructure. C'est une réminiscence de notre passé lointain et douloureux : celui de l'époque du régime conventionnel du bassin du Congo. On ne paie pas les taxes au Congo, mais à l'entrée de la Chine, nos marchandises.

Cette clause viole le Code minier dont le régime fiscal est. un régime de faveur non cumulable (Art. 220 du C. min).

Pour avoir un nouveau régime, il faut passer par le biais de la loi. A supposer que l'on passe par la loi la clause de stabilité et de la fiscalité la plus favorable sera activé par tous les autres opérateurs pour réduire encore la contribution fiscale du secteur minier au budget de l'Etat.

Quel est le fondement de cette exonération accordée en violation totale du Code minier ?

La fiscalité dans le secteur minier, bien appliquée et maîtrisée, permet sur la durée du projet de compenser la faiblesse de la participation par les flux de trésorerie, qui rééquilibrent le modèle économique en faveur de l'Etat.

C. La garantie de l'Etat : source de l'endettement de la République

Le gouvernement prétend que la convention est de nature commerciale et ne génère pas de dette pour l'Etat.

La dette n'est pas générée que lorsque l'Etat s'engage directement. Lorsque l'Etat émet en collatéral une garantie en faveur d'un projet qui l'oblige à faire face au risque de défaut, il y a bien une source d'endettement. Dès lors que la RDC donne sa garantie pour octroyer au GEC d'autres concessions au cas où les revenus attendus de la JV Minière s'avéreraient insuffisants pour rembourser les investissements du projet minier et dans le projet infrastructures; il y a dette potentielle. Et si au bout de 25 ans qui suivent la création de la JVM, celle-ci ne rembourse pas le principal et les intérêts, la RDC rembourse le solde par toute voie. Avec ceci, compte tenu de la durée du projet : la dette cesse d'être potentielle, elle devient certaine.

A la lumière de tous ces écueils, ce contrat doit être renégocié afin de rééquilibrer les choses en faveur de la République. A cet effet, le Premier ministre, chef du gouvernement, devrait être invité à faire une déclaration à l'Assemblée dans ce sens en vue de garantir le respect des intérêts nationaux.

Peut-on cependant, Monsieur le Président faire des propositions à la véritable question de fond qui consiste à savoir si on peut mobiliser les capitaux pour notre pays notamment par le biais de l'innovation financière en pré finançant l'impôt et d'autres recettes, sans brader le patrimoine national, en restant dans le domaine des lois de la République.

Je pense qu'une opération de titrisation sur créances futures, basées sur les revenus des impôts, taxes et revenus, des participations publiques, permettrait d'attendre cet objectif. D'autres pays l'ont fait et cela a marché très bien. On fait noter d'abord nos créances futures. On crée à l'international un Véhicule spécial de titrisation pour sécuriser les recettes éligibles. Le stock de ces recettes vient adosser, comme actif sous-jacent, une opération de prêt à un taux de faveur qui permet à l'Etat d'accomplir ses choix dans les meilleures conditions sans sacrifier à l'essentiel.

"Dans cette Convention, il y a la souplesse des mécanismes de remboursement, l'Etat n'est pas emprunteur..."

Intervention du député Jean-Marie Kamoni Mokota Lissa, Kinshasa, 10 mai 2008.

Honorable Président de l'Assemblée nationale,
Madame et Messieurs du Bureau,
Honorables députés et estimés collègues,

L'examen, par notre Chambre, de la convention de collaboration entre la République démocratique du Congo et le Groupement d'Entreprises chinois, constitue un moment fort, voire crucial dans la vie de la nation congolaise à consolider les espoirs que ce partenariat a suscités auprès du peuple congolais mais aussi l'agitation, voire des réactions d'hostilité provoquées par la signature de cette convention dans certains milieux.

La représentation nationale, au cours de cette plénière, a l'opportunité de dire ou sa vérité sur ce partenariat est, aussi, leur restituer sa véritable dimension. A partir de cet instant, le peuple congolais, au travers de ces élus, à s'approprier ces deux projets qui augurent d'un changement qualitatif dans notre vécu quotidien, au regard de leurs multiples effets indus.

Avant de livrer mon analyse sur cette convention de collaboration, je voudrais rapidement rappeler qu'au sortir des différentes guerres imposées à notre pays, et après le dialogue inter-congolais et la mise en place des institutions de la Transition, la priorité a été accordée à l'organisation des élections libres, démocratiques et transparentes, à l'effet de doter notre pays des institutions législatives.

Il est donc juste de saluer l'Union européenne et les autres partenaires comme les Etats-Unis d'Amérique et surtout l'ONU qui nous ont soutenus et accompagné dans l'organisation et la tenue de ces échéances électorales, et surtout dans l'aboutissement heureux de ce processus.

De l'aveu même de nos partenaires, la mise en place des institutions issues des urnes devrait ouvrir la voie à la reconstruction de notre pays, au regard de la destruction et de l'état de délabrement avancé de nos infrastructures de base.

Sous d'autres cieux, cette situation a conduit au Plan Marshall. Et si nous faisons la sommation de toutes les promesses faites, à la veille des élections, par nos partenaires au peuple congolais, celui-ci s'attendait à quelque chose semblable au Plan Marshall. Force est malheureusement de constater que, deux ans après, l'enthousiasme affiché de nos partenaires ne s'est pas traduit en actes concrets.

Nous ne devons pas nous voiler la face devant un certain nombre de réalités sur lesquels nous devons nous poser des questions avec suffisamment de recul, de franchise et de responsabilité, car il y va de l'intérêt de tout un peuple. Une de ces réalités est que les conditions de vie de nos difficiles, voire précaires dans certains milieux, que le peuple congolais ne cache plus sa déception, son exaspération et qu'il veut des réponses.

Aussi, face aux attentes sociales de plus en plus fortes et aux récriminations des citoyens congolais, le gouvernement congolais, comme tout gouvernement responsable, et c'est le cas de tous les élus du peuple qui ont des comptes à rendre, le gouvernement congolais, disais-je ; se devait d'inaugurer de nouvelles stratégies, explorer d'autres voies, d'autres expériences, identifier de nouvelles pistes pour résoudre l'épineux problème des sources de financement de son Programme, notamment à travers les cinq chantiers de la République.

La convention de collaboration avec le Groupement des entreprises chinoises, est une des réponses à ce besoin pressant des moyens. Nous le soutenons et saluons la promptitude avec laquelle les banques et les entreprises chinoises ont répondu à l'appel de notre gouvernement. En même temps, nous exprimons notre vœu le plus ardent de voir nos partenaires habituels poursuivre les efforts, à travers les différents projets qu'ils financent, car il y a de la place pour tout le monde.

Nous ne devrons pas oublier d'où nous venons. Nous sommes passés de l'hyperinflation à la stabilité macro-économique grâce à l'appui de nos partenaires. Je suis convaincu que nous avons encore de bonnes choses à faire ensemble.

Pour revenir à la Convention elle-même, j'ai été frappé par son originalité en ce qu'elle est adaptée aux réalités de notre pays par la prise en compte de nos actions mais aussi nos réflexions. Nos atouts, ce sont nos richesses naturelles, nos mines ; nos faiblesses, c'est la fragilité de notre économie qui ne génère pas suffisamment de moyens, la modicité de notre budget, les difficultés de notre trésorerie, le poids de la dette sur nos finances publiques.

Exécuter les travaux d'infrastructures de base par les recettes générées par l'exploitation des concessions minières financée par le Groupement d'Entreprises, en partenariat avec la Gécamines, est effectivement originale ; car l'Etat n'est pas emprunteur. Et nous ne pouvons que nous en féliciter.

Une autre caractéristique intéressante de cette concertation est la souplesse des mécanismes de remboursement mis en place, chacun consacré à un type de remboursement forcé ; avec cette possibilité qu'à la deuxième période les actionnaires peuvent déjà restituer. Voilà une formule qui évite d'asphyxier le projet, qui lui donne les moyens de s'épanouir tout en lui permettent de répondre à ses obligations financières.

32 % pour la Gécamines dans les structures du capital constituent une avancée significative lorsqu'on sait que pendant la Transition, la part de l'Etat dans les différents contrats miniers dépassait rarement les 20 %.

La structure de consultation périodique des parties est un autre trait caractéristique de cette convention que j'ai noté. Elle traduit la volonté de deux parties d'assurer une bonne exécution de leurs obligations, tout en s'aménageant la possibilité d'apporter des correctifs, des ajustements là où cela s'avérait nécessaire.

Je voudrais terminer par une observation au sein des observations qui ont été formulées en rappelant le principe est que toute convention n'est parfaite. C'est pourquoi, les parties contractantes prévoient des mécanismes d'évaluation et révision.

Et l'article 18 : Dans le même ordre d'idées, j'ai effectivement épinglé la prise en charge, par le Groupement d'entreprises chinoises, des pertes de charges découlant de l'excédent éventuel entre le taux réel et le taux appliqué à la J.V.

En gros, en dehors des faits développés, j'ai retenu que cette convention nous propose un nouveau modèle économique qui privilégie plus les résultats que les (...) auxquels nous devons nous habituer.

Le gouvernement, par ses représentants ci-devant, nous a fourni suffisamment d'informations, sinon toutes les informations dont nous avons besoin pour cerner tous les contours de ce partenariat avec la Chine.

Ma conviction est que toute personne bien informée des caractéristiques de cette convention, comme nous le sommes aujourd'hui, ne peut s'opposer à pareille initiative. Aussi, j'exhorte le gouvernement à régler les quelques détails techniques encore pendants par le financement rapide de l'étude de faisabilité pour que ce projet devienne effectivement au mieux des intérêts du peuple congolais tout entier.

J'ai dit et je vous remercie.

Réponses du Gouvernement aux critiques et observations des Députés

par Pierre LUMBI,
Ministre des Infrastructures, Travaux Publics et Reconstruction,
Palais du Peuple, 14 mai 2008.

Honorable Président de l'Assemblée Nationale,
Honorables membres du Bureau de l'Assemblée Nationale,
Honorables Députés,

C'est avec un grand intérêt que j'ai suivi les nombreuses interventions des Honorables Députés qui se sont succédé du haut de cette tribune pour réagir à mon allocution relative à la Convention de collaboration signé entre le Gouvernement de la République et le Groupement d'entreprises chinoises.

Je prends acte de toutes leurs propositions et suggestions, lesquelles démontrent l'intérêt de l'Assemblée Nationale au programme de reconstruction de notre pays. Les nombreuses réflexions qui ont été exprimées à l'occasion de ces échanges ouvrent des perspectives nouvelles quant aux nouveaux modes de financement au développement.

C'est ici l'occasion de saluer la proposition de l'Honorable Bamanisa qui consiste à allouer une quotité de pas-de-porte à la recherche et à la certification des nouvelles réserves.

Aussi, dois-je vous remercier sincèrement et de tout cœur pour ce que je considère d'emblée comme une grande contribution à l'encadrement de cette Convention de collaboration.

Avant de pouvoir répondre aux nombreuses questions qui nous ont été posées, permettez-moi de consacrer quelques minutes à vous présenter le concept et le montage de ce Programme Sino-Congolais.

La première chose qu'il convient de savoir ce qu'un projet d'une telle ampleur et d'une telle importance ne peut se réaliser qu'avec la volonté affichée du Gouvernement de la République Populaire de Chine et du Gouvernement de la République Démocratique du Congo. C'est très important !

Cette volonté s'est matérialisée par de nombreuses rencontres et séances de travail que nous avons eues avec les autorités gouvernementales chinoises, en l'occurrence le Ministre et le Vice-ministre du Commerce extérieur ainsi que celui des Affaires Etrangères, à Kinshasa et à Beijing.

Tout le montage technique-financier-juridique et institutionnel a bénéficié du soutien de deux Gouvernements.

D'aucuns seraient amenés à me poser la question de savoir pourquoi les deux Gouvernements n'ont pas alors signé l'Accord-Cadre?

Justement compte tenu des difficultés de pouvoir bénéficier d'un financement qui ne puisse pas alourdir notre dette extérieure, les deux parties ont convenu de travailler sur base d'un modèle qui évite le prêt d'Etat à Etat.

D'où la décision de coopérer à travers nos grandes entreprises publiques.

C'est ici l'occasion de rassurer les Honorables Députés que les entreprises publiques chinoises qui travaillent avec la Gécamines ne sont pas de petites entreprises et moins encore, des commissionnaires.

A titre d'exemple, l'une des entreprises chinoises, en l'occurrence CREC, emploie plus de 100.000 personnes dont 10.000 ingénieurs et a dégagé un chiffre d'affaires en 2007 de 27,8 milliards de dollars US. C'est la plus grande entreprise de construction des chemins de fer en Chine et la 3ème en Asie.

Quant à l'entreprise Sinohydro, elle emploie plus de 60.000 personnes et est célèbre pour avoir construit le plus grand barrage hydroélectrique du monde, ''le barrage de trois gorges''.

Ceci dit, la Convention de collaboration signée avec les entreprises chinoises n'est qu'un accord-cadre qui définit les grandes orientations et fixe le cadre de collaboration.

L'exécution des projets miniers est régie par la Convention de joint-venture et les statuts qui ont été signés par les actionnaires en l'occurrence le Groupement d'entreprises chinoises et le Groupe Gécamines. Par ailleurs, les travaux d'infrastructures sont soumis aux contrats spécifiques qui seront signés par le Ministre des ITPR en tant que Maître d'ouvrage et les entrepreneurs chinois et congolais pour les différents projets.

Nous rassurons donc les Honorables Députés que les préoccupations liées aux standards miniers seront prises en compte lors des études de faisabilité tandis que les standards des projets d'infrastructures seront définis dans les cahiers spéciaux des charges.

Il convient de noter que la Convention de Joint-venture a été signée par la Gécamines et a été approuvée par le Ministre des Mines et le Ministre du Portefeuille.

Honorable Président de l'Assemblée Nationale,

La reconstruction de notre pays exige la mobilisation des ressources financières importantes. Ces ressources étaient estimées déjà dans les années 1990 par nos principaux bailleurs de fonds à au moins 9 milliards de dollars US.

Aujourd'hui, je n'exagèrerais pas si je disais qu'il faut multiplier ce chiffre par trois ou par quatre pour approcher la réalité.

La communauté internationale a certes fait beaucoup pour nous assister et alléger tant soit peu la souffrance de nos populations, c'est pourquoi nous leur en sommes reconnaissant, mais comme tout le monde le reconnaît, cet apport est insuffisant ! Il est insuffisant à cause essentiellement de notre endettement qui nous empêche d'accéder aux sources traditionnelles de financement qui posent des conditionnalités multiples.

Dans un tel contexte, comment reconstruire le pays sans recourir à des modes alternatifs de financement qui soient adaptés à notre situation?

Raison pour laquelle votre Gouvernement a opté pour le modèle d'exploitation de nos ressources naturelles, notamment celles minières contre le développement des infrastructures de base en partenariat avec les entreprises chinoises.

Ce modèle, bien que spécifique à notre pays, n'est pas nouveau, il a fait ses preuves dans de nombreux pays asiatiques. De centaines des projets répondant à ce modèle sont en train d'être exécutés avec satisfaction dans de nombreux pays africains tels que l'Algérie, le Gabon, l'Angola, le Niger, la Zambie, le Soudan, le Zimbabwe et le Sénégal.

Et il convient de lever l'équivoque. Pour le Gouvernement congolais, ce modèle n'est pas exclusif à la Chine. Il est appelé à être élargi à tous les partenaires qui en exprimeront le souhait.

Honorable Président de l'Assemblée Nationale,
Honorables Membres du Bureau de l'Assemblée Nationale,
Honorables Députés,

J'en viens maintenant aux réponses à vos préoccupations qui sont pour la plupart d'ordre institutionnel, politique, juridique, économique, financier et technique (Mines et Infrastructures).

Plusieurs intervenants dont les Honorables Sessanga et Kiakwama nous ont demandé de donner le fondement de l'exercice auquel nous nous livrons, certains ont même poussé trop loin, au point de qualifier la présente Convention sous examen d'inconstitutionnelle sinon, exigeant sa ratification préalablement à son exécution.

Votre Gouvernement a tenu à se conformer à l'exigence de l'article 213 alinéa 2 in fine de la Constitution. En effet, c'est en vertu de cette disposition constitutionnelle que le Gouvernement de la

République vous a apporté l'information relative à ladite Convention comme de droit.

L'actuelle Convention ne rentre pas dans la catégorie des traités et accords soumis à la ratification telle que prévue par l'article 214 de la Constitution.

Elle trouve sa source dans l'article 213 alinéa 2 susvisé qui dispose : « le Gouvernement conclut les accords internationaux non soumis à la ratification après délibération en Conseil des Ministres. Il en informe l'Assemblée Nationale et le Sénat ».

Pour rappel, seul les accords entre Etats ou entre Etats et Organisations Internationales sont régis par le droit international public soumis à la ratification. Ce qui n'est pas le cas en espèce. En effet, cette Convention est un acte de droit international privé commercial parce que signé entre un Etat et des privés, en l'occurrence un Groupement d'Entreprises Chinoises, pour couvrir un accord de prêt entre la Sicomines et les Entreprises Chinoises d'une part, et Exim Bank, d'autre part.

De ce qui précède, il y a lieu d'affirmer que cette Convention à caractère commercial, c'est-à-dire soumise aux règles de droit commercial, est bel et bien conforme à notre constitution.

Honorable Président de l'Assemblée Nationale,
Honorables Membres du Bureau de l'Assemblée Nationale,
Honorables Députés,

Pour ce qui est du cas Kalamba, que dire ! La loi du 13 août 1954 (D. du 13 août 1954) dispose : ''Nul ne peut prendre part au vote pour un nombre de voix dépassant la cinquième partie du nombre des voix attachées à l'ensemble des titres ou les deux cinquièmes du nombre des voix attachées aux titres représentés''.

La Gécamines n'a pas pu se conformer à cette loi, faute de filiale fiable : la seule filiale digne de ce nom, Sogetel, se trouve encore à cette date, en instance de faillite.

Par ailleurs, tous les partenaires de la Gécamines dans les JV existantes ne lui ont, cependant, jamais auparavant opposé la rigueur de la limitation de la puissance votale jusqu'aux négociations de Beijing pour la création de la Sicomines où, lors des négociations de la Convention de JV Sicomines, le conseil juridique de la partie chinoise a explicitement exigé que la Gécamines se conforme à la loi et présente un second actionnaire affilié sous peine de ne jamais pouvoir voter avec la pleine puissance de ses 32 % de participation au capital social.

Face à cette contrainte légale, sans préparation et compte tenu de l'urgence qu'il y avait alors à clôturer les négociations et à créer Sicomines, Gécamines a dû, après consultation de son Conseil d'Administration et de son conseil juridique, attribuer à un de ses hauts cadres chargé de la gestion légale et juridique de la Gécamines, des parts.

La Gécamines a, néanmoins, pris d'importantes précautions. Elle a obtenu :

- qu'il lui soit contractuellement reconnu, dans la Convention de JV, le droit de remplacer rapidement, sans conditions, Monsieur Kalamba Banika par une société filiale qu'elle allait créer (« attendu » C article 18.11).

- que Monsieur Kalamba Banika signe une déclaration d'honneur, que Gécamines a fait notarié et dans laquelle :

(a) il a reconnu avoir reçu ses actions de Sicomines Sarl pour le compte de Gécamines et dans le seul but de compléter le nombre de 7 actionnaires, légalement requis pour la constitution d'une société par actions à responsabilité limitée, forme sociétaire adoptée par la JV Minière en cause ici ;

b) il s'est engagé, en sa qualité de prête-nom, à ne pas céder ces actions aux tiers, à titre onéreux ou à titre gracieux, ni à les léguer à ses héritiers et légataires ;

c) il s'est, enfin, engagé, en cette même qualité, à céder, transmettre ou transférer, à tout moment et à la première demande de la Gécamines ou de toute autre entité publique ou privée agissant avec le consentement de la Gécamines, les actions ainsi souscrites et libérées, sans en exiger une quelconque contrepartie financière ou avantage pécuniaire ou matériel.

d) Il sied de vous confirmer que cette situation a évolué par le remplacement de Monsieur Kalamba Banika par Simco Sprl (Société Immobilière du Congo Sprl) constituée avec l'Entreprise Minière de Kisenge.

Honorable Président de l'Assemblée Nationale,
Honorables Membres du Bureau de l'Assemblée Nationale,
Honorables Députés,

A la question de savoir si le montage du contrat respecterait l'équité pour les raisons évoquées par certains Honorables Députés, notamment:

- que toutes les obligations pèsent sur la RDC ;
- que les entreprises chinoises n'ont pas d'obligation si ce n'est de convaincre les banquiers chinois ;
- que toutes les conditions sont maîtrisées par une seule partie, en l'occurrence, la partie chinoise ;

Une lecture minutieuse de la Convention en présence démontre que les deux parties ont des droits et des obligations. La RDC s'engage à apporter les concessions minières, au cas où les réserves ne peuvent pas couvrir le remboursement, remplacer ces concessions par d'autres ou réduire la valeur des investissements.

Les obligations relatives aux émeutes et grèves ont été importantes pour sécuriser le Projet et non les Entreprises Chinoises.

Les Entreprises Chinoises, quant à elles, s'engagent à mobiliser le financement, en ce sens, qu'elles prêtent sans intérêts à la Joint venture (30 % des investissements miniers) empruntent, pour le compte du projet, et apportent la garantie auprès de banques et institutions chinoises. Elles s'engagent également à préfinancer les projets avant la mise en place des mécanismes de décaissement par la banque.

Pourquoi cette Convention a-t-elle été signée par le seul Ministre des ITPR ? Le Gouvernement, dans sa politique de reconstruction et de réhabilitation des infrastructures, a donné plein mandat, au Ministre des ITPR d'agir en qualité de son Représentant pour le compte de la République Démocratique du Congo.

Du reste, ce mandat est en parfaite harmonie avec les attributions du Ministre des Infrastructures, Travaux Publics et Reconstruction, conformément aux dispositions pertinentes de l'article 1er point B litera 5 de l'Ordonnance n° 07/18 du 16 mai 2007 fixant les attributions des Ministères.

Au surplus, dans le fonctionnement de tout Gouvernement, le Chef du Gouvernement, en l'occurrence ici, le Premier Ministre, le Patriarche Antoine Gizenga, peut confier une mission spécifique à tout membre du Gouvernement si les raisons d'Etat l'exigent, quitte à rendre compte au Gouvernement.

Il est ici le lieu de rappeler que les entreprises publiques constituent les instruments de politique économique et sociale du Gouvernement et, à ce titre, ce dernier peut s'en servir pour ce faire, aux mieux des intérêts de la République.

Dans l'espèce, la Gécamines a été étroitement associée à ces démarches à travers ses organes statutaires étant entendu que la question de la relance de cette entreprise publique a également été prise en charge.

Honorable Président de l'Assemblée Nationale,
Honorables Membres du Bureau de l'Assemblée Nationale,
Honorables Députés,

Qu'en est-il des avantages douaniers et des exonérations fiscales ?

Pour ce qui est des exonérations douanières et fiscales, il y a lieu de retenir que le groupement d'Entreprises chinoises n'en bénéficie pas au-delà de celles prévues par la législation en vigueur, notamment :

- Les allègements fiscaux et douaniers prévus par le code minier pour les investissements miniers ;
- les exonérations fiscales et douanières par le code des investissements pour les infrastructures.

Par ailleurs, les avantages fiscaux et douaniers prévus dans le cadre de ce projet ne sont pas accordés aux Entreprises chinoises, mais à la JV minière Sicomines comme une participation de l'Etat congolais à l'acquisition des infrastructures.

La Convention sous examen énerve-t-elle nos relations avec nos bailleurs de fonds traditionnels ?

Non. Le cadre de coopération est différent. Il ne s'agit pas ici d'un prêt d'Etat à l'Etat, mais d'un partenariat public- privé où l'emprunteur est totalement privé et les garanties de financement sont aussi privées. L'emprunteur dans le cadre de ce projet, c'est la Sicomines et/ ou les Entreprises chinoises. Les garanties sont constituées par les droits et titres miniers détenus par la Sicomines ainsi que les Entreprises chinoises, elles-mêmes. En effet, la concessionnalité d'un taux de prêt se justifie lors d'un accord de prêt entre Etats, dit Etat- IDA, et les organismes financiers internationaux, en respect des règles des prêts et emprunts sur les marchés chinois. Ce qui n'est pas le cas. En penser autrement serait une mauvaise lecture.

C'est un nouveau modèle qui répond le mieux aux besoins de deux parties et qui ne gène en rien nos programmes antérieurs.

La partie chinoise vient les mains vides, alors que la partie congolaise apporte 90 milliards USD des réserves de cuivre et Cobalt (Question de l'Honorable François Muamba).

La Convention met en présence deux parties dont l'une, la RDC, apporte les minerais pour financer ses infrastructures tandis que l'autre, partie chinoise mobilise et met en place le financement. Les Entreprises chinoises signataires de la Convention ne sont pas des intermédiaires, mais des véritables investisseurs et sociétés d'Etat, qui recourent à l'autofinancement (fonds propres) et au marché financier (emprunt auprès d'Exim Bank) dans ce projet. Donc, ces entreprises apportent des fonds propres, recourent au marché financier pour le supplément et se constituent également en garantie en ce sens qu'elles sont aussi « Emprunteur ».

On aurait vu des chinois à l'aéroport avec des mallettes sans argent et remplies de carnets d'adresse parce qu'effectivement ils ne pouvaient pas mettre les routes, les ponts, les rails, les aéroports dans ces mallettes d'une part, et, d'autre part, il est difficile et illégal de se déplacer avec d'importantes sommes d'argent dans des valises.

Honorable Président, ce n'est pas l'ancien ministre du Budget qui nous contredira. Des voix se sont levées dans cet hémicycle, et parfois, en langue nationale, pour faire croire que les partenaires chinois bénéficieraient dans Sicomines de 10.225.000 tCu x 8.500 USD/tCu = 87 milliards USD. 10.225.000 tCu = tonnage de cuivre repris dans l'accord 8.500 USD/tCU = cours du cuivre. En économie minière, toute évaluation d'un gisement se base sur les réserves géologiques.

Que veut dire réserves géologiques ?

En économie minière, on distingue les réserves géologiques de réserves minières. Réserves géologique signifient la totalité du gisement tel qu'il est dans la nature, dans le sol et le sous-sol. On détermine les réserves géologiques par les méthodes de prospection géologiques (tranchées, puits et sondages).

Pour sortir (extraire) le minerai du gisement (du sol), on utilise les méthodes d'exploitation minière. Pour cela, on calcule les réserves minières par deux méthodes d'extraction minière : l'extraction par mine souterraine et l'extraction par mine à ciel ouvert. Ces deux extractions sont réalisées après que les ingénieurs aient étudié un projet minier et dessiné le destin minier (ce que devrait être la future mine à ciel ouvert).

Le projet minier suppose la détermination d'un plan d'extraction minière. Ce plan minier fait référence aux réserves dites minières qui sont plus faibles que les réserves géologiques (parfois de l'ordre de 10%).

Ainsi donc, les réserves géologiques de 10,2 millions de tonnes, celles-ci sont transformées en réserves minières et ne valent plus que 9 millions de tonnes (soit donc une perte de réserves géologiques de 10 %). Les 1.000.000 de tonnes restées en plan, donc dans le sol, ne seront plus récupérées. Parfois, toute tentative de récupération de ces réserves restées en place peut conduire à des catastrophes comme par exemple, l'effondrement, à Kolwezi, de la mine souterraine de Kamoto, en 1991. Lorsque les ingénieurs de mine extraient (c'est-à-dire, enlèvent du sol) les minerais, ceux-ci sont sous forme de grosses pierres, des cailloux. Le cuivre est disséminé (c'est-à-dire, réparti) dans ces pierres et cailloux. Le cuivre est sous forme moléculaire et est lié à l'oxygène, au soufre, à l'hydrogène, etc. Et est associé avec d'autres métaux tels que le cobalt, le zinc, le fer et d'autres impuretés. C'est la malachite, minerai de cuivre le mieux connu. Ces cailloux contenant du cuivre sont ramenés à la surface et sont broyés pour libérer le minerai du cuivre. Ce minerai broyé doit être séparé des impuretés. C'est ce qu'on appelle, en métallurgie, le processus de concentration de minerai. La concentration ne peut pas se faire à 100 %, c'est-à-dire, on ne récupère pas le cuivre à 100 %.

Lors de ce processus, on enregistre toujours des pertes, pertes mécaniques, pertes physiques et des pertes dues au processus chimique. La perte est de 20 % sur ce qu'on a sorti de la mine. Et donc, de 9 millions de tonnes de cuivre qu'on a sorti du sol, il ne reste plus que 7,2 millions de tonnes après la concentration.

Ce minerai concentré va poursuivre son processus de purification pour être transformé en cuivre métallique.

Les métallurgistes utilisent la voie pyrométallurgique (utilisation des fours électriques) et la voie hydro métallurgique (utilisation de l'électrolyse de cuivre).

Pendant ce processus, on enregistre également des pertes des métaux et à la Gécamines, ces pertes sont également de l'ordre de

10 %. Et donc, de 7,2 millions tonnes, il ne reste plus que 6,5 millions de tonnes de cuivre sous forme de métal.

C'est ce tonnage-là qui est commercialisé au cours du métal de 8.500 USD/tn.

Ce qui fait que le chiffre d'affaire sera de :
6.500.000 x 8.500 USD = 55 milliards USD.

Il est évident qu'à chaque étape du processus géologique, minier, de concentration et d'extraction métallurgique des dépenses soient engagées. Ce sont des charges d'exploitation ou coûts opératoires.

Ces coûts, y compris ceux engagés pour la mise sur les marchés ainsi que les coûts financiers sont actuellement évalués à 35% des cours du métal, soit 3.000 USD/tCu.

Le total de dépenses pour produire 6,5 millions de tonnes de cuivre s'élèvent à :
6.500.000 x 3.000 USD = 20 milliards USD.

Le cash flow généré par l'activité de la Sicomines serait dès lors de l'ordre de 55 milliards USD - 20 milliards = 35 milliards USD.

Ce qui est très en deçà des 90 milliards USD annoncés à l'Auguste Assemblée.

Il est important, Honorables Députés, de préciser que cette opération ne peut être instantanée et va, en fait, se dérouler sur une vingtaine d'années.

De plus, il y a lieu de noter que les bénéfices de l'exploitation de la Sicomines reviendront également à la Gécamines en termes de dividende à raison de ses 32 % d'actions.

Honorable Président de l'Assemblée Nationale,

Même si nous admettons que les réserves géologiques sont certaines, comment peut-on penser et dire au peuple qui nous suit ou insinuer que l'on peut valoriser cette richesse potentielle avec un coût nul (sans investissement, sans coût de production) ? S'agirait-il d'une génération spontanée des richesses, c'est-à-dire de la magie !

Existe-t-il des clauses de réajustement automatique de la Convention tenant compte de l'évolution des conditions du marché ?

La convention prévoit des évaluations annuelles entre les parties en vue d'intégrer les changements intervenus pendant la coopération.

Quant à l'évolution des conditions du marché, les réajustements sont automatiques et n'attendent pas les revues annuelles. C'est notamment, le cas des cours des minerais, du coût opératoire, de la découverte des métaux associés, etc.

En quoi la convention actuelle est-elle meilleure que les conventions précédentes telles que de l'exploitation du pétrole de Moanda ?

Comparée aux conventions d'exploitation pétrolière, nous pouvons affirmer avec très peu de risque de nous tromper, en nous basant sur le modèle économique ayant sous-tendu la présente, que la convention signée avec le Groupement d'Entreprises Chinoises est meilleure. Parmi les critères d'appréciation, on peut citer : les parts revenant a l'Etat Congolais (détenues par Cohydro) ne dépassent pas 20 % contre 32 % dans cette convention, le meilleur Revenu annuel réalisé par l'Etat en termes de royalties et autres dans les deux conventions en vigueur est estimé à USD 250 millions (les deux réunies) en 2007 contre un minimum de USD 350 millions hors dividendes GCM pour cette seule convention, dans sa première phase d'Infrastructures, le Bonus de signature de la convention pétrolière ne dépasse pas encore USD 50 millions contre USD 350 millions de Pas de porte dans ce cas. La présente Convention a l'avantage de doter le pays des infrastructures de base avant la réalisation de la production minière, ce qui n'est pas le cas pour les conventions d'exploitation pétrolière et toutes les autres.

Quel est le bien-fondé du pas-de-porte prévu dans la Convention ? Quelle en est la répartition ? Pourquoi sert-t-il à l'appui budgétaire alors que la convention est entre Privés-Etat RDC.

Ce Pas-de-porte représente un droit d'accès ou un bonus de signature dans un contrat minier, sa valeur est de USD 350 millions dont 100 millions vont à la Gécamines et 250 millions sont versés au Trésor public sous forme de ressource extérieure en appui au budget de l'Etat, exercice 2008. Cette répartition, décidée par le Gouvernement, devrait permettre à l'Etat de faire face à une partie de ses dépenses et à la Gécamines d'améliorer sa trésorerie.

Comment expliquer la répartition des parts : 32 % contre 68 % et le taux non concessionnel de 6,1 % ?

De la répartition : Il y a une différence entre un apport d'actionnaire en capital, lequel représente sa part dans le capital, et l'apport en Investissements que l'actionnaire peut offrir pour réaliser l'objet social et dont les conditions de remboursement sont définies par la société, en fonction de la situation du marché. Donc, la répartition des parts sociales entre actionnaires est intimement liée aux conditions du marché, au risque que présente l'environnement de l'investissement, etc.

Du taux d'intérêt : certes le taux de 6,1 % n'est pas concessionnel, la concessionnalité d'un prêt ne s'apprécie pas seulement en terme de la hauteur du taux, si on intègre les éléments « Don et Maturité », cet emprunt présente une meilleure opportunité pour notre pays.

En outre, l'Emprunteur demeure la JV Minière et/ou les Entreprises Chinoises et non l'Etat Congolais, d'où le critère de concessionnalité n'est pas de mise. La Convention ne stipule nulle part que la dette peut être transférée à l'Etat Congolais. Alors que les experts congolais évaluent les travaux de 4 km à 7 millions de $ US, est ce que l'Etat congolais n'est pas perdant dans cette surfacturation ?

Cette information diffusée sur RFI n'a rien à voir avec la réalité des faits. Après avoir réalisé les études, la partie chinoise a transmis à mon Ministère ses conclusions, lesquelles sont en examen au niveau des Experts.

La convention ne consacre-t-elle pas le pillage des ressources du pays et ne condamne-t-elle pas la population à une pauvreté future ?

Comparée aux précédentes conventions conclues entre nos entreprises minières et les partenaires extérieurs, cette convention ne consacre pas le pillage des ressources et ne condamne pas notre population à une pauvreté future pour des raisons suivantes :

- Le taux de participation de la GCM au capital social de la JV minière est le plus élevé de toutes les autres conventions, soit 32 % contre une autre tranche allant de 7 à 25 % ;
- Aucune autre convention n'a réalisé des projets d'infrastructures non liées à l'activité de l'exploitation minière.
- Les infrastructures à réaliser dans le cadre de cette Convention vont permettre le désenclavement du pays, stimuler la production intérieure, principalement la production agricole et assurer un revenu à nos populations rurales. Ces infrastructures sont réalisées avant même l'exploitation minière.

- Donc, loin de paupériser la population, le projet de coopération sous-tendu par cette Convention permettra à la population de se prendre en charge et de créer des richesses.

Il existe une inégale répartition des infrastructures reprises dans l'annexe C :

S'agissant des critères du choix des projets d'infrastructures et de leur localisation, nous voudrons inviter l'Honorable Assemblée à intégrer la Convention de coopération RDC-Groupement des entreprises chinoises dans une vision globale de développement de notre pays qui implique tous les bailleurs et toutes les sources de financement disponibles et encore à explorer.

En effet, la seule convention dont question ici ne peut supporter seule le poids important du développement des infrastructures de base de tout le territoire national qui requiert d'énormes ressources financières. La Convention avec le Groupement d'entreprises chinoises apporte une première réponse à l'état de délabrement avancé de nos infrastructures sociales car elle a retenu les projets suivants :

* La construction d'un hôpital de 150 lits dans chaque province actuelle ou à créer ;

* La construction d'un centre de santé de 50 lits dans chaque territoire ;

* La réhabilitation de 30 km de voiries urbaines en moyenne dans chaque chef-lieu de province et de 250 km dans la ville de Kinshasa ;

* La construction de logements à travers l'étendue du territoire national

En ce qui concerne les infrastructures de transport, et en considérant les projets financés par d'autres partenaires, la Convention se focalise aux projets intégrateurs à l'échelle nationale. A ce titre, notre objectif est de disposer d'une voie ferrée qui permette de relier sans rupture de charge le Sud-est du pays à l'Ouest en traversant les provinces du Katanga, des deux Kasaï, du Bandundu, de Kinshasa et du Bas-Congo.

En effet, l'auguste Assemblée peut constater ce qui suit :

° Pour le Bas-Congo, il est prévu 366 km ;
° Pour le Bandundu 1.015 km ;
° Pour le Kasaï Occidental 575 km ;
° Pour le Kasaï Oriental 132 km ;
° Pour le Katanga 1.648 km ;

Soit un total de 3.736 km.

La construction de la route reliant Lubumbashi-Kalemie-Bukavu-Goma-Beni-Kisangani en traversant les provinces du Katanga, du Sud et du Nord Kivu et de la Province Orientale procède du souci de promouvoir la complémentarité de différents modes de transports, et de contribuer au renforcement de l'unité nationale et à l'introversion de notre économie.

Ces projets routiers sont complétés par des routes transversales dont Kananga-Mbuji-Mayi-Kasongo-Bukavu, Kasongo-Kindu avec la bretelle Mbuji-Mayi – Muene-Ditu, et des routes de contournement dont Likasi-Kolwezi-Dilolo-Kapanga-Kananga, ainsi que la route Matadi-Boma-Moanda de désenclavement de la RDC vers l'Océan Atlantique.

Sur le plan énergétique, la construction des centrales hydro-électriques de Kakobola et de Katende est une réponse au problème de desserte en énergie électrique du Sud de la province de Bandundu et du Grand Kasaï, tandis que la réhabilitation du réseau de distribution d'électricité dans les villes de Kinshasa et de Lubumbashi constitue le défi à relever pour réduire le taux de délestage dans ces deux métropoles. Il est évident que ces différents projets sont un début de réponse aux problèmes énergétiques qui se posent en RDC.

En outre, plusieurs autres projets multisectoriels ont déjà été identifiés pour être financés avec la Banque de Développement de Chine, « CDB » ; une convention de financement est en discussion entre les experts congolais et chinois. Ace jour, la CDB a confirmé son engagement de financer la modernisation de l'Aéroport International de N'djili et la construction d'une autoroute de liaison de l'Aéroport au Centre-ville sans attendre les discussions sur les concessions minières en cours.

Après cette présentation générale de l'approche qui a été celle du Gouvernement dans le choix des projets d'infrastructures, j'aimerais apaiser les Honorables Députés qui ont fait part de certaines préoccupations spécifiques :

Plusieurs propositions ont été formulées sur la localisation de deux Universités. Elles seront prises en compte. Je tiens à préciser à l'Honorable Assemblée, qu'il est prévu au total, la construction de 4 nouvelles Universités, les deux autres étant retenues dans le financement de la CDB.

Les axes Kananga-Mbuji Mayi-Kabinda-Bukavu et Kibombo-Kasongo-Kindu ont été prévus en terre battue dans le cadre de ce projet. Cela ne constitue pas une marginalisation de ces importantes régions de notre pays.

La stratégie appliquée ici consiste, en première phase à rétablir la circulation sur ces axes restés coupés pendant longtemps et à réaliser le bitumage en seconde phase. Aussi, les routes en terres battues ne sont-elles pas à confondre avec les pistes saisonnières que nous connaissons actuellement. En tout état de cause, le bitumage de ces tronçons est prévu en deuxième phase sur financement de la CDB.

La construction du pont sur la rivière Loange n'est pas couverte sur le financement dont question ici parce que repris dans notre programme, en l'occurrence le PMURR sur financement de la Banque Mondiale, dans le cadre de la réhabilitation du tronçon Batshamba-Tshikapa de la RN1, y compris le pont susmentionné.

Des aéroports tels que ceux de Tshikapa, Mbuji-Mayi, Isiro n'ayant pu être programmés dans ce financement faute d'enveloppe suffisante, seront réalisés en priorités dans les programmes ultérieurs.

Le territoire de Kiri n'est pas marginalisé ou oublié. Actuellement, le projet de routes qui est actif dans la région de Kiri est celui de la réhabilitation de l'axe Mongata-Bandundu-Nioki-Bikoro sur financement de l'Union Européenne. Il est prévu le bitumage de ce même axe dans le cadre de la coopération avec la CDB. A cette occasion, une bretelle vers le territoire de KIRI, sera intégrée dans le projet.

La voie du tronçon ferré Kabalo-Kabongo est retenue dans les projets à financer par la CDB qui englobe les autres réseaux restants à savoir :

. Kamina-Kabalo-Kindu
. Kabalo-Kabongo-Kalemie
. Kisangani-Ubundu

Quant au Chemin de Fer des Uélé, le rétablissement de la liaison ferrée de 1.023 Km entre les deux provinces, Orientale et Equateur, est inscrit sur le programme de financement avec d'autres bailleurs avec qui les pourparlers sont en cours.

Toutes les autres préoccupations, portant sur des projets spécifiques, exprimées par votre Honorable Assemblée, bien que n'ayant pas été retenues dans le cadre de ce financement, nous pouvons vous en assurer, seront prises en compte dans les autres partenariats à venir.

Qu'en est-il de l'utilisation des ingénieurs congolais dans les projets et de la création d'emploi en résultant?

La mise en œuvre des projets du programme sino congolais nécessite l'utilisation d'une importante main d'œuvre locale en termes d'ingénieurs et d'ouvriers.

Le protocole de coopération du 06 septembre 2007 et le protocole de collaboration du 17 septembre 2007, lesquels ont précédé la convention de collaboration du 22 avril 2008, consacrent la création d'emplois comme l'un des six (6) principes fondamentaux de collaboration.

Pour faire face à la demande de main d'œuvre de ce programme sino congolais, l'Office National de l'Emploi (Onem) procède depuis deux mois, à l'enregistrement des demandeurs d'emplois dans tous les domaines qui intéressent le programme.

Dans l'optique du renforcement des capacités de l'Office des Routes et de l'OVD, des tests de recrutement ont été lancés depuis un mois.

Il est à noter que dans sa phase de mise en œuvre pour 2008, le programme RDC-Chine engendra 10.500 emplois dont 7.000 pour les Congolais et 300 pour les Chinois qui donnent un rapport de 1 à 2 prévu dans la convention.

Pourquoi la présentation de l'annexe C est sans indication des coûts estimatifs des différents projets ?

L'annexe C est sans indication de coûts estimatifs pour la simple raison qu'il n'existait pas au moment des négociations et même maintenant des études de faisabilité sur l'ensemble des projets. Les coûts seront déterminés par ces études et intégrés dans les contrats des travaux à signer avec les entrepreneurs.

Sous-traitance des travaux et sort des structures pérennes de la RDC : OVD, OR, BTC, BEAU, etc.

La question de participation des entreprises locales dans le cadre de cette Convention est résolue par les dispositions prévues dans le protocole d'accord du 6 septembre 2007 solidaire à celui du 17 septembre 2007 signés entre les parties congolais et chinoise dans le processus de négociations qui a abouti à la signature de la Convention de collaboration du 22 avril 2008.

En effet, les documents précités consacrent le principe de la sous-traitance, qui se fera à deux niveaux :

- Public privé avec les structures pérennes : OR, OVD, BTC, BEAU, Onatra, SNCC, SNEL, etc.
- Privé-privé avec les entreprises et bureaux d'études locaux.

Quel est le chronogramme et la garantie sur la qualité des ouvrages ainsi que le mécanisme de suivi et d'évacuation ?

Le chronogramme de réalisation des projets fera l'objet des discussions entre le Gouvernement de la RDC et le Groupement d'entreprises chinoises. De façon générale, le financement des projets d'infrastructures est réparti en deux phases de 3 milliards de dollars chacune.

La qualité des ouvrages à exécuter par les entreprises chinoises est garantie par le Ministère des Infrastructures, Travaux Publics et Reconstruction, qui joue le rôle de Maître d'ouvrage conformément à l'article 10.5 et qui agira à travers le Bureau de coordination qui sera chargé du suivi de l'exécution des projets, et des Maîtres d'œuvres qui seront désignés par lui (cf. 10.5). Toutes les structures chargées de la surveillance et du contrôle des travaux seront utilisées à cet effet. Un programme de renforcement de capacités et d'essaimage desdites structures est prévu pour ce faire.

Est-il programmé l'entretien et la maintenance des infrastructures?

Cet aspect n'ayant pas été pris en compte dans la présente Convention, il revient à la partie congolaise d'assumer pleinement celui-ci par la mise en place des mécanismes nécessaires en vue d'assurer l'entretien et la maintenance des infrastructures. Toutefois, en ce qui concerne le secteur des routes, le gouvernement a proposé la création d'une structure dénommée le Fonds national d'Entretien Routier, FONER en sigle, qui a été adopté par le Parlement. Nous savons que l'entretien a un coût et l'on ne peut l'insérer au risque de gonfler considérablement le coût de chaque projet.

Une lettre de Sinohydro a fait allusion à l'incompétence des interlocuteurs congolais.

Qu'en est-il ? (Hon. Bofassa)

Cette lettre du 30 avril 2008 m'a été adressée à la suite des discussions techniques entre les experts congolais et leurs homologues chinois sur la validation des études élaborées par ces derniers. Dans ces discussions, il s'agissait, pour la partie congolaise, d'appréhender l'impact réel des éléments constitutifs de différents prix présentés par la partie Chinoise. Ceci démontre à suffisance la compétence doublée de patriotisme de la part de nos experts, qui ont travaillé et continuent à travailler, sans relâche.

C'est ici l'occasion de rendre hommage à nos experts et de dire à l'Honorable Bofassa qu'il a tort d'avoir honte de nos Experts, lesquels sont comptés parmi les meilleurs du monde.

Pourquoi la relance de la MIBA n'est-elle pas intégrée dans le volet minier ?

Cette convention de collaboration a pour objet pour la partie congolaise, la réalisation des infrastructures et non la relance des entreprises publiques, laquelle relève du Ministère du Portefeuille et des ministères assurant la tutelle technique.

Mais les préoccupations de chaque entreprise publique minière seront prises en compte chaque fois que les droits et titres miniers de cette entreprise seront présentés en garantie de financement pour la réalisation des infrastructures.

Ce sera le cas bientôt de la MIBA dont deux entreprises chinoises (l'une de financement et l'autre minière) sont intéressées aux concessions de Nickel-Chrome et se proposent de constituer un partenariat lequel sera chargé l'exploiter le minerai de Nickel-Chrome et de financer les infrastructures. Une équipe d'experts miniers séjourne actuellement en RDC pour la collecte des données. Ce sera le cas dans l'avenir de l'OKIMO dès que les concessions et les réserves seront identifiées.

La Convention présente des faiblesses telles que :

• Beaucoup d'engagements imprécis, risqués et improbables ;
• Les financements à mobiliser ne sont pas chiffrés ;
• Il n'existe pas de feuille de route comportant des étapes de réalisation ;
• On fait allusion à des périodes au lieu de définir les années ;

• Les entreprises chinoises gagnent tout alors que leur apport est faible ;

• Elle consacre un endettement de 10 milliards avalisés par des réserves de 90 milliards.

Les prétendues faiblesses relevées par les Honorables Députés tiennent au fait que la convention de collaboration que nous présentons à ce jour fixe le cadre de coopération et définit les grandes orientations, lesquelles expriment la volonté de votre Gouvernement et celle du Groupement d'Entreprises chinoises, sous l'impulsion du Gouvernement de la République Populaire de Chine.

Les engagements précis en termes de valeur des investissements miniers et en infrastructures, ainsi que le chronogramme de réalisation seront consignés dans les contrats spécifiques des travaux et les conventions et autres accords de la JV minière, cela après les études de faisabilité tant pour la réalisation des infrastructures que pour le développement minier.

Un Honorable Député a demandé d'expliciter les articles ci-après : 1§4 ; 5 ; 13§2 ; 14§2.1 ; 14§2.4 ; 14§3.2 ; 15§ 3 ; 1.

Ici, il s'agit de l'inscription du Groupe GCM au Registre des actionnaires de la Sarl Sicomines. La GCM devait être représentée par deux de ses filiales ou d'une filiale en plus d'elle-même. En attendant la création de la filiale, elle devait signer cette convention avec une personne physique de son choix, laquelle devait être remplacée par la filiale, dès sa création.

• Article 5. L'article 5 trouve sa réponse dans les explications que nous avons déjà fournies sur le pas-de-porte.

• Article 13§ 2. Le gouvernement de la RDC, dans le souci de garantir la réalisation des projets d'infrastructures (Annexe C), s'est engagé à offrir d'autres ressources naturelles à la Sicomines au cas où les réserves données en garantie ne couvraient pas le remboursement des différents emprunts et leurs intérêts. Ceci pour maintenir le niveau d'infrastructures repris à l'annexe C.

En défaut de fournir ces réserves additionnelles, les infrastructures à réaliser seront revues à la baisse pour se conformer à la valeur des réserves, c'est-à-dire au lieu de 3.500 km de routes, par exemple, on peut passer à 2.000 km pourvu que leur financement soit couvert par le produit de l'exploitation minière.

Il y va de soi que si le niveau des réserves permet un revenu additionnel, votre Gouvernement aura le choix entre étendre le volume d'infrastructures ou verser ce revenu additionnel au trésor public.

C'est l'occasion pour moi d'accéder aux préoccupations de l'Honorable Sessanga qui qualifiait ce contrat de léonin parce que mettant en péril les intérêts du pays et les finances publiques et aussi parce qu'il y trouve un engagement financier de l'Etat et de la GCM, pour lui dire qu'il n'y a aucun engagement financier de l'Etat et que les intérêts du pays et les finances ne sont pas en péril.

• Article 14§ 2.1. L'exonération dont il est question ici est celle accordée à l'exploitation minière, c'est-à-dire à la JV Sicomines, laquelle est une société de droit congolais. Cette exonération, loin d'être considérée comme un don de l'Etat congolais à la partie chinoise ou une façon de priver l'Etat de ses ressources, elle est considérée comme une participation de l'Etat à la réalisation des infrastructures, laquelle participation est de loin inférieure à la valeur des infrastructures que la RDC acquiert dans le cadre de ce projet.

Honorable Président,
Honorables membres du Bureau,
Honorables Députés,

De quel droit l'Etat congolais, qui n'est pas partie prenante à la JV, une Sarl à l'instar des autres, peut- il devenir propriétaire des infrastructures à réaliser dans le cadre de ce projet de coopération, dans sa première phase de USA 3 milliards, sont financées à concurrence de 68 % par le groupement d'Entreprises chinoises et 32 % la GCM, donc devraient demeurer la propriété de ces partenaires.

La valeur totale des impôts et taxes à prélever aux investissements à réaliser tant pour le développement minier que pour la réalisation des infrastructures.

En outre, la partie chinoise permet à la République d'utiliser aujourd'hui le revenu qu'elle pouvait réaliser dans 20 ans avec tout le risque que cela comporte.

Donc, le plus grand risque est à avoir du côté chinois.

• Article 14§ 2.4. En vue d'éviter l'arrêt des travaux après le financement de la première tranche des infrastructures, la partie chinoise s'est engagée à poursuivre le financement de la deuxième tranche lequel constitue des avances sur les recettes fiscales de l'Etat à recouvrer pendant la période commerciale. Ces avances comptabilisées devront être payées avec les recettes fiscales issues de cette activité comme participation de l'Etat au financement des infrastructures de la deuxième tranche.

• Article 14§ 3.2. Ici, c'est un engagement de l'Etat de sécuriser l'exploitation minière et la réalisation des travaux d'infrastructures. C'est une tâche régulière qui est dévolue à l'Etat.

• Article 15§ 3. Il s'agit ici d'un rappel de l'engagement de l'Etat congolais consigné dans le traité relatif à l'encouragement et à la protection mutuelle des investissements signé entre le Gouvernement Congolais et celui Chinois, le 18 décembre 1997.

Quelles sont les solutions prévues en rapport avec le déficit en matériaux de construction tel que le ciment ?

Pour palier au déficit en matériaux tels que le ciment et les concassés, le Gouvernement envisage en partenariat avec un certain nombre d'entreprises ce qui suit :

• La construction d'une cimenterie dans la Province du Bas-Congo, du Kasaï-Oriental, du Katanga, etc.

• La réhabilitation et le renforcement des capacités de la cimenterie de Kakontwe, dans la province du Katanga

• La création des carrières de production de concassés pour les entreprises chinoises.

En outre, il est à signaler que le Gouvernement est en pourparlers avec d'autres partenaires qui vont nous construire des cimenteries de grandes capacités à raison d'une cimenterie dans les provinces actuelles.

En ce qui concerne le déficit actuel en ciment, le Ministère des ITPR compte beaucoup sur l'application effective de la mesure de libéralisation de l'importation du ciment surtout pour le démarrage des premiers projets.

Honorables Président de l'Assemblée Nationale,
Honorables membres du Bureau de l'Assemblée Nationale,
Honorables Députés,

En guise de conclusion, voici de bonnes raisons pour soutenir la Convention entre notre pays et le Groupement d'Entreprises Chinoises:

1. Le pays va bénéficier d'un financement dont le volume n'a jamais été atteint depuis l'indépendance.

2. l'orientation ou l'affectation de ce financement essentiellement consacrée aux infrastructures et le mode de gestion établie ne prédispose à aucun détournement

3. le taux de rentabilité interne du projet minier à réaliser par la Sicomines permet la soutenabilité de l'endettement ;

4. Il n'y a pas de bradage de nos ressources naturelles, ni de caractère léonin dans cette Convention de Collaboration.

5. Il n'y a pas de rupture à envisager avec nos partenaires traditionnels, mais plutôt la complémentarité.

6. Il y a reconfiguration, implantation et restauration des infrastructures de base permettant la relance des activités agricoles, minières, industrielles et, la mobilité des biens et des personnes.

7. Il y a résorption du chômage par la création de milliers d'emplois.

8. Il y a le renforcement des capacités par la formation des agents, le transfert des technologies, la sous-traitance par les entreprises locales qualifiées, la protection de l'environnement et la préservation des intérêts de la RDC via le principe de gagnant-gagnant.

9. Il y a les effets positifs attendus sur la croissance et le développement entraînant l'élargissement de l'assiette fiscale et la création des richesses.

10. Il y a de l'espoir de l'énergie positive et de la dignité retrouvés.

11. Il y a consolidation de la réunification du pays et l'intégration économiques.

Honorables Président de l'Assemblée Nationale,
Honorables membres du Bureau de l'Assemblée Nationale,
Honorables Députés,

12. Le Pays est sur la voie de la concrétisation effective des chantiers de la République, tel que prôné par le Chef de l'Etat Joseph Kabila Kabange.

Aujourd'hui, les hypothèses émises par les experts les plus avisés de deux Parties basées sur l'évolution du marché et des conditions d'exploitation, permettent de donner les indications suivantes en termes de retombées globales de ce projet dont la répartition se présente comme suit :

• Pour la République Démocratique du Congo : 45 % (en terme d'infrastructures réalisées et fiscalité)

• Pour la GECAMINES : 18 % (en terme de dividendes)

• Et pour le groupement d'Entreprises Chinoises : 37 % (en terme de dividendes)

Je vous remercie.

Motion incidentielle sur la problématique de la soutenabilité de la dette

Jean Bamanisa, Député National
25 mai 2009.

Honorable Président
Honorables membres du Bureau et chers collègues,

Depuis 4-5 ans maintenant, nous savons que nous pourrions atteindre le point d'achèvement, qui dépend des indices de bonnes santé de nos finances publiques afin que les bailleurs de fond regroupés au sein du Club de Paris, les institutions de Bretton Woods : la Banque Mondiale, le Fond Monétaire Internationale, puissent nous accorder un effacement de notre dette, dont les intérêts annuels représentent plus de 700 millions d'USD ; de nous permettre d'avoir un endettement soutenable pour notre éligibilité aux financements du marché et ceux de tous les partenaires en développement.

Ne pas payer, c'est alourdir la dette, c'est l'augmenter tous les ans.

Nous savons que cette dette nous rend de plus en plus pauvre, car toutes nos ressources sont orientées à son apurement.

Même s'il y a à dire sur l'origine de cette dette, nous devons toutefois la payer. Certains pays se sont basés sur des organisations de la société civile pour faire un grand lobbying afin d'effacer la dette, car bien souvent, il y a eu des erreurs de part et d'autre, des prêteurs et des emprunteurs ; on sait bien souvent que cela a servi à des projets appelés « éléphants blancs », donc des projets qui ne se sont pas terminés ou alors se sont révélés très peu rentables.

On sait aussi que les bailleurs n'étaient pas tout « professionnel » ni tout « propre », des intermédiaires, des décideurs, des entreprises des pays préteurs, et bien d'autres, ont tirés profit de ces facilités de crédits données aux pays en voie de développement dans les années 70 et 80.

L'initiative PPTE est certes une réponse des bailleurs de fond de corriger certaines failles, mais cela ne doit pas replonger les économies faibles dans un nouvel endettement.

Nous n'allons pas faire tout l'historique, cela prendrait des heures et bien des personnes dans cette salle savent de quoi nous parlons. La dette est réelle et bien là nous devons trouver les mécanismes pour l'apurer sans continuer d'appauvrir davantage notre population.

A cause de la frilosité des bailleurs traditionnels, nous nous sommes tournés vers la Chine, deuxième puissance économique mondiale qui au regard du surplus astronomique de sa balance des paiements et son incommensurable réserve de change, fait montre d'une plus grande souplesse en matière de prêt garanti.

Lorsqu'en 2004, j'avais vu et reçu cette si grande entreprise chinoise la Synohydro, venir et gagner un marché de la Banque Mondiale de 20 millions d'USD pour faire une route en terre, la RN4 Beni-Niania et de surcroit dans une zone non encore sécurisée, j'avais déjà dit à l'époque qu'il fallait plutôt les solliciter pour des financements plus importants d'infrastructures, quitte à trouver des mécanismes de paiements en compensation.

Le deal avec les entreprises chinoises n'est pas mauvais en soi. Nous avions eu l'occasion d'en parler ici, certaines recommandations avaient été faites pour sa clarification. Voilà qu'aujourd'hui cette question revient dans toutes nos discussions avec les quelques bailleurs de fonds traditionnels, notamment le FMI par son Directeur Général Dominique Strauss Khan et le Président Sarkozy ont été clairs. Il ne faut pas que ce qui est facilité d'un côté, donc l'annulation de la dette, soit compensé par les contrats chinois susceptibles de plonger une fois de plus la RDC dans un nouveau cycle de mauvais endettement.

Nous n'ignorons pas qu'il y a de la compétition sur le marché financier international entre l'occident et la Chine, nous devons être réalistes. Par exemple, la Chine ne prête pas aux Etats Unis directement, mais achète ses bons du Trésor.

Il faut cesser de nous voiler la face. Il y a des vices dans ce contrat, nous le savons. Il plombe aussi tous les efforts que notre gouvernement entreprend pour respecter ses engagements vis-à-vis des bailleurs. Nous devons continuer avec le FMI qui est prêt à nous soutenir pour obtenir l'effacement de la dette, nous faciliter l'entrée dans un nouveau programme 500 millions USD et ensuite quelques milliards.

Alors Honorables, faudrait-il que nous continuons de tourner en rond ? Les mécanismes et les procédures financiers, les chiffres aussi importants qui vont engager le pays pour les dizaines d'années à venir ne peuvent à ce niveau, se faire sous cape, en cachant certaines choses.

Les experts existent ; certains pays frères africains ont fait leurs expériences, les bailleurs de fonds nous proposent même leurs expertises. L'Angola a commencé en 2002 avec 4 projets pour 140 millions d'USD, puis est passée à 31 projets contrats pour 1.110 millions d'USD en 2004, ensuite il est passé graduellement à des montants plus importants et par secteurs prioritaires, bien sélectionnés et connus de tous. La structure de gestion était aussi opérationnelle avant de se lancer dans ces négociations tellement importantes.

Honorables, contrairement à ce que nous avions décidé il y a 1 an, de ne pas nous mêler de ce dossier, je vous propose que l'AN prenne une résolution de ramener ici ce dossier. Il doit faire l'objet d'un examen sans complaisance et sans parti pris. Il est nécessaire qu'ensemble avec le Gouvernement, le Sénat et avec l'aide des experts nationaux et étrangers des institutions reconnues, je disais que ce dossier soit rouvert et rediscuté, amélioré, au profit de chaque partie, avec bien entendu le principe du win-win. Si nous devons donner une garantie, c'est que nous devrons l'inclure dans la loi des finances.

Nous prendrons en compte tous les aspects :

- Nécessité de définir clairement la vision et la volonté de notre classe politique et de sont Gouvernement.
- Nécessité par la partie chinoise de confirmer sa volonté de nous aider d'effacer notre dette en cours, que de l'alourdir ou de nous bloquer.
- Nécessité de finaliser ce contrat dans les meilleurs délais afin de respecter le calendrier du Chef de l'Etat, du Gouvernement, et de ne pas laisser les entreprises chinoises chômer en RDC ;
- Nécessité de prendre en compte les études des coûts réels des travaux à exécuter, c'est-à-dire qu'il faudra faire des études comparatives et des appels d'offres ouverts à tous ;

- Nécessité de garantir le prêt ou l'avance consentie pour la réalisation des travaux d'infrastructures ;

- Nécessité de respecter les termes des marchés financiers par d'appliquer des taux d'intérêts égaux à ceux des institutions financières traditionnelles ;

- Nécessité de clarifier quelles sont les entreprises et sous quelles formes seront-elles créées afin de gérer l'association avec la Gécamines et le rôle exact de l'Etat. Les entreprises d'économies mixtes d'exploitation et celles de gestions financières.

- Nécessité d'affecter les 350 millions du pas-de-porte à la certification des réserves minières, pétrolières, tel que je l'avais suggéré et que le Gouvernement par le Ministre des TPI l'avait confirmé.

Je vous remercie de prendre acte et de proposer une résolution dans ce sens afin de rendre un précieux service à notre Nation.

Je vous remercie de votre attention.

Jean Bamanisa, Député National
25 mai 2009.

CINQ QUESTIONS A MOÏSE EKANGA

Interview à *Le Potentiel*, 16 septembre 2010.

1. Pouvez-vous mieux préciser les grandes lignes du partenariat entre la RDC et la Chine que l'on sait diviser en trois phases distinctes ?

Il ne s'agit pas réellement d'un partenariat gagnant-gagnant, mais d'un certain côté on pourrait le dire puisque c'est mentionné dans les accords. Ce que je veux montrer ici est que le projet de coopération qui nous unit aux entreprises chinoises est le projet de coopération sino-congolais, et ce projet se présente sous deux aspects: un projet minier et un projet d'infrastructures. Les Chinois se sont engagés à financer les deux projets et le projet minier servira de garantie au remboursement de tous les financements alloués tant aux infrastructures qu'au développement du projet minier. Cette coopération a été matérialisée par la Convention de collaboration signée le 22 avril 2008, qui met en relation les intérêts du Congo et de la Chine. D'un côté la partie congolaise requiert des infrastructures, mais manque de moyens et de main-d'œuvre qualifiée pour les construire, et de l'autre la partie chinoise, en situation d'excédent financier, a besoin de s'assurer une source fiable de matières premières.

2. Quel est la hauteur de l'accord ?

Initialement, le montant total de l'accord était de 9,2 milliards de dollars, à raison de 6 milliards pour les infrastructures — divisés en 2 tranches de 3 milliards chacune — et 3,2 milliards pour l'investissement minier. Mais nous avons dû faire face à des difficultés avec les bailleurs de fonds traditionnels tels que la Banque mondiale, le Fond monétaire international, le Club de Paris et le Club de Londres, qui considéraient que nous avions privilégié le créancier chinois au déni- ment d'autres créanciers. Étant donné que la deuxième tranche des infrastructures qui s'élevait à 3 milliards devait être remboursée par la fiscalité prélevée au niveau de l'exploitation de la Sicomines, le Fond monétaire international nous a demandé de supprimer cette deuxième tranche. Après renégociations avec la partie chinoise, nous avons décidé de réduire le montant de la transaction, pour nous accorder sur un montant de 6,2 milliards de dollars au lieu des 9,2 milliards initialement prévus, à raison de 3 milliards pour les infrastructures et 3,2 milliards pour le projet minier.

3. Que répondez-vous à ceux - parfois même des Congolais - qui estiment que votre pays se fait « spolier » par les Chinois et que ce partenariat est plus profitable à la Chine qu'à la RDC ?

Je soulignais précédemment le fait que ce partenariat est un partenariat comme tous les autres. Avec les anciens partenaires, la part revenant à la Gécamines était comprise entre 7 et 25 %, tandis que cette part s'élève à 32 % avec les Chinois, ce qui représente pour nous une grande première. De plus, pour les réserves de 10 millions de tonnes de gisements de cuivre, le « pas-de-porte » prévu pour la Gécamines est de 350 millions de dollars à raison de 35 dollars la tonne, alors que cette tonne rapportait à peine 10 dollars avec les autres partenariats. Et lorsque l'on tente de réviser les contrats miniers avec les entreprises autres que chinoises, elles ne se montrent pas prêtes à payer plus de 20 dollars la tonne. Donc ce partenariat n'est pas uniquement profitable aux Chinois, et nous ne nous faisons pas « spolier ». Deuxième chose, lorsque les gens se mettent en association, les bénéfices nets sont généralement divisés en termes de dividendes entre les actionnaires. Or dans ce cas-là, nous réservons

66 % des bénéfices nets au remboursement des investissements réalisés dans les infrastructures et dans le projet minier, et sur les 34 % restant, la Gécamines en récupère 32 % et les entreprises chinoises se répartissent les autres 68 % sans obtenir de contrepartie.

4. Le Bureau de coordination de financement sino-congolais et l'Agence congolaise des grands travaux ne sont pas des agences d'exécution de travaux, mais de planification des travaux. Quel est à ce titre votre rôle précis et concret ? S'agit-il plus d'impulser ou de coordonner ?

L'Agence des grands travaux est un service du ministère des Infrastructures. La Convention stipule que si ce n'est pas le ministère des Infrastructures lui-même qui s'occupe du suivi des travaux sur le terrain, il a la possibilité de déléguer, et nous avons créé cette structure comme étant le maître d'ouvrage délégué. Cette agence réalise le travail du ministère des Infrastructures dans le suivi des travaux sur le terrain. Le Bureau de coordination est le bureau qui est chargé de l'ensemble de la coordination du programme sino-congolais…

5. Concernant l'évolution des termes de la coopération sino-congolaise, pouvez-vous nous dire ce qui a été effectivement réalisé, ce qui reste à faire ?

Dans le projet de coopération, nous avons deux projets : le projet minier et le projet d'infrastructures. Concernant le projet minier, des études de faisabilité ont été réalisées et ont été approuvées par le conseil d'administration de la Sicomines, avant d'être soumises au gouvernement chinois pour approbation. Les Chinois ont déjà déboursé 518 millions de dollars sur les 3,2 milliards prévus pour des travaux préliminaires et le paiement du « pas-de-porte ». Sur le plan des infrastructures, différents projets d'hôpitaux et de routes ont représenté environ 338 millions de dollars sur les 350 millions de dollars prévus, et je pense qu'ils seront réalisés d'ici l'année prochaine. En plus de ces 350 millions de dollars, nous avons reçu une tranche de 400 millions de dollars dont environ 115 viennent d'être débloqués pour certains projets urgents, à l'instar des projets liés aux festivités du 30 juin, au Boulevard du 30 Juin et au Boulevard Triomphal de Kinshasa, et à la Place du Cinquantenaire communément appelée «Esplanade du Palais du Peuple», où se déroulera l'ensemble du défilé.

C. BILAN DE LA CONVENTION DE COLLABORATION

PROJET DE COOPERATION SINO-CONGOLAIS. « CINQ ANS AU SERVICE DE LA RECONSTRUCTION ET DE LA MODERNISATION DE LA RDC »

Par Moïse EKANGA,
Secrétaire exécutif du BCPSC.

Vendredi 24 mai 2013, Fleuve Congo Hôtel, Kinshasa. Le Bureau de Coordination et de Suivi du Programme Sino-Congolais (BCPSC) a décidé de commémorer le cinquième anniversaire de la Convention de Collaboration. Une occasion pour le Secrétaire Exécutif Moïse Ekanga d'expliquer, sous forme de conférence de presse, ce qu'est réellement cet accord historique conclu entre la République et un groupe d'entreprises chinoises.

Dans son discours, le coordonnateur du programme sino-congolais donne le contexte, l'évolution et le bilan de ce partenariat bilatéral d'un type nouveau. Ce discours fait office de préface à cet ouvrage.

A la sortie de la conférence de presse, un texte (titre : Projet de Coopération sino-congolais *; sous-titre :* « Cinq ans au service de la reconstruction et de la modernisation de la RDC ») *a été distribué, que nous reproduisons intégralement comme suit :*

Au commencement étaient les 5 chantiers…

Le 26 janvier 2001, Joseph Kabila Kabange prête serment en qualité de Président de la République. Dans son discours d'investiture, il s'assigne trois objectifs : mettre fin à la guerre, organiser les élections libres et transparentes afin de permettre au Peuple de choisir ses dirigeants et de reconstruire le pays.

Le 6 décembre 2006, à l'issue d'une élection présidentielle qu'il a remportée, le nouveau président élu aux suffrages universels directs s'est engagé à réaliser sa promesse relative à la reconstruction nationale à travers sa vision-programme des « 5 Chantiers de la République », en réalité 8 : infrastructures et voies de communication, eau et électricité, santé et éducation, emploi et logement.

Mais dans un pays qui sort d'une décennie de guerre, où trouver les moyens pour reconstruire et moderniser un pays avec une économie complètement en ruine ?

… Les 5 chantiers ont engendré un Protocole d'accord entre la RDC et l'entreprise chinoise CREC…

Face à l'*insuffisance de ressources financières internes*, il fallait littéralement un miracle pour financer l'ambitieux programme des 5 chantiers. Joseph Kabila va alors déployer ses équipes d'experts à travers les différents continents à la *recherche des partenaires financiers*.

Mais, c'est de l'équipe partie de Kinshasa, le 25 février 2007 vers la Chine en passant par l'Afrique du Sud, Hong-Kong et l'Indonésie que viendra le salut.

Des concertations que cette équipe va engager avec la China Development Bank (CDB), les entreprises CREC et Sinohydro ainsi que Export Import Bank of China (Exim Bank) en juin de la même année déboucheront, le 17 septembre 2007, à la signature d'un *protocole d'accord* entre le Gouvernement et la République et l'entreprise chinoise CREC.

… Le Protocole d'accord a engendré la Convention de Coopération…

Le *protocole d'accord* est considéré comme l'ancêtre de la Convention de Collaboration signé le 22 avril 2008 entre le Gouvernement de la République du Congo et le Groupement d'Entreprises Chinoises, représenté par les entreprises CREC et Sinohydro.

Depuis le 22 avril 2013, la Convention de coopération totalise donc 5 années au service de la reconstruction, de la modernisation et du développement de la RD Congo.

… et la Convention de Coopération a engendré le BCPSC

L'article 3 de la Convention de coopération signée entre le Gouvernement congolais et le Groupement des entreprises chinoises demande au Gouvernement congolais de mettre en place un *Comité compétent multisectoriel* en vue d'assurer le suivi et l'évaluation de la Convention. Une structure devant, en même temps, servir de guichet unique pour toutes les questions et formalités relatives à l'exécution des tâches définies dans la Convention. Mis en place par le décret n° 08/018 du 26 août 2008 portant création, organisation et fonctionnement du « Bureau de Coordination et de suivi du Programme Sino-Congolais », le B.C.P.S.C », a pour mission de :

- Jouer le rôle d'*interface entre les différentes parties et entités* intéressées par les projets issus des accords de coopération en matière d'infrastructures, notamment, le Gouvernement de la RDC, les Groupements d'Entreprises Chinoises, la Sicomines ou toute autre joint-venture d'exploitation des ressources naturelles, l'ACGT ainsi que les structures des partenaires chinois chargées du suivi de ces projets ;

- *Assurer le suivi de la mise en œuvre* des Conventions et des accords avec les partenaires chinois ;

- *Préparer les différentes rencontres*, réunions et /ou négociations entre les parties ;

- *Assurer les négociations avec les banques ou instructions financières* pour obtenir tout appui supplémentaire en vue de mener à bien la mise en œuvre desdits projets.

Convention de coopération : deux objectifs, deux volets

En concluant cet accord avec le groupement des entreprises chinoises, *la RDC* ne visait qu'un objectif : *trouver les ressources financières à la réalisation des projets d'infrastructures nationales et à la modernisation du pays.*

Pour le Gouvernement d'Entreprises Chinoises, par contre, le besoin était d'*investir dans le domaine de métaux non ferreux sur le territoire de la RDC.*

En réponse à ce double objectif des parties, la RDC s'est engagée à céder les droits et titres miniers couvrant les gisements miniers de Dikuluwe et Mashamba, détenus par la Gécamines, à la joint-venture Sicomines créée dans le cadre de la Convention de coopération. La RDC s'engageait sur deux autres paliers :

- Transférer les droits et titres détenus par la Gécamines sur les concessions minières à la Sicomines Sarl ;

- Obtenir, au vu de la spécificité de ce Projet de coopération, l'adoption par l'Assemblée Nationale d'une Loi devant sécuriser le régime fiscal, douanier et de change applicable au Projet.

Le Groupement d'Entreprises chinoises, de son côté, s'engage à mobiliser et à mettre en place le financement pour la construction des infrastructures en RDC : c'est le volet « *Projet d'infrastructures* » de la Convention. Elle s'engage aussi à financer le développement des concessions minières : c'est le second volet de la Convention, « *Projet Minier* ». *Le Projet Minier et le Projet d'infrastructures sont collectivement appelés « Projet de coopération ».*

Le Groupement d'Entreprises chinoises s'est engagé à mobiliser 6 milliards USD pour le financement du Projet d'infrastructures, montant qui a été, par la suite, réajusté à la baisse (3 milliards USD) à la demande de la RDC après discussions avec le FMI et la Banque Mondiale ainsi que 3,2 milliards USD pour financer le Projet Minier dont 30 % sous forme d'equity et sans intérêt.

On l'a vu, les parties ont voulu matérialiser leur coopération par la construction d'une joint-venture minière dans laquelle *le Groupement d'Entreprises chinoises détient 68 % d'actions et le Groupe Gécamines 32 %.* Jouant le rôle de plateforme financière, c'est cette joint-venture minière qui emprunte, finance le Projet de coopération dans ses deux volets (projet d'infrastructures et Projet Minier) et assure le remboursement.

On le voit, cette formule évite à l'Etat…

Préalables à l'exécution de la Convention

Dès le départ, l'exécution de la Convention de collaboration avait été subordonnée à la réalisation de l'étude de faisabilité du Projet Minier et son approbation par le Gouvernement de la RDC et celui de la République Populaire de Chine. Dès le deuxième semestre de l'année 2010, l'Etat congolais a approuvé la Convention et l'étude de faisabilité.

Mais, il a fallu attendre le deuxième semestre de l'année 2011 pour voir la Convention approuvée par la Commission de la Réforme et de Développement ainsi que par le Conseil des Affaires d'Etat de la Chine. Or, c'est à partir de cette période que la RDC pouvait s'attendre au premier financement tant pour les infrastructures que pour le Projet Minier.

En dépit de ce contretemps, compte tenu de la bonne collaboration qui existe entre les Parties, les travaux ont pu démarrer bien avant 2011! C'est que le Groupement d'entreprises chinoises avait, de bonne foi, procédé aux décaissements de 468 millions USD avant l'approbation proprement dit du Projet Minier par le Conseil des Affaires d'Etat du Gouvernement chinois !

Situation des décaissements à ce jour

Par rapport au niveau de décaissement de 1,05 milliard USD en faveur des projets d'infrastructures prévu par l'étude de faisabilité avant la mise en production du Projet Minier (Sicomines Sarl), voici la situation des décaissements à ce jour :

Pour le Projet Minier :

- *518 millions USD* décaissés en janvier 2009 par le Groupement d'Entreprises Chinoises, actionnaires de la Sicomines Sarl au titre de la dépense préliminaire décaissés avec l'aval du Ministre du Commerce du Gouvernement Chinois en faveur du projet Minier.

- *370 millions USD* de financement accordé à Sicomines Sarl en 2012.

- *32 millions USD* libérés par le Groupement des entreprises chinoises au titre de prêt d'associés pour la souscription de Gécamines au capital social.

Les discussions sont en cours entre le Groupement et la Gécamines pour la libération d'un prêt de 50 millions USD en faveur de cette dernière pour réhabiliter ses ateliers de Panda.

Pour le Projet d'infrastructures :

- *350 millions USD* accordés en janvier 2009 à la Sicomines Sarl au titre de prêt par Exim Bank sous la garantie du Groupement d'Entreprises chinoises et la Sicomines Sarl, pour financer la première tranche des travaux d'infrastructures les plus urgents.

- *118 millions USD* accordés à Sicomines Sarl en juin 2010 comme un deuxième prêt Exim Bank sous la garantie du Groupement d'Entreprises Chinoises, en vue de financer la deuxième tranche des travaux les plus urgents d'infrastructures.

- *328 millions USD* représentant la participation de la partie congolaise (50 %) au développement du projet de la centrale hydroélectrique de Busanga ont été disponibilisés pour financer ce projet en août 2012.

- *53 millions USD* de budget reprend les rubriques allouées aux infrastructures en mars 2013.

En plus de la centrale de Busanga, ce projet reprend les rubriques suivantes :

- Nouveaux projets d'infrastructures ;
- provision pour paiement des avenants des projets réalisés ou en cours de réalisation : 65 millions USD.

Comme je l'ai dit au départ, les discussions sont en cours avec le groupement d'Entreprises chinoises pour trouver un mécanisme de financement du projet Busanga en BOT et dégager ainsi le montant de 328 millions USD en faveur des projets d'infrastructures à réaliser avant la mise en production de la Sicomines, c'est-à-dire avant fin 2015.

Que dire de l'exploitation minière ?

Il est bon de noter que le Projet de Coopération Sino-Congolais consacré par la Convention de Collaboration et de joint-venture ainsi que leurs avenants *ne stipulent pas la cession des concessions minières au Groupement d'Entreprises chinoises ni aux Chinois, mais à une entreprise de droit congolais, en l'occurrence la Sicomines*, constituée en plateforme financière qui emprunte, finance le projet de Coopération et assure le remboursement sur base de l'exploitation minière.

Quid de la valeur des Concessions minières ?

Les réserves des concessions minières concernées par le projet minier (joint venture Sicomines) sont estimées à 10 millions de tonnes de cuivre, chiffre avancé par la Gécamines et vérifié par un consultant recruté par le Conseil d'Administration de la Sicomines Sarl.

La Sicomines Sarl a entre autres pour obligation, de *commercialiser les produits qui seront issus du traitement métallurgiques des minerais aux prix les plus rémunérateurs et selon les stratégies les plus performantes dans l'intérêt des parties* (Article 9.4 vii de la convention de JV).

Projet de Coopération : contraintes et écueils

En dépit de la bonne foi des parties dans l'exécution de la convention de la Collaboration, quelques difficultés ont ralenti le rythme d'exécution du Projet :

- *Le crash financier* intervenu en 2008 et ses effets pervers sur les cours des minerais ; le long délai pris par les institutions Chinoises compétentes à approuver l'étude de faisabilité.

- *Le long délai* qui s'écoule entre le premier décaissement (janvier 2009) et la mise en production (fin 2015) ;

- *Le retard apporté dans l'adoption de la loi* portant régime fiscal, douanier et de change devant sécuriser le projet de Coopération ;

- *Le déficit énergétique* observé dans la zone du projet (Kolwezi).

Certaines de ces difficultés ont été surmontées, les autres sont en voie de l'être.

En ce qui concerne l'exploitation minière :

En janvier 2009, le Ministère de Commerce du Gouvernement chinois a autorisé au Groupement d'Entreprises Chinoises, actionnaires de la Sicomines Sarl, à décaisser en faveur du projet Minier, la somme de 518 millions USD au titre de la *dépense préliminaire*.

En 2012, un autre financement de l'ordre de 370 millions USD a été accordé à la Sicomines.

Quant aux engagements pris, les entreprises chinoises ont libéré *la totalité du pas de porte à raison de 50 % en 2009 et le solde en 2012*, elles ont également versé à la Sicomines Sarl 32 millions USD pour le compte de la Gécamines tandis que les formalités de paiement de 50 millions USD sont en cours.

Les travaux sur terrain ont été officiellement lancés le 16 avril dernier et suivant les prévisions, la première production est attendue fin 2015, toutes choses restant égales par ailleurs.

Pour ce qui est du projet d'Infrastructures :

Il y a lieu de noter que les décaissements en faveur des projets d'infrastructures ont été effectués avant même la réalisation de l'étude de faisabilité du Projet Minier, garanti de remboursement, et son approbation par les instances gouvernementales de deux pays.

C'est l'occasion également de relever que l'étude de faisabilité prévoit des décaissements de l'ordre de 1,05 milliard USD en faveur des projets d'infrastructures avant la mise en production du projet Minier (Sicomines SARL).

Convention de coopération : quel bilan à ce jour ?

Depuis la signature de la convention et malgré les écueils rencontrés, le projet de Coopération Sino-Congolais a déjà engrangé plusieurs réalisations, essentiellement au volet du développement des infrastructures publiques et communautaires.

A titre d'exemple, avec le prêt de *350 millions USD* obtenu en janvier 2009 d'Exim Bank, la RDC a financé la première tranche des travaux d'infrastructures, notamment : le Boulevard du 30 juin (lot 1), l'Avenue du Tourisme, la bretelle de Lutendele, le tronçon routier Lubumbashi – Kasomeno sur la RN5, le tronçon routier Beni – Luna sur la RN4 et l'Hôpital du Cinquantenaire.

Avec *118 millions USD* de prêt d'Exim Bank, le Congo a pu financer la deuxième tranche des travaux d'infrastructures à savoir : le Boulevard du 30 juin (lot 2), les Boulevards triomphal et Sendwe, l'Esplanade du palais du peuple, l'acquisition d'une unité de production des préfabriqués pour le volet habitat, l'acquisition des groupes électrogènes pour accroître le taux de desserte en électricité de certains Chefs-lieux des provinces et l'acquisition des poteaux solaires pour l'éclairage public de certains Chefs-lieux des territoires.

Avec le montant de *328 millions USD*, apportée en août 2012 comme participation de la partie congolaise (50 %) au développement du projet, la RDC est en train de financer les travaux de construction en cours de la Centrale hydroélectrique de Busanga. Les discussions sont en cours avec les entreprises chinoises pour trouver un mécanisme de financement du projet Busanga en BOT et dégager ainsi le montant de 328 millions USD en faveur des projets d'infrastructures à réaliser avant la mise en production de la Sicomines Sarl, c'est-à-dire, avant fin 2015.

Outre ces réalisations, il y a lieu de noter quelques effets d'entraînement que ce projet de Coopération a apporté au pays. Sur le plan international, l'opinion et les partenaires traditionnels se sont rendu compte que la RDC redevenait un pays fréquentable sur le plan économique et financier, un partenaire crédible avec lequel on peut négocier. Bien plus, la RDC se trouve, du coup, dans une meilleure posture qui lui permet d'obtenir plus et mieux, des conditions autrement plus avantageuses.

Dans le domaine minier, la Convention de Collaboration, ayant été à la base de la revisitation des contrats miniers, a permis à l'Etat Congolais d'améliorer tant soit peu la position des entreprises minières nationales dans les différents partenariats signés avec les entreprises étrangères. Cette amélioration peut être appréhendée à travers le réajustement à la hausse tant du taux de participation au capital de différentes joint-ventures que de la valeur du pas de porte à la tonne de cuivre, sans que ces joint-ventures atteignent les conditions offertes par la Sicomines Sarl à la Gécamines.

L'émergence d'une main d'œuvre congolaise qualifiée

Dans le domaine de la reconstruction, le Projet de Coopération Sino – congolais a inauguré une nouvelle ère dans le secteur de construction avec l'afflux de matériels et équipements de génie civil, favorisant la concurrence, la formation et l'émergence d'une main d'œuvre congolaise qualifiée, la réduction du prix des matériaux de construction (sable, caillasse, ciment, etc.). Cet accroissement de la capacité de construction s'est traduit par le boom immobilier dont nous sommes témoins aujourd'hui à Kinshasa et ailleurs. *Le cadre dans lequel nous nous réunissons ce matin, le Fleuve Congo Hôtel, en est une belle illustration.*

Fortes de cette capacité de construction, les entreprises chinoises dont CREC, Sinohydro, pour ne citer que celles-là, négocient des contrats d'études et des travaux avec le Gouvernement de la RDC et/ou les entreprises publiques. C'est le cas des projets :

* de construction de la centrale hydroélectrique de Zongo II (en exécution) ;
* de modernisation de la piste de l'Aéroport international de N'djili (en exécution) ;
* de construction de nouvelles aérogares de N'djili et de la Luano;
* de modernisation de l'aérogare de Bangoka (Kisangani) ;
* de modernisation du Chemin de fer Kinshasa-Matadi et du Pont de Matadi ;
* de construction des lignes de transport d'électricité et autres (5 lots) ;

* d'implantation d'une unité de montage et de fabrication de compteurs BT à prépaiement ;

* de déploiement de la fibre optique (Phase 2) Kinshasa-Kasumbalesa.

Tous ces projets sont à financer par Exim Bank of China.

Contrairement aux contrats de partenariat conclus entre les entreprises publiques du secteur minier et certaines sociétés étrangères, les ressources du pays, dans le cadre de la Convention d'avril 2008, sont mises en exploitation pour réaliser les infrastructures qui sont mises au service de tous les secteurs d'activités et améliorent la vie de la population.

Des perspectives prometteuses à l'horizon

Après le redimensionnement du Projet Minier à l'initiative de la RDC, la première tonne de cuivre produite par la Sicomines est attendue en 2015 et non, comme initialement prévue, en 2017.

Le Projet de Coopération pourra alors atteindre sa vitesse de croisière en termes d'investissement et d'infrastructures et, éventuellement, aboutir à l'obtention d'une nouvelle ligne de crédit, en fonction des résultats du Projet minier.

On le voit, l'exécution parfaite du Projet augure d'ores et déjà des plus belles perspectives pour le développement des infrastructures, l'amélioration de nos revenus miniers et, au-delà, la reconstruction de la RDC et l'amélioration du bien-être de la population.

Moïse EKANGA,
Secrétaire exécutif du BCPSC.

LE PROJET DE COOPERATION SINO-CONGOLAIS

Le 22 avril 2013, la « Convention de Collaboration » signée entre la République démocratique du Congo et un groupement d'entreprises chinoises accomplissait ses cinq ans d'existence. A cette occasion, Moïse Ekanga Lushyma, Secrétaire Exécutif du Bureau de Coordination et de Suivi du Programme Sino-Congolais (BCPSC), avait tenu, le vendredi 24 mai 2013, une conférence de presse à l'établissement Congo Fleuve Hôtel de Kinshasa.

C'est une allocution importante à plus d'un titre. Elle nous apprend la motivation qui a conduit le Président de la République, Joseph Kabila Kabange, à s'approcher du partenaire chinois pour réaliser son œuvre de la reconstruction nationale. Elle nous renseigne aussi sur le cheminement qui a conduit à la signature de ce Projet de Coopération. Elle nous donne enfin le bilan de cet accord capital, cinq ans après sa mise en application.

Enrichi par quelques éléments relatifs aux années postérieures (de 2014 à 2018), ce discours de 2013 reste d'actualité, dix ans après l'élaboration de la Convention sino-congolaise. Il décrit non seulement le passé, mais il « prophétisait » déjà le présent et envisageait l'avenir. C'est pourquoi, nous le reproduisons in extenso, en espérant qu'il nous serve d'introduction au présent ouvrage, ou nous donne un aperçu général du thème qu'il aborde.

‘‘Mesdames et Messieurs de la Presse,

En date du 22 avril 2008, le Gouvernement de la République et un consortium d'entreprises chinoises représenté par les sociétés CREC et Sinohydro signaient un accord de coopération historique et sans précédent qui totalise aujourd'hui cinq ans.

J'aimerais brièvement m'entretenir avec vous de ce Projet en 6 points :

*au point 1, je retracerai la genèse du projet ;

*au point 2, je vous rappellerai les objectifs qui lui ont été assignés ;

*au point 3, j'évoquerai les modalités de sa mise en œuvre ;

*au point 4, j'esquisserai les préalables à sa mise en œuvre effective ;

*au point 5, je m'attarderai sur le bilan en termes de décaissements, du développement du Projet minier et d'effets d'entrainement dans le cadre de la modernisation et du développement du pays ;

*au point 6, je terminerai en évoquant les perspectives heureuses qui s'offrent à notre Pays à la suite de l'exécution de ce Projet de coopération.

Mesdames et Messieurs de la Presse,

D'emblée, je souhaiterais dissiper un malentendu s'agissant de l'accord intervenu entre le Gouvernement de la République

Démocratique du Congo et le Groupement d'entreprises chinoises pour le développement des infrastructures et l'exploitation commune des ressources minières, le fameux « contrat du siècle » !

En effet, *il n'y a jamais eu de contrat* signé dans ce cadre, ni entre la RDC et la République Populaire de Chine, ni entre la RDC et Exim Bank of China. Ce que la presse appelle « le contrat chinois » n'existe donc pas. Je souhaite vivement que nous parlions du « Projet de coopération sino-congolais. »

Cinq ans après, la question que d'aucuns continuent à se poser aujourd'hui est celle de savoir pourquoi la RDC a été amenée à négocier cet accord et pourquoi en ce moment-là.

Rappelons-nous que lors de son discours d'investiture le 26 janvier 2001, Son Excellence Joseph Kabila Kabange, Président de la République, Chef de l'Etat, s'est assigné trois objectifs à savoir :

* Mettre fin à la guerre ;
* Organiser les élections libres et transparentes afin de permettre au Peuple de se choisir ses dirigeants ;
* Reconstruire le pays.

Les deux premiers objectifs ayant été atteints à la suite de la mise en place du Gouvernement communément appelé *1 + 4* et la tenue des élections libres et transparentes en 2006, avec une victoire tant à la Présidentielle qu'aux Législatives, le Chef de l'Etat s'est engagé à partir de 2007 à réaliser sa promesse relative à la reconstruction nationale à travers la vision – programme *« 5 Chantiers de la République ». Mais avec quels moyens ?*

Face à l'insuffisance de ressources financières internes, dans ce pays détruit par trente ans de dictature et une longue guerre et où les partenaires traditionnels n'ont réalisé que 30 à 40 % des promesses de financement, il fallait trouver des voies et moyens, mieux, concevoir un modèle pouvant servir de palliatif à la modicité des recettes du Trésor et financer ainsi le programme des « Cinq chantiers ». C'est pour répondre à cet impératif que des équipes d'experts ont été déployées à travers les différents continents à la recherche des partenaires.

Le 25 février 2007, l'une de ces équipes fit le déplacement de la République Sud-Africaine, de Hong-Kong, de Shanghai et de l'Indonésie. C'est cette équipe qui participa aux premières concertations avec la China Development Bank (CDB), les entreprises CREC et Sinohydro ainsi que Export Import Bank of China (Exim Bank) en juin de la même année, lesquelles concertations ont débouché à la signature d'un protocole d'accord entre le Gouvernement de la République et l'entreprise Chinoise CREC le 17 septembre 2007 ; lequel est considéré comme l'ancêtre de la Convention de Collaboration du 22 avril 2008 signée entre le Gouvernement de la République et le Groupement d'Entreprises Chinoises, représenté par les entreprises CREC, Sinohydro et leurs filiales.

Un projet pour quels objectifs ?

Le Gouvernement de la RDC devait trouver les ressources financières nécessaires à la réalisation des projets d'infrastructures nationales estimées importantes et urgentes tandis que le Groupement d'Entreprises Chinoises avait pour objectif d'investir dans le domaine de métaux non ferreux dans le territoire de la RDC.

En vue d'atteindre ces objectifs, les parties se sont engagées à :

➢ Pour la RDC :

* Céder les droits et titres miniers couvrant les gisements miniers de Dikuluwe et Mashamba à la JV minière à créer ;

* Obtenir l'adoption par l'Assemblée Nationale d'une loi devant sécuriser le régime fiscal, douanier et de change du Projet de Coopération ;

➢ Pour le Groupement d'Entreprises Chinoises :

* Mobiliser et à mettre en place le financement nécessaire à la construction des infrastructures, c'est « *le Projet d'Infrastructures* » et le développement des concessions minières, c'est « *le Projet Minier* ». *Le Projet d'Infrastructures et le Projet Minier sont appelés collectivement le Projet de Coopération.*

Quelles sont les modalités de mise en œuvre de ce Projet ?

Outre les apports de chacune des parties, la Convention de Collaboration prévoit la création d'une Joint-Venture devant exploiter les gisements miniers, laquelle fut créée en 2008 avec comme actionnaires le Groupe Gécamines détenant *32 % des parts et les Entreprises Chinoises détentrices de 68 % des parts.*

Jouant le rôle de plateforme financière, c'est cette JV minière, la Sicomines Sarl, qui emprunte, finance le Projet d'Infrastructures et le Projet Minier et assure le remboursement sur base de revenus d'exploitation minière évitant ainsi un accroissement de la pression de la dette à l'Etat Congolais.

Au plan financier, les engagements des entreprises chinoises consistent à mobiliser :

*USD 6 milliards pour le Projet d'Infrastructures, lesquels ont été réduits à USD 3 milliards à la demande du Gouvernement de la RDC, pour intégrer les préoccupations soulevées par le Fonds Monétaire International et d'autres bailleurs de fonds traditionnels ;

*USD 3,2 milliards pour le développement du Projet Minier dont 30% au titre de prêt d'associés sans intérêt ;

*USD 350 millions au titre de pas de porte ;

*USD 32 millions au titre de prêt d'associés en faveur de la Gécamines pour sa participation au capital social de la Sicomines Sarl ;

*USD 50 millions de prêt à la Gécamines en vue de la réhabilitation de ses ateliers de Panda.

Il sied de souligner que les fonds levés par les entreprises chinoises dans le cadre de ce Projet de Coopération sont garantis par les entreprises chinoises ; d'une part et la Sicomines Sarl détentrice de doits et titres miniers, d'autre part.

Je voudrais également préciser que le Projet de Coopération Sino-Congolais consacré par les Conventions de Collaboration et de Joint-Venture ainsi que leurs avenants ne stipulent nullement la cession des concessions minières au Groupement d'Entreprises Chinoises ni aux Chinois, mais à une entreprise de droit congolais, en l'occurrence la Sicomines Sarl, constituée en plateforme financière qui emprunte, finance le Projet de Coopération et assure le remboursement sur base de l'exploitation minière.

Quant à la valeur des concessions minières, les estimations des réserves (10 millions de tonnes de cuivre) avancées par la Gécamines ont été vérifiées par un bureau d'études recruté par le Conseil d'Administration de la Sicomines Sarl.

La Sicomines Sarl a entre autres pour obligations, de *commercialiser les produits qui seront issus du traitement métallurgique des minerais aux prix les plus rémunérateurs du marché international et selon les stratégies les plus performantes dans l'intérêt des parties* (Article 9.4.vii de la Convention de JV).

Le remboursement des financements du Projet d'Infrastructures et du Projet Minier est assuré par 66 % du bénéfice d'exploitation de la Sicomines Sarl, le solde soit 34 % étant distribué aux actionnaires au titre de dividendes au prorata de leurs mises.

Cette clause contractuelle ainsi que la hauteur des sommes à mobiliser confèrent une spécificité à l'Accord du 22 avril 2008, ce qui a justifié les différents qualificatifs dans la presse : « Contrats chinois : contrat miracle ... » (*Jeune Afrique* du 19 mai 2008), « les contrats chinois en RDC : un nouvel ordre économique pour l'Afrique ? » (*Alterinfo*) ; « (Quand le fleuve Congo illuminera l'Afrique), le contrat du siècle » (*Le Monde Diplomatique*), etc.

Quels étaient les préalables à la mise en exécution de la Convention?

Vu son importance, l'exécution de la Convention de Collaboration était subordonnée à la réalisation de l'étude de faisabilité du Projet Minier et son approbation par le Gouvernement de la RDC et celui de la République Populaire de Chine.

Si l'Etat Congolais a approuvé la Convention et l'étude de faisabilité au *deuxième semestre de l'année 2010*, la Commission de la Réforme et du Développement ainsi que le Conseil des Affaires d'Etat de la Chine *ne l'ont fait qu'au deuxième semestre de l'année 2011*, période à partir de laquelle, suivant les accords, on pouvait attendre le premier financement tant pour le Projet d'Infrastructures que pour le Projet Minier.

Mais vous conviendrez avec moi que les travaux ont démarré en 2009 au lieu du deuxième semestre de l'année 2011, démontrant ainsi la bonne collaboration qui existe entre les Parties.

En dépit de la bonne foi des parties dans l'exécution de la Convention de Collaboration, quelques autres difficultés ont ralenti le rythme de réalisation des objectifs poursuivis par les contractants.

Parmi ces difficultés on peut citer :

*le crash financier intervenu en 2008 et ses effets pervers sur les cours des minerais ;

*le long délai pris par les institutions chinoises compétentes à approuver l'étude de faisabilité ;

*le long délai qui s'écoule entre le premier décaissement (janvier 2009) et la mise en production (fin 2015) ;

*le retard enregistré dans l'adoption de la loi portant régime fiscal, douanier et de change devant sécuriser le Projet de Coopération;

*le déficit énergétique observé dans la zone du projet (Kolwezi).

Certaines de ces difficultés ont été surmontées, les autres sont en voie de l'être.

Quel bilan à ce jour ?

En ce qui concerne l'exploitation minière :

En janvier 2009, le Ministère de Commerce du Gouvernement Chinois a autorisé au Groupement d'Entreprises Chinoises, actionnaires de la Sicomines Sarl, à décaisser en faveur du Projet Minier la somme de 518 millions USD au titre de la *dépense préliminaire.*

En 2012, un autre financement de l'ordre de 370 millions USD a été accordé à la Sicomines Sarl.

Quant aux engagements pris, les entreprises chinoises ont libéré la totalité du Pas-de-porte à raison de 50 % en 2009 et le solde en 2012, elles ont également versé à la Sicomines Sarl 32 millions USD pour le compte de la Gécamines tandis que les formalités de paiement de USD 50 millions sont en cours.

Les travaux sur terrain ont été officiellement lancés le 16 avril dernier et suivant les prévisions la première production est attendue à la fin de l'année 2015, toutes choses restant égales par ailleurs.

Pour ce qui est du Projet d'Infrastructures, il y a lieu de noter que *les décaissements en faveur des projets d'infrastructures ont été effectués avant même la réalisation de l'étude de faisabilité du Projet Minier*, garanti de remboursement, et son approbation par les instances gouvernementales de deux pays.

C'est l'occasion également de relever que l'étude de faisabilité prévoit des décaissements de l'ordre de 1,05 milliard USD en faveur des projets d'infrastructures avant la mise en production du Projet Minier (Sicomines Sarl).

En janvier 2009, un prêt Exim Bank de USD 350 millions, garanti par le Groupement d'Entreprises Chinoises et la Sicomines Sarl, a été accordé à la Sicomines Sarl pour financer la première tranche des travaux d'infrastructures, notamment : le Boulevard du 30 juin (Lot 1), l'Avenue du tourisme, la Bretelle de Lutendele, le tronçon routier Lubumbashi – Kasomeno sur la RN5, le tronçon routier Beni – Luna sur la RN4 et l'Hôpital du Cinquantenaire.

En juin 2010, un deuxième prêt Exim Bank de USD 118 millions, garanti par le Groupement d'Entreprises Chinoises, fut accordé à la Sicomines Sarl au titre de financement de la deuxième tranche des travaux d'infrastructures à savoir : Boulevard du 30 juin (Lot 2), Boulevards Triomphal et Sendwe, Esplanade du Palais du Peuple, l'acquisition d'une unité de production des préfabriqués pour le volet habitat, l'acquisition des groupes électrogènes pour accroitre le taux de desserte en électricité de certains chefs-lieux des provinces et l'acquisition des poteaux solaires pour l'éclairage public de certains chefs-lieux des territoires.

En août 2012, un montant de 328 millions USD, représentant la participation de la partie congolaise (50 %) au développement du projet de la centrale hydroélectrique de Busanga, a été disponibilisé pour financer ce projet.

En mars 2013, le budget alloué aux infrastructures, en plus du projet Busanga, reprend les rubriques suivantes :

*Nouveaux projets d'infrastructures : USD 53 millions ;

*Provisions pour paiement des avenants des projets déjà réalisés ou en cours de réalisation : USD 65 millions.

Comme je l'ai dit, les discussions sont en cours avec les Entreprises Chinoises pour trouver un mécanisme de financement du projet Busanga en BOT et dégager ainsi le montant de USD 328 millions en faveur des projets d'infrastructures à réaliser avant la mise en production de la Sicomines Sarl, c'est-à-dire avant fin 2015.

Outre ces réalisations, il y a lieu de noter quelques effets d'entrainement que ce Projet de Coopération a apporté au pays.

Sur le plan international, l'opinion et les partenaires traditionnels se sont rendu compte que la RDC redevenait un pays fréquentable sur le plan économique et financier, un partenaire crédible avec lequel on peut négocier. Bien plus, la RDC se trouve, du coup, dans une meilleure posture qui lui permet d'obtenir plus et mieux dans des conditions autrement plus avantageuses.

Dans le domaine minier, la Convention de Collaboration, ayant été à la base de la revisitation des contrats miniers, a permis à l'Etat Congolais d'améliorer tant soit peu la position des entreprises minières nationales dans les différents partenariats signés avec les entreprises étrangères. Cette amélioration peut être appréhendée à travers le réajustement à la hausse tant du taux de participation au capital de différentes joint-ventures que de la valeur du pas de porte à la tonne de cuivre, sans que ces joint-ventures atteignent les conditions offertes par la Sicomines Sarl à la Gécamines.

Dans le domaine de la reconstruction, le Projet de Coopération Sino-Congolais a inauguré une nouvelle ère dans le secteur de construction avec l'afflux de matériels et équipements de génie civil, favorisant la concurrence, la formation d'une main d'œuvre qualifiée congolaise, la réduction du prix des matériaux de construction (sable, caillasse, ciment, etc.). Cet accroissement de la capacité de construction s'est traduit par le boom immobilier dont nous sommes témoins aujourd'hui à Kinshasa et ailleurs. *Le cadre dans lequel nous nous réunissons ce matin, le Fleuve Congo Hôtel, en est une belle illustration.*

Fort de cette capacité de construction, les entreprises chinoises dont CREC, Sinohydro, ... pour ne citer que celles-là, négocient des contrats d'études et des travaux avec le Gouvernement de la RDC et/ou les entreprises publiques. C'est le cas des projets :

*de construction de la centrale hydroélectrique de Zongo II (en exécution) ;

*de modernisation de la piste de l'Aéroport international de Ndjili (en exécution) ;

*de construction de nouvelles aérogares de Ndjili et de la Luano; de modernisation de l'aérogare de Bangboka (Kisangani) ;

*de modernisation du Chemin de fer Kinshasa – Matadi et du Port de Matadi ;

*de construction des lignes de transport d'électricité et autres (5 lots) ;

*d'implantation d'une unité de montage et de fabrication de compteurs BT à prépaiement ;

*de déploiement de la fibre optique (Phase 2) Kinshasa – Kasumbalesa ;

*Etc.

Tous ces projets sont financés ou à financer par Exim Bank of China.

Contrairement aux contrats de partenariat conclus entre les entreprises publiques du secteur minier et certaines sociétés étrangères, les ressources du pays, dans le cadre de la Convention d'avril 2008, sont mises en exploitation afin de réaliser les infrastructures qui sont mises au service de tous les secteurs d'activités et améliorent la vie de la population.

Mesdames et Messieurs de la Presse,

Après le redimensionnement du Projet minier, à l'initiative des parties, la première tonne de cuivre de Sicomines Sarl est attendue en 2015 et non, comme initialement prévu en 2017. Le Projet de Coopération pourra alors atteindre sa vitesse de croisière en termes d'investissements, en infrastructures et éventuellement ouvrir la voie à l'obtention d'une nouvelle ligne de crédit, en fonction des résultats du Projet minier.

Que Dieu bénisse la RDC ! Je vous remercie.''

Moïse EKANGA LUSHYMA.
Secrétaire exécutif du BCPSC.

CINQ ANS DE CONVENTION DE COLLABORATION REVUE DE PRESSE SUR LES INTERVENTIONS DE MOISE EKANGA

Le 2 mai 2013, le journal kinois Congonews *alarmait l'opinion en annonçant le retrait d'Exim Bank de la Convention de Collaboration. Les jours suivants, Moïse Ekanga, Secrétaire exécutif du Bureau de Coordination et de Suivi du Programme Sino-congolais (BCPSC), va s'employer à démentir cette « information » qui n'en était pas une !*

La « rumeur » du désengagement d'Exim Bank survenait au moment où la Convention de Collaboration accomplissait cinq ans d'existence. A cette occasion, le vendredi 24 mai 2013, au Congo Fleuve Hôtel, le coordonnateur du Programme sino-congolais avait tenu une conférence de presse, pour expliquer ce qu'est la Convention de Collaboration signée le 22 avril 2008 entre la République et un groupe d'entreprises chinoises.

Les lendemains de toutes les interventions de Moïse Ekanga (mais aussi celles du Gouvernement), la presse en avait rendu compte. Les quelques articles suivants ont été retenus.

RDC : le Premier ministre reconnaît un problème avec le partenariat chinois

Radiookapi.net, mercredi 8 mai 2013.

Le Premier ministre Augustin Matata Ponyo a reconnu mardi 7 mai, sur les antennes de *Radio Okapi*, qu'il y a un problème à examiner en profondeur avec le partenariat chinois. Depuis avril dernier, des rumeurs affirment que la banque chinoise, China Exim Bank, qui finance les travaux de construction des entreprises chinoises en RDC, se serait rétractée. Sans confirmer l'information, le Premier ministre a évoqué une « question qui nécessite un examen en profondeur ».

« *Comme vous le savez, il y a beaucoup d'entreprises qui sont sur place et qui travaillent avec nous. Il y en a qui travaillent avec des financements de ce partenariat avec la Chine et celles qui travaillent avec le financement du gouvernement. Disons que c'est une question d'actualité, nous continuions à y travailler. Peut-être dans les jours à venir nous vous donnerons une réponse beaucoup plus appropriée* », a expliqué le Premier ministre.

Selon des informations parvenues à Radio Okapi, la China Exim Bank se serait rétractée à cause du risque que comportent désormais les contrats chinois, après que l'Etat congolais ait retiré la garantie opérée en 2008 suite à des recommandations des institutions de Bretton Woods.

En 2008, la RDC s'était engagée à offrir ses mines à la Chine contre un projet ambitieux de construction d'infrastructures. L'Etat aurait changé d'avis sous la pression de la Banque mondiale et du FMI.

Selon une source proche du Bureau de coordination et de suivi du programme sino-congolais, pour garantir les prêts chinois, la banque chinoise exige désormais que le gouvernement congolais lui cède ses parts dans la Sicomines, une joint-venture dans laquelle l'Etat congolais, via la Gécamines, détient 32 % de parts contre 68 % du consortium chinois. Elle possède deux gisements riches en cuivre et cobalt de Dikuluwe et Mashamba au Katanga.

Le refus du gouvernement congolais de céder ses parts serait à la base du ralentissement du décaissement des fonds par la banque chinoise.

Sur les trois milliards de dollars américains destinés aux projets d'infrastructures, seulement 468 millions seraient décaissés, notamment pour la construction de l'Hôpital du Cinquantenaire (100 millions), la construction du boulevard du 30 juin (54 millions), l'avenue du tourisme (44 millions), le tronçon de route entre Lubumbashi et Kasomeno (135 millions) et la bretelle Beni-Luna (64 millions).

(Information reprise intégralement par Le Potentiel *du jeudi 9 mai 2013, sous le titre de : ''Les contrats Chine-RDC pourraient subir un nouvel examen'' ; le quotidien kinois termine en ajoutant : « Selon d'autres sources, les discussions se poursuivraient encore pour trouver un compromis entre les deux parties, mais on ignore le poids de la Banque mondiale et du FMI dans ces discussions. »)*

Moïse Ekanga : ''On n'a pas de problèmes avec Exim Bank. Exim Bank n'a pas suspendu le financement des « 5 chantiers »''

Radiookapi.net, Kinshasa, 13 mai 2013.

Exim Bank, la banque chinoise qui finance les travaux d'infrastructures effectués par les entreprises chinoises en RDC dans le cadre du programme du gouvernement dit « Révolution de la modernité », a-t-elle rompu ses financements ?

Cette information circule dans la capitale de la RDC depuis près d'un mois.

Le responsable du Bureau de coordination et de suivi du programme sino-congolais, bien connu aussi sous l'appellation « 5 chantiers », apporte de la lumière. Moïse Ekanga affirme que les contrats ne sont pas passés avec Exim Bank, mais plutôt avec les entreprises chinoises. Et ce financement n'est pas suspendu.

« Il n'y a pas d'accord, dans le cadre du projet de coopération sino-congolais, entre Exim Bank et la République, mais c'est entre la

République et les entreprises chinoises », a indiqué dimanche 12 mai le responsable du Bureau de coordination et de suivi du programme sino-congolais, Moïse Ekanga.

Ce dernier réagissait à des rumeurs affirmant que cette banque chinoise s'est retirée du partenariat sino-congolais. Exim Bank finance les entreprises chinoises engagées dans la construction d'infrastructures en RDC mieux connue sous l'appellation de « 5 chantiers ».

Dans une interview accordée à *Radio Okapi*, le responsable du Bureau de coordination et de suivi du programme sino-congolais a démenti les informations selon lesquelles Exim Bank refuserait désormais de financer les travaux de construction entrepris par les sociétés chinoises engagées dans le partenariat sino-congolais. D'après lui, il ne s'agit là que de rumeurs.

Moïse Ekanga précise en outre qu'il n'y a pas d'accord direct entre Exim Bank et la RDC dans le cadre du programme sino-congolais actuel. « Dans le cadre du programme sino-congolais, il y a deux parties prenantes à la convention : il y a un groupement d'entreprises chinoises qui, elles, sont chargées d'apporter le financement, et il y a la République qui, elle, a mis une concession minière à la disposition des entreprises chinoises, via une JV (joint venture) d'exploitation minière, la Sicomines », a-t-il expliqué.

Moïse Ekanga reconnaît tout de même que, en 2011, la banque chinoise avait demandé à la Gécamines de céder ses 32 % des parts dans la Sicomines afin que cette dernière devienne 100 % chinoise. Toutefois, il affirme que la banque chinoise n'avait pas fait cette demande directement à la République, mais plutôt aux entreprises chinoises engagées dans le partenariat sino-congolais.

« Etant donné que les entreprises chinoises, en tant qu'actionnaires de Sicomines, au même titre que la Gécamines, déposent des garanties auprès d'Exim Bank, cette dernière voulait que la Gécamines apporte aussi des garanties. Nous avons dit que ce n'était pas prévu dans les accords, notamment la convention de collaboration. Et c'était en 2011. Depuis lors, cette question a été réglée, les entreprises chinoises ont compris », a-t-il soutenu.

Concernant les fonds déjà décaissés pour ces projets de construction, Moïse Ekanga précise : « Avant la mise en production de la Sicomines, il est prévu qu'on puisse décaisser à peu près 1 milliard de dollar américains. Et dans le 1 milliard, aujourd'hui, les paiements qui sont effectués sont de l'ordre de 750 millions de dollars ».

Moïse Ekanga affirme par ailleurs que d'autres projets de construction sont financés directement par Exim Bak tels que la réhabilitation de la piste de l'aéroport international de Ndjili et le projet de construction du barrage hydroélectrique de Zongo II. Ces projets sont en train d'être financés conformément au chronogramme établi par les deux parties, assure-t-il.

« J'insiste pour dire qu'on n'a pas de problèmes avec Exim Bank », a-t-il souligné.

Intervenant sur *Radio Okapi* le 7 mai dernier, le Premier ministre Matata Ponyo avait reconnu, sans le préciser, un problème dans le partenariat sino-congolais. Il réagissait aux mêmes rumeurs sur la rétractation d'Exim Bank. Sans confirmer l'information, le Premier ministre a évoqué une « question qui nécessite un examen en profondeur ».

"Aucun accord n'existe entre la RDC et Exim Bank"

Peter Tshibangu, *La Prospérité*, Kinshasa, 14 mai 2013.

Moïse Ekanga, responsable du Bureau de coordination et de suivi du programme sino-congolais, a apporté un démenti formel sur la folle rumeur qui a circulé dans les salons huppés et les rues de Kinshasa.

Cette rumeur faisant état de la suspension par Exim Bank du financement des travaux de réhabilitation et de construction des routes dans le cadre du programme des 5 Chantiers de la République Démocratique du Congo. Exim Bank, une banque chinoise qui finance les entreprises chinoises engagées dans la construction d'infrastructures, ne s'est jamais retirée du partenariat sino-congolais, confirme-t-il. Le Premier ministre, Matata Ponyo, avouait sur les mêmes ondes qu'il y a un problème dans le partenariat sino-congolais auquel il attend examiner en profondeur cette question. Intervenant sur la station de radio onusienne, Moïse Ekanga a précisé qu'un accord direct n'a jamais été signé par les deux partenaires, notamment la République Démocratique du Congo et Exim Bank.

« Dans le cadre du programme sino-congolais, il y a deux parties prenantes à la convention. Il y a un groupement d'entreprises chinoises qui sont chargées d'apporter le financement, et il y a la

République Démocratique du Congo qui a mis une concession minière à la disposition des entreprises chinoises, via une Joint-venture d'exploitation minière, la Sicomines », a précisé le responsable de coordination et de suivi du programme sino-congolais.

Quote-part de la Gécamines

Dans les correspondances qui ont suivi la convention, la Banque chinoise avait, en 2011, demandé à la Gécamines de céder ses 32 % des parts dans la Sicomines afin que cette dernière devienne 100 % chinoise.

Cette démarche de la banque chinoise, selon Ekanga, n'avait pas été directement entamée avec la République Démocratique du Congo. Elle a été entreprise, plutôt avec les entreprises chinoises engagées dans le partenariat sino-congolais. « Etant donné que les entreprises chinoises, en tant qu'actionnaires de Sicomines, au même titre que la Gécamines, déposent des garanties auprès d'Exim Bank, cette dernière voulait que la Gécamines apporte aussi des garanties. Nous avons dit que ce n'était pas prévu dans les accords, notamment la convention de collaboration. Et c'était en 2011. Depuis lors, cette question a été réglée, les entreprises chinoises ont compris », a soutenu en substance Ekanga.

Fonds décaissés pour la construction

Le responsable de coordination et de suivi du programme sino-congolais affirme que les fonds concernant les projets de construction ont été déjà décaissés. Moïse Ekanga a cité, en outre, les projets qui ont été financés directement par Exim Bank. Il s'agit de la réhabilitation de la piste de l'aéroport de Ndjili, la construction du barrage hydroélectrique de Zongo II.

Ces projets, a-t-il confirmé, sont en train d'être financés selon le chronogramme établi par les deux parties. Avant la mise en production de la Sicomines, il était prévu qu'on puisse décaisser à peu près 1 milliard de dollars américains. Et dans ce montant, les paiements qui sont effectués sont de l'ordre de 750 millions de dollars.

Sur le terrain, les observateurs soutiennent que les engins chinois ne vrombissent plus comme il y a quelques temps.

Qui vivra verra !

Contrat sino-congolais : Exim Bank a « déjà décaissé 750 millions USD sur le milliard prévu »

Le Potentiel, 17 mai 2013.

- Le gouvernement de la RD Congo a annoncé jeudi 16 mai à Kinshasa que la banque chinoise Exim Bank a « déjà décaissé 750 millions de dollars US sur le milliard prévu dans le cadre du contrat sino-congolais ».

« Exim Bank continue de financer non seulement les entreprises chinoises engagées dans la construction d'infrastructures en RDC, mais finance directement d'autres projets de construction tels que la réhabilitation de la piste de l'aéroport international de Ndjili et le projet de construction du barrage hydroélectrique de Zongo II. Exim Bank ne s'est donc pas retirée du partenariat sino-congolais », a affirmé le ministre des Médias Lambert Mende Omalanga, démentant ainsi une rumeur faisant état d'un « retrait de la banque chinoise Exim Bank du partenariat sino-congolais ».

Il a, dans une conférence de presse, a précisé que ''ledit partenariat n'a pas été directement établi entre Exim Bank et l'Etat congolais, mais plutôt entre ce dernier et un groupe d'entreprises chinoises qui, elles, sont financées par Exim Bank.''

« Il y a certes eu certains débats entre partenaires, notamment Exim Bank avait souhaité en 2011 que la Gécamines puisse céder ses 32 % des parts dans la Sicomines pour que celle-ci fût 100 % chinoise. CE débat a été clos et la question a été réglée depuis lors. Tout le reste, c'est de la rumeur mensongère », a assuré le porte-parole du gouvernement congolais.

« Deux parties prenantes à la convention »

Le 12 mai, le responsable du Bureau de coordination et du suivi du programme sino-congolais, Moïse Ekanga, a éclairé l'opinion publique sur le financement des travaux du programme des 5 Chantiers de la RDC exécutés par des entreprises chinoises financées par Exim Bank.

« Dans le cadre du programme sino-congolais, il y a deux parties prenantes à la convention. Il y a un groupement d'entreprises chinoises qui, elles, sont chargées d'apporter le financement, et il y a la République démocratique du Congo qui, elle, a mis une concession minière à la disposition des entreprises chinoises, via une JV (Joint venture) d'exploitation minière, la Sicomines. Il n'y a pas d'accord, dans le cadre du projet de coopération sino-congolais, entre Exim Bank et la République démocratique du Congo, mais c'est entre la République et les entreprises chinoises », a-t-il expliqué à *Radio Okapi*.

Il a rappelé que, dans les correspondances qui ont suivi la convention, la Banque chinoise avait demandé à la Gécamines en 2011 de céder ses 32 % des parts dans la Sicomines afin que cette dernière devienne 100 % chinoise.

« Etant donné que les entreprises chinoises, en tant qu'actionnaires de Sicomines, au même titre que la Gécamines, déposent des garanties auprès d'Exim Bank, cette dernière voulait que la Gécamines apporte aussi des garanties. Nous avons dit que ce n'était pas prévu dans les accords, notamment la convention de collaboration. Et c'était en 2011. Depuis lors, cette question a été réglée, les entreprises chinoises ont compris », a-t-il indiqué.

« Avant la mise en production de la Sicomines, il est prévu qu'on puisse décaisser à peu près 1 milliard de dollars américains. Et dans le 1 milliard, aujourd'hui, les paiements qui sont effectués sont de l'ordre de 750 millions de dollars », a révélé Moïse Ekanga, insistant qu'« on n'a pas de problèmes avec Exim Bank ».

En juillet 2008, le président congolais Joseph Kabila avait signé quatre ordonnances, portant respectivement approbation de l'accord cadre des prêts préférentiels entre la RDC et la banque chinoise Exim Bank, autorisation de la création de la Sino-Congolaise des Mines (Sicomines).

La troisième ordonnance portait sur des projets conclus dans le cadre des accords entre la Chine et la RDC tandis que la quatrième nommait le général major Marcellin Lukama Musikami commandant des opérations relatives au plan de la RDC sur l'éradication des groupes armés étrangers au Nord-Kivu et au Sud-Kivu.

Accord de prêts pour Zongo II

Le 29 janvier 2011, le ministre congolais des Finances, Augustin Matata Ponyo, et l'ambassadeur de Chine en RDC, Wang Yingwu, qui représentait China Exim Bank, avaient signé un accord de prêts à caractère préférentiel pour le financement du projet de la centrale hydroélectrique Zongo II (Bas-Congo) avec une puissance installée de 150 MW pour produire annuellement 860 GWh.

D'un investissement total de 367,5 millions USD, le projet est réalisé par l'entreprise chinoise Sinohydro avec les prêts à caractère préférentiel de China Exim Bank pour une durée de trois ans, y compris les ouvrages et installations de la centrale, la route d'accès, la ligne du transport d'électricité ainsi que la formation et le renforcement des capacités.

Le projet créera 2.000 emplois pendant sa construction et 300 autres durant son exploitation.

« Contrats chinois » : cinq ans déjà

Bienvenu-Marie Bakumanya, *Le Potentiel*,
Kinshasa, 25 mai 2013.

Signé le 22 avril 2008, ce qui est connu sous le vocable « Contrats chinois » totalise déjà cinq années. Sous la pression du FMI et de la BM, une révision de moitié du financement avait été décidée. Entre-temps, les réserves prouvées sont de 6,8 millions au lieu de 10 millions de tonnes de cuivre ! Le bilan de cette forme de coopération particulière est dressé par son principal animateur au cours d'un échange avec la presse.

La Convention de coopération entre le gouvernement de la République démocratique du Congo et un groupement d'entreprises chinoises totalise cinq ans. En effet, son ancêtre, à savoir le Protocole d'accord signé le 17 septembre 2007 par le gouvernement de la République et l'entreprise chinoise CREC, est à la base de ce que le commun des mortels appelle « Contrats chinois ».

La genèse de cette coopération entre les entreprises chinoises et la RDC remonte à la nécessité pour le président Joseph Kabila de trouver des partenaires disposés à financer les grands travaux de construction d'infrastructures.

« Face à l'insuffisance de ressources financières internes, il fallait littéralement un miracle pour financer l'ambitieux programme des 5 chantiers », indique Moïse Ekanga, secrétaire exécutif du Bureau de coordination et de suivi du programme sino-congolais (BCPSC).

Le coordonnateur du BCPSC fait une révélation : « C'est de l'équipe partie de Kinshasa le 25 février 2007 vers la Chine en passant par l'Afrique du Sud, Hong-Kong et l'Indonésie que viendra le salut. Des concertations que cette équipe va engager avec la China development Bank, les entreprises CREC et Sinohydro ainsi que Export Import Bank of China (Exim Bank) en juin de la même année déboucheront le 17 septembre 2007, à la signature d'un protocole d'accord entre le gouvernement de la République et l'entreprise chinoise CREC ». Il poursuit : « Depuis le 22 avril 2013, la Convention de coopération totalise donc 5 années au service de la reconstruction, de la modernisation et du développement de la RD Congo ».

Deux objectifs, deux volets

Si pour le gouvernement de la République l'objectif était de « trouver les ressources financières nécessaires à la réalisation des projets d'infrastructures nationales et à la modernisation du pays », la partie chinoise, c'est-à-dire le groupe des entreprises chinoises, par contre visait « d'investir dans le domaine de métaux non ferreux sur le territoire de la RDC ». Aussi la RDC s'est-elle engagée « à céder les droits et titres miniers couvrant les gisements miniers de Dikuluwe et Mashamba, détenus par la Gécamines, à la joint-venture Sicomines créée dans le cadre de la Convention de coopération ».

Pour sa part, le groupement d'entreprises chinoises s'est engagé « à mobiliser et à mettre en place le financement pour la construction des infrastructures en RDC ». Le BCPSC est donc l'interface congolaise des partenaires chinois. En contrepartie, l'autre volet concerne le projet minier au sein de Sicomines.

Pour ce faire, le groupement d'entreprises chinoises s'est engagé à mobiliser 6 milliards USD pour le projet infrastructure et 3,2 milliards pour le volet minier. Malheureusement, sous la pression des institutions financières internationales à savoir le Fonds monétaire international et la Banque mondiale, le volet construction d'infrastructures s'est amoindri de moitié pour se situer à 3 milliards USD.

Les décaissements en ce jour donne satisfaction au Secrétaire exécutif du BCPSC, pour qui : « par rapport au niveau de décaissement de USD 1,05 milliard en faveur des projets d'infrastructures prévus par l'étude de faisabilité avant la mise en production du projet minier (Sicomines Sarl) ». Déjà pour le projet minier, « USD 518 millions décaissés en janvier 2009 par le groupement d'entreprises chinoises, au titre de la dépense préliminaire. USD 370 millions de financement accordé à Sicomines Sarl en 2012. USD 32 millions libérés en faveur de la Gécamines ».

Quant au projet d'infrastructures, « USD 350 millions accordés en janvier 2009 à la Sicomines Sarl au titre de prêt Exim Bank en vue du financement de la première tranche des travaux d'infrastructures les plus urgents. USD 118 millions accordés à Sicomines Sarl comme deuxième prêt Exim Bank ; USD 328 millions représentant la participation de la partie congolaise (50 %) au développement du projet de la centrale hydroélectrique de Busanga ; USD 53 millions du budget alloué aux infrastructures en mars 2013 ».

Donnant plus des détails, le pasteur Moïse Ekanga note que les 350 millions USD de 2009 ont permis les travaux sur le boulevard du 30 Juin, l'avenue du Tourisme, la bretelle de Lutendele. De même la deuxième tranche a financé les travaux sur les boulevards du 30 Juin et Sendwe, l'esplanade du Palais du peuple, l'acquisition d'une unité de production des préfabriqués, …

Les engins, une propriété de la RDC

Pour les autres questions d'importance soulevées par la presse, Moïse Ekanga n'a pas usé de la langue de bois. Les engins achetés dans le cadre de cette convention deviendront une propriété de la République. « On pourra les céder à l'Office des routes ou à l'Office des voiries et drainage », dixit Moïse Ekanga. Quant à la question en rapport avec la qualité des ouvrages réalisés par les entreprises chinoises, il est attendu que le l'ACGT pourrait fournir d'amples explications.

La bonne nouvelle que les Congolais peuvent retenir est que « après le redimensionnement du projet minier à l'initiative de la RDC, la première tonne de cuivre produite par la Sicomines est attendue en 2015 et non, comme initialement prévue en 2017. Le projet de coopération pourra alors atteindre sa vitesse de croisière en termes d'investissements et d'infrastructures et éventuellement aboutir à l'obtention d'une nouvelle ligne de crédit, en fonction des résultats du projet minier ».

Avril 2008 – avril 2013. Contrats chinois, cinq ans déjà

Jean-Marie Nkambua, *L'Avenir*,
Kinshasa, lundi 27 mai 2013.

Signée depuis 2008, la Convention sino-congolaise appelée « contrats chinois » totalise à ce jour 5 ans d'existence. Même s'il y a des réalisations palpables sur le plan des infrastructures, disons que sur le projet minier, la première tonne de cuivre ne sera produite par la Sicomines qu'en 2015. Ce qui lui permettra d'atteindre sa vitesse de croisière en termes d'investissements et d'infrastructures et, éventuellement aboutir à l'obtention d'une nouvelle ligne de crédit.

Cinq ans déjà, jour pour jour, depuis que la Convention de collaboration, appelés communément « contrats chinois » entre le Gouvernement de la RDC et le Groupement d'Entreprises Chinoises, représenté par les entreprises CREC et Sinohydro a été signé. Pour commémorer cet événement, un déjeuner de presse a été organisé vendredi 24 mai dernier par M. Moïse Ekanga, Secrétaire exécutif du Bureau de coordination et de suivi du programme sino-congolais (BCPSC).

Ces contrats ont été signés dans l'objectif, pour la Rd Congo de trouver des ressources financières nécessaires à la réalisation des projets d'infrastructures nationales et à la modernisation du pays. Pour le Groupement d'Entreprises Chinoises, le besoin était d'investir dans le domaine de métaux non ferreux sur le territoire de la Rd Congo. Pour répondre à ce double objectif, la Rd Congo s'est engagée à céder les droits et titres miniers couvrant les gisements miniers de Dikuluwe et Mashamba, détenus par la Gécamines, à la joint-venture Sicomines créée dans le cadre de la Convention de coopération.

A ce jour, pour le projet minier, 518 millions USD ont été décaissés en janvier 2009 par le Groupement, actionnaire de la Sicomines Sarl au titre de la dépense préliminaire ; USD 370 millions de financement accordé à Sicomines Sarl en 2012 et 32 millions de dollars Us libérés par le Groupement des Entreprises Chinoises au titre de prêt d'associés pour la souscription de Gécamines au capital social. Les discussions sont en cours entre le Groupement et la Gécamines pour la libération d'un prêt de 50 millions USD en faveur de cette dernière pour réhabiliter ses ateliers de Panda.

Pour les infrastructures, USD 350 millions accordés en janvier 2009 à la Sicomines Sarl au titre de prêt par Exim Bank sous la garantie du Groupement et la Sicomines Sarl ; Sud 118 millions accordés à Sicomines Sarl en juin 2010 comme un deuxième prêt Exim Bank sous la garantie du Groupement d'Entreprises Chinoises, en vue de financer la deuxième tranche des travaux les plus urgents d'infrastructures ; USD 328 millions représentant la participation de la partie congolaise (50 %) au développement du projet de la centrale hydroélectrique de Busanga et USD 53 millions de budget alloué aux infrastructures en mars 2013.

Quel bilan aujourd'hui ?

En dépit de la bonne foi des parties dans l'exécution de la Convention de collaboration, quelques difficultés ont ralenti le rythme d'exécution du projet. Il s'agit du crash financier intervenu en 2008 et ses effets pervers sur les cours des minerais ; le long délai pris par les institutions chinoises compétentes à approuver l'étude de faisabilité ; le long délai qui s'écoule entre le premier décaissement (janvier 2009) et la mise en production (fin 2015) ; le retard apporté dans l'adoption de la loi portant régime fiscal, douanier et de change devant sécuriser le projet de coopération et le déficit énergétique observé dans la zone du projet (Kolwezi).

En dépit de ces difficultés, il faut dire que depuis la signature de la Convention et malgré les écueils rencontrés, le projet de coopération sino-congolaise a déjà engrangé plusieurs réalisations, essentiellement au volet du développement des infrastructures publiques et communautaires. Avec les 118 millions de prêt d'Exim Bank de USD 118 millions de prêt d'Exim Bank, le Congo a pu financer la deuxième tranche des travaux d'infrastructures comme le Boulevard du 30 juin (lot 2), Boulevard Triomphal et Sendwe, Esplanade du Palais du peuple, l'acquisition d'une unité de production des préfabriqués pour le volet habitat, l'acquisition des groupes électrogènes pour accroitre le taux de desserte en électricité de certains chefs-lieux des provinces et l'acquisition des poteaux solaires pour l'éclairage public de certains chefs-lieux des territoires.

Programme Sino-Congolais - Tout sur les millions de dollars déjà décaissés

M. M., *Forum des As*, 27 mai 2013.

350 millions USD obtenus d'Exim Bank en janvier 2009 ont contribué à financer la première tranche des travaux d'infrastructures et 118 millions USD ont servi à la seconde tranche... indique Moïse Ekanga, le Secrétaire exécutif du Bureau de coordination et de suivi du Programme sino-congolais (BCPSC). Tout ne va certainement pas comme dans le meilleur de monde en RDC. Mais, beaucoup de choses, ce qui était impensable, ont été réalisées «en cinq ans grâce au projet de coopération sino-congolais piloté par le Bureau de coordination et de suivi du programme sino-congolais (BCPSC). C'est par devoir de rendre compte que le Bcpsc a fait le bilan de ses cinq ans au service de la reconstruction et de la modernisation de la RDC. Occasion pour le secrétaire exécutif de cette structure, Moïse Ekanga Lushyma, d'étaler les réalisations et les difficultés rencontrées au cours d'un déjeuner de presse au restaurant du Fleuve Congo Hôtel.

Qu'est-ce qui a été réalisé en cinq ans de coopération ? Voilà donc la grande question, la question fondamentale en ce qui concerne la convention de coopération entre la RD Congo et le groupement des entreprises chinoises. Car, il y a deux volets de coopération entre la RDC et le groupement des entreprises chinoises: le volet développement des infrastructures d'abord et, ensuite, l'exploitation minière. Avec le prêt de 350 millions USD obtenu en janvier 2009 d'Exim Bank, la RDC a financé la première tranche des travaux d'infrastructures, notamment le boulevard du 30 juin, l'avenue du Tourisme, la bretelle Lutendele, le tronçon routier Lubumbashi-Kasomeno sur la RN5 (route nationale n°5), le tronçon routier Beni-Luna sur la RN4 et l'Hôpital du Cinquantenaire.

Des chiffres qui en disent long

Avec les 118 millions USD de prêt d'Exim Bank, la RDC a financé la deuxième tranche des travaux d'infrastructures, à savoir le boulevard du 30 juin, les boulevards Triomphal et Sendwe, l'Esplanade du Palais du Peuple, l'acquisition d'une unité de production des préfabriqués pour le volet habitat, l'acquisition des groupes électrogènes pour accroître le taux de desserte en électricité de certains chefs-lieux des provinces et l'acquisition des poteaux solaires pour l'éclairage public de certains chefs-lieux des territoires.

Avec le montant de 328 millions USD apporté en août 2012 comme participation de la partie congolaise (50 %), la RDC est en train de financer les travaux de construction en cours de la centrale hydroélectrique de Busanga. Il reste à financer le projet Busanga en BOT et ainsi dégager le montant de 328 millions USD pour les projets d'infrastructures à réaliser avant la mise en production de la Sicomines Sarl, c'est-à-dire avant fin 2015.

Pour ce qui est du projet minier, on peut relever 518 millions USD décaissés par le groupement d'entreprises chinoises (actionnaires de la Sicomines Sarl) en janvier 2009 au titre de la dépense préliminaire avec l'aval du ministère du Commerce du Gouvernement chinois, 370 millions USD de financement accordé à Sicomines Sarl en 2012, 32 millions USD libérés par le groupement des entreprises chinoises au titre de prêt d'associés pour la souscription de Gécamines au capital social. D'ailleurs, les discussions sont en cours pour la libération d'un prêt de 50 millions USD dans le but de réhabiliter les ateliers de la Gécamines à Panda. A ce sujet, il importe de préciser que Gécamines n'a pas cédé des concessions minières au Groupement des entreprises chinoises, mais plutôt à une entreprise de droit congolais dénommée Sicomines Sarl.

La première tonne de cuivre en 2015 et non plus en 2017

Mais, quelle est la valeur des concessions minières ? Les réserves des concessions concernées par le projet (joint-venture Sicomines) sont estimées à 10 millions de tonnes de cuivre, chiffre avancé par la Gécamines et vérifié par un consultant recruté par le Conseil d'administration de la Sicomines Sarl. Car, la Sicomines a entre autres obligations de commercialiser les produits qui seront issus du traitement métallurgique des minerais aux prix les plus rémunérateurs et selon les stratégies jugées les plus performantes dans l'intérêt des parties. Des perspectives prometteuses pointent à l'horizon. C'est ainsi qu'après le redimensionnement du projet minier à l'initiative de la RDC, la première tonne de cuivre produite par Sicomines est attendue, non plus en 2017 comme initialement prévue, mais en 2015. Le projet de coopération pourra alors atteindre sa vitesse de croisière en termes d'investissements et d'infrastructures et aboutir à l'obtention d'une nouvelle ligne de crédit en fonction des résultats du projet minier.

Voilà donc qui pousse Moïse Ekanga, secrétaire exécutif du BCPSC, à parler de l'exécution parfaite du projet qui augure de plus belles perspectives pour le développement des infrastructures, l'amélioration des revenus miniers et, au-delà, la reconstruction de la RDC et l'amélioration du bien-être de la population. Il y a aussi lieu de noter quelques effets d'entraînement que le projet de coopération a apportés en RDC. Sur le plan international, l'opinion et les partenaires traditionnels se rendent compte que la RDC redevient fréquentable sur le plan économique et financier, un partenaire crédible avec lequel on peut négocier. Dans le domaine minier, la convention de collaboration, ayant été à la base de la revisitassions des contrats miniers, a permis à l'Etat Congolais d'améliorer la position des entreprises minières nationales dans les différents partenariats avec des entreprises étrangères.

Emergence d'une main d'œuvre congolaise qualifiée

Mais, dans l'ensemble, le projet de coopération sino-congolais a inauguré l'ère de l'émergence de main d'œuvre congolaise qualifiée, la réduction du prix des matériaux de construction (sable, caillasse, ciment, etc.). Et cet accroissement de la capacité de construction s'est traduit par le boom immobilier. C'est d'ailleurs ce qui fait que les entreprises chinoises (CREC, Sinohydro) négocient des contrats d'études et des travaux avec l'Exécutif congolais ou les entreprises publiques. C'est le cas de la construction de la centrale hydroélectrique de Zongo II à Sona-Bata, la modernisation de la piste de l'aéroport international de N'Djili, de la construction de nouvelles aérogares de N'Djili et Luano, de la modernisation de l'aérogare de Bangoka, de la modernisation du chemin de fer Kinshasa-Matadi et du port de Matadi, de la construction des lignes de transport d'électricité et autres, de l'implantation d'une unité de montage et de fabrication de compteurs BT à prépaiement, du déploiement de la fibre optique (phase 2) Kinshasa-Kasumbalesa.

En fait, le projet remonte à 2007 lorsque, à la recherche des partenaires financiers à travers le monde pour réaliser les cinq chantiers promis par le président Joseph Kabila, une équipe est partie de Kinshasa vers la Chine, en passant par l'Afrique du Sud, Hong-Kong et l'Indonésie. Des concertations avec la China développent Bank (CDB), des entreprises CREC et Sinohydro ainsi que Export Import Bank of China (Exim Bank) en juin de la même année débouchèrent, le 17 septembre 2007, par la signature d'un protocole d'accord entre le Gouvernement de la RDC et l'entreprise chinoise CREC. C'est ce protocole qui a engendré la Convention de collaboration signée le 22 avril 2008 entre le Gouvernement Congolais et le Groupement d'entreprises chinoises à travers CREC et Sinohydro. Cette convention totalise ainsi, depuis le 22 avril 2013, cinq ans au service de la reconstruction, de la modernisation et du développement de la RD Congo. C'est donc de cette convention, en son article 3 sur la nécessité de mettre en place un Comité compétent multisectoriel pour assurer le suivi et l'évaluation, qu'est sorti le Bureau de coordination et de suivi du programme sino-congolais.

Objectifs visés et difficultés rencontrées

Cette structure devrait jouer le rôle d'interface entre les différentes parties et entités, assurer le suivi de la mise en œuvre des conventions et accords, préparer les différentes rencontres, réunions ou négociations entre les parties et assurer les négociations avec les banques ou institutions financières. Deux objectifs et deux volets étaient poursuivis entre les parties. L'objectif visé par la RDC consistait à trouver les ressources financières nécessaires à la réalisation des projets d'infrastructures nationales ainsi qu'à la modernisation du pays. De son côté, le Groupement d'entreprises chinoises voulaient investir dans le domaine de métaux non ferreux en RDC. C'est pourquoi, la RDC s'est engagée à céder les droits et titres miniers couvrant les gisements de Dikuluwe et Mashamba, détenus par la Gécamines, à la joint-venture Sicomines créée dans le cadre de la convention de coopération. Le Groupement d'entreprises chinoises, de son côté, s'est engagé à mobiliser et à mettre en place le financement pour la construction des infrastructures en RDC et à développer les concessions minières.

Au départ, le Groupement devrait mobiliser 6 milliards USD pour le financement du projet d'infrastructures. Mais, par la suite, ce montant a été réajusté à la baisse (3 milliards USD) à la demande de la RDC après discussions avec le Fonds monétaire international et la Banque mondiale, ainsi que 3,2 milliards USD pour financer le projet minier dont 30 % sous forme d'equity et sans intérêt. Les parties ont donc voulu matérialiser leur coopération par la constitution d'une joint-venture minière dans laquelle le Groupement d'entreprises chinoises détient 68 % d'actions et le Groupe Gécamines 32 %. C'est cette joint-venture minière qui emprunte, finance le projet de coopération et assure le remboursement. Au départ, l'exécution de la convention avait été subordonnée à l'étude de faisabilité et à l'approbation par les Gouvernements de la RDC et de la Chine. En

2010, il a fallu attendre que la Commission de la réforme et de développement ainsi que le Conseil des Affaires d'Etat de la Chine approuvent la Convention. En dépit de ce contretemps, les travaux ont pu démarrer bien avant 2011. Car, le Groupement avait décaissé 468 millions USD. C'est dire que tout avait été mis à contribution pour permettre à la Convention d'être effective.

"On n'a jamais vendu le pays aux Chinois !", clame le Coordonnateur du programme des Cinq chantiers, 5 ans après

La Prospérité, Kinshasa, 27 mai 2013.
Kongo Times, 26 mai 2013.

Il était temps de parler de cinq chantiers de la République, cinq ans après. Le sujet, à lui seul, est plus qu'une mission suicide. D'autant plus qu'il s'agit là, de dire tout haut ce qu'il en est, de révéler certaines vérités, de faire parler les chiffres mais surtout, de couper court à certaines informations faisant état de la "vente du pays aux Chinois" via les cinq chantiers au travers des « contrats » conclus avec quelques entreprises chinoises, sous la férule de Joseph Kabila. Là-dessus, Moïse Ekanga a tranché. "On n'a jamais vendu le pays aux Chinois". Et, puis, les contrats chinois n'existent pas. Par contre, a-t-il insisté, il existe un accord de coopération à deux volets : infrastructures et exploitation minière. A son avis, en effet, le programme sino-congolais évolue bien.

Cinq ans après le lancement du controversé programme des « Cinq chantiers de la République » au terme d'une convention de financement conclue avec un consortium d'entreprises chinoises, le coordonnateur dudit programme dénonce les critiques laissant croire à une vente de la RDC aux partenaires chinois.

Que sont devenus les cinq chantiers de la République ? Comment les cinq chantiers ont-ils engendré un Protocole d'accord entre le Gouvernement de la RD. Congo et l'entreprise chinoise CREC ? Comment ce Protocole d'Accord a-t-il engendré, à son tour, la Convention de Coopération ? Et, comment la convention a-t-elle été à la base de la création du Bureau de Coordination et de Suivi du Programme Sino-Congolais ? Au fait, quels étaient les vrais objectifs de cette convention de Coopération ? Y avait-il des préalables ? Si oui. Lesquels ? Et, à ce stade, quel est l'état chiffré des engagements entre les parties et quelle est la situation des décaissements ?

Que dire de l'exploitation minière et de la valeur estimée des concessions minières ? Après tout, à quel niveau se situe aujourd'hui l'exécution de ce projet de Coopération ? Quels en sont les écueils et contraintes ? Où est le bilan ? Et, après ? Qu'est-ce qui reste encore à faire sur le plan de l'exploitation minière ainsi que du côté des infrastructures ? C'est à cette kyrielle de questions que Moïse Ekanga, Secrétaire Exécutif du Bureau de Coordination et de Suivi du Programme Sino-Congolais, a réservé, le vendredi 24 mai dernier, des réponses assorties des explications et illustrations détaillées. C'était en marge d'un déjeuner de presse organisé au « Restaurant Corleone » du Fleuve Congo Hôtel, à la lisière de la Gombe.

L'exercice était si âpre et assez risqué, pour un Moïse Ekanga généralement habitué aux chiffres, graphiques et calculs dans l'ombre. Naturellement, de par ses qualités d'Economiste, il aime travailler plus et parler moins. Il n'aime pas trop s'exhiber devant les caméras. Mais, ici, puisqu'il s'agit d'une responsabilité citoyenne et d'un devoir d'Etat, l'homme s'est longuement expliqué devant une presse, apparemment, déchaînée. Il était temps de parler de cinq chantiers de la République, cinq ans après. Le sujet, à lui seul, est plus qu'une mission suicide.

D'autant plus qu'il s'agit là, de dire tout haut ce qu'il en est, de révéler certaines vérités, de faire parler les chiffres mais surtout, de couper court à certaines informations faisant état de la « vente du pays aux chinois » via les cinq chantiers au travers des ''contrats'' conclus avec quelques entreprises chinoises, sous la férule de Joseph Kabila. Là-dessus, Moïse Ekanga a tranché. « On n'a jamais vendu le pays aux chinois ». Et, puis, les contrats chinois n'existent pas. Par contre, a-t-il insisté, il existe un accord de coopération à deux volets : infrastructures et exploitation minière. A son avis, en effet, le programme sino-congolais évolue bien.

Au départ, il fut de six milliards de dollars américains, avant d'être réduit à trois milliards de dollars américains, après des discussions entre l'Etat congolais et le Fonds Monétaire International. Au fond, Ekanga a dit que cet accord de coopération offre des perspectives élogieuses à l'horizon 2015. Mais, ''l'on voit les chinois partout. Ils font tout, y compris la vente des beignets. Qui contrôle ces chinois ?''. Le Secrétaire Exécutif du Bureau de coordination et de suivi du programme sino-congolais soutient qu'il maîtrise, pour sa part, les chinois qui viennent au Congo-Kinshasa, dans le cadre du projet placé sous son contrôle.

La question du contrôle de tous les autres chinois relève, a-t-il dit, de la compétence d'autres instances de l'Etat. Y a-t-il un problème particulier entre la RD. Congo et Exim Bank ? Non, répond-il, en mettant un accent sur le fait que le Projet de Coopération sino-congolais avance bien, voire très bien. Des contraintes sont multiples, certes. Mais, elles sont surmontables. D'ailleurs, une joint-venture dénommée « SICOMINES » a vu le jour à la faveur de ce projet. Elle est l'une des preuves de la matérialisation de ce modèle de coopération « gagnant-gagnant ».

LES ENJEUX DE LA COOPERATION SINO-CONGOLAISE

Intervention de M. Moïse Ekanga

au « Colloque International sur les Enjeux de la Coopération Sino-Africaine en RDC », Kinshasa, 5-6 octobre 2017.

Le 17 septembre 2007, à Kinshasa, fut signé un important « protocole d'accord » entre la RDC et un Groupement d'Entreprises Chinoises, un contrat qu'entérina le 22 avril 2008, à Beijing, une « Convention de Collaboration RDC – Entreprises chinoises ».

En 2017-2018, la coopération sino-congolaise totalisait donc dix ans.

Ce fut l'occasion de dresser un bilan, somme toute provisoire, ou partiel. Elle s'est présentée les 5 et 6 octobre 2017, lors du *« Colloque International sur les Enjeux de la Coopération Sino-Africaine en RDC »*, organisé au Congo Fleuve Hôtel de Kinshasa. A cet effet, trois principales allocutions ont été tenues, celles du Secrétaire exécutif du BCPSC, du ministre des Affaires étrangères de la RDC et de l'ambassadeur de Chine en RDC. Voici l'intégralité de l'intervention de Moïse Ekanga.

‘‘Il m'a été demandé, en tant que Secrétaire Exécutif du Bureau de Coordination et de Suivi du Programme Sino-Congolais, BCPSC en sigle, d'intervenir dans le « Colloque International sur les Enjeux de la Coopération Sino-Africaine en RD Congo », organisé du 5 au 6 octobre 2017 par l'Institut National des Arts (INA). Le thème principal retenu par l'organisateur est la « Contribution d'un Partenariat stratégique gagnant-gagnant entre la Chine et la RDC au renforcement de la Mise en Œuvre de l'Agenda 2030 pour le Développement Durable en RDC ».

Mon intervention est brève. Elle concerne les « Enjeux de la Coopération Sino-Congolaise ». On peut entendre par « enjeu », ce que l'on peut gagner ou perdre dans une compétition, dans une entreprise, dans un Conflit, dans une collaboration, etc. Dans une Coopération entre deux pays, l'enjeu consiste donc à ce que chacun des gouvernements ou chacun des peuples peut gagner ou perdre en rapport dans les relations qu'ils établissent.

Il s'agit ici d'analyser les enjeux de la Coopération Sino-Congolaise. L'on peut faire débuter la Coopération entre la RDC et la République populaire de Chine (RPC) à l'accession à la souveraineté internationale de notre pays. Elle continue naturellement jusqu'à ce jour, et nous espérons qu'elle ne s'estompera point.

J'ai cru nécessaire d'aborder cette Coopération en quatre périodes.

- *La 1ère s'étale de 1960 à 1965*, une période pendant laquelle le gouvernement chinois accorda même au Gouvernement congolais un prêt de 15.000.000 FC, lequel ne lui arriva malheureusement pas.

- *La 2ème période, qui s'étend de 1965 à 1997*, se caractérise par une Coopération Sino-congolaise essentiellement orientée vers le secteur agricole (avec l'envoi par la RPC des missions agricoles pour promouvoir l'agriculture, notamment la culture du riz) et celui des Infrastructures (avec notamment la construction du Palais du Peuple, du Stade de martyrs ex-Kamanyola, de la Cité présidentielle de la N'sele...

Je fais remarquer que, ''étant donné le niveau de développement et le faible niveau d'interventions de la Chine, ces deux périodes ne présentaient pas de grands enjeux.''

- *La 3ème période, qui va de 1997 à 2007*, se caractérise par :

1° une Coopération militaire demandée à la Chine par le président LD Kabila pour contrer l'offensive du RCD d'août 1998 (la Chine lui accorda un prêt de USD 53 millions de USD à cet effet) ;

2° la volonté affichée par la RDC de renforcer la Coopération avec la Chine.

- *La 4ème période, qui commence en 2007 et se poursuit à ce jour*, est essentiellement la *période de redynamisation de la Coopération Sino-congolaise*. Elle comprend quelques moments forts suivants :

1°. La réalisation des projets d'infrastructures en BOT (route L'shi-Kasumbalesa) ;

2°. La signature de la convention de collaboration du 22 avril 2008 ;

3°. Le financement des Infrastructures par Exim Bank de Chine aux conditions préférentielles (Piste de l'aéroport de N'djili, Projet Zongo 2, Projet de déploiement de la fibre optique Muanda-Kinshasa et Kinshasa-Kasumbalesa) ;

4°. La participation au Forum de Coopération Sino-africaine.

A présent, je vais esquisser le bilan de la Coopération Sino-Congolaise en ces quelques mots :

1. Pour le Projet de Coopération sino-congolais :

1°. USD 2,6 milliards dont 826 millions dans les Infrastructures ;

2°. Production des cathodes (de cuivre) depuis novembre 2015 en fonction de l'approvisionnement en énergie électrique ;

3°. Démarrage du développement du Projet de la centrale hydroélectrique de Busanga (240 MW) ;

4°. 2016, la première année de production a dégagé un bénéfice ;

5° Poursuite de travaux de construction des Infrastructures.

2. *Les projets bénéficiant des prêts préférentiels* du gouvernement chinois se poursuivent avec beaucoup de difficultés.

3. Quant au *Forum de Coopération Sino-africaine*, la RDC n'a pas encore tiré bénéfice de différents financements mis en place lors du Sommet de Johannesburg. Notamment, faute de produire de sérieuses études de faisabilité, elle ne peut recevoir les 7 milliards USD que lui a réservés la Chine sur les 60 milliards octroyés à l'ensemble du Continent noir.

Comme moi, vous avez noté qu'il existe ou subsiste quelques difficultés pour la mise en œuvre du Projet de Coopération :

1. L'absence de projets, mieux l'absence des études de faisabilité avec comme conséquences :

1°. Longs délais entre la disponibilité du financement et le démarrage effectif de travaux,

2°. Difficulté de maîtriser les coûts des projets (==>ant le phénomène de budgets additionnels)

3°. Difficultés d'accès au financement annoncé au Sommet de Johannesburg.

2. L'exigence de réunir les conditions de concessionnalité exigées par le Ministère des Finances pour les projets soumis au financement d'Exim Bank de Chine ;

3. Les difficultés de libérer la contrepartie de 15 % exigés au bénéficiaire du financement ;

4. Délais généralement longs d'études du dossier au niveau de l'Exim Bank (deux ans).

L'on peut se demander : ''Que Faire ?'', pour sortir de cette « impasse ». L'on peut envisager quelques lignes de sortie, dont :

1. En l'absence d'une allocation budgétaire du Trésor Public pour financer les études de faisabilité, il y a lieu d'instituer une redevance « financement Étude de Faisabilité ».

2. Pour les projets rentables, on a obtenu du gouvernement chinois la prise en charge de la contrepartie de 15 % par les entrepreneurs et la cession de l'exploitation du Projet par ce dernier jusqu'au remboursement du prêt ;

3. Continuer à travailler avec les frères africains pour obtenir l'assouplissement des conditions de concessionnalité annoncé par le Président XI Jinping en décembre 2015 ;

4. Rendre effective l'application de la loi sur la sous-traitance.

Pour terminer, je voudrais dire que le BCPSC se montre déterminé à réussir le Programme Sino-Congolais dont il a la charge. ''Nous devons le faire, à cause de bénéfices que notre pays tire de cette Coopération « gagnant-gagnant » notamment en termes de coûts de travaux, de la présence massive de matériels et équipements de génie civil et de modernisation de nos Infrastructures dont le cadre qui nous accueille ce jour constitue un exemple palpant.''

MESSAGE DU DIRECTEUR GENERAL C.-M. ILUNGA A L'OCCASION DU DIXIEME ANNIVERSAIRE DE L'ACGT

Le 26 août 2018, l'ACGT va totaliser 10 ans. A neuf ans d'existence, c'est l'occasion d'examiner comment l'ACGT a fonctionné et quels sont les faits marquants qui ont pu émailler la vie de l'entreprise en 2017.

En 2017, l'ACGT a mis en œuvre son Plan Stratégique de Développement 2015-2019. A travers ce plan, l'ACGT s'est fixé un certain nombre de défis visant l'accroissement de son volume d'activités afin de dégager une marge qui lui permet de financer la mise en œuvre du PSD. Au courant de l'année 2017, toutes les stratégies possibles de communication ont été mises en place pour impliquer l'ensemble du personnel de l'ACGT.

La Direction Générale a ainsi décrété la redevabilité, imposant qu'à la fin de chaque mois, chaque agent puisse répondre de quoi il a été utile à l'entreprise; l'ACGT a mis un accent sur la production des documents normatifs qui permettent d'organiser l'entreprise : les fiches des postes ont été élaborées, déterminant pour chaque agent le rôle et la responsabilité dans l'entreprise. Nous devons évoluer rapidement dans la mise en place des outils automatiques d'évaluation du personnel, pour plus d'objectivité.

Aussi, les dispositions sont prises pour davantage attirer les talents, et fidéliser les compétences acquises. Elle a effectivement attiré des talents en 2017 ; ce qui permet aujourd'hui à l'ACGT de réécrire ses missions de manière à se développer dans la multipludisciplinarité. La prospérité recherchée est attachée au développement de l'ensemble du personnel.

Au courant de l'année 2017, l'ACGT a développé de grands projets:

(i) le projet de l'autoroute de l'aéroport centre-ville de Kinshasa, un projet rayonnant,

(ii) le projet d'aménagement de Banunu, lequel va continuer jusqu'en 2018,

(iii) le projet de la route Kolwezi-Dilolo, dont les études ont été réalisées par l'ACGT, qui espère l'implémenter en 2018,

(iv) le projet de la route Kolwezi-Solwezi, démarré depuis 2016. Avec tout ce qui a été mis en place, je suis convaincu, que ce projet pourra se mettre en marche en 2018,

(v) le projet de la périphérique Sud EST, les études de ce projet démarreront au premier trimestre 2018, d'autant plus qu'il y a plusieurs partenaires intéressés à ce projet. Il s'agit là de cinq projets phares sur lesquels, l'ACGT s'appuie pour accroitre son carnet d'activités.

Un autre projet de grande envergure est celui qui se rapporte à la modernisation de la route Lwambo-Mitwaba-Manono (466,12 km), dans le cadre du programme sino congolais. La route en terre mise en œuvre a permis d'atteindre Kyubo (171 km) à un très bon niveau de service. L'ACGT est décidée d'aller au-delà, grâce à un partenariat assez dynamique et à l'implication des Ministères des Mines et des ITPR, elle a pu signer le contrat de bitumage complet de la route sur les 466,12 km.

Aussi, l'ACGT n'a ménagé aucun effort pour que le projet de la route Kasomeno-Kasenga (91 km avec un pont haubané sur la rivière Luapula) se mette en marche, et aujourd'hui, j'ose espérer qu'au courant du premier semestre 2018, ce projet va démarrer.

Comme en 2015 et 2016, un important investissement a été consenti dans l'amélioration et le renforcement des capacités, en mettant l'accent sur la formation et l'acquisition des équipements. De plus en plus, les agents ACGT sont en train de se perfectionner dans les domaines métiers, dont le management des projets et la conception des grands travaux, et cet effort va se poursuivre en 2018.

Le moment est indiqué pour encourager les agents qui ont fait montre d'un état d'esprit très positif sans lequel, il est impossible d'améliorer. Aujourd'hui, je suis satisfait que l'ACGT a une expertise de qualité. Elle compte parmi les meilleurs Ingénieurs et Architectes du pays, les meilleurs experts, et je veux que cela s'étende dans tous les domaines, en vue d'avoir les meilleurs juristes et économistes dans le domaine des infrastructures.

Pour cela, l'ACGT va continuer à s'inspirer des meilleures pratiques au monde. L'ACGT ne sera jamais prospère et performante, si elle n'a pas une visibilité d'activités, sur au-moins 5 années.

Nous pousserons pour aller plus loin : il y a des opportunités à saisir dans les secteurs des infrastructures énergétiques, portuaires, aéroportuaires, des infrastructures passives de télécommunication.

L'ACGT doit continuer à axer son attention sur le développement des compétences, une véritable richesse pour l'entreprise. L'ingénierie de formation a été identifiée au nombre des processus : les compétences seront importées et exportées de l'Entreprise. L'acquisition des équipements métiers va se poursuivre pour espérer réduire la marge d'erreurs dans la conception et le contrôle des travaux. Et L'ACGT compte parmi les structures, qui disposent des équipements performants; l'innovation est donc une des valeurs clés de l'entreprise.

Au courant de l'année 2017, l'ACGT s'était notamment fixée comme objectif d'obtenir la certification ISO 9001 à fin décembre 2017. Cet objectif n'a pas été atteint, mais l'ACGT a franchi ses premiers pas par la définition de ses neuf processus et l'élaboration des procédures y relatives. A travers cette certification, l'ACGT veut améliorer son image de marque, assurer le respect des normes dans sa gestion quotidienne, mettre l'accent sur la qualité et la satisfaction du Client. Aujourd'hui, je veux que chaque agent intériorise le concept qualité dans son travail quotidien.

Un autre grand projet est celui de l'implémentation du BIM, un projet qui met l'ACGT en avance dans l'ingénierie concourante. En effet, les intervenants dans un projet collaborent autour d'une maquette centrale, pour réduire le temps d'intervention. Ce projet, qui va se poursuivre en 2018, permet de dégager des économies et de réduire les marges d'erreurs. C'est un projet d'avenir pour l'ACGT, qui doit s'engager dans la compétitivité.

L'ACGT a l'ambition de devenir une grande structure sociale. En 2017, elle a marqué des progrès dans ce domaine par l'acquisition d'un centre médical, d'une ambulance, des titres de propriété de la concession de son personnel de Mpasa. Le fonds social ACGT a franchi l'étape des simples avances sur salaire, pour atteindre celle des prêts en faveur du personnel.

En 2017, la gouvernance des marchés publics a été remarquable : 90 % de marchés publics ont été dirigés et exécutés à satisfaction ; ce qui rassure du respect des normes et des partenaires.

Je salue les efforts des agents ACGT dans le partage du savoir ; chaque semaine, ils ont enrichi l'entreprise avec des thèmes des plus simples au plus complexes.

Je me réjouis des valeurs qui ont permis à l'ACGT de s'engager vers la croissance : l'état d'esprit positif, l'innovation, l'excellence, la solidarité, la sérénité, la discipline, la rigueur, le respect mutuel…

Charles Médard ILUNGA MWAMBA,
DG ACGT.

"SUR LES $ 6,6 MILLIARDS, ON A DECAISSE A CE JOUR $900 MILLIONS POUR LES INFRASTRUCTURES ET $1,8 MILLIARD POUR LES MINES"

Interview de Moise EKANGA
accordée à Hubert Leclercq de *La Libre Afrique*,
le 18 août 2020[1].

Depuis plus de dix ans, il était présenté par la presse occidentale comme trop nationaliste et hostile aux occidentaux. Le Secrétaire Exécutif du Bureau de Coordination et de suivi du programme sino-congolais(BCPSC), Moise Ekanga, suit avec attention les moindres faits et gestes du monde des affaires en République Démocratique du Congo en particulier et dans le monde en général. Elu Député national dans le territoire de Lomela en 2018 et Sénateur de la province du Sankuru en 2019, sa parole est aussi rare que celle du Président de la République honoraire Joseph Kabila dont il est proche. Et quand il parle, ses paroles sont minutieusement scrutées tant par les Chinois que par les occidentaux. Ces derniers peuvent se rassurer qu'il n'est pas opposé à la Coopération belgo-congolaise. Moise Ekanga l'a souligné au cours d'une interview qu'il a accordée à Hubert Leclercq de Libre Afrique, un journaliste connu pour ses articles poignants contre l'ancien régime au pouvoir en RDC. Voici l'intégralité de ladite interview.

Moise Ekanga, un nom synonyme de… contrats chinois en République démocratique du Congo et dans le monde des affaires qui observe, ne fût-ce qu'un tantinet, ce qui se passe dans ce géant d'Afrique centrale. Proche de Kabila, l'homme, élu député national de Lomela sur la liste du PPRD puis sénateur du Sankuru en mars 2019, comme indépedant, demeure aussi et surtout le Secrétaire Exécutif du

---

[1] Tiré de *La Libre Afrique*, *http://alternance.cd/2020/08/21/cooperation-belgo-congolaise-moise-ekanga-une-interview-qui-fait-bouger-les-lignes/*

Bureau de coordination et de suivi du programme sino-congolais, alias BCPSC, alias le "contrat chinois".

Un contrat signé le 22 avril 2008 entre l'État congolais et un groupement d'entreprises chinoises (deux entreprises étatiques et une société privée de droit chinois). De ce contrat naîtra la Sicomines SA, la joint-venture constituée par le gouvernement congolais (représenté ici par la Gécamines) et le Groupe des entreprises chinoises (GEC). Les Chinois détenant 68 % de cette joint-venture, pour 32 % à la Gécamines.

Le système mis en place est relativement simple et répond à la fois aux besoins de la Chine de se garantir l'accès aux matières premières dont elle a besoin pour faire tourner son secteur industriel, tout en se protégeant contre les risques que la dette contractée par la RDC ne soit jamais honorée. La RDC peut, via ce contrat, financer les infrastructures dont elle a besoin pour son développement. C'est donc un système de troc dans lequel ce sont les bénéfices futurs de la Sicomines SA qui serviront à rembourser les travaux d'infrastructures. "Une fois la dette effacée, les installations et les concessions seront transférées à l'État congolais après concertation", *explique Moïse Ekanga.*

Plus de 12 ans après la signature de ce "contrat du siècle", on peut dire, M. Ekanga, que tout ne s'est pas déroulé comme prévu ?

Tout n'a pas été parfait mais je pense que nous progressons de manière satisfaisante. Si les travaux d'infrastructures ont pu commencer rapidement, dès 2009, la production minière, elle, a mis beaucoup plus de temps à se mettre en route. Ce n'est qu'en 2016 que la production a réellement pu commencer pour la Sicomines. La production minière, c'est un processus lourd, sans oublier que la RDC connaît de gros soucis d'énergie. Or, les mines ont besoin de beaucoup d'énergie. Les travaux d'infrastructure, qui sont vitaux, car je dis toujours que la route du développement passe par le développement de la route, ont commencé essentiellement dans les zones les plus facilement accessibles comme le Katanga, le Bas-Congo ou Kinshasa. Le centre du pays n'est pas oublié mais il est difficilement accessible et nous avons dû freiner le rythme des travaux d'infrastructure tant que les investissements dans le secteur minier ne rapportaient pas car la RDC ne pouvait alors pas rembourser les investissements réalisés par les entreprises chinoises. Si nous ne pouvions rembourser, la charge de la dette s'accumulait. C'était un cycle dangereux.

Le contrat chinois prévoit que 6,6 milliards de dollars soient apportés par les partenaires chinois ?

Oui, 3 milliards pour les infrastructures et 3,6 milliards pour le projet minier.

Concrètement, qu'est-ce qui a été investi jusqu'à aujourd'hui ?

On a décaissé 900 millions de dollars pour les infrastructures, intérêts compris, et 1,8 milliard pour les investissements miniers.

Vous dites que la production minière a commencé fin 2015. Pouvez-vous nous donner une idée de ce qui a été produit.

Je peux vous dire que les bénéfices vont croissants malgré les fluctuations des cours des matières premières. En 2016, le bénéfice a flirté avec les 100 millions de dollars. On a triplé ce chiffre en 2017, et on a atteint les 400 millions de dollars de bénéfices en 2018 et 2019.

Comment sont ventilés ces bénéfices ?

Tout est très transparent. 35 % de ces bénéfices vont au paiement de dividendes aux actionnaires et 65 % servent au remboursement des emprunts, capital et intérêt.

Où vont ces 35 % de bénéfices qui reviennent à l'État congolais ?

C'est argent va à la Gécamines.

Pas dans les caisses de l'État congolais ?

Le contractant, ce n'est pas l'État congolais mais la Gécamines.

Le souci de fourniture énergétique vous a obligé à revoir vos prétentions à la baisse.

En effet, vu ce souci d'approvisionnement en énergie électrique, l'objectif de production de 250 000 tonnes de cuivre par an a été revu à la baisse. Les partenaires chinois et congolais se sont entendus pour investir pour la première phase dans des installations industrielles d'une capacité de production de 125 000 tonnes par an en attendant l'accroissement de l'offre énergétique qui passe par la construction d'une centrale hydroélectrique à Busanga.

La population locale de Busanga, dans la province du Lualaba, doit quitter ses terres face à la construction de la retenue d'eau pour la centrale hydroélectrique. Elle se plaint du peu qu'elle reçoit pour cette expropriation…

Les soucis pour les habitants de Busanga ont été réglés. Aujourd'hui, la Gécamines et le ministère des Mines travaillent sur les questions relatives aux personnes qui y exploitaient des carrés miniers. Si ces exploitants sont dans leur bon droit, ils recevront un autre carré minier. Les autres ne recevront rien.

La centrale hydroélectrique sera financée par les Chinois alors qu'initialement l'État congolais devait investir 50 % ?

En effet, le budget de ce projet estimé à 656 millions de dollars devait être financé à parts égales entre la RDC et la Chine. Mais en 2014, le président Kabila a promulgué la loi sur la libéralisation du secteur de l'électricité. Laquelle permettait notamment à l'État congolais de chercher des investisseurs privés plutôt que d'engager des millions de dollars destinés au financement des projets d'infrastructure. Les actionnaires chinois de Sicomines SA ont pris la résolution de signer un contrat de concession avec le gouvernement congolais pour le développement du projet de Busanga. Ce projet est totalement financé par les Chinois, lesquels détiennent 75 % des parts et ont cédé 25 % aux entreprises d'État et privées congolaises via un système de portage. Busanga doit permettre la production de 240 mégawatts. Le projet minier a besoin de 170 mégawatts, il sera donc possible de réinjecter 70 mégawatts sur le réseau national qui viendront s'ajouter aux 50 mégawatts fournis jusqu'ici par la SNEL (société nationale d'électricité) au projet minier. C'est donc un projet très important pour l'avenir énergétique du pays.

A vous entendre, ce contrat du siècle est très avantageux pour toutes les parties. Pourquoi ne pas avoir multiplié ce genre d'initiative avec d'autres partenaires ?

Nous avons reçu des demandes mais nous sommes bloqués parce que nous ne disposons pas à ce jour de concessions minières ayant des réserves prouvées. Nous savons que nous disposons d'un potentiel important mais nous ne pouvons pas le chiffrer scientifiquement.

Pourquoi ne pas investir dans ce genre de recherches ?

Le ministère de Mines a signé un contrat avec la société espagnole Excalibur qui dresse des cadastres miniers mais, une fois de plus, s'est posé un problème de financement. Du coup, ce projet n'a toujours pas commencé.

On vous sent un peu désabusé face à ce constat ?

Si nous ne changeons pas de mentalité, nous n'évoluerons pas. Vous avez vu la place de la RDC dans le classement mondial du doing business ? Ce n'est pas encourageant. Comment voulez-vous attirer les investisseurs s'ils n'ont pas la garantie d'opérer avec sérénité et d'être à l'abri des tracasseries administratives et judiciaires. J'ai vu défiler des hommes d'affaires très intéressés. La journée, ils rencontrent les officiels qui leur présentent une certaine vision du potentiel du pays mais la nuit, ils voient les opérateurs économiques qui travaillent sur le terrain et qui leur expliquent les difficultés auxquelles ils sont confrontés. Dans ce contexte, c'est très compliqué de faire venir des investisseurs. La RDC est évidemment responsable de cette situation mais je pense que la Belgique a aussi un rôle à jouer. Je suis très sérieux. Vous connaissez le pays mieux que les autres et votre voix est écoutée dans toute l'Europe et même aux États-Unis. Il est important que nous puissions retravailler ensemble, chacun faisant sa part. Je ne demande pas aux Belges de faire tout le travail à notre place mais ce sera plus facile de commencer avec des gens que l'on connaît.

Voilà une invitation surprenante dans le chef d'un homme souvent considéré comme anti-occidental ?

Cette image est née avec le contrat chinois. Je suis un pragmatique. Je suis prêt à travailler avec tout le monde si c'est pour le bien de mon pays.

Le contrat chinois est basé sur la production et la vente de cuivre et de cobalt, pourtant, initialement, lors de vos premiers voyages en Chine vous cherchiez à commercialiser d'autres matières ?

C'est exact, en 2007, quand nous avons commencé les discussions avec la Chine, nous pensions leur vendre du chrome et du nickel. Les Chinois étaient intéressés. Ils sont allés dans le Kasaï, où se trouvent ces matières premières. Ils ont fait des prélèvements qui étaient très positifs. Mais il n'y avait pas d'électricité du tout au Kasaï, le projet n'est pas allé plus loin et nous nous sommes tournés vers le cuivre et le cobalt. Ce qui signifie que lorsque nous aurons de l'électricité, il y a là un vrai potentiel.

Le 6 août dernier, l'ONG britannique Global Witness a critiqué un contrat passé entre la Gécamines et une société chinoise (CNMC) pour le projet minier de Deziwa. Un projet qui porte sur 4,6 millions de tonnes de cuivre et 420 000 tonnes de cobalt et qui prévoit un investissement de 880 millions de dollars de la société chinoise sous forme de prêt. Après quoi, les infrastructures doivent être transférées à la Gécamines (qui possède 49 % des parts de la nouvelle société Somidez, pour 51 % à son partenaire chinois). Mais il y a un souci pour l'ONG britannique : CNMC veut réaliser au préalable des « bénéfices raisonnables ». Or, faute de chiffres et de date, difficile de savoir si ce mégacontrat est équitable. Vous pouvez rassurer l'ONG ?

Selon les informations qui m'ont été transmises par la Gécamines, les choses sont très claires. Au bout de 9 ans, les Chinois auront récupéré leur mise avec bénéfices et l'ensemble des infrastructures sera alors transféré à la Gécamines. Ce sera peut-être même plus rapide, les calculs sont faits sur un prix de 5 000 dollars la tonne de cuivre. Aujourd'hui, le cours est à un peu plus de 6 000 dollars.

SOMMET CHINE-AFRIQUE, MOÏSE EKANGA POUR DES PROJETS BANCABLES

John Omombo Tshumba/LNR,
https://lanouvellerepublique.cd/.../119-sommet-chine-afrique-moise-ekanga-pour-des-...

« *Nous devons maintenant travailler et présenter des projets bancables* », a déclaré Moïse Ekanga, Secrétaire Exécutif du Bureau de coordination et de suivi du programme Sino congolais «BCPSC », au cours du Forum de Coopération Chine-Afrique (FOCAC) tenu à Johannesburg les 4 et 5 décembre 2015.

Quarante Chefs d'Etat africains y ont pris part dont, naturellement, le Président Joseph Kabila qui, pour rappel, a séjourné en Chine en septembre dernier où il a visité le célèbre barrage des « Trois Gorges », à Yichang, ainsi que la zone économique et industrielle et l'usine de fabrication automobile DongFeng, à Wuhan. « *Ce sommet rassemble les Chefs d'Etat et de Gouvernements africains et chinois afin de discuter du développement économique et de diverses zones d'intérêt commun* », a relevé la note d'information publiée la veille par le «BCPSC», précisant au passage qu'« *Au cours de ce FOCAC, le Président Kabila rencontrera plusieurs autorités chinoises et discutera des voies en vue de renforcer et d'améliorer les relations bilatérales entre les deux pays tel que le projet de développement hydroélectrique du Grand Inga* », la RDC étant considérée comme « *l'un de grands pays les plus dynamiques en Afrique aujourd'hui* » visant « *à établir des coopérations mutuellement bénéfiques, dans le but de renforcer et professionnaliser plusieurs secteurs d'activité économique, en travaillant avec les chinois et d'autres partenaires étrangers* », dixit Moise Ekanga Lushyma. L'événement du sommet a été l'annonce d'une somme de 60 milliards de dollars d'aide chinoise à l'Afrique, principalement sous forme de prêts inclus, 5 milliards de prêts à taux zéro et 35 milliards de prêts à taux préférentiels…

«… *au niveau du pays, nous travaillons pour présenter des projets qui ont un bon profil et nous pouvons arracher un minimum de 10% de ce qui a été annoncé par le Président chinois. Pour ça nous devons travailler à tous les niveaux : du Gouvernement à d'autres institutions de la République. Nous avons beaucoup de projets au pays. Ce qui nous manque, ce sont des études de faisabilité. Et je pense que le Gouvernement, qui a suivi le Président chinois, va mettre des moyens à disposition pour réaliser des études de faisabilité de l'ensemble des projets que nous avons* », a-t-il souligné dans une analyse technique assortie des propositions réalistes.

Les projets concernent l'industrialisation, la modernisation de l'agriculture, les infrastructures, les services financiers, le développement vert, le commerce et la facilitation des investissements, la réduction de la pauvreté et le bien-être, la santé publique, les échanges entre les peuples, la paix et la sécurité.

Pour le secteur de l'énergie électrique en RDC, Ekanga Lushyma a précisé qu'« *Inga est un projet commercial et rentable. Il peut ne pas être financé dans ce cadre du partenariat sino congolais, parce qu'il y a des partenaires occidentaux, chinois et africains qui voudraient nous accompagner. Donc, il ne faut pas voir directement Inga* ».

Il a cité d'autres projets importants comme le port en eau profonde de Banana, les chemins de fer des Uélé, de Sakania à Ilebo et de Lubumbashi à Kindu. Il y a également les aéroports, la route devant relier Lubumbashi à Kinshasa ainsi que celle qui part de

Lubumbashi à Kisangani. Pour ce qui est de l'Industrialisation, il est prévu l'installation des parcs industriels au pays.

En dehors du programme sino-congolais, Moïse Ekanga a fait savoir qu'«*il y a beaucoup de projets qui sont bloqués dans le cadre de financement à cause des conditions de taux de concessionnalité qui ne sont pas réunies.* »

10 programmes de coopération sur trois ans

Le président chinois Xi Jinping a annoncé que son pays lancera 10 grands programmes afin de promouvoir la coopération avec l'Afrique dans les trois prochaines années. Pour le n°1 du programme sino-congolais, qui a salué cette aide de la Chine, «... *60 milliards de dollars sur deux, trois ans, en fonction de la capacité d'absorption de l'Afrique au niveau des investissements tant dans les infrastructures que pour l'industrialisation, c'est un très bon début* ».

Pour le Chef de l'Etat chinois, ces programmes visent à aider les pays africains à faire face à trois goulots d'étranglement de développement : insuffisance des infrastructures, pénurie de talents et manque de fonds.

Cependant, malgré la chute des cours des matières premières, le Secrétaire exécutif du programme sino-congolais reste optimiste quant au développement de l'Afrique : « *Si l'Afrique s'y prend très bien, on peut démarrer ; et surtout, en cette période où les cours de matières premières sont en chute, on peut utiliser de manière efficiente ce financement pour poursuivre la croissance économique que l'Afrique connaît depuis 5 ans*».

Coopération et non colonisation

Le principe d'égalité est respecté dans ce modèle de coopération entre la Chine et l'Afrique. C'en est l'élément clé. La Chine se base sur le principe de la complémentarité économique avec l'Afrique. Elle ne vient pas avaler, coloniser ou recoloniser le continent africain. Chacun s'y retrouve, comme l'a reconnu Ekanga Lushyma : « *Nous voulons nous développer ensemble. La Chine se développe et l'Afrique se développe en même temps. L'Afrique voit ses intérêts. Nous voulons de l'industrialisation de l'Afrique et d'une intégration économique africaine*», a-t-il martelé, confiant dans un nouveau départ entre la Chine et l'Afrique. « *Si la Chine veut aider l'Afrique à atteindre ses objectifs, nous sommes partants dans le cadre de cette coopération.*

La Chine a tissé des relations de coopération et de partenariat avec l'Europe et avec l'Amérique. Ce n'est pas un problème qu'il y ait un partenariat stratégique entre la Chine et l'Afrique», a-t-il affirmé, se félicitant au passage de cette coopération articulée autour des axes principaux basés sur l'égalité, la complémentarité, la solidarité et la confiance mutuelle.

Dans son discours, le Président chinois a reconnu que les Africains sont assez grands pour décider de leur sort sur le plan politique, le plan du développement et la promotion de la coopération gagnant-gagnant.

Table des matières

Structures éditoriales du groupe L'Harmattan

L'Harmattan Italie
Via degli Artisti, 15
10124 Torino
harmattan.italia@gmail.com

L'Harmattan Hongrie
Kossuth l. u. 14-16.
1053 Budapest
harmattan@harmattan.hu

L'Harmattan Sénégal
10 VDN en face Mermoz
BP 45034 Dakar-Fann
senharmattan@gmail.com

L'Harmattan Cameroun
TSINGA/FECAFOOT
BP 11486 Yaoundé
inkoukam@gmail.com

L'Harmattan Burkina Faso
Achille Somé – tengnule@hotmail.fr

L'Harmattan Guinée
Almamya, rue KA 028 OKB Agency
BP 3470 Conakry
harmattanguinee@yahoo.fr

L'Harmattan RDC
185, avenue Nyangwe
Commune de Lingwala – Kinshasa
matangilamusadila@yahoo.fr

L'Harmattan Congo
67, boulevard Denis-Sassou-N'Guesso
BP 2874 Brazzaville
harmattan.congo@yahoo.fr

L'Harmattan Mali
Sirakoro-Meguetana V31
Bamako
syllaka@yahoo.fr

L'Harmattan Togo
Djidjole – Lomé
Maison Amela
face EPP BATOME
ddamela@aol.com

L'Harmattan Côte d'Ivoire
Résidence Karl – Cité des Arts
Abidjan-Cocody
03 BP 1588 Abidjan
espace_harmattan.ci@hotmail.fr

L'Harmattan Algérie
22, rue Moulay-Mohamed
31000 Oran
info2@harmattan-algerie.com

L'Harmattan Maroc
5, rue Ferrane-Kouicha, Talaâ-Elkbira
Chrableyine, Fès-Médine
30000 Fès
harmattan.maroc@gmail.com

Nos librairies en France

Librairie internationale
16, rue des Écoles – 75005 Paris
librairie.internationale@harmattan.fr
01 40 46 79 11
www.librairieharmattan.com

Lib. sciences humaines & histoire
21, rue des Écoles – 75005 Paris
librairie.sh@harmattan.fr
01 46 34 13 71
www.librairieharmattansh.com

Librairie l'Espace Harmattan
21 bis, rue des Écoles – 75005 Paris
librairie.espace@harmattan.fr
01 43 29 49 42

Lib. Méditerranée & Moyen-Orient
7, rue des Carmes – 75005 Paris
librairie.mediterranee@harmattan.fr
01 43 29 71 15

Librairie Le Lucernaire
53, rue Notre-Dame-des-Champs – 75006 Paris
librairie@lucernaire.fr
01 42 22 67 13

www.ingramcontent.com/pod-product-compliance
Lightning Source LLC
LaVergne TN
LVHW011225061026
849535LV00001BA/179